Marco Aurélio de Souza

SQL, PL/SQL, SQL*Plus

manual de referência completo e objetivo

SQL, PL/SQL, SQL*Plus: manual de referência completo e objetivo

©Editora Ciência Moderna Ltda. 2004

Todos os direitos para a língua portuguesa reservados pela EDITORA CIÊNCIA MODERNA LTDA.

Nenhuma parte deste livro poderá ser reproduzida, transmitida e gravada, por qualquer meio eletrônico, mecânico, por fotocópia e outros, sem a prévia autorização, por escrito, da Editora.

Editor: Paulo André P. Marques
Supervisão Editorial: Carlos Augusto L. Almeida
Capa: Marcia Lips
Diagramação: Érika Loroza
Revisão: Daniela Marrocos
Assistente Editorial: Daniele M. Oliveira

Várias Marcas Registradas aparecem no decorrer deste livro. Mais do que simplesmente listar esses nomes e informar quem possui seus direitos de exploração, ou ainda imprimir os logotipos das mesmas, o editor declara estar utilizando tais nomes apenas para fins editoriais, em benefício exclusivo do dono da Marca Registrada, sem intenção de infringir as regras de sua utilização.

FICHA CATALOGRÁFICA

Souza, Marco Aurélio de
SQL, PL/SQL, SQL*Plus: manual de referência completo e objetivo
Rio de Janeiro: Editora Ciência Moderna Ltda., 2004.

Linguagens de programação; bancos de dados
I — Título

ISBN: 85-7393-311-9

CDD 001642

Editora Ciência Moderna Ltda.
Rua Alice Figueiredo, 46
CEP: 20950-150, Riachuelo – Rio de Janeiro – Brasil
Tel: (21) 2201-6662/2201-6492/2201-6511/2201-6998
Fax: (21) 2201-6896/2281-5778
E-mail: lcm@lcm.com.br

Sumário

Introdução XI

Parte 1 - Banco de dados & arquitetura cliente/servidor.................................1

Capítulo 1 - Banco de dados...3

SGBD x GA..4
Características gerais de um SGBD..4
Arquitetura de um SGBD..6
    Estrutura...6
Modelos de dados...6
Componentes de um banco de dados...7
Banco de dados relacional..7
Arquitetura cliente/servidor..8
    Bancos de dados baseados na arquitetura cliente/servidor.............................8
    Vantagens da tecnologia cliente/servidor...9
    Desvantagens..9
A arquitetura ORACLE..10
    Visão geral...10
    SGA..10
    Processos em background...10
    Estruturas de memória..10
    SGA e PGA...11
    Processos...12
Program Interface...14

SQL, PL/SQL, SQL*Plus

Como o ORACLE trabalha 14
Acesso aos dados 15
    Processos de usuários e processos servidores 16
    Database buffer cache 17
    Operação envolvendo o comando SELECT 18
    Segmentos de rollback 18
    Operação envolvendo o comando UPDATE 19
    Consistência de leitura 19
Processo DBWR 20
Configuração multi-threaded 21
Arquitetura multi-threaded 22
Listener 22
Registro das transações 23
Redo log buffer cache 23
Processo LGWR 24

Parte 2 - SQL, SQL*Plus, PL/SQL 27

Capítulo 2 - Linguagem SQL em ação 29

História SQL 30
Padrões SQL 31
Benefícios SQL 31
Uma linguagem para todos os usuários 32
Linguagem unificada 32
Linguagem comum para todos os bancos de dados relacionais 32

Capítulo 3 - Elementos SQL 33

Schema objects 34
Partes de objetos 34
    Objetos nomeados e partes 35
    Objetos que nomeiam regras 35
Palavras reservadas 35
Datatypes 39
Resumo de tipos de dados internos 40
Conversão de dados 40
Funções SQL para conversão de tipos de dados 41
Nulls (nulos) 41
    Nulos em funções SQL 41
    Nulos com operadores de comparação 42
    Condições com nulls 42
    Pseudocolunas 42
Comentários 45
    Comentários dentro de declarações SQL 45
    Utilidades 45

Capítulo 4 - Operadores, funções, expressões, condições 47

Operadores 47
    Operadores binários e unários 48
    Precedência 48
    Operadores aritméticos 49
    Operadores caractere 50
    Operadores de comparação 50
    Operador NOT IN 51
    Operador LIKE 52

Sumário **V**

Operadores lógicos	54
Operador NOT	54
Operador AND	55
Operador OR	55
Operadores SET	55
UNION	56
UNION ALL	57
INTERSECT	57
MINUS	58
Outros operadores	58
Funções	58
Tipos de funções	59
Funções de registro único	60
Funções numéricas	60
Funções de caractere	63
ROUND e TRUNC	69
Funções de conversão	70
Outras funções	73
Funções de grupo	77
Modelos de formatos	79
Como mudar o formato de retorno	79
Como prover o formato correto	80
Elementos de formato numérico	81
Formato de modelos data	82
Formato de data padrão	82
Capítulo 5 - Comandos	85
Sumário dos comandos SQL	85
Comandos da linguagem de definição de dados	86
Comandos da linguagem de definição de dados (DDL)	86
Comandos da linguagem de manipulação de dados (DML)	89
Comandos de controle de transação	89
Comandos de controle de sessão	90
Comandos de controle de sistemas	90
ALTER DATABASE	90
ALTER FUNCTION	96
ALTER INDEX	97
ALTER PACKAGE	98
ALTER PROCEDURE	100
ALTER PROFILE	102
ALTER RESOURCE COST	103
ALTER ROLE	105
ALTER ROLLBACK SEGMENT	106
ALTER SEQUENCE	107
ALTER SESSION	109
ALTER SNAPSHOT	112
ALTER TABLE	114
ALTER TRIGGER	120
ALTER USER	122
ALTER VIEW	125
AUDIT	126
COMMIT	130
Cláusula CONSTRAINT	131

VI | *SQL, PL/SQL, SQL*Plus*

Definir constraint de integridade 133
Constraints NOT NULL 133
Constraint UNIQUE 134
Definir chaves únicas 134
Definir unique keys compostas 134
Constraint PRIMARY KEY 135
Definir primary keys compostas 136
CONSTRAINT integridade referencial 136
Manter integridade referencial com a opção ON DELETE CASCADE 138
Constraint integridade referencial com chaves compostas 139
Constraint CHECK 139
CREATE CLUSTER 142
CREATE DATABASE 144
CREATE DATABASE LINK 147
CREATE FUNCTION 148
CREATE INDEX 150
Nulos 151
Criar índices para cluster 152
CREATE PACKAGE 152
Como criar packages 153
CREATE PACKAGE BODY 155
PACKAGES 156
CREATE PROCEDURE 157
CREATE PROFILE 160
Profile default 162
CREATE ROLE 163
Roles definidos pelo ORACLE 164
CREATE SCHEMA 164
CREATE SEQUENCE 166
Como acessar e incrementar valores de seqüências 168
CREATE SNAPSHOT 168
CREATE SYNONYM 170
CREATE TABLE 172
CREATE TABLESPACE 175
Triggers 178
CREATE USER 181
CREATE VIEW 183
DELETE 185
DISABLE cláusula 187
DROP cláusula 188
DROP CLUSTER 190
DROP FUNCTION 192
DROP INDEX 193
DROP PACKAGE 194
DROP PROCEDURE 195
DROP PROFILE 196
DROP ROLE 197
DROP SEQUENCE 197
DROP SNAPSHOT 198
DROP SYNONYM 199
DROP TABLE 200
DROP TABLESPACE 201

Sumário VII

DROP TRIGGER 202
DROP USER 203
DROP VIEW 204
ENABLE cláusula 205
EXPLAIN PLAN 206
GRANT (privilégios de sistemas e roles) 207
GRANT (privilégios de objetos) 213
    Privilégios de objetos 214
    Privilégios de view 215
    Privilégios de sequence 215
    Privilégios de function, procedure e package 216
    Privilégios de snapshot 216
INSERT 217
LOCK TABLE 219
RECOVER cláusula 220
RENAME 222
REVOKE (privilégios de sistemas e roles) 223
REVOKE (privilégios de objeto) 225
ROLLBACK 228
SAVEPOINT 229
SELECT 230
    Consultas hierárquicas 233
    Cláusula GROUP BY 233
    Cláusula HAVING 234
    Cláusula ORDER BY 234
    Subconsultas 235
Cláusula STORAGE 236
TRUNCATE 238
UPDATE 240

Capítulo 6 - SQL*Plus em ação 243

Referência dos comandos 244
@ ("at") 246
@@ (Double "at") 247
ACCEPT 248
APPEND 249
BREAK 250
CHANGE 251
CLEAR 252
COLUMN 253
COMPUTE 255
CONNECT 257
Copy 258
DEFINE 260
DEL 261
DESCRIBE 262
EDIT 263
EXECUTE 263
EXIT/QUIT 264
GET 264
HELP 265
HOST 266

VIII | *SQL, PL/SQL, SQL*Plus*

INPUT 266
PAUSE 269
PROMPT 270
REPHEADER/REPFOOTER 271
RUN 272
SAVE 273
SET 274
SHOW 278
SPOOL 280
START 281
TIMING 281
TTITLE/BTITLE 282
VARIABLE 284
WHENEVER OSERROR/SQLERROR 285
   Realização de cálculos com números usando operadores aritméticos 293
   HAVING CONDIÇÃO 302

Capítulo 7 - Linguagem PL/SQL em ação 303

Sobre a PL/SQL 303
Benefícios através de PL/SQL 303
   Performance 303
   Portabilidade 304
   Modularizar desenvolvimento de programas 304
   Identificar declaração 304
   Programas com controle 304
Estrutura 304
Caracteres suportados 307
Operadores aritméticos 307
Operações relacionais 307
Outros símbolos 308
Variáveis 308
Identificadores 308
Palavras reservadas 308
Literais 308
   Comentários 309
   Fim de linha 309
Tipos de dados 309
   Escalares 309
Compostos 312
Reference 312
Conversão implícita 312
Declarações 313
Variáveis e constantes 313
%TYPE 313
Escopo e visibilidade 314
Qualificação 314
Restrições 314

Capítulo 8 - Comandos PL/SQL 315

Cursor 315
   Variáveis do tipo cursor 315
   Características das variáveis cursor 316
   %ROWTYPE 316

Sumário | IX

Atribuição 316
Atributo %FOUND 316
Atributo %ISOPEN 317
Atributo %NOTFOUND... 317
Atributo %ROWCOUNT.. 317
Atributo %BULK__ROWCOUNT 317
Close cursor 318
Cursor Loop.. 318
Declaração de cursor.. 318
Delete para cursor 319
FETCH cursor 319
OPEN cursor... 319
Update para cursor 320
Tratamento de erro 320
EXCEPTION_INIT... 320
EXCEPTION 321
RAISE 323
RAISE__APPLICATION__ERROR 323
WHEN OTHERS 323
Iterações... 323
EXIT 323
Sintaxe 324
FORALL... 324
FOR Loop.. 325
GoTo 326
Loop 326
WHILE... 327
Demais comandos.. 328
EXECUTE IMMEDIATE 328
Funções... 329
IF   330
Sintaxe 330
NULL 331
Select Into 331
Coleções e registros 331
Nested Tables.. 332
Sintaxe 332
Varrays.. 332
Sintaxe 332
Index-by tables.. 333
Sintaxe 333
Manipulação de coleções 333
Exceptions para coleções 334
Registros... 335
Sintaxe 335
Subprogramas e pacotes.. 336
Subprogramas... 336
Packages... 336
Sintaxe 338
PL/SQL WRAPPER 342
Sintaxe 343

X | *SQL, PL/SQL, SQL*Plus*

Variáveis cursor 343
    Sintaxe 343
Open-for Dinâmico 344
    Sintaxe 344
Triggers 344
Database Triggers 344

Parte 3 - Apêndices 347

Apêndice A - Dicionário de dados 349

Apêndice B - SQL dinâmico 393

Apêndice C - Construção de comandos SQL com boa performance 399

Apêndice D - Exemplos reutilizáveis 407

Apêndice E - Glossário 417

Introdução

Público-alvo

Este livro foi projetado como um manual de referência para a linguagem SQL-ANSI, o compilador SQL*Plus e a extensão Oracle à linguagem SQL, PL/SQL. Foi desenvolvido um trabalho em torno desses três tópicos, onde a idéia é listar os comandos mais usados e importantes no desenvolvimento de aplicativos, dispensando aquele tempo gasto com algum comando desnecessário. Mesmo assim, dificilmente o livro não terá a solução para algum comando SQL. Esta obra foi escrita tanto para o programador que está iniciando em SQL ou PL/SQL quanto para aquele programador experiente que busca uma referência a algum comando ou novos conhecimentos nessas linguagens.

Como usar este livro

O livro não foi escrito para ser lido em seqüência. Como seu objetivo é ser um manual de referência à programação, de acordo com o nível de conhecimento do leitor pode-se avançar algum(ns) capítulo(s). Existe uma divisão em três partes, sendo:

1a. Banco de dados & arquitetura cliente/servidor

2a. SQL - SQL*Plus - PL/SQL

3a. Apêndices

XII | *SQL, PL/SQL, SQL*Plus*

Diagramas para sintaxe

Usaremos no livro diagramas para exibir melhor a sintaxe dos comandos SQL. São usadas nos diagramas linhas e setas para ilustrar a estrutura sintática de um comando.

ESTRUTURA	OBJETIVO
>>-------------------------	Representa o início do diagrama.
-------------------------->	O diagrama continua na próxima linha.
>-------------------------	Representa uma continuação do diagrama.
---------------------------><	O final do diagrama.
--------- DELETE --------	Um item requerido (parâmetro ou palavra-chave).
----------------------------- |-------- PUBLIC --------|	Um item opcional. Você pode usar este item ou omiti-lo.
---------- column ---------	Opcionalmente, este item poderá se repetir muitas vezes.
-------- ENABLE --------- |- DISABLE --| |- COMPILE -|	Apenas um destes itens poderá ser usado.
----------------------------- |- ESCLUSIVE -| |- PARALEL ----|	Opcionalmente, poderá ser usado apenas um destes itens. O valor default é a opção sublinhada.

Exemplos

Este livro contém exemplos para todos os comandos listados. Esses exemplos mostram como usar declarações SQL. Observe o exemplo abaixo, que criará uma tabela:

```
CREATE TABLE clientes
        (cod_cli NUMBER(6),
        nome    VARCHAR2(50),
        nasc    DATE);
```

Observe que as fontes do texto aparecem em diferentes formas:

Palavras-chave, como CREATE e NUMBER, sempre aparecem em maiúsculas.

Nomes de objetos de banco de dados e partes destes, como CLIENTES e COD_CLI, aparecem em minúsculas, mas podem aparecer nos parágrafos em maiúsculas.

A linguagem SQL não é sensível a maiúsculas e minúsculas (exceto pelos caracteres que estão entre aspas).

Muitos exemplos no livro provêm de tabelas de exemplos vindas de um script da instalação do seu banco de dados Oracle. Em muitos sistemas operacionais o nome desse script é UTLSAMPL.SQL; porém, o nome exato e a localização variam de acordo com seu sistema

Introdução XIII

operacional. Este script cria usuários-exemplos e cria as tabelas do schema do usuário SCOTT:

```
CREATE TABLE DEPT
     (DEPTNO       NUMBER(2)            CONSTRAINT PK_DEPT PRIMARY KEY,
     DNAME         VARCHAR2(14)  ,
     LOC           VARCHAR2(13)  );

CREATE TABLE EMP
     (EMPNO        NUMBER(4)            CONSTRAINT PK_EMP PRIMARY KEY,
     ENAME         VARCHAR2(10),
     JOB           VARCHAR2(9),
     MGR           NUMBER(4),
     HIREDATE  DATE,
     SAL           NUMBER(7,2),
     COMM          NUMBER(7,2),
     DEPTNO   NUMBER(2)            CONSTRAINT FK_DEPTNO REFERENCES DEPT);

CREATE TABLE BONUS
     (ENAME        VARCHAR2(10),
     JOB           VARCHAR2(9),
     SAL           NUMBER,
     COMM          NUMBER);

CREATE TABLE SALGRADE
     (GRADE        NUMBER,
     LOSAL         NUMBER,
     HISAL         NUMBER);
```

Este script também insere registros nestas tabelas:

```
SQL> SELECT * FROM dept;

DEPTNO          DNAME         LOC
---------       ------------  -----------
10              ACCOUNTING    NEW YORK
20              RESEARCH      DALLAS
30              SALES         CHICAGO
40              OPERATIONS    BOSTON
SQL> SELECT * FROM emp;

EMPNO   ENAME      JOB          MGR     HIREDATE   SAL    COMM    DEPTNO
-----   ---------- ---------    ------  --------   ----   -----   -------
7369    SMITH      CLERK        7902    17/12/80   800            20
7499    ALLEN      SALESMAN     7698    20/02/81   1600   300     30
7521    WARD       SALESMAN     7698    22/02/81   1250   500     30
7566    JONES      MANAGER      7839    02/04/81   2975           20
7654    MARTIN     SALESMAN     7698    28/09/81   1250   1400    30
7698    BLAKE      MANAGER      7839    01/05/81   2850           30
7782    CLARK      MANAGER      7839    09/06/81   2450           10
7788    SCOTT      ANALYST      7566    19/04/87   3000           20
7839    KING       PRESIDENT            17/11/81   5000           10
7844    TURNER     SALESMAN     7698    08/09/81   1500   0       30
7876    ADAMS      CLERK        7788    23/05/87   1100           20
7900    JAMES      CLERK        7698    03/12/81   950            30
7902    FORD       ANALYST      7566    03/12/81   3000           20
7934    MILLER     CLERK        7782    23/01/82   1300           10
```

XIV | *SQL, PL/SQL, SQL*Plus*

```
SQL> SELECT * FROM salgrade;

GRADE    LOSAL        HISAL
-------  ---------    ---------
1        700          1200
2        1201         1400
3        1401         2000
4        2001         3000
5        3001         9999
```

Para uma boa performance durante os exemplos do livro, registre-se no ORACLE como usuário SYSTEM e execute novamente este script. No capítulo 6, página 246, é ensinado como executar scripts SQL armazenados em disco. A localização do arquivo UTLSAMPL.SQL no Oracle para Windows NT 4 fica em:

[drive] : \ORACLE\ORA81\RDBMS\ADMIN\UTLSAMPL.SQL

Onde obter suporte

O leitor terá uma fonte de recursos para resolver algum problema, encontrar lançamentos de softwares Oracle, trocar informações com outros usuários e até mesmo realizar download de algum software direto no site da Oracle.

Para informações técnicas, matérias, manuais e códigos:

http://technet.oracle.com

http://metalink.oracle.com

Para lançamentos, downloads e produtos Oracle:

www.oracle.com

www.oracle.com.br

Para consultar PL/SQL:

http://www.revealnet.com

Um ótimo site para softwares Oracle:

http://www.orafans.com

Empresa atuante com ferramentas Oracle:

www.obers.com

O autor pode ser contactado em:

datavelox@bol.com.br

dataprobr@netsite.com.br

PARTE 1

BANCO DE DADOS
&
ARQUITETURA CLIENTE/SERVIDOR

Capítulo 1

Banco de dados

Todos nós sabemos que existem gigantescas bases de dados gerenciando nossas vidas. De fato, sabemos que nossa conta bancária faz parte de uma coleção imensa de contas bancárias de nosso banco. Nosso título eleitoral ou nosso cadastro de pessoa física, certamente estão armazenados em Bancos de Dados colossais. Sabemos também que quando sacamos dinheiro no caixa eletrônico de nosso banco, nosso saldo e as movimentações existentes em nossa conta bancária já estão à nossa disposição.

Nestas situações sabemos que existe uma necessidade em se realizar o armazenamento de uma série de informações que não se encontram efetivamente isoladas umas das outras, ou seja, existe uma ampla gama de dados que se referem aos relacionamentos existentes entre as informações a serem manipuladas.

Esses Bancos de Dados, além de manterem todo esse volume de dados organizados, também devem permitir atualizações, inclusões e exclusões do volume de dados, sem nunca perder a consistência. E não podemos esquecer que, na maioria das vezes, estaremos lidando com acessos concorrentes a várias tabelas de nosso banco de dados, algumas vezes com mais de um acesso ao mesmo registro de uma mesma tabela!

Um Banco de Dados é, antes de tudo, uma coleção logicamente coerente de dados com determinada significação intrínseca. Um Banco de Dados contém os dados dispostos numa ordem pré-determinada, em função de um projeto de sistema, sempre para um propósito muito bem definido.

4 SQL, PL/SQL, SQL*Plus

Um Banco de Dados representará sempre aspectos do mundo real. Assim sendo, uma Base de Dados (ou Banco de Dados, ou ainda BD) é uma fonte de onde poderemos extrair uma vasta gama de informações derivadas, que possui um nível de interação com eventos como o mundo real que representa. A forma mais comum de interação usuário e Banco de Dados, se dá através de sistemas específicos, que por sua vez, acessam o volume de informações geralmente através da linguagem SQL.

Os administradores de Banco de Dados (DBA) são responsáveis pelo controle de acesso aos dados e pela coordenação da utilização do BD. Já os projetistas de Banco de Dados (DBP) são analistas, que identificam os dados a serem armazenados em um Banco de Dados e pela forma como estes serão representados.

Os analistas e programadores de desenvolvimento criam sistemas que acessam os dados da forma necessária ao usuário final, que é aquele que interage diretamente com o Banco de Dados.

SGBD x GA

Um SGBD - Sistema de gerenciamento de Banco de Dados, é uma coleção de programas que permitem ao usuário definir, construir e manipular bases de dados para as mais diversas finalidades.

Atualmente, existe uma tendência de mercado em se dizer que qualquer problema será resolvido, caso a empresa adquira um Banco de Dados. Naturalmente, em um ambiente com acesso constante ao Banco de Dados (acesso concorrente, obviamente), onde a segurança seja de vital importância e onde o desempenho da aplicação escrita esteja comprometendo a empresa, considerando-se logicamente uma aplicação bem escrita, sem dúvida a aquisição de um Banco de Dados poderá ser o primeiro passo na solução do problema.

Analogamente ao que ocorreu com o aparecimento das primeiras linguagens de programação voltadas ao Windows, onde estas foram apresentadas como capazes de alavancar os negócios da empresa, e no geral causaram mais frustração do que solução, a aquisição do Banco de Dados, pode gerar o mesmo tipo de problema.

Características gerais de um SGBD

- Controle de redundâncias - A redundância consiste no armazenamento de uma mesma informação em locais diferentes, provocando inconsistências. Em um Banco de Dados, as informações só se encontram armazenadas em um único local, não existindo duplicação descontrolada dos dados. Quando existem replicações dos dados, estas são decorrentes do processo de armazenagem típica do ambiente cliente-servidor, totalmente sob controle do Banco de Dados.

- Compartilhamento dos Dados - O SGBD deve incluir software de controle de concorrência ao acesso dos dados, garantindo em qualquer tipo de situação a escrita/leitura de dados sem erros.

- Controle de acesso - O SGDB deve dispor de recursos que possibilitem selecionar a autoridade de cada usuário. Assim, um usuário poderá realizar qualquer tipo de acesso, outros poderão ler alguns dados e atualizar, e outros ainda poderão somente acessar

Capítulo 1 – Banco de dados | 5

um conjunto restrito de dados para escrita e leitura.

- Interfaceamento - Um Banco de Dados deverá disponibilizar formas de acesso gráfico, em linguagem natural, em SQL, ou ainda via menus de acesso, não sendo uma "caixa--preta", somente sendo passível de ser acessada por aplicações.

- Esquematização - Um Banco de Dados deverá fornecer mecanismos que possibilitem a compreensão do relacionamento existente entre as tabelas e de sua eventual manutenção.

- Controle de integridade - Um Banco de Dados deverá impedir que aplicações ou acessos pelas interfaces possam comprometer a integridade dos dados.

- Backups - O SGBD deverá apresentar facilidade para recuperar falhas de hardware e software, através da existência de arquivos de "pré-imagem", ou de outros recursos automáticos, exigindo minimamente a intervenção de pessoal técnico.

Existe a possibilidade de encontrarmos Bancos de Dados que não satisfaçam completamente todas as características acima, o que não os invalida como Banco de Dados. Na prática, podemos encontrar situações onde a primeira característica não seja importante, pois podemos ter o Banco de Dados baseado totalmente em um único servidor, e as redundâncias podem ser aceitas em algumas situações sob controle da aplicação (algo não muito recomendado, mas passível de aceitação, em situações onde a existência do nome do cliente em um arquivo contendo duplicatas emitidas possibilita o acesso a apenas uma tabela sem relacionamentos, e sabe-se de antemão que uma duplicata, depois de emitida, não pode ter seu cliente alterado).

A segunda característica (Compartilhamento dos dados) pode ser desconsiderada, principalmente em ambiente de desenvolvimento, ou ainda em aplicações remotas.

O controle de acesso pode ser descartado em pequenas empresas, sendo que o aplicativo em questão, mais o software de rede, podem facilmente se incumbir desta característica, no caso de pequenas empresas, com reduzido número de pessoas na área operacional.

O interfaceamento e a esquematização são características sempre disponíveis; o que varia neste caso é a qualidade destes componentes, que vai desde o sofrível até o estado da arte. É muito conveniente que esta característica seja muito boa em um Banco de Dados onde estiver em atuação mais de um administrador de Banco de Dados e tivermos um número relativamente alto de sistemas desenvolvidos ou em desenvolvimento neste ambiente.

De fato, quanto maior o número de pessoas envolvidas no desenvolvimento de aplicações e gerenciamento do Banco de Dados, mais importante tornam-se estas duas características, pois cada novo sistema desenvolvido precisará sempre estar adequado ao Banco de Dados da empresa, e aderente aos padrões de acesso utilizados nos sistemas concorrentes.

O Controle de integridade é outra característica sempre presente nos Bancos de Dados, mas existem diferenças quando da implementação desta característica. Assim, é comum encontrarmos Bancos de Dados que suportam determinado acesso, enquanto outros não dispõem de recurso equivalente.

O Backup em tempo de execução é outra característica sempre disponível, porém temos aplicações que invariavelmente são comprometidas por falhas de hardware e outras, que o mesmo tipo de falha não causa perda alguma de dados ou de integridade. Novamente, cada

6 | *SQL, PL/SQL, SQL*Plus*

Banco de Dados tem esta característica melhor ou pior implementada, cabendo ao administrador de Banco de Dados escolher aquele que lhe oferecer mais segurança.

Arquitetura de um SGBD

Estrutura

Podemos dizer que o Banco de Dados tem:

- Um nível interno, onde é descrita a estrutura de armazenamento físico dos dados;
- Um nível intermediário, onde temos a descrição lógica dos dados;
- Um nível externo, onde são descritas as visões para grupos de usuários.

Não podemos deixar de lembrar ainda que o Banco de Dados garante a independência lógica e física dos dados; portanto, podemos alterar o esquema conceitual dos dados, sem alterar as visões dos usuários ou mesmo alterar o esquema interno sem, contudo, alterar seu esquema conceitual.

Modelos de dados

O modelo de dados é basicamente um conjunto de conceitos utilizados para descrever um Banco de Dados. Não existe uma única forma de representação deste modelo; porém, qualquer forma que permita a correta compreensão das estruturas de dados compreendidas no Banco de Dados, pode ser considerada adequada.

Modelo orientado ao registro: são modelos que representam esquematicamente as estruturas das tabelas, de forma bastante próxima a existente fisicamente. Basicamente são apresentados os registros de cada tabela (inclusive seus campos) e seus relacionamentos elementares. O modelo relacional, o modelo de rede e o hierárquico são exemplos deste tipo de representação.

Modelo semântico: são modelos onde existe uma representação explícita das entidades e relacionamentos. O modelo entidade - relacionamento e o funcional, são exemplos deste tipo de abordagem.

Modelo orientado o objeto: são modelos que procuram representar as informações através dos conceitos típicos da programação orientada o objeto, utilizando o conceito de Classes que irão conter os objetos. Citamos os modelos O2 e o de representação de objetos como exemplos típicos desta abordagem.

O conceito de instância, sempre muito presente, poderia ser definido como sendo o conjunto de dados que definem claramente um Banco de Dados em determinado instante. Devemos entender então o Banco de Dados como sendo não apenas um conjunto de dados digitados, mas também todo o esquema e regras armazenadas e controladas pelo SGBD.

Em outras palavras, podemos dizer que os SGBD vieram para eliminar todo o trabalho que anteriormente um programador de aplicação realizava, controlando o acesso, integridade e redundância dos dados.

Componentes de um banco de dados

Um Banco de Dados é composto pelas seguintes partes:

Gerenciador de acesso ao disco: o SGBD utiliza o sistema operacional para acessar os dados armazenados em disco, controlando o acesso concorrente às tabelas do Banco de Dados. O gerenciador controla todas as pesquisas (queries) solicitadas pelos usuários no modo interativo, os acessos do compilador DML, os acessos feitos pelo processador do Banco de Dados ao dicionário de dados, e também aos próprios dados.

O Compilador DDL (Data Definition Language) processa as definições do esquema do Banco de Dados, acessando quando necessário o dicionário de dados do Banco de Dados.

O Dicionário de dados contém o esquema do Banco de Dados, suas tabelas, índices, forma de acesso e relacionamentos existentes.

O Processador do Banco de Dados manipula requisições à própria Base de Dados em tempo de execução. É o responsável pelas atualizações e integridade da Base de Dados.

O Processador de pesquisas (queries) dos usuários analisa as solicitações e, se estas forem consistentes, aciona o processador do Banco de Dados para acesso efetivo aos dados.

As aplicações fazem seus acessos ao pré-compilador DML da linguagem hospedeira, que os envia ao Compilador DML (Data Manipulation Language), onde são gerados os códigos de acesso ao Banco de Dados.

Banco de dados relacional

O modelo de dados relacional representa os dados contidos em um Banco de Dados através de relações. Estas relações contém informações sobre as entidades representadas e seus relacionamentos. O modelo relacional é claramente baseado no conceito de matrizes, onde as chamadas linhas (das matrizes) seriam os registros e as colunas (das matrizes) seriam os campos. Os nomes das tabelas e dos campos são de fundamental importância para nossa compreensão entre o que estamos armazenando, onde estamos armazenando e qual a relação existente entre os dados armazenados.

Cada linha de nossa relação será chamada de TUPLA, e cada coluna de nossa relação será chamada de ATRIBUTO. O conjunto de valores passíveis de serem assumidos por um atributo, será intitulado de DOMÍNIO.

O domínio consiste em um grupo de valores atômicos, a partir dos quais um ou mais atributos retiram seus valores reais. Assim sendo, Rio de Janeiro, Paraná e Pará são estados válidos para o Brasil, enquanto Corrientes não é um estado válido (pertence à Argentina, e não ao Brasil).

O esquema de uma relação, nada mais é que os campos (colunas) existentes em uma tabela. Já a instância da relação consiste no conjunto de valores que cada atributo assume em um determinado instante. Portanto, os dados armazenados no Banco de Dados são formados pelas instâncias das relações.

8 | *SQL, PL/SQL, SQL*Plus*

As relações não podem ser duplicadas (não podem existir dois estados do Pará, no conjunto de estados brasileiros, por exemplo), a ordem de entrada de dados no Banco de Dados não deverá ter qualquer importância para as relações, no que concerne ao seu tratamento. Os atributos deverão ser atômicos, isto é, não são passíveis de novas divisões.

Chamaremos de Primary Key (chave primária) ao atributo que definir um registro, dentre uma coleção de registros. Chave secundária serão chaves que possibilitarão pesquisas ou ordenações alternativas, ou seja, diferentes da ordem criada a partir da chave primária ou da ordenação natural (física) da tabela. Chamaremos de chave composta aquela chave que contém mais de um atributo (Por exemplo, um cadastro ordenado alfabeticamente por estado, cidade e nome do cliente, necessitaria de uma chave composta que contivesse

estes três atributos). Chamaremos de Foreign Key (chave estrangeira), aquela chave que permitir a ligação lógica entre uma tabela (onde ela se encontra) com outra na qual ele é chave primária.

Exemplo:

Cidade	Estado
* CidCodi	* EstCodi
CidNome	EstNome
EstCodi (E)	

CidCodi e EstCodi são chaves primárias, respectivamente das tabelas cidade e estado, enquanto EstCodi é chave estrangeira na tabela de cidades. É precisamente por este campo (atributo ou coluna), que será estabelecida a relação entre as tabelas cidade —> estado.

Arquitetura cliente/servidor

Bancos de dados baseados na arquitetura cliente/servidor

Uma simples rede (LAN), é suficiente para comportar um Banco de Dados relacional (DBMS) de tecnologia cliente/servidor (C/S) como, por exemplo, o Oracle.

Em linhas gerais, esta tecnologia tem como característica principal a divisão de tarefas entre o cliente, a estação de trabalho que ordena através das aplicações o acesso aos bancos de dados, e o servidor, que executa tarefas, tais como: atualizações, deleções, procura de dados, e todas as outras tarefas próprias do gerenciamento de banco de dados, porém, sob as ordens da estação de trabalho (Cliente).

A vantagem é evidente: dividindo o processamento em dois sistemas, temos de saída a diminuição do tráfego de dados na rede. Com isto, o desempenho aumenta, pois evitaremos processar os dados, fazendo-os transitar pela rede, entre a estação de trabalho e o servidor, pelo menos duas vezes. Ao invés disto, armazenamos os dados variáveis do processo em alguns parâmetros e os enviamos ao servidor. Estes ao chegar são recepcionados pelo

Oracle, que os envia para Stored Procedure, que então inicia o processamento desejado até seu final de dentro do servidor, limitando-se a avisar a estação de trabalho sobre o término do processo, com sucesso ou não.

Porém, nem tudo são flores, existem também as desvantagens, e a principal delas é o fato das estações de trabalho (Clientes) se localizarem em pontos geográficos distantes do servidor. Embora este problema possa hoje ser minimizado pela adoção das arquiteturas de processamento distribuído, isto não ocorre sem um considerável investimento em equipamentos, aplicativos auxiliares e a contratação de especialistas. Este investimento, acompanhado de despesas de manutenção constantes, embora não signifique propriamente um retorno aos custos de um computador de grande porte, é porém um gasto significativo e, dependendo do tamanho e da complexidade da rede, podemos até alcançar os custos de um grande porte.

Vantagens da tecnologia cliente/servidor

1 - Separação das tarefas de solicitação e processo. A primeira é efetuada pela estação de trabalho e a última é feita no servidor, ou seja, as tarefas de tratar e manipular os dados. Como já dissemos, o tráfego na rede diminui sensivelmente, pois só são entregues os dados necessários solicitados pela pesquisa do cliente, e estes depois de tratados são atualizados ao final da transação no servidor. Ao contrário dos sistemas de Bancos de Dados sem a tecnologia cliente/servidor, que disponibiliza todo o banco de dados, indiferente da necessidade quando da solicitação pelo cliente. A tecnologia cliente/servidor é, antes de tudo, uma incrementadora de performance sem igual.

2 - Independência da estação de trabalho. Os usuários não ficam restritos a um tipo de sistema ou plataforma.

3 - Preservação da integridade dos dados. Mesmo quando são efetuados backups em tempo real ou até a encriptação dos dados. Nestes casos, o DBMS utiliza o espelhamento dos dados enquanto eles são acessados, gravando sempre a última fotografia dos dados antes da cópia de segurança.

4 - Processamento de transações. A grande vantagem deste método é guardar durante um certo tempo as modificações efetuadas no Banco de Dados. Podendo recuperá--las em caso de queda de energia ou mesmo quando o usuário do Banco desiste da modificação.

Desvantagens

1 - A maior delas é o aumento do custo administrativo e a contratação de pessoal especializado para dar suporte e manter o Banco de Dados sempre ativo. Nasce o profissional administrador de Bancos de Dados (DBA).

2 - O aumento do custo de hardware também é significativo, pois parte integrante desta tecnologia cliente/servidor exige a distribuição do processamento quando a rede for grande.

3 - Quando da utilização do processamento distribuído a complexidade aumenta, o número de equipamentos diversos também aumenta, e nem sempre podemos encontrar profissionais no mercado com um conhecimento tão diversificado.

A arquitetura ORACLE

Visão geral

O conhecimento da arquitetura interna do ORACLE é de extrema importância para a compreensão das técnicas de otimização do produto. Basicamente, os seus mecanismos de execução são as estruturas de memória e os processos executados em background. Todas as vezes que um banco é inicializado, uma SGA é alocada e os processos são inicializados. A combinação das estruturas de memória na SGA e dos processos em background é chamada de instância ORACLE. Algumas arquiteturas de hardware permitem que múltiplos computadores compartilharem os mesmos dados, softwares ou periféricos. Com a opção Parallel Server do ORACLE, podemos tirar proveito desta característica, através da execução de múltiplas instâncias que compartilham um único banco de dados. Assim, os usuários de diversas máquinas podem acessar o mesmo banco de dados, com uma melhoria na performance.

SGA

A SGA (System Global Area ou Área global do sistema) é um grupo de buffers de memória compartilhados, que são destinados pelo ORACLE para uma instância. Basicamente, é formada pelas estruturas identificadas por shared pool, database buffer cache e redo log buffer cache. Entretanto, em algumas configurações do ORACLE podem existir outras estruturas.

Processos em background

Os processos em background executam tarefas distintas assincrônicas, com benefício para todos os usuários de um Banco de Dados. Não existe uma relação direta entre os processos em background e os processos dos usuários conectados a uma instância ORACLE. Apesar de poderem existir outros em uma instância, o que depende da configuração do ORACLE utilizada, os processos mais conhecidos são o PMON, SMON, DBWR, LGWR, RECO, LCK, CKPT e o ARCH.

Geralmente um Banco de Dados está associado a somente uma instância. Entretanto, como vimos, em algumas configurações do ORACLE um Banco de Dados pode estar associado a mais de uma instância. Assim, precisamos diferenciar os dois conceitos: um Banco de Dados é formado pelos arquivos fisicamente armazenados em disco, enquanto uma instância é formada pelas estruturas e processos em memória. O Banco de Dados é permanente, enquanto uma instância é volátil. Naturalmente, para acessarmos um Banco de Dados é necessário que uma instância seja inicializada e associada a ele.

Estruturas de memória

As estruturas de memória são criadas pelo ORACLE e usadas para completar diversas tarefas. Por exemplo, elas são usadas para guardar o código de um programa que está sendo executado e os dados que podem ser compartilhados pelos usuários.

SGA e PGA

As principais estruturas são a SGA (System Global Area ou Área global do sistema) e a PGA (Program Global Area ou Área global de programa).

A PGA é o buffer de memória que contém dados e algumas informações de controle de uma sessão de um usuário. A PGA é criada e alocada quando um novo processo é inicializado no servidor. As suas informações dependem da configuração do ORACLE. Assim, existe uma área de memória PGA para cada usuário que está executando seus trabalhos no ORACLE. Dentro da PGA existem três estruturas: uma contendo um espaço para a pilha (para armazenar as variáveis e matrizes), outra contendo dados sobre a sessão do usuário, e uma terceira com as informações dos cursores usados. A PGA não é compartilhada entre os usuários, ela é única para cada sessão.

A SGA é uma região de memória compartilhada por todos os usuários e alocada pelo ORACLE. Contém os dados e as informações de controle de uma instância. Ela é alocada quando uma nova instância é inicializada, e liberada quando a mesma é finalizada. Os dados na SGA são compartilhados pelos usuários que estiverem conectados ao Banco de Dados e, para otimizar a performance, as entradas na SGA devem ser as maiores possíveis, para guardar a maior quantidade de dados e minimizar o I/O em disco, uma das causas críticas que tornam um Banco de Dados lento. As informações na SGA estão organizadas em diversos tipos de estruturas de memória, incluindo o buffer do Banco de Dados e o buffer para recuperação do banco, por exemplo. As estruturas têm tamanho fixo e são criadas durante a inicialização da instância. O grupo de buffers do Banco de Dados em uma instância é chamado de database buffer cache. Estes buffers podem conter os dados modificados que ainda não foram escritos em disco, para os arquivos de dados apropriados. Deste modo, o I/O é minimizado e há uma melhora significativa da performance.

Esta estrutura é compartilhada entre todos os usuários conectados a um Banco de Dados, e os blocos de dados que são armazenados no database buffer cache têm seus tamanhos determinados pelo parâmetro DB_BLOCK_SIZE. O número de blocos em memória é determinado pelo parâmetro DB_BLOCK_BUFFERS.

O conteúdo do database buffer cache é organizado em duas listas: a lista de blocos alterados e a lista dos blocos menos recentemente utilizados (LRU - Least Recently Used). Esta segunda lista contém os blocos livres, aqueles que estão em uso, e os blocos alterados. Quando um processo servidor precisa ler dados de um bloco do disco para o database buffer cache, ele pesquisa a LRU para localizar um bloco livre e, quando encontra um bloco alterado, movimenta--o para a lista de blocos alterados. Este processo termina quando um bloco livre é localizado ou quando um número específico de blocos são pesquisados sem encontrar um bloco livre.

Durante uma operação de SELECT, o ORACLE requer que os blocos que contêm a informação desejada estejam em memória. Assim, a lista LRU é pesquisada e, se os blocos não estiverem em memória, o produto efetua as leituras físicas necessárias. Caso o bloco esteja em memória, são efetuadas leituras lógicas. Lembremo-nos de que nenhuma tabela pode ocupar menos de dois blocos de dados: um bloco para o cabeçalho, e pelo menos outro bloco de dados.

12 | *SQL, PL/SQL, SQL*Plus*

O redo log buffer cache da SGA armazena todas as alterações feitas em um Banco de Dados em memória. Todas as entradas redo log neste buffer são escritas nos arquivos redo log, que são usados para a recuperação do Banco de Dados, se necessário.

A shared pool é uma porção de memória compartilhada que contém as áreas chamadas shared SQL, estruturas de memória compartilhadas que contêm os comandos SQL que estão sendo executados pelos múltiplos usuários conectados a um Banco de Dados. Estas áreas compartilhadas shared SQL contêm informações, como o texto e a forma interpretada dos comandos SQL, a fase de análise dos comandos SQL e seus planos de execução, informações do dicionário de dados e de geradores de números seqüenciais. Uma única área shared SQL pode ser compartilhada por diversas aplicações, que usam o mesmo comando definido na área compartilhada de comandos SQL, deixando assim mais área em memória disponível para os outros usuários, e melhorando a performance de execução de um comando, já que o plano de execução já está definido e o ORACLE não precisa defini-lo novamente.

A shared pool contém ainda o data dictionary cache, com as informações do dicionário de dados, e o sequence cache, com as informações dos geradores de números seqüenciais. Um cursor é um nome ou ponteiro para a memória, associado a um comando específico. Muitas aplicações ORACLE tiram proveito dos cursores.

Processos

Os processos podem ser vistos como programas que trabalham em memória (em background) e executam outras tarefas específicas para o ORACLE. Um processo é uma forma de controle, ou um mecanismo no sistema operacional, que pode executar uma série de passos e normalmente tem sua área particular de memória. Alguns sistemas operacionais usam o termo job ou tarefa.

Existem dois tipos gerais de processos: os processos dos usuários e os processos do próprio ORACLE.

Um processo de usuário é criado e mantido para executar o código da aplicação (por exemplo, um programa Pro*C) ou uma ferramenta ORACLE (por exemplo, o SQL*Plus). Os processos dos usuários também gerenciam a comunicação com os processos do servidor ORACLE através do program interface.

Os processos ORACLE são chamados por outros processos para executar algumas funções específicas. O produto cria os processos servidores (server process) para controlar as requisições dos processos dos usuários conectados a um Banco de Dados. Assim, os processos servidores são incumbidos de comunicar-se com os processos dos usuários, e interagir com o ORACLE para acessar seus recursos.

Por exemplo, se um usuário pesquisa alguns dados que não estejam no database buffer cache da SGA, o processo servidor lê os dados apropriados dos blocos de dados dos arquivos e os coloca na SGA, para uso dos usuários. Dependendo da configuração do ORACLE, um processo servidor pode ser compartilhado por diversos usuários.

Todos os comandos SQL são processados pelos processos servidores que utilizam três fases para o processamento: análise, execução e busca dos dados. O plano de cada comando é

Capítulo 1 – Banco de dados | 13

armazenado na SGA, nas áreas que contêm comandos SQL a serem compartilhados entre os usuários.

O ORACLE cria um conjunto de processos que rodam em background para cada instância. Estes processos executam diversas tarefas. São eles: DBWR, LGWR, CKPT, SMON, PMON, ARCH, RECO, Dnnn e LCKn.

O processo database writer (DBWR) escreve os blocos modificados do database buffer cache para os arquivos de dados físicos. O DBWR não precisa escrever os dados a cada comando COMMIT, pois é otimizado para minimizar o I/O. Geralmente, o DBWR escreve os dados para o disco, se muitos dados são lidos para o database buffer cache na SGA e não existe espaço livre para esses novos dados. Os dados menos recentemente usados são escritos para os arquivos de dados em primeiro lugar.

O processo log writer (LGWR) escreve todas as entradas de redo log para o disco. Os dados de redo log são armazenados em memória no redo log buffer cache, na SGA. No momento em que uma transação for efetivada com o comando COMMIT e o redo log buffer estiver preenchido, o LGWR escreve as entradas de redo log nos arquivos redo log apropriados.

Em um tempo específico, todos os dados do database buffer cache modificados são escritos em disco pelo processo DBWR; este evento é chamado de checkpoint. O processo checkpoint é responsável para informar ao processo DBWR o momento de gravar os dados em disco. O DBWR também atualiza os arquivos de controle do Banco de Dados para indicar o mais recente checkpoint. O processo CKPT é opcional; se ele não estiver presente, o LGWR assume sua responsabilidade.

O processo system monitor (SMON) efetua a recuperação da instância em caso de falhas durante a sua inicialização. Em um sistema com múltiplas instâncias (como na configuração Oracle Parallel Server, por exemplo), o processo SMON de uma instância também pode executar a recuperação de outras instâncias que podem ter falhado. Ele também limpa os segmentos temporários que não estão sendo usados, liberando memória, e recupera qualquer transação pendente no caso de uma falha em arquivos físicos ou mesmo no disco. O processo de recuperação dessas transações é executado pelo processo SMON quando a tablespace afetada volta a ficar disponível.

O process monitor (PMON) executa a recuperação do processo de um usuário quando este processo falha. Limpa a área de memória e libera os recursos que o processo do usuário estava usando. O PMON também verifica o processo despachante (dispatcher) e os processos servidores (server processes) e os reinicializa se tiver acontecido qualquer falha.

O processo archiver (ARCH) copia os arquivos redo log para fita ou mesmo outro disco, no momento em que um deles torna-se completo. Este processo geralmente está presente quando o Banco de Dados está sendo utilizado no modo ARCHIVELOG. Os arquivos redo log nada têm a ver com auditoria. Eles são usados somente para a recuperação de um Banco de Dados.

O processo recoverer (RECO) é usado para resolver transações distribuídas pendentes, causadas por uma falha na rede em um sistema de Bancos de Dados distribuídos. A certos intervalos de tempo, o processo RECO do Banco de Dados local tenta conectar-se ao Banco de Dados remoto, para automaticamente completar e efetivar a transação (COMMIT) ou descartar (ROLLBACK) a porção local de uma transação pendente em um sistema distribuído.

14 | *SQL, PL/SQL, SQL*Plus*

Os processos em background dispatchers (Dnnn) são opcionais e estão presentes somente quando a configuração do Oracle Multi-thread Server é usada. Pelo menos um processo dispatcher é criado para cada protocolo de comunicação em uso (D000, D0001,..., Dnnn). Cada processo dispatcher é responsável pelo direcionamento das requisições dos processos dos usuários conectados ao Banco de Dados para o processo servidor disponível e pelo retorno da resposta de volta para o processo do usuário apropriado.

Por sua vez, os processos lock (LCKn) são usados para controlar o lock entre instâncias em uma configuração Parallel Server.

Program Interface

O program interface é o mecanismo pelo qual um processo do usuário se comunica com o processo servidor. Serve como um método de comunicação padrão entre a porção cliente de uma aplicação ou uma ferramenta e o próprio servidor ORACLE.

O program interface age como um mecanismo de comunicação, através da formatação dos dados requisitados, trafegando esses dados, verificando e retornando possíveis erros. Também executa conversões de dados, particularmente entre diferentes tipos de computadores ou tipos de dados usados pelos usuários.

Se o usuário e os processos servidores estão em diferentes computadores de uma rede, ou se o processo dispatcher estiver sendo usado para conectar processos de usuários e processos do servidor, então o program interface inclui um software de comunicação, chamado SQL*Net, que faz a comunicação e transferência de dados entre computadores.

Como o ORACLE trabalha

Conhecendo os processos e estruturas de memória, fica bastante fácil entender o modo como o ORACLE trabalha:

1. Consideremos que uma instância esteja sendo executada em um computador (servidor de um Banco de Dados).

2. Um computador usado para executar uma aplicação (porção cliente ou front end) executa uma aplicação de um usuário. Esta aplicação cliente tenta estabelecer uma conexão com o servidor usando o driver apropriado do SQL*Net.

3. O servidor está executando o driver apropriado do SQL*Net e detecta a requisição de conexão da aplicação cliente e cria um processo servidor dedicado ao usuário.

4. O usuário executa um comando SQL e efetiva a transação com o comando COMMIT.

5. O processo servidor recebe o comando e verifica se as áreas shared SQL, armazenadas na shared pool area, contêm um comando idêntico ao emitido pelo usuário. Se localizar uma área shared SQL com um comando idêntico, o processo servidor verifica os privilégios de acesso do usuário aos dados requisitados, e o plano de execução definido é usado para buscar os dados solicitados. Se o comando emitido pelo usuário não estiver presente nesta área, uma nova estrutura para o comando é alocada e então ele pode ser analisado e processado.

Capítulo 1 – Banco de dados | 15

6. O processo servidor recupera qualquer valor armazenado nos arquivos de dados ou os busca da memória, se lá estiverem, no database buffer cache.

7. O processo servidor modifica os dados na SGA. O processo DBWR escreve os dados modificados em disco, quando necessário. No momento do comando COMMIT, o processo LGWR escreve imediatamente os registros das transações no arquivo redo log que estiver sendo usado no momento.

Se a transação for bem-sucedida, o processo servidor manda uma mensagem através da rede para a aplicação. Se não for bem-sucedida, uma mensagem de erro é então emitida.

Acesso aos dados

Antes que os dados possam ser acessados, um processo servidor criado para um determinado usuário conectado ao ORACLE traz os blocos dos arquivos fisicamente armazenados nos discos para dentro do database buffer cache. Cada comando SQL é armazenado na estrutura de memória shared pool e são compartilhados entre todos os usuários conectados a uma instância. Em certo momento, os blocos de dados modificados pelos comandos dos usuários que se encontram no database buffer cache são escritos novamente para os arquivos de dados. Isto é feito pelo processo em background DBWR.

Portanto, toda manipulação dos dados se dá na memória principal, ou seja, na SGA. É por isso que os dados precisam ser trazidos do disco para a memória, antes de serem manipulados.

Usamos dois termos para referenciarmos ao acesso aos dados: cache miss e cache hit. O termo cache miss é usado para identificar as vezes em que um processo experimenta acessar uma informação e o bloco que a contém precisa ser lido do disco. O termo cache hit é usado para identificar as vezes em que um processo encontra uma informação na memória. Assim, um acesso através de um cache hit é mais rápido do que através de um cache miss.

Esta é a forma básica em que se processa o acesso aos dados, usando como exemplo um comando SQL para a atualização de informações em uma tabela:

```
SQL> UPDATE emp

2 SET sal = sal * 1.1

3 WHERE ename = 'SCOTT';
```

1. O usuário emite um comando UPDATE, para atualizar a coluna SAL da linha identificada pela coluna ENAME = 'SCOTT' de uma tabela hipotética chamada EMP.

2. O comando emitido pelo usuário é analisado e armazenado na SGA, na estrutura shared pool.

3. O processo servidor, criado quando o usuário faz a sua conexão com o ORACLE, efetua as leituras físicas necessárias e traz os blocos de dados armazenados nos arquivos de dados para dentro da SGA, na estrutura database buffer cache.

16 | *SQL, PL/SQL, SQL*Plus*

4. Em seguida, o ORACLE aplica a alteração definida no comando UPDATE nos blocos de dados que possuem a linha identificada por ENAME = 'SCOTT'.

5. Sob certas condições, o processo em background DBWR escreve os blocos de dados alterados de volta para o arquivo de dados físico apropriado. Este processo em background é o responsável por esta tarefa. Ele simplesmente libera área de memória do database buffer cache, já que a área desta estrutura é limitada.

Processos de usuários e processos servidores

Um processo de um usuário é criado quando o usuário executa uma aplicação, ou seja, quando cria uma conexão com uma instância. Neste momento, o ORACLE cria um processo servidor dedicado, que é usado para executar as requisições do processo do usuário ao qual se associa.

Portanto, um processo servidor comunica-se com um processo de um usuário, ou seja, sempre vai ser requisitado para executar qualquer comando. Entretanto, em algumas configurações do ORACLE, um processo servidor pode ser compartilhado por diversos processos de usuários, isto é, não vai ser utilizado para a conexão direta com qualquer processo de usuário; na verdade, essa conexão se dá com a utilização de outros processos. Portanto, nem sempre é verdade que um processo servidor deve estar dedicado a um processo de um usuário.

Basicamente, as funções de um processo servidor são:

1. Analisar e executar os comandos SQL.
2. Verificar se os blocos de dados encontram-se na estrutura database buffer cache.
3. Ler os blocos de dados dos arquivos físicos no disco e levá-los para dentro do database buffer cache, na SGA. Esta operação somente é feita se os blocos de dados a serem utilizados não se encontrarem em memória.
4. Retornar os resultados dos comandos SQL para os processos dos usuários que os emitiram.

Em um terminal dedicado em arquitetura multiusuário, os processos dos usuários permanecem no servidor, assim como os processos servidores criados pelo ORACLE. Em arquitetura cliente-servidor, os processos dos usuários permanecem na porção cliente, enquanto os processos servidores criados pelo ORACLE permanecem no servidor. Entretanto, para o ORACLE a forma de acesso independe da arquitetura utilizada, pois as estruturas na SGA, os processos e os próprios arquivos físicos são basicamente os mesmos.

A estrutura shared pool e seus buffers

A estrutura de memória compartilhada chamada shared pool contém informações usadas para executar os comandos SQL. É formada pelos buffers denominados shared SQL, data dictionary cache e sequence cache.

Os buffers identificados como shared SQL areas contêm o seguinte:

1. O texto dos comandos SQL e PL/SQL.
2. A forma analisada dos comandos SQL e PL/SQL.
3. O plano de execução para os comandos SQL e PL/SQL.

Capítulo 1 – Banco de dados | 17

O compartilhamento dos planos de execução dos diversos comandos nas áreas de comandos SQL compartilhados melhoram o uso da memória, uma vez que as definições dos comandos podem ser compartilhadas entre as diversas aplicações.

A memória também é dinamicamente ajustada, de acordo com o conjunto de comandos SQL que são executados e, como a fase de parse ou análise é resumida, o tempo de execução de um comando pode diminuir consideravelmente.

Por sua vez, os buffers identificados como data dictionary cache contêm:

1. Linhas com as informações do dicionário de dados.

Finalmente, os buffers identificados como sequence cache contêm:

1. Informações sobre os geradores de números seqüenciais usados pelos usuários.

Database buffer cache

A estrutura de memória compartilhada chamada database buffer cache contém cópias dos blocos de dados que são lidos do disco pelos processos servidores. Os buffers são compartilhados por todos os usuários conectados a uma instância ORACLE.

O tamanho dos blocos de dados é determinado pelo parâmetro DB_BLOCK_SIZE, especificado no momento da sua criação, e não pode ser alterado, a menos que o banco seja novamente recriado.

O número de blocos lógicos em memória é determinado pelo parâmetro DB_BLOCK_BUFFERS. Estes dois parâmetros configuram o tamanho do database buffer cache.

Ele é organizado em duas listas: a dirty list e a least recently used list (LRU). A dirty list é uma lista que contém os blocos alterados que ainda não foram escritos em disco.

A LRU é uma lista que contém blocos do ORACLE que foram alterados pelos comandos dos usuários, mas ainda não foram gravados em disco. Contém ainda blocos livres e blocos em uso.

Assim, quando um processo servidor precisa ler um bloco de dados do disco para a memória, ele:

1. Pesquisa nas listas LRU e dirty list pelo bloco de dados desejado.

2. Caso este bloco de dados não seja localizado, o processo servidor pesquisa a lista LRU em busca de um bloco livre.

3. Em seguida, o processo servidor move os blocos alterados encontrados na lista LRU para a dirty list, ou seja, movimenta-os para a lista de blocos alterados ainda não gravados nos arquivos de dados, de acordo com a localização de cada um deles, durante o processo de pesquisa de um bloco livre.

4. Finalmente, o processo servidor efetua uma cópia do bloco de dados do disco para um bloco livre.

5. Este procedimento termina quando o processo servidor localiza um bloco livre, ou se um número específico de blocos forem pesquisados sem encontrar um único bloco livre.

18 | *SQL, PL/SQL, SQL*Plus*

Se nenhum bloco foi encontrado, o ORACLE deve gravar os blocos alterados da dirty list para os arquivos em disco, para liberar espaço em memória para os novos blocos de dados que precisam ser manipulados pelos comandos dos usuários.

Operação envolvendo o comando SELECT

Para uma operação que envolve o comando SELECT, é preciso que os blocos de dados que contêm as linhas a serem retornadas, de acordo com o critério de pesquisa, estejam em memória, no database buffer cache.

São executados os seguintes passos:

1. A lista LRU é pesquisada para que os blocos de dados necessários sejam encontrados.
2. Caso não se encontrem em memória, o processo do servidor executa as leituras físicas necessárias e traz os blocos para a memória.
3. Em seguida, são feitas leituras lógicas em memória.

Nenhuma tabela ocupa menos de dois blocos de dados. Portanto, quando uma certa informação armazenada em uma tabela é requerida na memória, pelo menos dois blocos de dados são necessários: um bloco de cabeçalho e outro bloco com os dados.

Segmentos de rollback

Um segmento de rollback é uma porção de um Banco de Dados que registra as ações das transações dos usuários nos dados, para que possam ser desfeitas sob certas circunstâncias; é um objeto usado para gravar os dados alterados pelos processos dos usuários. Cada Banco de Dados deve possuir pelo menos um deles.

Um segmento de rollback é usado para permitir a consistência da leitura, recuperar um comando quando ocorre o dead-lock, recuperar uma transação até uma certa marca identificada por um SAVEPOINT, recuperar uma transação terminada por uma falha de processo de um usuário e desfazer todas as transações pendentes durante a recuperação de uma instância.

Cada transação deve ser assinalada a um segmento de rollback. Isto pode ser feito automaticamente, baseado em alguns critérios que o ORACLE possui, como pode ser feito manualmente pelos usuários através do comando:

```
SQL> ALTER SYSTEM USE ROLLBACK SEGMENT rbs_<numero>;
```

Onde:

RBS_<numero>   Nome do segmento de rollback.

Capítulo 1 – Banco de dados | 19

Operação envolvendo o comando UPDATE

Todas as operações de atualização de dados em um Banco de Dados envolvem os segmentos de rollback, para permitir a consistência da leitura, a recuperação das informações e permitir que uma transação ou um comando sejam desconsiderados ou desfeitos.

São executados os seguintes passos:

1. Os blocos de dados da tabela a ser alterada, com as linhas que sofrerão as alterações, são trazidos para a memória.

2. Os blocos de um segmento de rollback são alocados na mesma estrutura database buffer cache. Neste momento, o ORACLE aloca automaticamente um segmento de rollback disponível, ou algum especificado pelo comando ALTER SYSTEM USE ROLLBACK SEGMENT.

3. São feitos locks exclusivos nas linhas modificadas.

4. Os dados antigos são gravados em um bloco do segmento de rollback acionado anteriormente. Nele são armazenados também a identificação da transação do usuário que executou o comando UPDATE, o endereço da coluna com a especificação do bloco de dados acionado, a identificação do arquivo físico, e o número da linha e da coluna a serem alteradas em seguida.

5. As alterações são aplicadas nas linhas da tabela em cada um dos blocos de dados que as armazenam.

Caso o mesmo usuário que tenha executado um comando UPDATE pesquisar a tabela atualizada, ele enxergará sua alteração. Os outros usuários não a enxergarão, isto é, lerão apenas o valor antigo armazenado no segmento de rollback. Desta forma, mantém-se a consistência de leitura. Naturalmente, quando o usuário que executou o comando UPDATE efetivar as alterações com o comando COMMIT, todos os outros usuários passarão a enxergar as alterações feitas, exceto se algum outro estiver executando uma operação em andamento com o comando SELECT.

Consistência de leitura

Durante todo o processamento de um comando SQL, o ORACLE mantém uma consistência dos dados de uma tabela, de acordo com o momento em que o comando for inicializado.

Para o comando SELECT, o ORACLE marca o momento da sua execução como o instante a partir do qual a consistência de leitura é mantida.

A partir deste momento, quaisquer alterações feitas em uma tabela por outros usuários não são enxergadas pelo usuário que emitiu o comando SELECT, até que os outros usuários que atualizaram a tabela terminem suas transações, com os comandos COMMIT ou ROLLBACK.

Todas as alterações feitas são mantidas em segmentos de rollback alocados pelo ORACLE ou pelos próprios usuários. Para quem estiver lendo a tabela, o ORACLE lê os valores antigos no segmento de rollback apropriado, e não nos blocos de dados alterados.

20 | *SQL, PL/SQL, SQL*Plus*

A seguir, apresentamos o funcionamento deste mecanismo:

```
10 h 00 min SQL> UPDATE EMP ...;
```

Às dez horas, o usuário A executa o comando UPDATE, mas não efetiva as alterações.

```
10 h 01 min SQL> SELECT ... FROM emp;
```

Às dez horas e um minuto o usuário B pesquisa a tabela EMP. Ele não enxerga as alterações feitas pelo usuário A. Do segmento de rollback que registrou a alteração do usuário A é trazido o valor antigo às alterações, ocorrendo a consistência da leitura.

```
10 h 02 min SQL> COMMIT;
```

Às dez horas e dois minutos o usuário A efetiva sua transação. Como não existe nenhum processo de leitura em andamento e não foi utilizado comando SET TRANSACTION READ ONLY, os segmentos de rollback alocados são liberados.

```
10 h 03 min SQL> SELECT ... FROM emp;
```

Finalmente, às dez horas e três minutos o usuário B passa a enxergar as alterações feitas na tabela EMP pelo comando UPDATE do usuário A, pois a transação foi terminada e efetivada com o comando COMMIT.

Processo DBWR

O processo Database Writer (DBWR) gerencia o database buffer cache para que os processos dos usuários sempre localizem blocos livres para o processamento de seus comandos.

Ele escreve todos os buffers alterados para os arquivos de dados, usando o algoritmo LRU para manter os blocos mais utilizados em memória.

O DBWR adia ao máximo a escrita dos blocos alterados para a otimização do I/O em disco, o que é uma das principais causas para a queda da performance de um Banco de Dados.

O processo DBWR escreve os blocos alterados para o disco quando:

1. A dirty list ultrapassar um certo limite. Esta lista é usada no database buffer cache e contém os buffers alterados.
2. Um processo pesquisar um número específico de buffers na LRU sem encontrar um bloco livre.
3. Ocorrer o time-out, ou seja, quando um certo tempo limite for ultrapassado. Este tempo limite geralmente é de três segundos.
4. Ocorrer um checkpoint.

Configuração multi-threaded

O ORACLE pode ser configurado de três diferentes formas, para variar o número dos processos de usuários que podem estar conectados em cada processo do servidor.

Dedicated Server

Um processo servidor dedicado manuseia as requisições emitidas por um único usuário.

Este processo servidor é criado quando ocorre a conexão de um usuário com o ORACLE.

Multi-Threaded Server

A configuração Multi-Threaded Server do ORACLE permite que diversos processos de usuários conectados a uma instância possam compartilhar um conjunto de processos servidores disponíveis.

Estes processos servidores são fornecidos pelo ORACLE quando o usuário requisita um comando.

Combined User/Server Process

Nesta configuração os códigos de uma aplicação e do ORACLE são combinados em uma única tarefa.

Esta configuração é disponível em alguns sistemas operacionais, como o VMS.

Com a utilização apropriada destas configurações, podemos eventualmente melhorar o desempenho do Banco de Dados. Por isso, nessa sessão discutiremos a arquitetura multi--threaded, suas vantagens e a configuração do ambiente.

Quando devemos usar?

O uso do multi-threaded tem diversas vantagens em relação às outras configurações. Com ele podemos reduzir o número de processos em execução na instância e, desta forma, conseguimos aumentar o número de possíveis usuários. O número de processos desocupados pode ser drasticamente diminuído e teremos uma sensível melhora no uso da memória.

Somente em algumas situações especiais devemos usar a configuração de servidores dedicados. Para a execução de procedimentos em lote, com uma grande quantidade de comandos SQL e para nos conectarmos como INTERNAL (para fazermos o STARTUP, SHUTDOWN ou a recuperação do Banco de Dados, por exemplo), devemos usar os servidores dedicados. Também devemos fazê-lo em algumas situações incomuns envolvendo os dead-locks no ambiente multi-threaded.

Arquitetura multi-threaded

A primeira é caracterizada pela conexão dos usuários. Durante uma tentativa de conexão, um processo chamado LISTENER (que faz parte do SQL*Net versão 2) percebe a requisição e determina se o processo do usuário pode ou não usar um processo servidor compartilhado. Caso seja permitido, o LISTENER informa ao processo do usuário o endereço de um processo chamado despachante, ao qual permanecerá conectado enquanto durar a sua sessão. Quando o usuário requisita uma conexão dedicada, o LISTENER cria um processo servidor dedicado e o associa ao usuário. Esta facilidade somente é possível com a versão 2 do SQL*Net. As versões anteriores não suportam a facilidade do multi-threaded, ou seja, aceitam tão somente as conexões a processos servidores dedicados.

A segunda fase é caracterizada pela emissão dos comandos SQL por parte dos usuários. Quando um deles emite qualquer comando, esta requisição é recebida pelo processo despachante ao qual o usuário está conectado. Por sua vez, o despachante coloca a requisição em uma fila de requisições, ou fila de entrada, que se encontra na SGA. O primeiro processo servidor compartilhado que estiver disponível obtém a requisição na fila de entrada e o processa. Ao término do processamento, o processo servidor coloca a resposta em uma fila de respostas, única para o despachante ao qual o usuário estiver conectado. Finalmente, este despachante retorna a resposta ao usuário original.

A fila de entrada, que recebe todas as requisições dos usuários, é única na instância e é compartilhada por todos os despachantes. Esta fila é do tipo FIFO, ou seja, primeiro-que--entra-primeiro-que-sai (first-in-first-out). As filas de respostas são usadas para conter todas as respostas dos comandos SQL executados pelos processos servidores compartilhados. Cada um dos despachantes possui a sua própria fila de respostas.

O conteúdo da PGA e da SGA diferencia-se quando implementamos o uso dos processos servidores dedicados e compartilhados. A alocação de memória sem o multi-threaded, ou seja, na configuração convencional (dedicada), difere-se da multi-threaded, por que nesta, parte do conteúdo da PGA passa a residir na SGA; somente encontra-se originalmente na PGA um espaço para a pilha, que contém as variáveis usadas por um usuário. As informações sobre as sessões dos usuários, que inclui dados sobre a segurança e o uso dos recursos do ORACLE, assim como as informações sobre o estado dos cursores, passam a residir na SGA. Esta alteração na PGA e na SGA é totalmente transparente para os usuários. Podemos especificar o montante de memória na SGA a ser alocada para cada usuário através dos profiles, que controlam o uso dos recursos Banco de Dados.

Listener

É o processo que controla as conexões às instâncias. Podemos ter vários processos rodando em uma mesma máquina; entretanto, apenas um já é o suficiente, pois podemos configurá--lo para suportar diversas instâncias e diferenciados protocolos. Os tipos de conexões são determinados pelos protocolos usados pelos processos despachantes.

Existe um arquivo especial, denominado LISTENER.ORA, que usamos para a configuração do LISTENER. Geralmente ele encontra-se no diretório $ORACLE_HOME/NETWORK/ADMIN. Em alguns sistemas UNIX, este diretório default pode ser o /etc.

Registro das transações

O ORACLE registra todas as alterações feitas em um Banco de Dados na estrutura redo log buffer cache.

Um processo em background denominado LGWR escreve as informações destes buffers para o disco, sob certas circunstâncias.

Um outro processo em background, conhecido como ARCH, pode ser opcionalmente utilizado para armazenar as informações sobre as alterações feitas nos dados em outro dispositivo, sempre que um arquivo redo log for preenchido.

Somente um arquivo redo log é utilizado por vez, entretanto, em um Banco de Dados podem existir diversos arquivos de redo log. O seu número mínimo é de dois grupos, cada um deles podendo conter um ou mais arquivos.

Redo log buffer cache

O redo log buffer cache é uma estrutura de memória de uso circular, que contém buffers ou conjuntos de blocos ORACLE, com informações sobre todas as alterações feitas nos dados de um Banco de Dados. Estas informações são armazenadas sob a forma de entradas de redo log, e são usadas para reconstruir as informações dos segmentos alterados, inclusive os segmentos de rollback.

As entradas de redo log armazenam todas as alterações feitas em um Banco de Dados dentro da estrutura redo log buffer cache. São usadas para reconstruir ou descartar as alterações feitas nos dados quando uma recuperação for necessária, ou seja, armazenam a before image e a after image. Estes termos são usados para identificarmos os dados antes e depois de uma alteração.

Em situações especiais, podemos desejar não registrar as alterações nos arquivos de log. Por exemplo, na criação de um índice ou de uma tabela, e na carga de dados através do SQL*Loader; nos comandos de criação de tabelas e índices podemos usar a cláusula UN-RECOVERABLE.

O tamanho desta estrutura é determinado pelo parâmetro LOG_BUFFER.

Comando UPDATE e o redo log buffer

Como vimos, todas as alterações feitas nos dados são armazenadas como entradas de redo na estrutura redo log buffer cache.

Assim, a operação de UPDATE envolve realmente os seguintes passos:

1. Os blocos de dados da tabela a ser alterada com as linhas que sofrerão as alterações são trazidos para a memória, para dentro do database buffer cache.
2. Os blocos de um segmento de rollback são alocados na mesma estrutura. Neste momento, o ORACLE aloca automaticamente um segmento de rollback disponível, ou algum especificado pelo comando ALTER SYSTEM USE ROLLBACK SEGMENT.

24 | *SQL, PL/SQL, SQL*Plus*

3. São feitos locks exclusivos nas linhas a serem modificadas.

4. As imagens das informações antes e depois das modificações são acionadas para dentro do redo log buffer cache como entradas de redo log.

5. Os dados antigos são gravados em um bloco do segmento de rollback acionado anteriormente, juntamente com a identificação da transação do usuário que executou o comando UPDATE, o endereço da coluna com a especificação do bloco de dados acionado, a identificação do arquivo físico e o número da linha e da coluna a serem alteradas em seguida.

6. As alterações são aplicadas nas linhas da tabela em cada um dos blocos de dados que as armazenam.

Processo LGWR

O processo em background log writer (LGWR) escreve as entradas de redo log para o disco. Isto acontece quando:

1. Ocorre a efetivação de uma transação com o comando COMMIT.

2. A estrutura redo log buffer atinge aproximadamente 1/3 de seu tamanho.

3. O processo em background DBWR precisa limpar os blocos dos buffers para a ocorrência de um checkpoint.

4. Ocorre o time-out.

Em uma instância, existe somente um único grupo de arquivos redo log sendo utilizado para a escrita das entradas de redo log, da memória para o disco, simultaneamente, assim como somente um processo LGWR ativo. Enquanto uma transação não for registrada em um arquivo redo log o COMMIT emitido não é confirmado. Uma transação pode fazer com que outras transações sejam também gravadas nos arquivos redo log (piggy-backed, brincadeira conhecida entre nós como cavalinho), quando são efetivadas simultaneamente.

Quando um grupo for preenchido, ocorre o log switch, ou seja, o próximo grupo disponível passa a ser utilizado. Caso o banco opere no modo ARCHIVELOG, podemos usar os parâmetros LOG_ARCHIVE_BUFFER_SIZE e LOG_ARCHIVE_BUFFERS para melhorar a gravação dos mesmos para outro dispositivo.

Operação envolvendo o comando COMMIT

O comando COMMIT efetiva as alterações feitas nos dados por uma transação, tornando-as permanentes.

São executados os seguintes passos:

1. Um usuário emite o comando COMMIT para finalizar sua transação.

2. Um registro deste COMMIT é colocado no redo log buffer.

3. O processo em background LGWR grava as entradas de redo log dos buffers para o arquivo redo log correntemente em uso, se possível usando uma gravação multibloco.

Capítulo 1 – Banco de dados | 25

4. O usuário é notificado de que a transação foi efetivada.

5. Os locks nos recursos são liberados, assim como os blocos do segmento de rollback alocados para a transação do usuário.

Apesar de não fazerem parte do processo de COMMIT de uma transação, precisamos assinalar que os blocos de dados são marcados como alterados, e os blocos do segmento de rollback são liberados ou marcados como reutilizáveis e, eventualmente, o processo em background DBWR pode escrever os blocos de dados alterados do database buffer cache para os arquivos físicos em disco.

O processo LGWR registra permanentemente todas as alterações nos dados feitas pelas transações dos usuários, enquanto o DBWR adia ao máximo a escrita dos blocos alterados nas transações para diminuir o I/O, ou seja, reduzir o tempo de processamento da gravação dos blocos de dados alterados que se encontram na estrutura database buffer cache para os arquivos físicos em disco, melhorando, assim, a performance. O I/O é um dos aspectos que causam os maiores problemas e deve ser melhorado.

Os comandos COMMIT simultâneos dos usuários fazem com que as entradas de redo log para suas transações sejam gravadas juntas, em uma única operação de gravação física nos arquivos redo log. Além do mais, ocorre somente uma única operação de gravação de entradas redo log por transação, pois esta gravação ocorre no momento do COMMIT e este comando termina uma transação lógica. O tamanho de uma transação não afeta o tempo necessário para uma operação de COMMIT.

PARTE 2

SQL,
SQL*PLUS,
PL/SQL

Capítulo 2

Linguagem SQL em ação

SQL (Linguagem estruturada de consultas, pronunciado "SEQUEL") é um conjunto de comandos que programas e usuários usam para ter acesso aos dados dentro de um Banco de Dados ORACLE. Programas aplicativos e ferramentas ORACLE permitem aos usuários acesso ao Banco de Dados sem usar SQL diretamente, mas estas aplicações tem que usar SQL quando executando pedidos de consultas. Este capítulo aborda informações iniciais sobre a linguagem SQL usada pela maioria dos sistemas de Banco de Dados relacionais.

Tópicos abordados

- História SQL,
- Padrões SQL,
- Benefícios SQL,
- SQL embutido,
- Convenções ORACLE SQL,
- Ferramentas ORACLE que suportam SQL.

História SQL

Em 1970, E.F.Codd, nesta ocasião membro do Laboratório de pesquisa da IBM em San Jose, Califórnia, publicou um trabalho agora clássico, A Relational Model of Data for Large Shared Data Banks, um modelo relacional de dados para grandes Bancos de Dados compartilhados (Communications of the ACM, Vol.13, No. 6, junho de 1970), em que se estabeleceu um grupo de princípios abstratos sobre gerência de Banco de Dados: o assim chamado modelo relacional.

Todo o campo da tecnologia de Banco de Dados relacional tem suas origens neste trabalho. As idéias de Codd incentivaram experiências e pesquisas em universidades, laboratórios de pesquisa industrial e estabelecimentos semelhantes, que resultaram em diversos produtos relacionais, agora disponíveis no mercado.

Um aspecto em particular da referida pesquisa era o projeto de implementação de protótipo de uma série de linguagens relacionais. Uma linguagem relacional é uma linguagem que efetua, em alguma forma sintática ou concreta, alguma ou todas as características do modelo relacional abstrato. Diversas destas linguagens foram criadas no início e em meados dos anos 70.

Uma destas linguagens em particular foi a chamada SEQUEL ("Structured English Query Language" - Linguagem de pesquisa em inglês estruturado), definida por D.D. Chamberlin e outros (1974), no laboratório de Pesquisas da IBM em San Jose, Califórnia, e inicialmente implementada em um protótipo da IBM chamado SEQUEL-SRM (1974-75).

Em parte como resultado da experiência com o SEQUEL-XRM, foi definida em 1976-77 uma versão revisada do SEQUEL, chamada SEQUEL/2. (O nome foi subseqüentemente alterado para SQL por razões legais). Começou o trabalho em outro protótipo mais ambicioso da IBM, chamado System R. O System R., uma implementação de um grande subconjunto da linguagem SEQUEL/2 (ou SQL), tornou-se operacional em 1977, e foi posteriormente instalado em uma série de estabelecimentos, usuários, tanto internos à IBM quanto (sob um grupo de acordos comerciais de estudo) clientes selecionados da IBM.

Uma série de mudanças posteriores foram feitas à linguagem SQL durante a vida útil de projeto do System R, em parte como resposta às sugestões de usuários.

Em grande parte graças ao sucesso do System R, tornou-se aparente no final dos anos 70 que a IBM provavelmente desenvolveria um ou mais produtos baseados na tecnologia do System R - especificamente, produtos que implementassem a linguagem SQL. Como resultado, outros vendedores também começaram a construir seus próprios produtos baseados no SQL. De fato, pelo menos um destes produtos, a saber, o ORACLE, da Relational Software Inc. (que passou a se chamar Oracle Corporation), foi introduzido no mercado antes dos próprios produtos da IBM. Depois, em 1981, a IBM anunciou um produto SQL, chamado SQL/DS, para o ambiente DOS/VSE. A seguir, a IBM anunciou uma outra versão do SQL/DS para o ambiente VM/CMS (1982), e outra para MVS chamada DB2, altamente compatível com o SQL/DS (1983).

Nos anos seguintes, diversos outros vendedores também anunciaram produtos baseados no SQL. Estes produtos incluíam tanto produtos inteiramente novos, como o DG/SQL (Data General Corporation, 1984) e SYBASE (Sybase Inc., 1986), quanto interfaces do SQL para

Capítulo 2 – Linguagem SQL em ação | 31

produtos estabelecidos, como o INGRES (Relational Technology INc., 1981, 1985) e oIDM (Britton-Lee Inc., 1982). Há atualmente muitos produtos no mercado que dão suporte a algum dialeto do SQL, rodando em máquinas que cobrem toda a faixa desde microcomputadores até de grande porte. O SQL se tornou o padrão no mundo do Banco de Dados relacional.

Padrões SQL

O Instituto de padrões nacional americano (ANSI) adotou SQL como linguagem padrão para Banco de Dados relacionais, definido no documento ANSI X3.135-1989 ou ANSI SQL89. Este padrão substitui as versões anteriores ANSI X3.135-1986 e inclui características de integridade descritas no ANSI SQL. O padrão também foi adotado por estas organizações.

- International Standards Organization (ISO) no documento ISO9075-1989,
- United States Federal Government in tile Federal Information Processing Standard Publication (FIPS PUB) 127.

ANSI também adotou um padrão para SQL embutido, definido no documento ANSI X3.168-1989.

Todos os principais sistemas gerenciadores de Banco de Dados relacional apóiam de alguma forma a SQL, e a maioria pretende obedecer ao padrão ANSI SQL89.

Benefícios SQL

Este livro descreve muitas das razões para a aceitação SQL pelos fabricantes de Banco de Dados relacional, como também os usuários finais. Seus recursos beneficiam todos os alcances de usuários, inclusive programadores de aplicativos, administradores de Banco de Dados e usuários finais.

SQL é uma linguagem não-procedural porque:

- Os processamentos nos registros são feitos de uma vez,
- Fornece navegação automática dos dados.

SQL lhe permite trabalhar com estruturas de dados de níveis mais altos. Em vez de manipular registros únicos, você administra grupos de registros. Comandos SQL aceitam comandos ou registros como entrada e retornam grupos como saída.

SQL não requer um método específico de acesso para os dados. Esta característica facilita ao desenvolvedor se concentrar em obter os resultados desejados. Todas as declarações SQL usam otimizadores, uma parte do ORACLE que determina os meios mais rápidos de ter acesso aos dados especificados. O otimizador conhece os índices e os usa adequadamente. Quando acessamos uma tabela, não precisamos saber sobre os índices.

Uma linguagem para todos os usuários

SQL é usado para todos os tipos de atividades de Banco de Dados e por todos os tipos de usuários, incluindo:

- Administradores de sistemas,
- Administradores de Banco de Dados,
- Administradores de segurança,
- Programadores de aplicativos,
- Muitos outros tipos de usuários finais.

SQL oferece um aprendizado fácil aos seus comandos, que são consistentes e aplicáveis para todos os usuários. Os comandos SQL básicos podem ser aprendidos em algumas horas, e até mesmo os comandos mais avançados podem ser dominados em poucos dias.

Linguagem unificada

SQL oferece comandos para uma variedade de tarefas, incluindo:

- Consulta a dados,
- Manipulação de registros em tabelas,
- Manipulação de objetos,
- Acesso controlado ao Banco de Dados e seus objetos,
- Consistência ao Banco de Dados garantindo a integridade.

Linguagem comum para todos os bancos de dados relacionais

Tendo todos os principais sistemas gerenciadores de Banco de Dados relacionais apoiando SQL, você pode transferir todas as suas habilidades e conhecimentos adquiridos com a linguagem SQL de um Banco de Dados para outro. Além disso, programas escritos em SQL são portáveis, eles podem ser incorporados entre Bancos de Dados diferentes, com nenhuma ou pouca modificação.

Capítulo 3

Elementos SQL

Este capítulo contém informações de referência aos elementos básicos SQL que aparecem em comandos SQL. Antes de usar quaisquer dos comandos descritos no Capítulo 4, Comandos, você deveria se familiarizar com os conceitos cobertos neste capítulo:

- Schema objects,
- Regras e diretrizes para nomear objetos,
- Regras e diretrizes para se referir a objetos,
- Literals,
- Tipo de dados,
- Nulls,
- Pseudocolunas,
- Comentários.

34 | *SQL, PL/SQL, SQL*Plus*

Schema objects

Um schema é uma coleção de estruturas lógicas de dados, ou objetos de schema.

Um schema é possuído por um usuário de Banco de Dados. Cada usuário possui um único schema. Schema Objects pode ser criado e manipulado com SQL, e inclui os seguintes tipos de objetos:

- Agrupamentos (clusters),
- Vínculos de Banco de Dados (database links),
- Funções armazenadas standalone *,
- Índices (indexes),
- Pacotes (packages) *,
- Procedimentos standalone *,
- Seqüências,
- Snapshots *+,
- Snapshots logs *,
- Sinônimos,
- Tabelas,
- Triggers *,
- Visualizações (views),

* Estes objetos só estão disponíveis com a opção processual ORACLE.

+ Estes objetos só estão disponíveis com a opção distribuída ORACLE.

Também são armazenados outros tipos de objetos no Banco de Dados e podem ser criados e manipulados com SQL, mas estão contidos em um schema:

- Perfis (profiles),
- Papéis (roles),
- Segmentos rollback,
- Tablespaces.

A maioria destes objetos ocupa espaço no Banco de Dados.

Neste manual, cada tipo de objeto é definido no Capítulo 4, Comandos, na seção que descreve o comando CREATE. Estes comandos começam com o palavra-chave "CREATE". Por exemplo, para a definição de um cluster, veja o comando CREATE CLUSTER.

Partes de objetos

Alguns objetos são compostos de partes que você também tem que nomear, como:

- Colunas em uma tabela ou visão,
- Integridade de constraints em uma tabela,

Capítulo 3 – Elementos SQL | 35

- Packages procedures, packages stored function, e outros objetos armazenados dentro de um pacote.

Objetos nomeados e partes

Esta seção lhe mostra como nomear objetos e partes. Este tópico discute:

- Regras para nomear objetos,
- Diretrizes para nomear objetos,

Certas palavras não podem ou não devem ser usadas como nomes de objeto, porque têm significados especiais SQL. Esta seção também lista estas palavras.

Objetos que nomeiam regras

Esta seção lista regras para nomes de objetos e as partes destes. As regras listadas nesta seção também se aplicam a nomes de usuários de Banco de Dados.

1. Nomes devem ser de 1 a 30 bytes longos com estas exceções:
   - Nomes de Bancos de Dados são limitados a 8 bytes.
   - Nomes de vínculos de Banco de Dados podem ser de128 bytes.
2. Nomes não podem conter marcas de cotação.
3. Nomes não são case-sensitive (maiúsculas/minúsculas).
4. Um nome tem que começar com um caractere alfabético.
5. Nomes devem conter somente caracteres alfanuméricos, sendo que os caracteres $, e # são permitidos, mas ORACLE desencoraja o uso destes.
   - Se seu conjunto de caracteres de Banco de Dados contém caracteres de multi byte, a Oracle recomenda que cada nome para um usuário ou um role contenha um caractere de único byte, pelo menos.
   - Nomes de vínculos de Banco de Dados também podem conter os caracteres . (ponto) e @ (arroba).
6. Um nome não pode ser uma palavra reservada ORACLE. A lista seguinte contém estas palavras reservadas. Palavras seguidas por um asterisco (*) também são palavras reservadas ANSI.

Palavras reservadas

ACCESS	AS*	CHECK*
ADD	ASC*	CLUSTER
ALL*	AUDIT	COLUMN
ALTER	BETWEEN	COMMENT
AND*	BY*	COMPRESS
ANY*	CHAR*	CONNECT

36 | SQL, PL/SQL, SQL*Plus

CREATE*

CURRENT*

DATE

DECIMAL*

DELETE*

DEPAULT*

DESC*

DISTNCT*

DROP

ELSE

EXCLUSIVE

EXISTS*

FILE

FLOAT*

FOR*

FROM *

GRANT*

GROUP*

HAVING*

IDENTIFIED

IMMEDIATE

IN*

INCREMENT

INDEX

INITIAL

INSERT*

INTEGER*

INTERSECT

INTO*

IS*

LEVEL

LIKE*

LOCK

LONG

MAXEXTENTS

MINUS

MODE

MODIFY

NOAUDIT

NOCOMPRESS

NOT*

NOW AIT

NULL*

NUMBER

OFFLINE

ON*

ONLINE

OP*

OPTION*

OR*

ORDER*

PCTFREE

PRIOR

PRIVILEGES*

PUBLIC*

RAW

RENAME

RESOURCE

REVOKE

ROW

ROWID

ROWLABEL

ROWNUM

ROWS

SELECT*

SESSION

SET*

SHARE

SIZE

SMALLINT*

START

SUCCESSFUL

SYNONYM

SYSDATE

TABLE*

THEN

TO*

TRIGGER

UID

UMON*

UMQUE*

UPDATE

USER*

VALL DATE

VALUES*

VARCHAR

VARCHAR2

WHENEVER*

WHERE*

WITH*

Capítulo 3 – Elementos SQL | 37

7. A palavra DUAL não deve ser usada como um nome para um objeto ou parte. DUAL freqüentemente é o nome de uma tabela interna de testes para acessos pelo SQL*Plus.

8. A linguagem ORACLE SQL contém outras palavras-chave que tem significados especiais. Estas palavras-chave não são reservadas; então você pode a usá-las como nomes para objetos e partes de objeto. Porém, usá-las como nomes pode fazer suas declarações SQL mais difíceis para você interpretar.

A seguinte lista contém palavras-chave. Palavras-chave marcadas com asteriscos (*) também são palavras reservadas ANSI. Para máxima portabilidade de códigos para outras implementações SQL, não use estas palavras como nomes de objetos.

ADMIN	CONTNUE*	FORCE
AFTER	CONTROLFILE	FOREIGN*
ALLOCATE	COUNT*	FORTRAN*
ANALYZE	CURSOR*	FOUND*
ARCHWE	CYCLE	FREELIST
ARCHWELOG	DATABASE	FREELISTS
AUTHORIZATION*	DATAFILE	FUNCTION
AVG*	DBA	GO*
BACKUP	DEC*	GOTO*
BECOME	DECLARE*	GROUPS
BEFORE	DISABLE	INCLUDING
BEGIN*	DISMOUNT	INDICATOR*
BLOCK	DOUBLE*	INIT*
BODY	DUMP	INITRANS
C*	EACH	INSTANCE
CACHE	ENABLE	KEY*
CANCEL	END*	LANGUAGE*
CASCADE	ESCAPE*	LAYER
CHANGE	EVENTS	LINK
CHARACTER*	EXCEPT	LISTS
CHECKPOINT	EXCEPTIONS	LOGFILE
CLOSE*	EXEC*	MANAGE
COBOL*	EXECUTE	MANUAL
COMMIT*	EXPLAIN	MAX*
COMPILE	EXTENT	MAXDATAFILES
CONSTRAINT	EXTERNALLY	MAXINSTANCES
CONSTRAINTS	FETCH*	MAXLOCFILES
CONTENTS	FLUSH	MAXLOGHISTORY

38 *SQL, PL/SQL, SQL*Plus*

MAXLOGMEMBERS	PRIVATE	TRACING
MAXTRANS	PROCEDURE*	TRANSACTION
MAXVALUE	PROFILE	TRIGGERS
MIN*	QUOTA	TRUNCATE
MINVALUE	READ	UNDER
MJNEXTENTS	REAL*	UNLIMITED
MODULE*	RECOVER	UNTIL
MOUNT	REIERENCES*	USE
NEW	REPERENCING	USING
NEXT	RESETLOGS	WHEN
NOARCHIVELOG	RESTRICTED	WORK*
NOCACHE	REUSE	WRITE
NOCYCLE	ROLE	
NOMAXVALUE	ROLES	
NOMINVALUE	ROLLBACK*	
NONE	SAVEPOTNT	
NOORDER	SCHEMA*	
NORESETLOGS	SCN	
NORMAL	SECTION*	
NOSORT	SEGMENT	
NUMERI	SEQUENCE	
OFF	SHARED	
OLD	SNAPSHOT	
ONLY	SORT	
OPEN*	SQL*	
OPTIMAL	SQLCODE*	
OWN	SQLERROR*	
SOME*	STATEMENT_ID	
PACKAGE	STATISTICS	
PARALLEL	STORAGE	
PASCAL	SUM*	
PCTINCREASE	SWITCH	
PCTUSED	SYSTEM	
PLAN	TABLES	
PLI*	TABLESPACE	
STOP	TEMPORARY	
PRECISION*	THREAD	
PRIMARY*	TIME	

Capítulo 3 – Elementos SQL | 39

9. Um nome pode ser fechado em aspas. Tais nomes podem conter qualquer combinação de caracteres. Tais nomes também podem incluir espaços.

Você pode querer incluir um nome em aspas duplas por quaisquer destas razões:

- Se você quer isto para conter espaços,
- Se quer isto para ser case-sensitive,
- Se quer começar com um caractere diferente de um caractere alfabético, como um caractere numérico,
- Se quer isto para conter caractere diferente de caractere alfanumérico e $, e #,
- Se quer usar uma palavra reservada como um nome,

Incluindo nomes em aspas duplas, temos diferentes combinações:

emp

"emp"

"Emp"

"EMP "

Porém, ORACLE interpreta estes mesmos nomes igualmente; assim, eles não podem ser usados para objetos diferentes no mesmo namespace.

Datatypes

Cada literal ou valor de campo manipulado através do ORACLE tem um datatype (tipo de dados).

Um datatype de valor associa um conjunto de propriedades com o valor.

Estas propriedades informam ORACLE para tratar valores de um datatype diferentemente dos valores do outro. Por exemplo, você pode somar tipos de dados numéricos, mas não valores de tipos de dados RAW.

Quando você cria uma tabela ou cluster, deve especificar um tipo de dado para cada uma de suas colunas. Quando cria uma procedure ou stored function, deve especificar um tipo de dado interno para cada um de seus argumentos. Estes tipos de dados definem o domínio de valores que cada campo pode conter ou cada argumento pode ter. Por exemplo, campos DATE não podem aceitar o valor 29 de fevereiro. Cada valor subseqüentemente colocado em um campo assume o tipo de dado da coluna. Por exemplo, se você insere 'O1-JAN-92' em um campo DATE, o ORACLE trata 'O1-JAN-92' como uma string de caractere, como um valor de DATA, depois de verificar que isto é traduzido para uma data válida.

A próxima tabela define os tipos de dados internos ORACLE. O resto desta seção descreve estes tipos de dados em detalhes.

40 | *SQL, PL/SQL, SQL*Plus*

Resumo de tipos de dados internos

CÓDIGO	DATATYPE	DESCRIÇÃO
1	VARCHAR2(size)	Caractere de tamanho variável, que tem tamanho máximo de 4000 caracteres. Você deve especificar qual será o tamanho para VARCHAR2.
2	NUMBER(p,s)	Numérico que tem precisão p e escala s. O valor para precisãop pode variar entre 1 e 38. A escala s pode variar entre −84 e 127.
8	LONG	Caractere de tamanho variável até 2 gigabytes, ou 231 - 1
13	DATE	Alcance de datas válido de 1 de janeiro de 4712 AC até 31 de dezembro de 4712 DC.
23	RAW(size)	Armazena dados binários com o comprimento fixo entre 1 e 2000 bytes. Definimos o número de bytes no parâmetro size. O tipo de dados RAW ainda existe para manter compatibilidade com aplicações já existentes. Para novas aplicações, sugere-se que seja utilizado o tipo de dado BLOB ou BFILE para armazenamento de dados binários.
24	LONG RAW	Armazena dados binários com o comprimento variável até 2 gigabytes. O tipo de dados LONG RAW ainda existe para manter compatibilidade com aplicações já existentes. Para novas aplicações sugere-se que seja utilizado o tipo de dado BLOB ou BFILE para armazenamento de dados binários.
69	ROWID	String hexadecimal representando um endereço único na tabela. Este datatype é usado principal mente para retornar valores devolvidos pela pseudocoluna ROWID.
96 mo	CHAR(size)	String de tamanho fixa, tendo um tamanho máximo de 255 caracteres.
106	MLSLABEL	Formato binário de uma etiqueta de sistema operacional.

Conversão de dados

Geralmente uma expressão não pode conter valores de tipos de dados diferentes. Por exemplo, uma expressão não pode multiplicar 5 por 10 e então pode somar 'DIRO'. Porém, ORACLE suporta a conversão implícita e explícita de valores de um datatype para outro.

Automaticamente, o ORACLE converte um valor de um datatype para outro, quando tal conversão faz sentido. Por exemplo, embora a string '10' tem datatype CHAR, automaticamente o ORACLE converte para o datatype NUMBER. Condições também podem conter valores de tipos de dados diferentes. Em tais casos, ORACLE freqüentemente converte valores de um tipo de dado para outro. Nesta declaração, o ORACLE converte '7936 ' para 7936:

```
SELECT ename FROM emp WHERE empno = '7936'
```

Nesta declaração, o ORACLE converte '12-MAR-1993' para um valor de DATA usando o formato padrão de data 'DD-MON-YYYY':

```
SELECT ename FROM emp
WHERE hiredate '12-MRR-1993'
```

Nesta declaração, o ORACLE converte '00002514.0001.0001' para um valor ROWID:

```
SELECT ename FROM emp WHERE ROWID = '00002514.0001.0001'
```

Funções SQL para conversão de tipos de dados

TO FROM	CHAR	NUMBER	DATE	RAW	ROWID
CHAR	Desnecessário	TO_NUMBER	TO_DATE	HEXTORAW	CHARTOROWID
NUMBER	TO_CHAR	Desnecessário	TO_DATE (number, 'J')		
DATE	TO_CHAR	TO_CHAR (date,'J')	Desnecessário		
RAW	RAWTOHEX			Desnecessário	
ROWID	ROWIDTOCHAR				Desnecessário

Nulls (nulos)

Se em um registro falta um valor para uma coluna, é dito que a coluna contém um valor nulo. Nulos podem aparecer em campos de qualquer tipo de dados, que não são restritos por constraints de integridades NOT NULL ou PRIMARY KEY. Use um null quando o valor atual é desconhecido ou quando um valor não seria significante.

Não use null para representar um valor de zero, porque eles não são equivalentes. Qualquer expressão aritmética que sempre contém um null avalia nulo. Por exemplo, null somado a 10 é null. De fato, todos os operadores (menos concatenação) retornam nulo quando determinado um operando null.

Nulos em funções SQL

Todas as funções escalares (menos NVL e TRANSLATE) retornam nulo quando for determinado um argumento null. A função NVL pode ser usada para devolver um valor quando um null acontece. Por exemplo, a expressão NVL(COMM,0) retorna 0 se COMM é NULL ou o valor de COMM não é nenhum null.

42 | *SQL, PL/SQL, SQL*Plus*

A maioria dos grupos de funções ignoram nulls. Por exemplo, considere uma questão que calcula a média de cinco valores 1000, null, null, null, e 2000. Uma consulta ignora os nulos e calcula a média, sendo (1000+2000)/2 = 1500.

Nulos com operadores de comparação

Para testar nulos, use somente os operadores de comparação IS NULL e IS NOT NULL. Se você usa qualquer outro operador com nulls, e o resultado depende do valor do null, o resultado é desconhecido. Porque null representa uma falta de dados, um null não pode ser igual ou desigual a qualquer valor ou para outro null. Porém, note que ORACLE considera que dois nulls são iguais quando usado DECODE.

Condições com nulls

ORACLE trata condições que avaliam valores desconhecidos como FALSO. Por exemplo, desde a condição COMM = NULL sempre é desconhecido, uma declaração SELECT com esta condição em seu WHERE retorna desta cláusula nenhum registro. Note que ORACLE não retorna nenhuma mensagem de erro neste caso.

Pseudocolunas

Uma pseudocoluna se comporta como uma coluna de tabela, mas não é armazenado de fato na tabela. Você pode selecionar pseudocolunas, mas não pode inserir, atualizar, ou apagar seus valores. Esta sessão descreve estas pseudocolunas:

- CURRVAL
- NEXTVAL
- LEVEL
- ROWID
- ROWNUM

CURRVAL e NEXTVAL

Uma seqüência é um objeto de schema que pode gerar valores seqüentes, sem valores repetidos. Estes valores são freqüentemente usados para chaves primárias. Você pode se referir a valores de seqüência em declarações SQL com estas pseudocolunas:

CURRVAL   retorna o valor atual de uma seqüência.

NEXTVAL   incrementa a seqüência aumentando seu valor.

Você pode acionar CURRVAL e NEXTVAL com o nome da seqüência:

Sequencia.CURRVAL

Sequencia.NEXTVAL

Para se referir ao valor atual ou próximo de uma seqüência no schema de outro usuário, deve ter sido concedido a você qualquer privilégio de objeto SELECT na seqüência ou privilégio de sistema SELECT ANY SEQUENCE.

Schema.sequencia.CURRVAL

Schema.sequencia.NEXTVAL

Para se referir ao valor de uma seqüência em um Banco de Dados remoto, você deve saber qual seqüência, com um nome completo ou parcial de um vínculo de Banco de Dados:

Schema.sequencia.CURRVAL@dblink

Schema.sequencia.NEXTVAL@dblink

Também dentro de uma única declaração SQL, todas as sucessões de referências, colunas LONGAS, tabelas atualizadas e tabelas fechadas devem ser localizadas no mesmo Banco de Dados.

Quando você cria uma seqüência, pode definir seu valor inicial e o incremento entre seus valores. A primeira referência para NEXTVAL devolve o valor inicial da seqüência. Referências subseqüentes para incremento do valor de NEXTVAL são acrescidos de 1 e devolvem um valor novo. Qualquer referência para CURRVAL sempre retorna o valor atual da seqüência. Note que antes de usar CURRVAL para uma seqüência em sua sessão, você tem que incrementar a seqüência primeiro com NEXTVAL.

Você modifica o incremento uma vez em uma seqüência numa única declaração de SQL. Se um comando contém mais de uma referência para NEXTVAL para uma seqüência, o ORACLE incrementa somente uma vez. Se uma declaração contém referências para CURRVAL e NEXTVAL, ORACLE incrementa a seqüência e acréscimos para CURRVAL e NEXTVAL.

Uma seqüência pode ter acesso concorrente por usuários sem tempo de espera ou fechamento da tabela atual.

Exemplo I

Este exemplo seleciona o valor atual da seqüência de empregados:

```
SELECT empseq.curval FROM DUAL;
```

Exemplo II

Este exemplo incrementa a seqüência de empregados, e usa seu valor para um novo registro inserido na tabela EMP:

```
INSERT INTO emp
  VALUES (empseq.nextval, 'DIRO', 'NICE', 0204, SYSDATE,
          9991, NULL, 26);
```

44 | *SQL, PL/SQL, SQL*Plus*

ROWID

Para cada linha no Banco de Dados, a pseudocoluna ROWID devolve o endereço de um registro. ROWID contém o valor necessário para localizar um registro na tabela.

Valores da pseudocoluna ROWID têm o datatype ROWID. Valores de ROWID têm vários usos importantes:

- São mais rápidos ao acesso de registros,
- Podem mostrar como os registros estão armazenados,
- Identificam registros únicos em tabelas.

É recomendado que você não use ROWID como chave primária de sua tabela. Se você apaga e insere registros com os utilitários Import e Export, sua ROWID sofre mudanças. Embora possa usar a pseudocoluna ROWID no SELECT e WHERE em uma consulta, estes valores de pseudocoluna não são armazenados de fato no Banco de Dados. Você não pode inserir, atualizar, ou apagar um valor ROWID.

Exemplo:

Esta declaração seleciona o endereço de todos os registros que contém dados para employees no departamento 20:

```
SELECT ROWID, ename FROM emp WHERE deptno = 20;

ROWID                         ENAME
----------------------------  ---------------------
0000000F.0000.0002            SMITH
0000000F.0003.0002            JONES
0000000F.0007.0002            SCOTT
0000000F.000A.0002            ADAMS
0000000F.000C.0002            FORD
```

ROWNUM

Para cada registro retornado por uma consulta, a pseudocoluna ROWNUM retorna um número que indica a ordem na qual ORACLE seleciona o registro de uma tabela ou grupo de registros. O primeiro registro selecionado tem um ROWNUM 1, o segundo tem 2, e assim por diante.

Você pode usar ROWNUM para limitar o número de registros retornados por uma consulta, como neste exemplo:

```
SELECT * FROM emp WHERE ROWNUM < 10;
```

Você também pode usar ROWNUM para nomear valores sem igual a cada registro de uma tabela, como neste exemplo:

```
UPDATE tabx SET coll = ROWNUM;
```

ORACLE nomeia um valor ROWNUM a cada registro como é recobrado; antes que sejam ordenados por ORDER BY, a cláusula ORDER BY não afeta o ROWNUM de cada registro

Capítulo 3 – Elementos SQL | 45

Comentários

Você pode usar comentários em declarações SQL e objetos de schema.

Comentários dentro de declarações SQL

Comentários dentro de declarações SQL não afetam a execução dos comandos, pelo contrário, podem fazer seu código mais fácil para interpretação e manutenção.

Utilidades

Você pode incluir um comentário em uma declaração que usa qualquer um destes meios:

- Comece o comentário com /*. Proceda com o texto do comentário. Este texto pode ter múltiplas linhas. Termine o comentário com */. Os caracteres de abertura e fechamento precisam estar separados do texto por um espaço em branco.

- Comece o comentário com — (dois hífens). Proceda com o texto do comentário. Este texto não pode ultrapassar mais que uma linha. Não há necessidade de finalizar o comentário com dois hífens no final da linha.

Uma declaração SQL pode conter comentários múltiplos de ambos os estilos. O texto de um comentário pode conter qualquer caractere imprimível.

Você pode usar comentários em uma declaração de SQL para passar instruções, ou HINTS para o otimizador do ORACLE. O optimizer usa estas sugestões para escolher um plano de execução para a declaração.

Exemplo

Estas declarações contém muitos comentários:

```
SELECT ename, sal + NVL(comm,0), job, lot
/ * selecione todos funcionários onde salário
seja maior que o de JONES */

FROM    emp, dept
/* A tabela DEPT é usada para obter o nome do departamento */

WHERE   emp.deptno = dept.deptno
AND     sal + NVL(comm,0) >
/* Vamos usar uma subconsulta */
        (SELECT  sal + NVL(comm,0) /* Total é sal + comm */
        FROM     emp
        WHERE    ename = 'JONES');

SELECT   ename,               — Selecione o nome
         Sal + NVL(comm,0)    — salário total
         Job                  — trabalho
         Loc                  — e cidade que está o escritório
FROM     emp,
         dept
```

46 | *SQL, PL/SQL, SQL*Plus*

```
WHERE     emp.deptno = dept.deptno
AND       sal + NVL(comm, 0) >
          (SELECT sal + NVL(comm,0)
          FROM    emp
          WHERE   ename = 'JONES');
```

Capítulo 4

Operadores, funções, expressões, condições

Este capítulo descreve métodos para manipular rotinas de dados individuais. Por exemplo, os operadores de aritmética padrão, adição e subtração são discutidos, como também funções menos comuns, como valor absoluto ou tópicos de tratamento de strings:

Operadores

Um operador é usado para manipular itens de dados individuais e retornar um resultado. Estes itens são chamados de operadores ou argumentos. Operadores são representados através de caracteres especiais ou através de palavras-chave. Por exemplo, o operador de multiplicação é representado por um asterisco (*) e o operador que testa valores nulos é representado pelas palavras-chave IS NULL. As tabelas nas seções seguintes deste capítulo listam os operadores SQL.

Operadores binários e unários

Há duas classes gerais de operadores:

Unários:

Um operador unário trabalha somente em um operando. Um operador unário aparece tipicamente neste formato:

Operador operando

Binário:

Um operador binário trabalha em conjunto em dois operandos. Um operador binário aparece com seus operandos neste formato:

Operando1 operador operando2

Outros operadores com formatos especiais aceitam mais de dois operandos. Se um operador é determinado um operador nulo o resultado sempre é nulo. O único operador que não segue esta regra é o operador de concatenação (| |) barra vertical.

Precedência

Uma propriedade importante de um operador é sua precedência. Precedência é a ordem na qual o ORACLE avalia os operadores diferentes na expressão SQL. Quando avaliando uma expressão que contém os operadores múltiplos, ORACLE avalia os operadores com precedência mais alta, antes de avaliar esses com uma precedência mais baixa.

Esta tabela mostra os operadores em seus níveis de precedência SQL, sendo que estão representados do nível mais alto para o nível mais baixo.

MAIOR PRECEDÊNCIA
Operadores aritméticos unários + -
Operadores aritméticos * /
Operadores aritméticos binários + -
Todos operadores de comparação
Operador lógico NOT
Operador lógico AND
Operador lógico OR
MENOR PRECEDÊNCIA

Capítulo 4 – Operadores, funções, expressões, condições | 49

Você pode usar parênteses em uma expressão para anular precedência de operador. ORACLE avalia expressões dentro de parênteses antes de avaliar os externos.

SQL também suporta os operadores fixos (UNION, UNION ALL, INTERSECT e MINUS) que combinam grupos de registros retornados por consultas, em lugar de dados individuais. Todos os operadores fixos têm precedência igual.

Exemplo

Considere esta expressão:

1 + 2 * 3

A multiplicação tem uma precedência mais alta do que a adição, então o ORACLE primeiro multiplica 2 por 3 e então soma o resultado com 1.

Operadores aritméticos

Você pode usar um operador aritmético em uma expressão negativa, adição, subtração, multiplicação e divisão para valores numéricos. O resultado da operação também é um valor numérico. Alguns destes operadores também usam cálculos com datas.

Lista de operadores aritméticos

OPERADOR	DESCRIÇÃO	EXEMPLO
+ -	Denotam uma expressão positiva ou negativa. Estes são os operadores unários.	SELECT * FROM orders WHERE qtysold = -1 SELECT * FROM emp WHERE –sal < 0
* /	Multiplicação e divisão. Estes são operadores binários.	UPDATE emp SET sal = sal * 1.1
+ -	Adição e subtração. Estes são operadores binários.	SELECT sal + comm FROM emp WHERE sysdate – hiredate > 365

Não use sinais de menos sucessivos sem separação (-) em expressões de aritmética para indicar negação dupla ou a subtração de um valor negativo. O caractere (—) é usado para começar comentários dentro de rotinas SQL. Você deve separar os símbolos de menos sucessivos com um espaço ou um parêntese.

Operadores caractere

Operadores de caractere são usados em expressões para manipular conjuntos de caracteres. A tabela abaixo lista o único operador de caractere

OPERADOR	DESCRIÇÃO	EXEMPLO
||	Usado para concatenar strings.	SELECT'Nome:'||enameFROMemp

O resultado de concatenar dois ou mais grupos de caracteres é outro grupo de caracteres. Se ambos os grupos de caracteres são do tipo de dados CHAR, o resultado tem um datatype CHAR limitado a 255 caracteres. Se qualquer grupo é do tipo de dados VARCHAR2, o resultado tem um datatype VARCHAR2 e é limitado a 4000 caracteres. Na maioria das plataformas, o operador de concatenação são duas barras verticais sólidas, como mostrado na tabela acima. Porém, algumas plataformas IBM usam barras verticais quebradas para este operador. Também, você pode concatenar grupos de caractere com o caractere função CONCAT.

Operadores de comparação

Operadores de comparação são usados em condições que comparam uma expressão com outra. O resultado de comparar uma expressão com outra pode ser VERDADEIRO, FALSO, ou desconhecido.

Operadores de comparação

OPERADOR	DESCRIÇÃO	EXEMPLO
=	Testa equivalentes.	SELECT * FROM emp WHERE sal = 1500
!=, ^=, -=, <>	Testa diferentes. Alguns destes operadores podem não estar disponíveis em algumas plataformas.	SELECT * FROM emp WHERE sal != 1500
>	"Maior que"	SELECT * FROM emp WHERE sal > 1500
<	"Menor que"	SELECT * FROM emp WHERE sal < 1500
>=	"Maior ou igual a"	SELECT * FROM emp WHERE sal >= 1500
<=	"Menor ou igual a"	SELECT * FROM emp WHERE sal <= 1500

Capítulo 4 – Operadores, funções, expressões, condições | 51

Operadores de comparação (continuação)

OPERADOR	DESCRIÇÃO	EXEMPLO
IN	Igual a qualquer membro da tabela de teste.	SELECT * FROM emp WHERE job IN ('CLERK', 'ANALYST') SELECT * FROM emp WHERE sal IN (SELECT sal FROM emp WHERE deptno = 30)
NOT IN	Equivalente a " !=ALL ". Desigual de qualquer membro da tabela de teste.	SELECT * FROM emp WHERE sal NOT IN (SELECT sal FROM emp WHERE deptno = 30) SELECT * FROM emp WHERE job NOT IN ('CLERK', 'ANALYST')
ANY, SOME	Compara um valor para cada valor em uma lista ou devolve para uma consulta.	SELECT * FROM emp WHERE sal = ANY (SELECT sal FROM emp WHERE deptno = 30)
ALL	Compara um valor para cada valor em uma lista ou devolve para uma consulta. Tem que ser precedido por =, !=, >, <, <= ou >=.	SELECT * FROM emp WHERE sal >= ALL (1400,3000)
[NOT] BETWEEN x AND y	[NOT] Maior que ou igual a x e menos que ou igual a y	SELECT * FROM emp WHERE sal BETWEEN 2000 AND 3000
EXISTS	TRUE se uma subquery retornar no mínimo um registro	SELECT dname, deptno FROM emp WHERE EXISTS (SELECT * FROM emp WHERE dept.deptno = Emp.deptno)
x [NOT] LIKE y [ESCAPE z]	Operador de comparação. Veja mais detalhes na seção Operador LIKE.	
IS [NOT] NULL	Testa nulos. Este operador é usado somente para testar se existem nulos dentro de uma rotina SQL.	SELECT * FROM emp WHERE comm IS NULL

Operador NOT IN

Todos os registros avaliam para falso (e nenhum registro é retornado) se qualquer item na lista que segue uma operação NOT IN for nulo. Por exemplo, esta declaração retorna 'TRUE':

```
SELECT 'TRUE'
   FROM emp
   WHERE deptno NOT IN (5,15);
```

52 | SQL, PL/SQL, SQL*Plus

Porém, esta declaração não devolve nenhum registro:

```
SELECT 'TRUE'
  FROM emp
  WHERE deptno NOT IN (5,15, NULL);
```

Este exemplo não devolve nenhum registro, porque a cláusula WHERE avaliou:

deptno ! = 5 AND deptno ! = 15 AND deptno != null

Porque todas as condições que comparam um resultado de nulo em nulo, a expressão inteira resulta em um nulo. Este comportamento pode ser negligenciado facilmente, especialmente quando o NOT IN faz referências de operador em uma subquery.

Operador LIKE

O operador LIKE é usado em comparações de strings de caractere. A sintaxe para uma con-dição que usa o operador LIKE é mostrada neste diagrama:

Condição LIKE (Forma VII) :: =

```
>> ----- char1 --------------- LIKE char2 ------------------------->< 
            |--- NOT ---|                    |--- ESCAPE 'c' ---|
```

onde:

char1   é um valor a ser comparado com outro valor. Este valor pode ser do tipo de dado CHAR ou VARCHAR2.

NOT   logicamente inverte o resultado da condição, retornando FALSO se a condição avalia para TRUE e TRUE se avalia para FALSE.

char2   é o valor para o qual char1 é comparado. O valor padrão é um datatype CHAR ou VARCHAR2 e pode conter caracteres especiais, também chamados de curingas, sendo eles % e _ .

ESCAPE identifica um único caractere como caractere de saída. O caractere de saída pode ser usado para causar no ORACLE saídas interpretadas por % ou _ literalmente, em lugar de caractere especial.

Enquanto o operador igual (=) emparelha um valor de caractere exatamente para outro, o operador LIKE manipula uma parte ou todo o valor de um caractere.

Com o operador LIKE, você pode comparar um valor com outro em lugar de usar uma cons-tante. O valor só pode aparecer depois da palavra-chave LIKE. Neste exemplo, a consulta seguinte acha os salários de todos os empregados com nomes que começam com 'SM':

```
SELECT sal FROM emp
  WHERE ename LIKE 'SM%';
```

Capítulo 4 – Operadores, funções, expressões, condições | 53

A consulta seguinte não retorna valores na consulta, porque o operador igual não interpreta o caractere curinga ' % '.

```
SELECT sal FROM emp
  WHERE ename = 'SM%';
```

Consultas usam freqüentemente caracteres especiais, chamados de curingas, para emparelhar com caracteres diferentes na consulta:

- underscore (_) retorna somente m caractere, que é exatamente o próximo caractere que está ausente no valor da expressão.

- sinal de percentual (%) pode retornar zero ou mais caracteres ausentes após o valor da expressão. O % não pode retornar valores nulos.

Quando LIKE é usado para procurar uma coluna indexada para um valor, o benefício de desempenho associado com o índice está perdido se o primeiro caractere no padrão é '%' ou "_'. Se o caractere principal no valor não é '%' ou '_', há algum benefício de desempenho ao índice, porque ORACLE pode restringir a comparação para registros conhecidos, para começar primeiro com os caracteres específicos.

Exemplo I

Esta condição é verdadeira para todos os valores do campo ENAME que começarem com "MA":

```
ename LIKE 'MA%'
```

Todos estes valores do campo ENAME fazem a condição TRUE:

MARTIN, MA, MARK, MARY

Considerando que é sensível a maiúsculas e minúsculas, a condição começa testando o campo ENAME com "Ma", "ma", e "MA".

Exemplo II

Considere esta condição:

```
ename LIKE 'SMITH_'
```

Esta condição é verdadeira para os seguintes valores de ENAME:

SMITHE, SMITHY, SMITHS

Esta condição é falsa para 'SMITH', desde que o curinga "_ " seja usado para buscar qualquer único caractere seguinte do campo ENAME que ultrapasse o valor 'SMITH'.

Operadores lógicos

Um operador lógico é usado para combinar os resultados de duas condições para produzir um único resultado baseado neles ou inverter o resultado de uma única condição.

Esta tabela lista os operadores lógicos.

OPERADOR	FUNÇÃO	EXEMPLO
NOT	Retorna TRUE se o resultado da condição é FALSE, e retorna FALSE se o resultado da condição é TRUE.	SELECT * FROM emp WHERE NOT (job IS NULL) SELECT * FROM emp WHERE NOT (sal BETWEEN 1000 AND 2000)
AND	Retorna TRUE se ambos os componentes da condição são TRUE, por outro lado retorna FALSE.	SELECT * FROM emp WHERE job = 'CLERK' AND deptno = 20
OR	Retorna TRUE se um ou outro componente da condição retornar TRUE, por outro lado retorna FALSE.	SELECT * FROM emp WHERE job = 'CLERK' OR deptno = 10

Por exemplo, na cláusula WHERE do comando SELECT seguinte, o operador lógico AND é usado para que a consulta retorne valores antes do ano de 1984 e também salário maior que $1000:

```
SELECT * FROM EMP
WHERE hiredate < TO_DATE ('01-JAN-1984', 'DD-MON-YYYY')
AND   sal > 1000;
```

Esta consulta tem o mesmo resultado:

```
SELECT * FROM EMP
WHERE hiredate < '01/01/84'
AND   sal > 1000;
```

Operador NOT

Esta tabela mostra o resultado quando se aplica este operador em uma expressão

NOT	TRUE	FALSE	NULL
	FALSE	TRUE	NULL

Operador AND

Esta tabela mostra o resultado da combinação de duas expressões com o operador AND.

AND	TRUE	FALSE	NULL
TRUE	TRUE	FALSE	NULL
FALSE	FALSE	FALSE	FALSE
NULL	NULL	FALSE	NULL

Operador OR

Esta tabela mostra o resultado da combinação de duas expressões lógicas com o operador OR.

OR	TRUE	FALSE	NULL
TRUE	TRUE	TRUE	TRUE
FALSE	TRUE	FALSE	NULL
NULL	TRUE	NULL	NULL

Operadores SET

A combinação de operadores SET tem dois resultados em uma única consulta. Esta tabela lista os operadores SET SQL.

OPERADOR	RESULTADO
UNION	Todos os registros distintos selecionados por qualquer consulta.
UNION ALL	Todos os registros selecionados por qualquer consulta, incluindo valores duplicados.
INTERSECT	Todos os registros distintos, selecionados por ambas as consulta.
MINUS	Todos os registros distintos selecionados pela primeira consulta, menos pela segunda.

Todos os operadores SET têm precedência igual. Se uma declaração SQL contém múltiplos operadores SET, ORACLE os avalia da esquerda para a direita, caso não tenha nenhum parêntese especificando uma outra ordem. Obedecendo aos padrões SQL, é recomendado

56 | *SQL, PL/SQL, SQL*Plus*

o uso dos parênteses para especificar uma ordem para as consultas que usem o operador INTERSECT com outros operadores SET.

Considere estas duas consultas e seus resultados:

```
SQL> SELECT deptno FROM dept;

    DEPTNO
    ------
        10
        20
        30
        40
        50
        60

SQL> SELECT deptno FROM emp;

    DEPTNO
    ------
        20
        30
        30
        20
        30
        30
        10
        20
        30
        20
        30
        20
```

Os exemplos seguintes combinam o resultado de duas consultas com operadores SET.

UNION

Este exemplo combina o resultado com o operador UNION, eliminando registros duplicados entre as tabelas.

```
SQL>    SELECT deptno FROM emp
   2    UNION
   3    SELECT deptno FROM dept;

    DEPTNO
    ------
        10
        20
        30
        40
        50
        60
```

UNION ALL

Este exemplo combina o resultado com o operador UNION ALL, mas não elimina registros duplicados entre as tabelas.

```
SQL>  SELECT DEPTNO FROM EMP
   2  UNION ALL
   3  SELECT DEPTNO FROM DEPT;

      DEPTNO
      ------
          20
          30
          30
          20
          30
          30
          10
          20
          30
          20
          30
          20
          10
          20
          30
          40
          50
          60
```

Note que o operador UNION só retorna valores não repetidos de registros entre as tabelas, enquanto o operador UNION ALL devolve todos os registros que aparecem em qualquer uma ou ambas as consultas.

INTERSECT

Esta declaração combina os resultados com o operador INTERSECT, que retorna somente registros devolvidos por ambas as consultas:

```
SQL>  SELECT deptno FROM emp
   2  INTERSECT
   3  SELECT deptno FROM dept;

      DEPTNO
      ------
          10
          20
          30
```

MINUS

Esta declaração combina os resultados com o operador MINUS, que só retorna registros devolvidos pela primeira consulta e não pela segunda:

```
SQL>    SELECT deptno FROM dept
  2     MINUS
  3     SELECT deptno FROM emp;

        DEPTNO
        ------
            40
            50
            60
```

Outros operadores

Esta tabela lista outros operadores SQL

OPERADOR	PRÓPOSITO	EXEMPLO
(+)	Indica união entre colunas precedentes e exteriores.	SELECT ename, dname FROM emp, dept WHERE dept.deptno = emp.deptno (+)
PRIOR	Avalia a expressão seguinte para registro pai em hierarquia, ou estrutura de árvore. Em tal consulta, você tem que usar este operador na cláusula CONNECT BY para definir a relação pai/filho. Você também pode usar este operador em outras partes de uma declaração SELECT que execute uma consulta hierárquica. O operador PRIOR é unário e tem a mesma precedência que os operadores aritméticos unários + e -.	SELECT empno, ename, mgr FROM emp CONNECT BY PRIOR empno = mgr

Funções

Uma função é semelhante a um operador na manipulação de consultas à dados. Funções diferem de operadores porque sempre retornam um valor como resultado da consulta, e no formato no qual elas aparecem com seus argumentos. Este formato lhes permite operar em zero, um, dois, ou mais argumentos:

```
function (argumento, argumento, ...)
```

Capítulo 4 – Operadores, funções, expressões, condições | 59

e você chama uma função com um argumento de um tipo de dados diferente do tipo de dados esperado pela função, o ORACLE converte o argumento para o tipo de dados esperado, ntes de executar a função.

e você chama uma função com um argumento nulo, a função automaticamente retorna ulo. As únicas funções que não seguem esta regra são CONCAT, REPLACE, DUMP e NVL.

Nota: não confunda as funções SQL listadas nesta seção com funções de PL/SQL armazenadas. Funções SQL só podem aparecer em comandos SQL, enquanto funções armazenadas PL/SQL só podem aparecer em declarações PL/SQL.

Tipos de funções

- Funções de registro único (ou escalares),
- Funções de agrupamento (ou agregadas).

stas funções são diferentes no número de registros no qual retornam. Uma função de egistro único retorna um registro na tabela examinada por você, enquanto uma função de grupamento retorna vários registros na tabela examinada por você.

unção de registro único pode aparecer em listas SELECT (contanto que a declaração SELECT ão faça uso da cláusula GROUP BY), cláusulas WHERE, START WITH e CONNECT BY.

unções de grupo podem aparecer em listas SELECT e cláusulas HAVING. Se você usa a láusula GROUP BY em uma declaração SELECT, o ORACLE divide registros de uma tabela xaminada ou vê em grupos. Em uma consulta que contém a cláusula GROUP BY, todos os lementos da lista SELECT devem ser quaisquer expressões GROUP BY. Se você omite a láusula GROUP BY, o ORACLE aplica funções de grupo na lista select para todos registros a tabela ou view examinada. Você também pode usar funções de grupo em uma cláusula HAVING para restringir registros devolvidos.

Esta seção é dividida em muitas partes com funcionamentos diferentes.

Esta tabela lista as funções estudadas neste capítulo.

TIPO DE FUNÇÃO

Funções de registro único
    Funções numéricas
    Funções caracteres
        retornando valores caracteres
        retornando valores numéricos
    Funções de datas
    Funções de conversão
    Outras funções
Funções de grupo

Funções de registro único

Funções numéricas

Funções numéricas aceitam entradas numéricas, devolvendo valores numéricos. A maioria destas funções retorna valores precisos a 38 dígitos decimais. As funções transcendentais (COS, COSH, EXP, LN, LOG, SIN, SINH, SQRT, TAN, TANH) são precisas a 36 dígitos decimais.

ABS   Sintaxe   ABS (n)
        Propósito Retornar o valor absoluto de n.
        Exemplo

```
SELECT ABS(-15) "Absoluto" FROM DUAL;
        Absoluto
-------
           15
```

CEIL   Sintaxe   CEIL (n)
        Propósito Retorna um inteiro arredondado a n
        Exemplo

```
SELECT CEIL(15.7) "Numero" FROM DUAL;
        Numero
-------
           16
```

COS   Sintaxe   COS (n)
        Propósito Retorna o coseno de n (ângulo expresso em radiantes).
        Exemplo

```
SELECT COS(3.14159268359) "Result"
FROM DUAL;
        Result
-------
           -1
```

CCSH   Sintaxe   COSH (n)
        Propósito Retorna o coseno hiperbólico de n.
        Exemplo

```
SELECT COS(3.14159268359) "Result"
FROM DUAL;
        Result
-------
            1
```

EXP   Sintaxe   EXP (n)
        Propósito Retorna exponenciação de n.
        Exemplo

```
SELECT EXP(4) "Result" FROM DUAL;
        Result
-------
        54,59815
```

FLOOR   Sintaxe   FLOOR (n)
        Propósito Retorna o inteiro de n.
        Exemplo

```
SELECT FLOOR(15.7) "Floor" FROM DUAL;
```

Capítulo 4 – Operadores, funções, expressões, condições | 61

```
            Floor
-------
            15
```

LN   Sintaxe   LN (n)
            Propósito Retorna o logaritmo natural de n onde n é maior que 0.
            Exemplo
```
SELECT LN(95) "Log natural de 95" FROM DUAL;
            Log natural de 95
-------
                4,5538769
```

LOG   Sintaxe   LOG (m, n)
            Propósito Retorna o logaritmo, base m, de n. A base m pode ser
                       qualquer número positivo diferente de 0 ou 1 e n pode
                       ser qualquer número positivo.
            Exemplo
```
SELECT LOG(10,100) "Log base 10 de 100"
FROM DUAL;
            Log base 10 de 100
-------
                2
```

MOD   Sintaxe   MOD(m, n)
            Propósito Retorna remanescentes de m dividido por n. Retorna m
                       se n é 0.
            Exemplo
```
SELECT MOD(11,4) "Módulos" FROM DUAL;
            Modulus
-------
            3
```

Nota Esta função se comporta diferentemente do módulo matemático clássico
quando m é negativo. O módulo clássico pode ser expresso na função MOD com
esta fórmula:

m - n * FLOOR (m / n)

Exemplo Esta rotina mostra a diferença entre a função MOD e o módulo
clássico.

```
SELECT m, n, MOD(m,n), m-n * FLOOR(m/n)
"Módulo Clássico" FROM test_mod_table;
```

POWER   Sintaxe   POWER (m, n)
            Propósito Retorna m elevado ao POWER de n. A base m e o
                       explicador n podem ser quaisquer números, mas se m é
                       negativo, n deve ser um inteiro.
            Exemplo
```
SELECT POWER(3,2) "Elevado" FROM DUAL;
            Elevado
-------
            9
```

ROUND   Sintaxe   ROUND (n[,m])
            Propósito Retorna n arredondado à quantidade de decimais m.
            Exemplos
```
SELECT ROUND(15.193,1) "Resultado"
```

62 | *SQL, PL/SQL, SQL*Plus*

```
FROM DUAL;
          Resultado
-------
          15,2

          SELECT ROUND(15.193,-1) "Resultado"
FROM DUAL;
          Resultado
-------
             20
```

SIGN   Sintaxe   SIGN(n)
          Propósito   Se n < 0, a função retorna -1; se n = 0, a função
                      retorna 0; se n > 0, a função retorna 1.
          Exemplo
```
SELECT SIGN(-15) "Sign" FROM DUAL;
          Sign
-------
             -1
```

SIN   Sintaxe   SIN (n)
          Propósito   Retorna o seno de n (um ângulo expresso em radiantes).
          Exemplo
```
SELECT SIN(30 * 3.14159265359/180)
"Seno de 30 graus" FROM DUAL;
          Seno de 30 graus
-------
             .5
```

SINH   Sintaxe   SINH(n)
          Propósito   Retorna o seno hiperbólico de n.
          Exemplo
```
SELECT SINH(1) "Seno Hiperbólico de 1"
FROM DUAL;
          Seno Hiperbólico de 1
-------
             1.1752012
```

SQRT   Sintaxe   SQRT(n)
          Propósito   Retorna raiz quadrada de n. O valor n não pode ser
                      retornado negativo.
          Exemplo
```
SELECT SQRT(26) "Raiz quadrada" FROM DUAL;   Raiz quadrada
-------
          5.0990195
```

TAN   Sintaxe   TAN(n)
          Propósito   Retorna a tangente de n (um ângulo expresso em radian-
                      tes).
          Exemplo
```
SELECT TAN(135 * 3.14159265359/180)
"Tangente" FROM DUAL;
          Tangente
-------
             -1
```

TANH   Sintaxe   TANH (n)
          Propósito   Retorna a tangente hiperbólica de n

Capítulo 4 – Operadores, funções, expressões, condições | 63

```
         Exemplo
SELECT TANH(.5) "Tan hiperbólica de .5"
FROM DUAL;
              Tan hiperbólica de .5
-------
              .46211716
```

TRUNC Sintaxe   TRUNC(n[,m])
         Propósito   Retorna n truncando m em casas decimais; se m é omiti-
                      do, ficam 0 casas decimais.
         Exemplo
```
SELECT TRUNC(15.79,1) "Truncado" FROM DUAL;
         Truncado
-------
         15.7
```

Funções de caractere

Funções de registros simples aceitam entradas de caracteres e podem retornar tanto valores caracteres quanto numéricos.

Funções de caractere retornando valores de caractere

Esta seção lista funções de caractere que retornam valores de caractere. Funções que retornam o datatype VARCHAR2 estão limitadas ao tamanho de 4000 bytes. Funções que retornam o datatype CHAR estão limitadas ao tamanho de 255 bytes. Se o tamanho do valor de retorno excede o limite, ORACLE trunca e exibe uma mensagem de erro.

CHR   Sintaxe   CHR(n)
         Propósito   Retorna o caractere que tem o binário equivalente a n
                       no conjunto de caracteres do banco de dados.
         Exemplo
```
SELECT CHR(75) "Caractere" FROM DUAL;
         Caractere
------
K
```

CONCAT Sintaxe   CONCAT (char1, char2)
         Propósito   Retorna uma string com a união de char1 com char2.
                       Esta função é equivalente ao operador de concatenação
                       (| |).
         Exemplo   Este exemplo usa aninhamento para concatenar três strings
de]   caracteres:

```
SELECT CONCAT( CONCAT(ename, ' : ') , job)
"Função" FROM EMP WHERE empno = 7900;
              Função
------
JAMES : CLERK
```

INITCAP Sintaxe   INITCAP (char)
         Propósito   Retorna char, com a primeira letra de cada palavra em
                       maiúsculas e todas as outras em minúsculas. Palavras

64 | *SQL, PL/SQL, SQL*Plus*

são delimitadas por espaços em branco ou caractere que não seja alfanumérico.

Exemplo
SELECT INITCAP('marco') "Alteração"
FROM DUAL;
Alteração

Marco

LOWER   Sintaxe   LOWER(char)
              Propósito   Retorna char com todas as palavras em letras minúscu-
                          las.
              Exemplo
SELECT LOWER ('MR. JAN FRITS') "Minúsculas"
FROM DUAL;
        Minúsculas
------
mr. jan frits

LPAD   Sintaxe   LPAD(char1,n [,char2])
              Propósito   Completa a esquerda da string, com a quantidade n
                          definida e o caractere escolhido em char2.
              Exemplo
SELECT LPAD('Cliente',15,'*.')
"Exemplo LPAD" FROM DUAL;
        Exemplo LPAD

..*.*.Cliente

LTRIM   Sintaxe   LTRIM (char [, set])
              Propósito   Remove caractere à esquerda de char.
              Exemplo
SELECT LTRIM('26-Adironice Castro','26-') "Exemplo LTRIM" FROM DUAL;
        Exemplo LTRIM

Adironice Castro

NLS_INITCAP Sintaxe   NLS_INITCAP(char [, ' nlsparams'])
              Propósito   Retorna char, com a primeira letra de cada palavra em
                          maiúscula, e o restante da palavra em minúsculas.
                          Palavras são delimitadas por espaços em branco ou
                          caractere que não seja alfanumérico. O valor de '
                          nlsparams' pode ter este formato:

' NLS_SORT = sort '

onde sort é uma sucessão do tipo lingüístico ou BINÁRIO. Note que este re-
querimento pode resultar em um valor de retorno com uma duração diferente
de char. Se você omitir ' nlsparams', esta função usa a sucessão de tipo de
falta para sua sessão.

        Exemplo SELECT NLS_INITCAP('ijsland', 'NLS_SORT =
XDutch') "Alterado" FROM DUAL;
             Alterado

IJsland

Capítulo 4 – Operadores, funções, expressões, condições | 65

NLS_LOWER   Sintaxe   NLS_LOWER (char [, ` nlsparams `])
               Propósito   Retornas char, com todas as letras minúsculas.
               Exemplo

```
SELECT NLS_LOWER('DIRO') "Minúsculas"
FROM DUAL   ;
Minúsculas
------
diro
```

NLS_UPPER   Sintaxe   NLS_UPPER (char [, ` nlsparams `])
               Propósito   Retornam char, com todas letras maiúsculas.
               Exemplo

```
SELECT NLS_UPPER('obers') "Maiúsculas"
FROM DUAL;
            Maiúsculas
------
OBERS
```

REPLACE   Sintaxe   REPLACE(char, search_string [,replacement_string])
            Propósito   Substituir char com toda ocorrência de
                       search_string pelo conjunto de caracteres em
                       replacement_string. Se replacement_string é omitido
                       ou nulo, são removidas todas as ocorrências de
                       search_string. Se search_string é nulo, char é
                       retornado.
               Exemplo

```
SELECT REPLACE ('JACK e JUE', 'J', 'BL')
      "Alterou" FROM DUAL;
            Alterou
------
BLACK e BLUE
```

RPAD   Sintaxe   RPAD(char1, n [,char2])
            Propósito   Retorna caracteres à direita de char, com tamanho n
                       e usando as definições de char2, reproduzindo
                       tantas vezes quanto necessário. Se char1 é mais
                       longo que n, este retorna a porção de char1 que se
                       ajusta em n.

```
O argumento n é a duração total do valor de retorno como é exibido em sua
tela de terminal.
Exemplo
SELECT RPAD(ename,11, '#') "Exemplo RPAD"
FROM emp WHERE ename = 'TURNER';
            Exemplo RPAD
------
TURNER#####
```

RTRIM   Sintaxe   RTRIM(char [,set])
            Propósito   Retorna caractere, removendo os caracteres finais
                       depois da última letra informada em char.
               Exemplo

```
SELECT RTRIM ('Kariciaso','so')
"Exemplo RTRIM" FROM DUAL;
            Exemplo
------
Karicia
```

66 | SQL, PL/SQL, SQL*Plus

SOUNDEX   Sintaxe   SOUNDEX(char)
Propósito   Retorna uma string de caracteres que contém a representação fonética de char. Esta função lhe permite comparar palavras que são soletradas diferentemente, mas com pronúncia em inglês.

```
Exemplo
SELECT ename FROM emp
WHERE SOUNDEX(ename) = SOUNDEX('SMYTHE');
ENAME
------
SMITH
```

SUBSTR   Sintaxe   SUBSTR(char, m [,n])
Propósito   Retorna uma string extraída em char, iniciando pela posição m, e extraindo uma quantidade de caracteres indicada em n. Se m é positivo, ORACLE conta da esquerda para a direita para achar o primeiro caractere.Se m é negativo, ORACLE conta da direita para a esquerda para achar o primeiro caractere. O valor m não pode ser 0. Se n é omitido, ORACLE retorna todos os caracteres. O valor n não pode ser menos que 1.

```
Exemplos
SELECT SUBSTR('ABCDEFG',3,2) "SUBSTR"
FROM DUAL;
           SUBSTR
------
CD

           SELECT SUBSTR('ABCDEFG',-3,2)
"SUB Invertido" FROM DUAL;
           SUB Invertido
------
EF
```

UPPER   Sintaxe   UPPER(char)
Propósito   Retornar char, com todas as letras maiúsculas. O valor de retorno tem o mesmo datatype como o argumento char.

```
     Exemplo
SELECT UPPER('dados') "Maiúsculas"
FROM DUAL;
Maiúsculas
------
DADOS
```

Funções de caractere retornando valores numéricos

Esta seção lista funções de caractere que devolvem valores numéricos.

ASCII   Sintaxe   ASCII (char)
Propósito   Retorna a representação decimal do conjunto de caracteres do Banco de Dados.

```
Exemplo
SELECT ASCII('M') FROM DUAL;
     ASCII('M')
------
```

Capítulo 4 – Operadores, funções, expressões, condições | 67

INSTR   Sintaxe   INSTR(char1, char2 [,n[,m]])
            Propósito   Procura dentro de char1, o valor que é semelhante a char2 e retorna a posição do caractere em char1, que é o primeiro caractere desta ocorrência. Se n é negativo, ORACLE conta e procura para trás do fim de char1. O valor de m é positivo. O valor de retorno é relativo ao começo de char1, embora o valor de n seja expresso em caractere.

      Exemplos

```
SELECT INSTR ('CORPORATE FLOOR','OR',3,2)
"INSTR" FROM DUAL;
            INSTR
------
   14
```

INSTRB   Sintaxe   INSTRB(char1,char2[,n[,rn]])
           Propósito   Semelhante a INSTR, diferenciando que n e o retorno estimado são expressos em bytes.

Exemplo

```
SELECT INSTB ('CORPORATE FLOOR','OR',5,2)
"INSTB BYTES" FROM DUAL;
            INSTB BYTES
------
        14
```

LENGTH   Sintaxe   LENGTH(char)
           Propósito   Retorna o tamanho da string de caracteres.
           Exemplo

```
SELECT LENGTH('DEVELOPER 2000') "Tamanho"
FROM DUAL;
            Tamanho
------
            14
```

LENGTHB Sintaxe   LENGTHB (char)
           Propósito   Semelhante a LENGTH, porém retorna seu valor em bytes.
           Exemplo

```
    SELECT LENGTHB('DEVELOPER 2000') "Bytes"
FROM DUAL;
            Bytes
------
   14
```

Funções de data

Funções de data operam em valores do tipo de dados DATA. Toda a data funciona retornando um valor de DATA, exceto a função MONTHS_BETWEEN, que retorna um número.

ADD_MONTHS   Sintaxe   ADD_MONTHS (d,n)
               Propósito   Retorna uma data d, adicionada de n meses. O argumento n pode ser qualquer inteiro.

Exemplo

```
SELECT TO_CHAR(ADD_MONTHS(hiredate,1),
'DD-MON-YYYY') "Próximo mês"
FROM emp WHERE ename = 'SMITH';
            Próximo mês
------
```

SQL, PL/SQL, SQL*Plus

```
17-JAN-1981
```

LAST_DAY   Sintaxe   LAST_DAY (d)
               Propósito   Retorna uma data que contém o restante de dias do
                           mês informado em d.
        Exemplos

```
SELECT SYSDATE,LAST_DAY(SYSDATE)
"Último dia", LAST_DAY(SYSDATE) - SYSDATE
"Restantes" FROM DUAL;
            SYSDATE         Último dia      Restantes
------- --------- --------
09/12/00        31/12/00                22


            SELECT TO_CHAR(ADD_MONTHS
(LAST_DAY (hiredate)
,5), `DD-MON-YYYY') "Cinco meses"
FROM emp WHERE ename = 'MARTIN';

            Cinco meses
------
28-FEV-1982
```

MONTHS_BETWEEN
               Sintaxe   MONTHS_BETWEEN (dl, d2)
               Propósito   Retorna o numero de meses entre as datas dl e d2.
                           Se dl é mais recente que d2, o resultado é positi-
                           vo; caso contrário, negativo.

```
Exemplo
SELECT MONTHS_BETWEEN(TO_DATE('02-02-2000',
'MM-DD-YYYY'), TO_DATE('01-01-2000',
'MM-DD-YYYY') ) "Meses" FROM DUAL;
            Meses
------
1,0322581
```

NEXT_DAY   Sintaxe   NEXT_DAY (d, char)
               Propósito   Retorna a data do primeiro dia de semana nomeado
                           por char que chega mais recente que a data d. O
                           argumento char deve ser um dia da semana no idioma
                           de data de sua sessão.
               Exemplo   Este exemplo devolve a data do próximo domingo.

```
SELECT NEXT_DAY('15-MAR-2001','DOMINGO')
"Próximo domingo" FROM DUAL;
            Próximo domingo
------
18/03/01
```

ROUND   Sintaxe   ROUND(d [,fmt])
               Propósito   Retorna d arredondado à unidade especificada pelo
                           formato de arquivo fmt. Se você omite fmt, d é
                           arredondado para o dia mais próximo.

```
    Exemplo
SELECT ROUND(TO_DATE('09-DEZ-00'), 'YEAR')
"Próximo ano" FROM DUAL;
```

```
            Próximo
            ------
01/01/01

SYSDATE     Sintaxe     SYSDATE
            Propósito   Retorna a data e hora atual do sistema. Não requer
                        argumentos.
            Exemplos
SELECT TO_CHAR(SYSDATE, 'DD-MM-YYYY') "HOJE"
FROM DUAL;
HOJE
------
09-12-2000

SELECT TO_CHAR(SYSDATE, 'DD-MM-YYYY
HH24:MI:SS') "HOJE" FROM DUAL;
            HOJE
            ------
09-12-2000 16:23:59

TRUNC       Sintaxe     TRUNC(d, [fmt] )
            Propósito   Retorna com a porção de tempo de dia de arquivo
                        truncada para arquivar unidade através de formato
                        de arquivo fmt modelo. Se você omite fmt, d é
                        truncado ao mais próximo dia. Veja na próxima seção
                        ROUND e TRUNC.
Exemplo
SELECT TRUNC (TO_DATE('27-OUT-00',
'DD-MON-YY'), 'YEAR') "Resultado" FROM DUAL;
            Resultado
------
01/01/00
```

ROUND e TRUNC

Esta tabela lista os modelos de formatos usados com as funções de data ROUND e TRUNC e as unidades para as quais eles arredondam e truncam datas. O modelo padrão, 'DD', retorna a data arredondada ou truncada a zero hora do dia atual. .

Modelo formato	Unidade de arredondamento ou truncamento
CC, SCC	Século
SYYYY, YYYY, YEAR, SYEAR, YYY, YY, Y	Ano (Arredondado acima de 1º de julho)
IYYY, IYY, IY, I	Ano ISO
Q	Quinzenas (Arredondado acima do 16º dia do mês)
MONTH, MON, MM, RM	Mês (Arredondado acima do 16º dia do mês)
WW	Dia de semana como o primeiro dia do ano.
IW	Dia de semana como o primeiro dia do ano ISO.

Modelo formato	Unidade de arredondamento ou truncamento
W	Dia de semana como o primeiro dia do mês.
DDD, DD, J	Dia
DAY, DY, D	Primeiro dia da semana
HH, HH12, HH24	Horas
MI	Minutos

Funções de conversão

Funções de conversão convertem um valor de um tipo de dados para outro. Geralmente, a forma dos nomes da função segue o datatype de conversão para o outro datatype. O primeiro datatype é o tipo de dados que foi entrado; o último datatype é o datatype que será retornado. Esta seção lista as funções SQL de conversão.

CHARTOROWID   Sintaxe   CHARTOROWID (char)
                   Propósito   Converte valores de CHAR ou VARCHAR2 para o
                                datatype ROWID.
                   Exemplo

```
SELECT ename
FROM emp WHERE ROWID =
CHARTOROWID ('0000000F.0003.0002');
ENAME
------
JAMES
```

CONVERT   Sintaxe   CCNVERT(char, dest_char_set [,source_char_set])
                   Propósito   Converte strings de caracteres de um grupo de
                                caractere para outro. O argumento char é o valor
                                a ser convertido.
                                O argumento dest_char_set é o nome do caractere
                                fixado para o qual char é convertido. O argumen-
                                to source_char_set é o nome do caractere fixado
                                no qual char é armazenado no Banco de Dados.
                                Os argumentos destino e origem podem ser letras
                                ou colunas que contêm o nome dos caracteres set.
                                Para correspondência completa em conversão de
                                caractere, é essencial que os caracteres destino
                                contenham uma representação de todos os
                                caracteres definidos no grupo de caracteres
                                fonte. Onde um caractere não existe no caractere
                                set de destino, um caractere de substituição
                                aparece.
                                Grupos de caracteres comuns incluem:
                                US7ASCII US 7-bit ASCII caractere set.
                                WE8DEC DEC Oeste europeu 8-bit caractere set.
                                WE8HP HP Laser Jet Oeste europeu 8-bit caractere set.
                                F7DEC DEC francês 7-bit caractere set.
                                WE8PC850 IBM PC Código de Página 850

Capítulo 4 – Operadores, funções, expressões, condições | 71

HEXTORAW   Sintaxe   HEXTORAW (char)
                   Propósito   Converter char contendo dígitos hexadecimais para um valor raw.
                   Exemplo

```
INSERT INTO graphs (raw_column)
SELECT HEXTORAW('7D') FROM DUAL;
```

RAWTOHEX   Sintaxe   RAWTOHEX(char)
                   Propósito   Converter raw para um valor de caractere em hexadecimal.
                   Exemplo

```
SELECT RAWTOHEX(raw_column)
        "Graficos" FROM graphs;
```

ROWIDTOCHAR   Sintaxe   ROWIDTOCHAR(rowid)
                   Propósito   Converte valor ROWID para o tipo de dados VARCHAR2.

O resultado desta conversão são sempre caracteres com 18 dígitos.
                   Exemplo

```
SELECT ROWID FROM graphics
WHERE ROWIDTOCHAR(ROWID) LIKE '%F38%';
ROWID
------------
00000f8.0001.0001
```

TO_CHAR   Sintaxe   TO_CHAR (d [, fmt [, 'nlsparams']])
                               data conversão
                   Propósito   Converte o valor d do tipo de dados DATA para um valor de VARCHAR2 especificado pelo fmt formato de data. Se você omite fmt, d é convertido a um valor VARCHAR2 no formato de data padrão. O nlsparams especifica o idioma no qual nomes de dias e meses e abreviações são retornados. Este argumento pode ter esta forma:

'NLS_DATE_LANGUAGE = linguagem'

Se você omite nlsparams, esta função usa o idioma de data default.
                   Exemplo

```
SELECT TO_CHAR(HIREDATE, 'Month DD,
 YYYY') "Novo formato data"
FROM EMP WHERE ename = 'ADAMS';
              Novo formato data
------
Maio 23, 1987
```

TO_CHAR   Sintaxe   TO_CHAR(label [,fmt])
                                 label conversão
                   Propósito   Converte datatype label de MLSLABEL a um valor VARCHAR2, usando o formato opcional fmt. Se você omite fmt, o label é convertido a um valor VARCHAR2 no formato label default.

TO_CHAR   Sintaxe   TO_CHAR(n [, fmt [, ' nlsparams ']])
                               número conversão
                   Propósito   Converte n do datatype NUMBER para um valor datatype VARCHAR2, usando o formato de número

72 | *SQL, PL/SQL, SQL*Plus*

opcional fmt. Se você omite fmt, n é convertido a um valor VARCHAR2 que assegure precisamente seus dígitos.

O 'nlsparams' especifica os caracteres que são retornados através dos elementos de formato de número:

Caractere decimal,
Separador de milhares,
Símbolo local de moeda,
Símbolo internacional de moeda.

Este argumento pode ter esta forma:

```
' NLS_NUMERIC_CHARACTERS = ''dg''
  NLS_CURRENCY = ''text''
  NLS_ISO_CURRENCY = território '
```

Os caracteres d e g representam o caractere decimal e separador de milhares, respectivamente. Eles devem ser caracteres de único-byte diferentes. Se você omite 'nls_params' ou qualquer um dos parâmetros, esta função usa os valores de parâmetro default.

Exemplo
```
SELECT TO_CHAR(17145, 'L099G999',
'NLS_NUMERIC_CHARACTERS = ''.,''
  NLS_CURRENCY = ''R$'' ') "Char"
FROM DUAL;
Char
------
      R$017,145
```

TO_DATE   Sintaxe   TO_DATE(char [, fmt [, ' nlsparams']])
Propósito   Converte char do datatype CHAR ou VARCHAR2 para um valor de datatype DATA. O fmt é um formato de data que especifica o formato de char. Se você omite fmt, char deve estar no formato de data padrão. Se fmt é 'J', para Julho, então char deve ser um número. O 'nls_params' tem o mesmo propósito nesta função como na função TO_CHAR para **conversão de data**.

Não use a função TO_DATE com um valor de DATA pelo argumento char. O valor de DATA devolvido pode ter um século diferente que o char original, dependendo do fmt ou o formato padrão da data.

Exemplo
```
INSERT INTO bonus (banus_date)
      SELECT TO_DATE('Janeiro 15, 1989, 11:00
A.M.','Month dd, YYYY, HH:MI A.M.',
'NLS_DATE_LANGUAGE = Brazilian')
      FROM DUAL;
```

TO_LABEL   Sintaxe   TO_LABEL (char [,fmt])
Propósito   Converte char, um valor de tipo de dados CHAR ou VARCHAR2 contendo um label no formato especificado pelo parâmetro opcional fmt, para um valor de datatype MLSLABEL. Se você omite fmt, char deve estar no formato label default.

Capítulo 4 – Operadores, funções, expressões, condições | 73

TO_MULTI_BYTE   Sintaxe   TO_MULTI_BYTE(char)
                     Propósito   Retorna char com todos os seus caracteres de
                                  byte-único convertidos aos caracteres corres-
                                  pondentes de bytes-múltiplos. Qualquer
                                  caractere de byte-único em char que não tem
                                  nenhum equivalente de byte-múltiplo aparece
                                  na string de saída como caractere de byte-
                                  único. Esta função só é útil se seu caractere
                                  set de Banco de Dados contém byte-único como
                                  byte-múltiplo.

TO_NUMBER   Sintaxe   TO_NUMBER(char [,fmt [, ' nlsparams']])
                     Propósito   Converte char, um valor datatype CHAR ou
                                  VARCHAR2 que contêm um número pelo formato
                                  opcional fmt, para um valor do datatype
                                  NUMBER.
O ' nlsparams' tem o mesmo propósito nesta função como na função TO_CHAR
para conversão de número.
        Exemplo
UPDATE emp SET sal = sal + TO_NUMBER ('AUD100.00 ', 'L999D99',
'NLS_NUMERIC_CHARACTERS = ''.,''
'NLS_CURRENCY = ''AUD'' ')
                     WHERE ename = 'BLAKE';

TO_SINGLE_BYTE   Sintaxe   TO_SINGLE_BYTE(char)
                     Propósito   Retorna char com todos seus caracteres de
                                  multi byte convertidos aos caractere de byte
                                  únicos correspondentes. Qualquer caractere de
                                  multi byte em char que não tem nenhum equiva-
                                  lente de byte único aparece na saída como
                                  caractere de multi byte. Esta função só é
                                  útil se seu caractere set de Banco de Dados
                                  contém byte único e multi byte.

Exemplo
SELECT TO_CHAR(NEW_TIME(TO_DATE(
'17:47', 'hh24 mi'), 'PST','CMT'),
hh24 mi')
"Hora GREENWICH" FROM DUAL;
Hora GREENWICH

01:47

Outras funções

DUMP   Sintaxe   DUMP (expr [, return_format [, start_position
                                  [, duração]]])
                     Propósito   Retorna um valor VARCHAR2 que contém o código
                                  datatype, tamanho em bytes e representação
                                  interna de expr. O argumento return_format
                                  especifica formato do valor de retorno e pode
                                  ter quaisquer destes valores:

8   retorna resultados em notação octal.
10   retorna resultados em notação decimal.
16 retorna resultados em notação hexadecimal.
17 retorna resultados como caracteres únicos.

74 | *SQL, PL/SQL, SQL*Plus*

Os argumentos start_position e length combinam para determinar qual a porção da representação de retorno. Se expr é nulo, então a função retorna ' NULL'.

```
    Exemplos
SELECT DUMP(ename, 8,3,2) "Octal"
FROM emp WHERE ename = 'SCOTT';
Octal
--------------------
Typ=1 Len=5: 117,124

SELECT DUMP(ename, 10,3,2) "Ascii"
FROM emp WHERE ename = 'SCOTT';
Ascii
--------------------
Typ=1 Len=5: 79,84

SELECT DUMP(ename, 16,3,2) "Hex"
FROM emp WHERE ename = 'SCOTT';
Hex
--------------------
Typ=1 Len=5: 4f,54

SELECT DUMP(ename, 17,3,2) "Hex"
FROM emp WHERE ename = 'SCOTT';
Hex
--------------------
Typ=1 Len=5: O,T
```

GREATEST	Sintaxe	GREATEST(expr [,expr] ...)
	Propósito	Retorna o maior da lista de exprs. Todos exprs depois do primeiro são convertidos ao datatype do primeiro anterior para a comparação. Comparação de caractere está baseado no valor do caractere set do Banco de Dados. Um caractere é maior que outro se tem um valor mais alto. Se o valor devolvido por esta função caractere data, seu datatype sempre é VARCHAR2.

```
Exemplo
SELECT GREATEST('HARRY', 'HARRIOT', 'HAROLD')
"Maior" FROM DUAL;
Maior
------
HARRY
```

GREATEST_LB	Sintaxe	GREATEST_LB(label [,label] ...)
	Propósito	Retorna o maior label da lista de labels. Cada label tem que ter o datatype MLSLABEL ou RAW MLSLABEL. O valor de retorno tem datatype RAW MLSLABEL.
LEAST	Sintaxe	LEAST(expr [,expr]...)
	Propósito	Retorna o menor da lista de exprs. Todos exprs depois do primeiro são convertidos ao datatype do primeiro para a comparação. Se o

Capítulo 4 – Operadores, funções, expressões, condições | 75

```
                              valor retornado por esta função caractere,
                              seu datatype é sempre VARCHAR2.
Exemplo
SELECT LEAST('HARRY, 'HARRIOT', 'HAROLD')
"Menor" FROM DUAL;
Menor
------
HAROLD
```

LEAST_UB	Sintaxe	LEAST_UB(label [,label] ...)
	Propósito	Retorna o menor da lista de labels. Cada label têm datatype MLSLABEL ou formato label padrão. O valor de retorno tem datatype RAW MLSLABEL.
NVL	Sintaxe	NVL(expr1, expr2)
	Propósito	Se expr1 é nulo, retorna expr2; se expr1 não é nulo, devolve expr1. Os argumentos expr1 e expr2 podem ter qualquer datatype. Se os datatypes são diferentes, ORACLE converte expr2 para o datatype de expr1 antes de comparar. O datatype do valor de retorno sempre é o mesmo do datatype de expr1, a menos que expr1 seja dados de caractere em que o datatype de valor de retorno é VARCHAR2.

```
Exemplo
SELECT ename,
       NVL(TO_CHAR(COMM), 'Não aplicado')
       "Comissão"
FROM emp WHERE deptno = 30;

ENAME      Comissão
-------    -------------
ALLEN      300
WARD       500
MARTIN     1400
BLAKE      Não aplicado
TURNER     0
JAMES      Não aplicado
```

UID	Sintaxe	UID
	Propósito	Retorna um inteiro que identifica exclusivamente o usuário atual.

```
        Exemplo
SELECT UID "Usuário" FROM DUAL;
        Usuário
------
          26
```

USER	Sintaxe	USER
	Propósito	Retorna o usuário ORACLE atual com datatype VARCHAR2. Em uma declaração de SQL distribuída, as funções UID e USER identificam o usuário em seu Banco de Dados local. Você não pode usar esta função na constraint CHECK.

76 | *SQL, PL/SQL, SQL*Plus*

```
Exemplo
SELECT USER, UID FROM DUAL;
        USER                UID
----------- -----------
SCOTT           26
```

USERENV Sintaxe   USERENV (opções)
Propósito Retorna informação datatype VARCHAR2 sobre a
sessão atual. Esta informação pode ser útil
para escrever em uma tabela de auditoria ou
para determinar o idioma específico atualmente usado pela sessão. Você não pode usar esta
função em uma constraint CHECK. A opção de
argumento pode ter quaisquer destes valores:

'ENTRYID' Retorna identificador de entrada disponível. Você não pode usar
esta opção em declarações distribuídas SQL.

'LABEL' Retorna o label da sessão atual. Esta opção somente é aplicável em
ORACLE Trusted.

'LANGUAGE' Retorna o idioma e configuração regional atualmente usados pela
sessão junto ao caractere set de Banco de Dados iniciando com este formato:

language_territory.characterset

'SESSIONID' Retorna o identificador da sessão examinada. Você não pode usar
esta opção em declarações SQL distribuídas.

'TERMINAL' Retorna o identificador do sistema operacional para o término da
sessão atual. Em declarações SQL distribuídas, esta opção retorna o identificador para sua sessão local.

```
Exemplo
SELECT USERENV('LANGUAGE') "Linguagem" FROM DUAL;
Linguagem
------------------------
BRAZILIAN PORTUGUESE_BRAZIL
```

VSIZE Sintaxe   VSIZE (expr)
Propósito Retorna o número de bytes na representação
interna de expr. Se expr1 é nulo a função
retorna nulo.

```
        Exemplo
SELECT ename, VSIZE(ename) "BYTES"
FROM emp WHERE deptno = 10;

ENAME           BYTES
---------- ------
CLARK           5
```

Capítulo 4 – Operadores, funções, expressões, condições | 77

Funções de grupo

Funções de grupo retornam resultados baseados em grupos de registros, em lugar de registros únicos. Muitas funções de grupo aceitam estas opções:

DISTINCT   Esta opção causa uma função de grupo para considerar valores só distintos da expressão de argumento.

ALL   Esta opção causa uma função de grupo para considerar todos os valores, inclusive os valores duplicados.

Por exemplo, o DISTINCT calcula a média de 1, 1, 1, e 3 como 2; no ALL a média é 1,5. Se nenhuma opção é especificada, o padrão é ALL.

Se você usa a opção DISTINCT com uma função de grupo, o tamanho do argumento da função é limitado em cima ao tamanho de um bloco de dados menos alguns. Este tamanho é especificado pelo parâmetro de inicialização DB_BLOCK_SIZE.

Todas as funções de grupo exceto COUNT (*) ignoram nulos. Você pode usar NVL no argumento para uma função de grupo substituir um valor por um nulo.

Se uma consulta com uma função de grupo não retorna registros ou só registros com nulos para o argumento da função, a função de grupo retorna nulo.

AVG   Sintaxe   AVG ([DISTINCT [ALL] n)
      Propósito   Retorna o cálculo da média do valor em n.

```
      Exemplo
SELECT AVG(sal) "Média"
FROM emp;
Média
------
1893,75
```

COUNT   Sintaxe   COUNT ({* | DISTINCT | ALL] expr })
      Propósito   Retorna a quantidade de registros na consulta. Se você especifica expr, esta função devolve registros onde expr não é nulo. Você pode contar todos os registros, ou somente registros distintos de expr.

```
Se você especifica o asterisco (*), este função retorna todas os registros,
inclusive duplicados e nulos.
         Exemplos
SELECT COUNT(*) "Total"
FROM emp;
            Total
-------
      12
SELECT COUNT(job) "Count"
FROM emp;
Count
-------
      12
SELECT COUNT(DISTINCT job) "Jobs"
FROM emp;
Jobs
------
      4
```

78 | *SQL, PL/SQL, SQL*Plus*

GLB
Sintaxe GLB ([DISTINCT | ALL] label)
Propósito Retorna o maior valor de label.

LUB
Sintaxe LUB ([DISTINCT | ALL] label)
Propósito Retorna o menor valor de label.
Os valores de retorno têm datatype MLSLABEL.

MAX
Sintaxe MAX ([DISTINCT | ALL] expr)
Propósito Retorna o valor máximo de expr.
Exemplo
```
SELECT MAX(sal) "Máximo" FROM emp;
          Máximo
------
          3000
```

MIN
Sintaxe MIN ([DISTINCT | ALL] expr)
Propósito Retorna o valor mínimo de expr.
Exemplo
```
SELECT MIN(sal) "Mínimo" FROM emp;
          Mínimo
------
     800
```

STDDEV
Sintaxe STDDEV ([DISTINCT | ALL] x)
Propósito Retorna derivações padrão de x, um número.
ORACLE calcula derivações padrão, como raiz quadrada de discrepância de arquivo definida para a função de grupo de VARIANCE.
Exemplo
```
SELECT STDDEV(sal) "Valor" FROM emp;
          Valor
------
   885,62542
```

SUM
Sintaxe SUM ([DISTINCT | ALL] n)
Propósito Retorna a soma de n.
Exemplo
```
SELECT SUM(sal) "Total" FROM emp;
          Total
------
          22725
```

VARIANCE
Sintaxe VARIANCE ([DI STINCT | ALL] X)
Propósito Retorna a discrepância de x, um número.
Exemplo
```
SELECT VARIANCE(sal) "Variance" FROM emp;
          Variance
------
   784332,39
```

Modelos de formatos

Um modelo de formato é um caractere literal que descreve o formato de DATA ou NUMBER armazenado em uma string de caracteres. Você pode usar um modelo de formato como um argumento de TO_CHAR ou TO_DATE para funcionamento com estes propósitos:

- Para especificar o formato para ORACLE usar e retornar um valor do Banco de Dados para você,
- Especificar o formato para um valor que ORACLE armazenará no banco de dados.

Note que um modelo de formato não muda a representação interna do valor no Banco de Dados.

Esta seção descreve como usar modelos de formato, como também cada tipo de modelo de formato:

- Modelos de formato de números,
- Modelos de formato de data.

Como mudar o formato de retorno

Você pode usar um modelo de formato para especificar o formato que ORACLE usa para devolver valores do Banco de Dados para você.

Exemplo 1

Esta declaração seleciona os valores de comissão dos empregados no departamento 30 e usa a função TO_CHAR para converter esta comissão em caractere com o formato especificado pelo modelo de formato de número '$9,990.99':

```
SELECT ename funcionario, TO_CHAR(comm, '$9,990.99') comissao
FROM emp WHERE deptno = 30;

FUNCIONÁRIO    COMISSÃO
-----------    ----------
ALLEN          $300.00
WARD           $500.00
MARTIN         $1,400.00
BLAKE
TURNER         $0.00
JAMES
```

Por causa deste modelo de formato, ORACLE retorna as comissões com sinais de dólar. Note que a função TO_CHAR retorna nulo para todos os empregados com null no campo COMM.

80 | *SQL, PL/SQL, SQL*Plus*

Exemplo II

Esta declaração seleciona as datas em que cada empregado do departamento 20 foi contratado e usa função TO_CHAR para converter estas datas para strings de caracteres com o formato especificado pelo modelo de formato de data ' fmMonth DD, YYYY' :

```
SELECT ename, TO_CHAR(Hiredate, 'fmMonth DD, YYYY') hiredate
FROM emp WHERE deptno = 20;

ENAME     HIREDATE
-----     ----------------
SMITH     dezembro 17, 1980
JONES     abril 2, 1981
SCOTT     abril 19, 1987
ADAMS     maio 23, 1987
FORD      dezembro 3, 1981
```

Com este modelo de formato, ORACLE retorna as datas com o mês por extenso.

Como prover o formato correto

Você pode usar modelos de formato para especificar o formato de um valor que está convertendo de um datatype a outro datatype requerido por um campo. Quando você insere ou atualiza um valor em um campo, o datatype do valor que você especificou têm que corresponder ao datatype do campo. Por exemplo, um valor que você insere em um campo DATA deve ser um valor do datatype DATA ou uma string de caracteres no formato de data padrão (ORACLE converte strings de caracteres no formato de data padrão para o datatype DATA). Se o valor está em outro formato, você tem que usar a função TO_DATE para converter o valor ao datatype DATA. Você também tem que usar um modelo de formato para especificar o formato de strings de caracteres.

Exemplo III

Esta declaração atualiza a data de contrato de JONES usando a função TO_DATE com a máscara de formato 'YYYY MM DD' para converter a string de caracteres '1992 05 20' para um valor de DATA:

```
UPDATE emp
SET hiredate = TO_DATE('1992 05 20', 'YYYY MM DD')
WHERE ename = 'JONES';
```

Você pode usar modelos de formato de número nestes lugares:

- Na função TO_CHAR para traduzir um valor datatype NUMBER para VARCHAR2,
- Na função TO_NUMBER para traduzir um valor datatype CHAR ou VARCHAR2 para NUMBER.

Todos os modelos de formato de número causam ao número arredondamento aos dígitos necessários. Se um valor tem dígitos mais significativos à esquerda do lugar decimal que é especificado no formato, sinais de cerquilhas (#) substituem o valor.

Capítulo 4 – Operadores, funções, expressões, condições | 81

Elementos de formato numérico

Um modelo de formato de número é composto de um ou mais números formatados. A tabela abaixo lista os elementos de um modelo de formato numérico.

ELEMENTO	EXEMPLO	DESCRIÇÃO
9	9999	Número de "9" que especifica dígitos de números retornados. São devolvidos espaços em branco para zeros e para um valor de zero.
0	0999 9990	Retorna zero na primeira posição ou na última posição.
$	$9999	Prefixos com símbolos de dólar.
B	B9999	Retorna valores de zero em branco.
MI	9999MI	Retorna " - " depois de valores de negativo. Para valores positivos, é devolvido um espaço arrastado.
S nega-	S9999	Retorna ' + " para valores positivos e " - " para valores tivos nesta posição.
PR	9999PR	Retorna valores negativos em <ângulo entre parên teses>. Para valores positivos, um espaço arrasta do é retornado.
D do	99D99	Retorna caractere decimal nesta posição, separan- o inteiro e fracionário de um número.
G	9G999	Retorna o separador de milhar nesta posição.
C	C999	Retorna o símbolo de moeda ISO nesta posição.
L	L999	Retorna o símbolo de moeda local nesta posição.
,(virgula)	9,999	Retorna vírgula nesta posição.
.(period)	99.99	Retorna um período nesta posição, separando o inteiro e fracionário de um número.
V	999V99	Multiplica valor através por 10^n, onde n busca o número de "9"s.
EEEE	9.999EEEE	Retorna valores usando notação científica.

O MI e PR formatam elementos e só podem aparecer na última posição de um modelo de formato de número. O S formata elemento e só pode aparecer na primeira ou última posição.

Formato de modelos data

Você pode usar modelos de formato de data nestes lugares:

- na função TO_CHAR para transformar um valor de DATA que seja um formato diferente de formato de data padrão.

- na função TO_DATE para transformar um valor de caracteres que seja um formato diferente de formato de data padrão.

Formato de data padrão

O formato de data padrão é especificado explicitamente com o parâmetro de inicialização NLS_DATE_FORMAT ou implicitamente com o parâmetro de inicialização NLS_TERRITORY.

Elementos de formato de data

Um modelo de formato de data está composto de um ou mais elementos de formato. A tabela abaixo lista os formatos.

ELEMENTO	SIGNIFICADO
SCC ou CC	Século; "S" prefixos de datas BC com " -".
YYYY ou SYYYY	Ano de 4-dígitos; "S" prefixos de datas BC com " -".
IYYY	Ano de 4-dígitos baseado no formato ISO.
YYY ou YY ou Y	Últimos 3,2 ou 1 dígito(s) de ano.
IYY ou IY ou I	Últimos 3,2 ou 1 dígito(s) de ano ISO.
Y,YYY	Ano com vírgula nesta posição.
SYEAR ou YEAR	Ano, "S" prefixos de data BC " – ".
RR	Dois últimos dígitos de ano, para anos de outros séculos.
BC ou AD	Indicador de BC/AD.
B.C. ou A.D.	Indicador de BC/AD com períodos.
Q	Parte do ano (1,2,3,4; JAN – MAR =1).
MM	Mês (01-12; JAN=01).
RM	Mês numeral romano (I-XII; JAN = I).
MONTH	Nome do mês.
MON	Nome abreviado de mês.
WW de ano	Semana de ano (1-53) onde semana 1 começa no primeiro dia de e continua no sétimo dia do ano.
IW	Semana de ano (1-53) baseado no padrão ISO.

ELEMENTO	SIGNIFICADO
W do mês	Semana do mês (1-5) onde semana 1 começa no primeiro dia e finaliza no sétimo dia.
DDD	Dia do ano (1-366).
DD	Dia do mês (1-31).
D	Dia da semana (1-7).
DAY	Nome do dia.
DY	Abreviatura do nome do dia.
AM ou PM	Indicador meridiano.
A.M. ou P.M.	Indicador meridiano por períodos.
HH ou HH12	Hora diária (1-12).
HH24	Hora diária (0-23).
MI	Minuto (0-59).
SS	Segundo (0-59).

Exemplo IV

Assume que estas consultas foram digitadas antes do ano 2000:

```
SELECT TO_CHAR(TO_DATE('26-DEZ-98','DD-MON-RR'),'YYYY')
"Ano de 4 dígitos" FROM DUAL;
Ano
------
1998

SELECT TO_CHAR(TO_DATE('26-DEZ-17','DD-MON-RR'),'YYYY')
"Ano de 4 dígitos" FROM DUAL;
Ano
------
2017
```

Assume que estas consultas foram digitadas no ano 2000 ou depois:

```
SELECT TO_CHAR(TO_DATE('26-DEZ-98','DD-MON-RR'),'YYYY')
"Ano de 4 dígitos" FROM DUAL;
Ano
------
1998

SELECT TO_CHAR(TO_DATE('26-DEZ-17','DD-MON-RR'),'YYYY')
"Ano de 4 dígitos" FROM DUAL;
Ano
------
2017
```

84 | *SQL, PL/SQL, SQL*Plus*

Note que o resultado das consultas é o mesmo, emitidos antes ou depois do ano 2000. O formato de data RR lhe permite escrever declarações SQL que devolverão os valores mesmo da mudança de século.

Exemplo V

Esta declaração usa um modelo de formato de data para retornar uma expressão de caracteres que contém os caracteres literais " de " e a vírgula.

```
SELECT TO_CHAR(SYSDATE, 'fmDDTH "de" Month, YYYY')
"Data" FROM dual;

Data
----------------------
10TH de Dezembro, 2000
```

Note que este comando também usa o modificador FM.

Exemplo VI

Esta declaração coloca uma única citação no valor de retorno usando um modelo de formato de data que inclui duas únicas citações sucessivas:

```
SELECT TO_CHAR(SYSDATE, 'fmday''"s Especial"')
"Opções" FROM dual;

Opções
-------------------
domingo's Especial
```

Capítulo 5

Comandos

Este capítulo contém descrições de todos os comandos SQL e algumas cláusulas. Os comandos e cláusulas aparecem em ordem alfabética. A descrição de cada comando ou cláusula contém estas seções:

Propósito	Descreve o uso básico do comando.
Pré-requisitos	Conhecimentos necessários para usar o comando.
Sintaxe	Mostra as palavras-chave e parâmetros que compõem o comando.
Palavras-chave	Descreve o propósito de cada palavra-chave e parâmetro.
e Parâmetros	
Notas de uso	Discute como e quando usar o comando.
Exemplos	Declarações de exemplo no uso do comando.

Sumário dos comandos SQL

As tabelas nas seções seguintes mostram um sumário funcional dos comandos SQL. Os comandos SQL são divididos nestas categorias:

- Comandos da linguagem de definição de dados (DDL),
- Comandos da linguagem de manipulação de dados (DML),
- Comandos de controle de transação,

86 | *SQL, PL/SQL, SQL*Plus*

- Comandos de controle de sessão,
- Comandos de controle de sistemas.

Comandos da linguagem de definição de dados

Os comandos da Linguagem de definição de dados (DDL) lhe permite executar estas tarefas:
- Criam, alteram, excluem objetos,
- Concedem e retiram privilégios e papéis,
- Estabelecem opções de auditoria,
- Adicionam comentários para o dicionário de dados.

Comandos da linguagem de definição de dados (DDL)

COMANDO	PROPÓSITO
ALTER CLUSTER	Para alterar as características de armazenamento ou para alocar uma extensão para um cluster.
ALTER DATABASE	Para abrir/montar o Banco de Dados, escolher modo de archivelog l noarchivelog, executar recuperação de mídia, para adicionar/remover redo log files, renomear um data file/redo log file, para efetuar backup do control file corrente, para criar novos data files, para promover um data file em online/offline, para habilitar/desabilitar um thread de redo log file, para alterar o nome global do Banco de Da para alterar o modo MAC, ou para fixar os labels DBHIGH ou DBLOW.
ALTER FUNCTION	Para recompilar uma função armazenada.
ALTER INDEX	Para redefinir um índice.
ALTER PACKAGE	Para recompilar um pacote armazenado.
ALTER PROCEDURE	Para recompilar um procedimento armazenado.
ALTER PROFILE	Para adicionar ou remover um limite de recurso para ou de um perfil.
ALTER RESOURCE COST	Para especificar uma fórmula para calcular os recursos de custo total usados por uma sessão.
ALTER ROLE	Para alterar ou redefinir autorização para ter acesso a um papel.
ALTER ROLLBACK SEGMENT	Para alterar as características de armazenamento de um segmento de rollback ou para promover online/offline.
ALTER SEQUENCE	Para redefinir geração de valores para uma seqüência.
ALTER SNAPSHOT	Para alterar as características de armazenamento de um snapshot.

Capítulo 5 – Comandos | 87

COMANDO	PROPÓSITO
ALTER SNAPSHOT LOG	Para alterar as características de armazenamento de um log snapshot.
ALTER TABLE	Para adicionar uma coluna/constraint de integridade para uma tabela, para redefinir uma coluna, para alterar características de armazenamento de uma tabela, para habilitar/desabilitar/apagar uma constraint de integridade, para habilitar/desabilitar todos os triggers de uma tabela.
ALTER TABLESPACE	Para adicionar/renomear data files, para alterar características de armazenamento, para promover uma tablespace online/offline, ou para iniciar/finalizar um backup.
ALTER TRIGGER	Para habilitar/desabilitar um trigger.
ALTER USER	Para alterar uma senha de um usuário, tablespace default, tablespace temporária, quota de tablespace,perfil ou role default.
ALTER VIEW	Para recompilar uma view.
ANALYZE	Colecionar estatísticas de performance.
AUDIT	Para definir auditoria para comandos específicos SQL ou operações em schemas de objetos.
COMMENT	Para adicionar um comentário sobre uma tabela , view, snapshot, ou coluna.
CREATE CLUSTER	Para criar um cluster que contenha uma ou mais tabelas.
CREATE CONTROLFILE	Para recriar um arquivo de controle.
CREATE DATABASE	Para criar um Banco de Dados.
CREATE DATABASE LINK	Para criar um link para um Banco de Dados remoto.
CREATE FUNCTION	Para criar uma função armazenada.
CREATE INDEX	Para criar um índice para uma tabela ou cluster.
CREATE PACKAGE	Para criar um stored package.
CREATE PACKAGE BODY	Para criar o corpo de um pacote armazenado.
CREATE PROCEDURE	Para criar um procedimento armazenado.
CREATE PROFILE	Para criar um perfil especificando seus limites de recurso.
CREATE ROLE	Para criar um papel.
CREATE ROLLBACK SEGMENT	Para criar um segmento rollback.
CREATE SCHEMA	Para criar um schema de usuário.
CREATE SEQUENCE	Para criar uma seqüência para geração de valores seqüenciais.
CREATE SNAPSHOT	Para criar um snapshot de dados.
CREATE SNAPSHOT LOG	Para criar snapshots logs.

SQL, PL/SQL, SQL*Plus

COMANDO	PROPÓSITO
CREATE SYNONYM	Para criar um sinônimo para um objeto de um schema.
CREATE TABLE	Para criar uma tabela, definir suas colunas, integridade constraints.
CREATE TABLESPACE	Para criar um lugar no Banco de Dados para armazenamento de objetos de schema, segmentos rollback, e segmentos temporários.
CREATE TRIGGER	Para criar um trigger de Banco de Dados.
CREATE USER	Para criar um usuário de Banco de Dados.
CREATE VIEW	Para definir uma view de uma ou mais tabelas ou views.
DROP CLUSTER	Para remover um agrupamento do Banco de Dados.
DROP DATABASE LINK	Para remover um database link.
DROP FUNCTION	Para remover uma função armazenada do Banco de Dados.
DROP INDEX	Para remover um índice do Banco de Dados.
DROP PACKAGE	Para remover um pacote armazenado do Banco de Dados.
DROP PROCEDURE	Para remover um procedimento armazenado do Banco de Dados.
DROP PROFILE	Para remover um perfil do Banco de Dados.
DROP ROLE	Para remover um papel do Banco de Dados.
DROP ROLLBACK SEGMENT	Para remover um segmento rollback do Banco de Dados.
DROP SEQUENCE	Para remover uma seqüência do Banco de Dados.
DROP SNAPSHOT	Para remover um snapshot do Banco de Dados.
DROP SNAPSHOT LOG	Para remover um snapshot log do Banco de Dados.
DROP SYNONYM	Para remover um sinônimo do Banco de Dados.
DROP TABLE	Para remover uma tabela do Banco de Dados.
DROP TABLESPACE	Para remover uma tablespace do Banco de Dados.
DROP TRIGGER	Para remover um trigger do Banco de Dados.
DROP USER	Para remover um usuário e os objetos no schema do usuário do Banco de Dados.
DROP VIEW	Para remover uma view do Banco de Dados.
GRANT	Para conceder privilégios de sistemas, papéis e privilégios de objeto aos usuários e roles.
NOAUDIT	Para desabilitar uma auditoria.
RENAME	Para alterar o nome de um objeto do esquema.
REVOKE	Para remover privilégios de sistema, roles e privilégios de objetos de usuários e roles.
TRUNCATE	Para remover todos os registros de uma tabela ou cluster e liberar o espaço que os registros usavam.

Comandos da linguagem de manipulação de dados (DML)

Os comandos da linguagem de manipulação de dados (DML) manipulam dados em objetos de schema existentes. Estes comandos não fazem commit implícito na transação corrente.

COMANDO	PROPÓSITO
DELETE	Para remover registros de uma tabela.
EXPLAIN PLAN	Para retornar o plano de execução para um comando SQL.
INSERT	Para adicionar novos registros para uma tabela.
LOCK TABLE	Para bloquear uma tabela ou view, limitando o acesso a outros usuários.
SELECT	Para selecionar dados em registros e campos de uma ou mais tabelas.
UPDATE	Para atualizar dados em uma tabela.

Todos os comandos da DML, exceto o comando EXPLAIN PLAN são suportados pela PL/SQL.

Comandos de controle de transação

Comandos de controle de transação administram mudanças feitas pelos comandos da linguagem de manipulação de dados (DML).

COMANDO	PROPÓSITO
COMMIT	Tornar permanentes as mudanças feitas pelas declarações DML emitidas.
ROLLBACK	Desfazer todas as mudanças feitas pelas declarações DML até o começo de um savepoint.
SAVEPOINT	Estabelecer um ponto de referência para o qual você pode rollback.
SET TRANSACTION	Estabelecer propriedades para a transação atual.

Todos os comandos de controle de transação, exceto certas formas dos comandos COMMIT e ROLLBACK são suportados em PL/SQL. Para maiores informações nas restrições, veja os comandos COMMIT e ROLLBACK, ainda neste capítulo.

Comandos de controle de sessão

Comandos de controle de sessão administram dinamicamente as propriedades de uma sessão de usuário. Estes comandos não fazem commit implícito na transação atual.

COMANDO	PROPÓSITO
ALTER SESSION	Para alterar a sessão corrente.
SET ROLE	Para habilitar/desabilitar papéis para a sessão atual.

Comandos de controle de sistemas

Os comandos de controle de sistema administram dinamicamente as propriedades de uma instância do ORACLE. Este comando não faz commit implícito na transação atual.

COMANDO	PROPÓSITO
ALTER SYSTEM	Para alterar uma instância ORACLE.

Este comando não é suportado em PL/SQL.

ALTER DATABASE

Propósito

Alterar um Banco de Dados existente em algum destes modos:

- Montar o Banco de Dados,
- Converter uma versão do dicionário de dados do ORACLE quando realizada uma migração para uma versão mais recente,
- Abrir o Banco de Dados,
- Escolher os modos archivelog ou noarchivelog para fazer novamente grupos de arquivo log file,
- Executar recovery de mídia,
- Adicionar ou apagar um redo log file,
- Fazer backup do arquivo de controle atual,
- Criar um Banco de Dados novo, no lugar de um velho, para propósitos de recuperação,
- Mudar o nome global do Banco de Dados,
- Mudar o modo MAC.

Capítulo 5 – Comandos | 91

Pré-requisitos

Você tem que ter o privilégio de sistemas ALTER DATABASE.

Sintaxe

```
ALTER DATABASE command ::=

>>--- ALTER DATABASE ------------------------------------------------------->
                     |- database -|
>---- MOUNT ------------------------------------------------------------->< 
   |                 |- EXCLUSIVE -|
   |
   |                 |- PARALLEL --|
   |
   | CONVERT -------------------------------------------------------------|
   | OPEN ----------------------------------------------------------------|
   |                 |- RESETLOGS ---|
   |
   |                 |- NORESETLOGS -|
   |
   | ARCHIVELOG ----------------------------------------------------------|
   | NOARCHIVELOG --------------------------------------------------------|
   | RECOVER recover_clause ----------------------------------------------|
   | ADD LOGFILE — | THREAD integer -| -- |- GROUP integer ----------|
   | DROP LOGFILE — |- GROUP integer -| -- 'filename' ---------------|
   | DROP LOGFILE MENBER — 'filename' ----------------------------------|
   | RENAME FILE — 'filename' -- TO -- 'filename' -------------------|
   | BACKUP CONTROLFILE TO 'filename' —— REUSE ---------------------|
   | CREATE DATAFILE —— 'filename' -----------------------------------|
   |                               |- AS -filespec ----------------|
   | DATAFILE 'filename' — ONLINE ------------------------------------|
   |                     |- OFFLINE --------------|
   |
   |                               |- DROP -|
   |
   | ENABLE ------ THREAD integer ---------------------------------------|
   |          | PUBLIC |
   |
   | DISABLE THREAD integer ---------------------------------------------|
   | RENAME GLOBAL_NAME TO database — .domain ----------------------|
   | SET —— DBMAC — ON -------------------------------------------------|
   |                   |- OFF ------------------------------------------|
   |        |- DBHIGH = 'text' ------------------------------------------|
   |        |- DBLOW  = 'text' ------------------------------------------|
```

Palavras-chave e parâmetros

Database Identifica o Banco de Dados a ser alterado. Se você omitir database, ORACLE altera o Banco de Dados identificado pelo valor do parâmetro de inicialização DB_NAME. Você pode alterar só o Banco de Dados cujo arquivo de controle é especificado pelo parâmetro de inicialização CONTROL_FILES. Note que o identificador de database não é relacionado à especificação de Banco de Dados no SQL*Net.

Você só pode usar as opções seguintes quando o Banco de Dados não está montado.

MOUNT

Monta o Banco de Dados.

EXCLUSIVE

Monta o Banco de Dados em modo exclusivo. Este modo permite montar o Banco de Dados de cada vez através de só uma instância. Você não pode usar esta opção se outra instância já montou o Banco de Dados.

PARALLEL

Monta o Banco de Dados em modo de paralelo. Este modo permite montar Banco de Dados através de instâncias múltiplas concorrentes. Você só pode usar esta opção se está usando ORACLE com a opção Parallel Server. Você não pode usar esta opção se outra opção tem montado o Banco de Dados em modo exclusivo.

O valor padrão é EXCLUSIVE.

Você pode usar só a opção seguinte quando sua instância tem o Banco de Dados montado, mas não aberto:

OPEN

Abre o Banco de Dados e o faz disponível para uso normal. Você tem que montar o Banco de Dados antes de poder abrir.

RESETLOGS

Reajusta o número de LOG atual para 1 e invalida todas as entradas redo e arquivos de redo log files. Nunca utilize esta cláusula se a recuperação dos dados foi normal.

NORESETLOGS

Abre a base de dados e não invalida os arquivos de log.

Você só pode usar as opções seguintes quando sua instância tem o Banco de Dados montado em modo exclusivo, mas não aberto:

ARCHIVELOG

Modo de archivelog estabiliza grupos de arquivos de log. Você só pode usar esta opção se efetuar um shutdown normalmente, imediatamente sem erros, e então reiniciá-lo, montando o Banco de Dados em modo exclusivo.

NOARCHIVELOG

Modo de noarchivelog estabiliza grupos de arquivos de log. Neste modo, o conteúdo de um arquivo redo log não precisa que este arquivo seja usado de novo. Este modo não prepara para uma recuperação após um fracasso de mídia.

Você pode usar só a opção seguinte quando sua instância tem o Banco de Dados montado em modo exclusivo:

RECOVER

Recuperação de mídia de performance. Você só recupera o Banco de Dados inteiro quando o Banco de Dados está fechado. Você pode recuperar tablespaces ou dados arquivados quando o Banco de Dados está aberto ou fechado, contanto que as tablespaces ou os dados que serão recuperados não estejam sendo usados. Você também pode executar recuperação de mídia com o comando SQL*DBA RECOVER.

Você pode usar quaisquer das opções seguintes quando sua instância tem o Banco de Dados montado, aberto ou fechado, e os arquivos envolvidos não estejam em uso:

ADD LOGFILE

Adiciona um ou mais grupos de arquivo redo log ao thread especificado e os fazem disponível para a instância que nomeou o thread. Se você omite o parâmetro de THREAD, o grupo de arquivo redo log é somado à linha nomeada a sua instância. Você só precisa usar parâmetro THREAD se estiver usando o ORACLE com a opção Parallel Server em modo paralelo.

Você pode especificar um arquivo de grupo redo log em um destes modos:

GROUP

você pode especificar o valor do parâmetro GROUP que identifica o arquivo de grupo redo log.

List off filenames

Você pode listar todos os membros do grupo de arquivo redo log. Você deve especificar completamente cada filename, de acordo com as convenções para seu sistema operacional.

DROP LOGFILE

Apaga um ou mais arquivos de grupo redo log. Cada 'filename' deve especificar completamente um membro que usa as convenções para filenames em seu sistema operacional.

Você não pode usar esta cláusula para derrubar todos os membros de um arquivo de grupo redo log que contém dados válidos. Para boa performance nesta operação, use a cláusula de DROP LOGFILE.

RENAME FILE

Renomeia arquivos de dados ou membros de arquivos redo log. Esta cláusula somente renomeia arquivos no control file, não renomeia a nível de sistema operacional. Você deve especificar cada filename para as convenções certas em seu sistema operacional

BACKUP CONTROLFILE

Cria uma cópia de segurança do arquivo de controle atual especificado em 'filename'. Se o arquivo posterior já existe, você deve especificar a opção REUSE.

CREATE DATAFILE

Cria um novo arquivo de dados no lugar do velho. Você pode usar esta opção para recriar um arquivo de dados que estava perdido. O 'filename' deve identificar um arquivo que é ou era uma vez parte do DATABASE. O filespec especifica o nome e tamanho do arquivo de dados novo. Se você omite a cláusula AS, o ORACLE cria o arquivo novo com o mesmo nome e o classifica segundo o tamanho como especificado em 'filename'.

ORACLE cria o arquivo novo no mesmo estado do arquivo velho quando foi criado. Você tem que executar recovery de mídia na ocasião no arquivo novo para retorná-lo para o mesmo estado do arquivo velho.

Você não pode criar um arquivo novo baseado no primeiro arquivo de dados da tablespace SYSTEM, a menos que o DATABASE fosse criado em modo de archivelog.

DATAFILE

Define objetos de arquivo de dados online ou offline. Se qualquer outra instância tem o DATABASE aberto, sua instância também tem que ter o DATABASE aberto:

ONLINE traz os arquivos de dados online.

OFFLINE traz os arquivos de dados online.

Você só pode usar as opções seguintes quando sua instância tem o DATABASE aberto:

ENABLE

Habilita o thread especificado de grupos de arquivo redo log. O thread tem que ter pelo menos dois arquivos de grupo redo log antes que você possa habilitá-lo.

DISABLE

Desabilita o thread especificado e faz indisponível para todas as instâncias. Você não pode incapacitar um thread numa instância que o usa com o DATABASE montado.

Exemplo I

Esta declaração monta o DATABASE nomeado ESTOQUE no modo exclusivo:

```
ALTER DATABASE estoque MOUNT EXCLUSIVE;
```

Exemplo II

Esta declaração adiciona um redo log com dois membros e o identifica com o parâmetro GROUP de valor 3:

```
ALTER DATABASE estoque
    ADD LOGFILE GROUP 3
    ( 'diska:log3.log' , ' diskb:log3.log') SIZE 50K ;
```

Capítulo 5 – Comandos | 95

Exemplo III

Esta declaração adiciona um membro para redo log somado no exemplo anterior:

```
ALTER DATABASE estoque ADD LOOFILE MEMBER 'diskc:log3.log'
TO GROUP 3
```

Exemplo IV

Esta declaração apaga o arquivo redo log adicionado no exemplo anterior:

```
ALTER DATABASE estoque DROP LOGFILE MEMBER ' diskc:log3.log ';
```

Exemplo V

Esta declaração renomeia um membro de arquivo redo log:

```
ALTER DATABASE estoque RENAME FILE 'diskb:log3.log'
                          TO 'diskd:log3.log';
```

Exemplo VI

Este exemplo apaga todos os membros do arquivo redo log do grupo 3:

```
ALTER DATABASE estoque DROP LOGFILE GROUP 3;
```

Exemplo VII

Esta declaração adiciona um redo log que contém três membros para 5 threads e configura-o com parâmetro GROUP de valor 4:

```
ALTER DATABASE estoque ADD LOGFILE THREAD 5 GROUP 4  (
               'diska:log4.log',
                        'diskb:log4.log',
               'diskc:log4.log');
```

Exemplo VIII

Esta declaração desabilita o thread 5:

```
ALTER DATABASE estoque DISABLE THREAD 5;
```

Exemplo IX

Esta declaração habilita o thread 5 e o faz disponível para qualquer instância ORACLE:

```
ALTER DATABASE estoque ENABLE PUBLIC THREAD 5;
```

96 | *SQL, PL/SQL, SQL*Plus*

Exemplo X

Esta declaração cria os arquivos de dados 'DISKX:DB1.DAT' baseado no arquivo' DISKY:DB1. DAT':

```
ALTER DATABASE CREATE DATAFILE
                ` diskx:dbl.dat `
            AS ` disky:dbl.dat `;
```

ALTER FUNCTION

Propósito

Para recompilar uma função armazenada standalone.

Pré-requisitos

A função deve estar em seu próprio esquema ou você terá que obter privilégios de sistemas para trabalhar.

Se você está usando ORACLE no modo DBMS MAC, seu DBMS tem que aceitar criação de função ou você tem que se encaixar em um destes critérios:

- Se label de criação da função é mais alto que seu label DBMS, você tem que ter privilégios de sistemas READUP e WRITEUP.
- Se label de criação da função é mais baixo que seu label DBMS, você tem que ter privilégio de sistema WRITEDOWN.
- Se label de criação da função e sua etiqueta DBMS é noncomparable, você tem que ter privilégios de sistemas READUP', WRITEUP e WRITEDOWN.

Sintaxe

ALTER FUNTION command:

```
>>--- ALTER FUNCTION ------------- function --- COMPILE ------------><
                |- schema . -|
```

Palavras-chave e parâmetros

Schema é o esquema que contém a função. Se você omite esquema, ORACLE assume a função que está em seu próprio esquema.

Function é o nome da função para ser recompilada.

COMPILE esta cláusula recompila a função. A palavra-chave COMPILE é requerida.

Notas de uso

Você pode usar o comando ALTER FUNCTION para recompilar explicitamente uma função que está inválida. Recompilação explícita elimina a necessidade de recompilação implícita runtime e previne erros de compilação runtime associados ao desempenho.

O comando ALTER FUNCTION é semelhante ao comando ALTER PROCEDURE.

Nota: este comando não muda a declaração ou definição de uma função existente. Para redeclarar ou redefinir uma função, você tem que usar o comando CREATE FUNCTION com a opção OR REPLACE.

Exemplo

Para recompilar explicitamente a função GET_BAL do usuário DIRO, observe esta declaração:

```
ALTER FUNCTION diro.get_bal COMPILE;
```

Se ORACLE não encontrar nenhum erro de compilação enquanto recompila GET_BAL, GET_BAL se torna válida. ORACLE pode executar isto subseqüentemente sem recompilar em runtime. Se ao recompilar GET_BAL resultar em erros de compilação, ORACLE retorna uma mensagem de erro e GET_BAL permanece inválida.

ORACLE também invalida todos os objetos que dependem de GET_BAL. Se você subseqüentemente fizer referência à um destes objetos sem explicitamente recompilar a função primeiro, Oracle recompila a função implicitamente em runtime.

ALTER INDEX

Propósito

Para mudar bloco de dados em índices.

Pré-requisitos

O índice deve estar em seu próprio esquema ou você tem que ter privilégio de sistema ALTER ANY INDEX.

Se você está usando ORACLE no modo DBMS MAC, seu DBMS tem que aceitar criação de índices ou você tem que se encaixar em um destes critérios:

- Se label de criação de índice é mais alto que seu label DBMS, você tem que ter privilégios de sistemas READUP e WRITEUP.

98 | *SQL, PL/SQL, SQL*Plus*

- Se label de criação de índice é mais baixo que seu label DBMS, você tem que ter privilégio de sistema WRITEDOWN.

- Se label de criação de índice e sua etiqueta DBMS é noncomparable, você tem que ter privilégios de sistemas READUP', WRITEUP e WRITEDOWN.

Sintaxe

ALTER INDEX command ::=

```
>>--- ALTER INDEX  ------------------ índice ---------------------------->
                   |- schema. -|

>----------- INITTRANS integer --------------------------------------><
      |----- MAXTRANS integer ----------|
      |----- STORAGE storage_clause ----|
```

Palavras-chave e parâmetros

Schema é o esquema ao qual pertence o índice. Se você omite esquema, ORACLE assume que o índice está em seu próprio esquema.

Index é o nome do índice que será alterado.

INITRANS | MAXTRANS troca os valores desses parâmetros para o índice.

STORAGE muda os parâmetros de armazenamento para o índice.

Exemplo

Esta declaração altera um índice no esquema SCOTT.CUSTOMER, de forma que os dados futuros bloqueiem dentro deste índice 5 entradas de transação iniciais e uma extensão de incremento de 100 kilobytes:

```
ALTER INDEX scott.customer INITRANS 5 STORAGE (NEXT 100K);
```

ALTER PACKAGE

Propósito

Recompilar um stored package.

Pré-requisitos

O pacote deve estar em seu próprio esquema, ou você tem que ter privilégio de sistema ALTER ANY PROCEDURE.

Se você está usando ORACLE no modo DBMS MAC, seu DBMS tem que aceitar criação de packages ou você tem que se encaixar em um destes critérios:

- Se label de criação de packages é mais alto que seu label DBMS, você tem que ter privilégios de sistemas READUP e WRITEUP.

- Se label de criação de packages é mais baixo que seu label DBMS, você tem que ter privilégio de sistema WRITEDOWN.

- Se label de criação de packages e sua etiqueta DBMS é noncomparable, você tem que ter privilégios de sistemas READUP', WRITEUP e WRITEDOWN.

Sintaxe

ALTER PACKAGE command ::=

```
>>--- ALTER PACKAGE ----------- package --- COMPILE ------------------><
                 |- schema. -|                           |- PACKAGE-|
                                                          |- BODY  -|
```

Palavras-chave e parâmetros

Schema é o esquema que contém o PACKAGE. Se você omite esquema, ORACLE assume o PACKAGE no esquema atual.

package é o nome do PACKAGE para ser recompilado.

COMPILE recompila a especificação de package ou body. A palavra-chave COMPILE é requerida.

PACKAGE recompila package body e suas especificações.

BODY recompila somente body.

A opção default é PACKAGE.

Notas de uso

Você pode usar o comando ALTER PACKAGE para explicitamente recompilar uma especificação de PACKAGE BODY ou somente o body de package. Recompilação explícita elimina a necessidade de recompilação implícita runtime e previne erros de compilação runtime associados ao desempenho do sistema.

Porque são armazenados todos os objetos em um PACKAGE como uma unidade, o comando ALTER PACKAGE recompila todos os objetos packages. Você não pode usar os comandos ALTER PROCEDURES ou ALTER FUNCTION individualmente para recompilar um procedimento ou função que faz parte de um PACKAGE.

Nota: este comando não troca a declaração ou definição de um package existente. Para redeclarar ou redefinir um package, você tem que usar os comandos CREATE PACKAGE ou CREATE PACKAGE BODY com a opção OR REPLACE.

---

100 | *SQL, PL/SQL, SQL*Plus*

Exemplo I

Esta declaração recompila explicitamente a especificação de um package de nome ACCOUN-TING no esquema BLAIR:

```
ALTER PACKAGE blair.accounting COMPILE PACKAGE;
```

Se ORACLE não encontra nenhum erro de compilação enquanto recompila accounting, este se torna válido. Se a recompilação de accounting resulta em erros de compilação, ORACLE devolve uma mensagem de erro e accounting permanece inválido.

Exemplo II

Para recompilar o body de PACKAGE de ACCOUNTING no esquema BLAIR, observe esta declaração:

```
ALTER PACKAGE blair.accountig COMPILE BODY;
```

Se ORACLE não encontra nenhum erro de compilação enquanto recompila body de PACKAGE , body se torna válido. Se a recompilação de body resulta em erros de compilação, ORACLE retorna uma mensagem de erro e body permanece inválido.

ALTER PROCEDURE

Propósito

Para recompilar um procedimento armazenado.

Condições prévias

O procedimento deve estar em seu próprio esquema ou você tem que ter privilégio de sistema ALTER ANY PROCEDURE.

Se você está usando ORACLE em modo DBMS MAC, seu label DBMS tem que empare-lhar um label de criação de procedimentos, ou você deve satisfazer um destes critérios:

- Se o label de criação de procedimentos é mais alto que seu label DBMS, você tem que ter privilégios de sistemas READLP e WRITEUP.
- Se o label de criação de procedimento é mais baixo que seu label DBM, você tem que ter privilégio de sistema WRITEDOWN.
- Se o label de criação de procedimentos e seu label DBMS são noncomparable, você tem que ter privilégios de sistemas READUP, WRITEUP e WRITEDOWN.

Capítulo 5 – Comandos | 101

Sintaxe

ALTER PROCEDURE comando ::=

```
>>--- ALTER PROCEDURE --------- procedure --- COMPILE ----------------->< 
                      | schema. |
```

Palavras-chave e parâmetros

Schema é o esquema que contém o procedimento. Se você omite schema, ORACLE assume o procedimento que está em seu próprio esquema.

procedure é o nome do procedimento para ser recompilado.

COMPILE informa ao ORACLE para recompilar o procedure.

Notas de uso

Os comandos ALTER PROCEDURE e ALTER FUNCTION são bastante semelhantes. Os parágrafos seguintes para procedimentos de recompilação também se aplicam às funções.

Você pode usar o comando ALTER PROCEDURE explicitamente para recompilar um procedimento que está inválido. Recompilação explícita elimina a necessidade de recompilar em modo implícito runtime e previne erros de compilação em runtime associando uma performance melhor.

Comentários

Quando você recompilar um procedimento, o ORACLE primeiro recompila o objeta no qual o procedimento é dependente; se qualquer destes objetos são inválidos, o ORACLE também invalida os dados de qualquer objeto que depende do procedimento.

Nota: este comando não muda a declaração ou definição de procedimento existente. Para recriar ou redefinir um procedimento, você tem que usar o comando CREATE PROCEDURE ou a opção OR REPLACE.

Exemplo

Para explicitamente recompilar o procedimento CLOSE_ACCT possuído pelo usuário HENRY, usa-se esta declaração:

```
ALTER PROCEDURE henry.close_acct COMPILE;
```

Se ORACLE não encontra nenhum erro de compilação enquanto recompila CLOSE_ACCT, o procedimento CLOSE_ACCT se torna válido. ORACLE pode executar isto subseqüentemente sem recompilar em runtime. Se a recompilação de CLOSE_ACCT resulta em erros, ORACLE devolve uma mensagem de erro e CLOSE_ACCT permanecerá inválido.

102 | *SQL, PL/SQL, SQL*Plus*

ALTER PROFILE

Propósito

Adicionar, modificar ou remover um recurso limitado em um perfil.

Pré-requisitos

Você tem que ter privilégio de sistema ALTER PROFILE.

Se você está usando ORACLE no modo DBMS MAC, sua label DBMS tem que emparelhar a label de criação de perfil ou você deve atender a um destes critérios:

- Se o label de criação do perfil é mais alto que seu label DBMS, você tem que ter os privilégios de sistemas READUP e WRITEUP.
- Se o label de criação do perfil é mais baixo que seu label DBMS, você tem que ter o privilégio de sistema WRITEDOWN.
- Se o label de criação do perfil e seu label DBMS são do tipo noncomparable, você tem que ter os privilégios de sistemas READUP, WRITEUP e WRITEDOWN.

Sintaxe

ALTER PROFILE command ::=

```
>>-- ALTER PROFILE profile LIMIT ------------------------------------------->

>------------SESSIONS_PER_USER -------- integer ----------------------->< 
            |--CPU_PER_SESSION --|  |-- UNLIMITED -|
            |--CPU_PER_CALL -----|  |-- DEFAULT ---|
            |--CONNECT_TIME ----|
            |--IDLE_TIME -------|
```

Palavras-chave e parâmetros

profile é o nome do perfil a ser alterado.

integer define um novo valor para o recurso neste perfil. Para informar um limite no perfil, veja o comando CREATE PROFILE nas páginas seguintes.

UNLIMITED especifica um valor ilimitado para o perfil.

Exemplo 1

Esta declaração define um novo limite de 5 sessões simultâneas para o perfil ENGINEER:

```
ALTER PROFILE engineer LIMIT SESSION_PER_USER 5;
```

Se o perfil ENGINEER não definir um limite para SESSIONS_PER_USER, esta declaração soma o limite de 5 para o valor já definido no perfil. Se o perfil já tem definido um limite, este redefine seu valor atual para 5.

Qualquer usuário que for definido para o perfil ENGINEER será limitado subseqüentemente a 5 sessões simultâneas.

Exemplo II

Esta declaração define perfil ilimitado para ENGINEER.

```
ALTER PROFILE engineer LIMIT IDLE_TIME UNLIMITED;
```

Qualquer usuário que for definido para o perfil ENGINEER será ilimitado.

Exemplo III

Esta declaração remove o limite IDLE_TIME do perfil ENGINEER:

```
ALTER PROFILE engineer LIMIT IDLE_TIME DEFAULT;
```

Qualquer usuário que for definido para o perfil ENGINEER está sujeito ao IDLE_TIME limite definido no perfil DEFAULT nas sessões subseqüentes.

Exemplo IV

Esta declaração define um limite de 2 minutos de tempo inativo (IDLE TIME) para o perfil DEFAULT:

```
ALTER PROFILE default LIMIT IDLE_TIME 2;
```

Este limite IDLE_TIME aplica-se para os seguintes usuários:

- Usuários que não estão explicitamente nomeados em algum perfil.
- Usuários que estão nomeados em um perfil em que não está definido seu tempo limite IDLE_TIME explicitamente.

ALTER RESOURCE COST

Propósito

Especificar uma fórmula para calcular o custo de recurso total usado em uma sessão.

Para qualquer sessão, este custo está limitado pelo valor do parâmetro de COMPOSITE_LIMIT no perfil do usuário.

104 | *SQL, PL/SQL, SQL*Plus*

Pré-requisitos

Você tem que ter privilégio de sistema ALTER RESOURCE COST.

Se você está usando ORACLE no modo DBMS MAC, sua label de DBMS tem que emparelhar DBLOW, ou você tem que ter o privilégio de sistema WRITEDOWN.

Sintaxe

ALTER RESOURCE COST command

```
>>--- ALTER RESOURCE COST — CPU_PER_SESSION integer -------------------><
                            |-- CONNECT_TIME integer --------------|
                            |-- LOGICAL_READS_PER_SESSION integer -|
                            |-- PRIVATE_SGA integer --------------|
```

Palavras-chave e parâmetros

integer é o peso de cada recurso.

Notas de uso

O comando ALTER RESOURCE COST especifica a fórmula pela qual ORACLE calcula o custo total dos recursos usados em uma sessão. Com este comando, você assegura um peso para cada um destes recursos:

CPU_PER_SESSION

A quantia do tempo na CPU usada por uma sessão é medida em hundredths de segundos.

CONNECT_TIME

O tempo decorrido em uma sessão medido em minutos.

LOGICAL_READS_PER_SESSION

O número de blocos de dados lidos em uma sessão, incluindo blocos lidos da memória e disco.

PRIVATE_SGA

O número de bytes de espaço privado na Área global de sistema (SGA) usados por uma sessão. Este limite só se aplica se você está usando arquitetura de servidor multi--threaded e espaço privado alocado na SGA de sua sessão.

ORACLE calcula o recurso total válido multiplicando a quantia de cada recurso usado na sessão pelo peso do recurso e somando os produtos para todos os quatro recursos. São expressos os produtos e o custo total em unidades chamadas unidades de serviço. Embora ORACLE monitore o uso de outros recursos, só estes quatro podem contribuir ao custo de recurso total para uma sessão. Se você não nomeia um peso a um recurso, o peso deixa de comparecer subseqüentemente a 0 e o uso do recurso não contribui ao cost. Os pesos que você nomeia se aplicam a todas as sessões subseqüentes no DATABASE.

Uma vez que você especificou uma fórmula para o recurso total válido, você pode limitar isto válido para uma sessão com o parâmetro de COMPOSITE_LIMIT do comando CREATE PROFILE. Se o custo de uma sessão excede o limite, ORACLE aborta a sessão e exibe um erro.

Exemplo

Esta declaração nomeia pesos aos recursos CPU_PER_SESSION e CONNECT_TIME:

```
ALTER RESOURCE COST
            CPU_PER_SESSION 100
            CONNECT_TIME      1;
```

Os pesos estabelecidos para uma sessão:

T = (100 * CPU) + COM

onde:

T	é o custo do recurso total para a sessão expressada em unidades de serviço.
CPU	é o tempo de CPU usado pela sessão medida em hundredths de segundos.
COM	é o tempo decorrido em uma sessão medido em minutos.

Porque esta declaração não nomeia nenhum peso aos recursos LOGICAL_READS_PER_SESSION e PRIVATE_SGA, estes não aparecem na fórmula.

ALTER ROLE

Propósito

Alterar a autorização necessária para habilitar um papel.

Pré-requisitos

Você tem que ter privilégio de sistema ALTER ANY ROLE.

Se você está usando ORACLE no modo DBMS MAC, sua label DBMS tem que emparelhar a label de criação de role ou você deve atender a um destes critérios:

- Se o label de criação de role é mais alto que seu label DBMS, você tem que ter os privilégios de sistemas READUP e WRITEUP.

- Se o label de criação de role é mais baixo que seu label DBMS, você tem que ter o privilégio de sistema WRITEDOWN.

- Se o label de criação de role e seu label DBMS são do tipo noncomparable, você tem que ter os privilégios de sistemas READUP, WRITEUP e WRITEDOWN.

106 | *SQL, PL/SQL, SQL*Plus*

Sintaxe

ALTER ROLE command ::=

```
>>--- ALTER ROLE role --------- NOT IDENTIFIED ------------------------><
                               |-- IDENTIFIED ---- BY password --|
                                      |- EXTERNALLY ------|
```

Exemplo

Este comando muda a senha no papel de TELLER para LETTER:

```
ALTER ROLE teller IDENTIFIED BY letter;
```

ALTER ROLLBACK SEGMENT

Propósito

Alterar a área de alocação dos segmentos rollback altera um segmento rollback para público. Pode ser usado em um dos seguintes modos:

- Habilitando modo online,
- Habilitando modo offline,
- Mudando as características de armazenamento.

Pré-requisitos

Você tem que ter privilégio de sistema ALTER ROLLBACK SEGMENT.

Se você está usando ORACLE no modo DBMS MAC, sua label DBMS tem que emparelhar a label de criação de rollback, ou você deve atender a um destes critérios:

- Se o label de criação de rollback é mais alto que seu label DBMS, você tem que ter os privilégios de sistemas READUP e WRITEUP.
- Se o label de criação de rollback é mais baixo que seu label DBMS, você tem que ter o privilégio de sistema WRITEDOWN.
- Se o label de criação de rollback e seu label DBMS são do tipo noncomparable, você tem que ter os privilégios de sistemas READUP, WRITEUP e WRITEDOWN.

Sintaxe

ALTER ROLLBACK SEGMENT command ::=

```
>>--- ALTER ROLLBACK SEGMENT rs -- ONLINE  ---------------------------><
                                 |-- OFFLINE ---------------|
                                 |-- STORAGE storage_clause -|
```

Palavras-chave e parâmetros

rs especifica o nome dos parâmetros de segmentos rollback existentes.

ONLINE habilita em online segmento rollback.

OFFLINE habilita em offline segmento rollback.

STORAGE Altera as características de armazenamento de um segmento rollback.

Notas de uso

Quando você cria um segmento de rollback, este é definido inicialmente offline. Um segmento de rollback offline não está disponível para transações.

A opção ONLINE traz o segmento rollback em modo online, fazendo-o disponível para transações para sua instância. Você também pode trazer um segmento rollback para modo online quando começa sua instância com o parâmetro de inicialização ROLLBACK_SEGMENTS.

A opção de OFFLINE leva o segmento rollback para modo offline.

Exemplo I

Esta declaração traz o segmento rollback RSONE para online:

```
ALTER ROLLBACK SEGMENT rsone ONLINE;
```

Exemplo II

Esta declaração muda os parâmetros de ARMAZENAMENTO de RSONE:

```
ALTER ROLLBACK SEGMENT rsone STORAGE (NEXT 1000 MAXEXTENTS 20);
```

ALTER SEQUENCE

Propósito

Alterar uma seqüência em um destes modos:

- Mudando o incremento entre valores de seqüência futuros,
- Fixando ou eliminando o valor mínimo ou valor máximo,
- Mudando o número do cache de uma seqüência,
- Especificando se os números da seqüência devem ou não ser ordenados.

108 | *SQL, PL/SQL, SQL*Plus*

Pré-requisitos

A seqüência deve estar em seu próprio schema ou você tem que ter privilégio na seqüênci ALTER, ou tem que ter privilégio de sistema ALTER ANY SEQUENCE.

Se você está usando ORACLE no modo DBMS MAC, sua label DBMS tem que emparelha a label de criação de seqüência ou você deve atender a um destes critérios:

- Se o label de criação de seqüência é mais alto que seu label DBMS, você tem que te os privilégios de sistemas READUP e WRITEUP.

- Se o label de criação de seqüência é mais baixo que seu label DBMS, você tem qu ter o privilégio de sistema WRITEDOWN.

- Se o label de criação de seqüência e seu label DBMS são do tipo noncomparable você tem que ter os privilégios de sistemas READUP, WRITEUP e WRITEDOWN.

Sintaxe

ALTER SEQUENCE command ::=

```
>>--- ALTER SEQUENCE -------------- sequence ---------------------------->
                    |- schema. -|

>------------- INCREMENT BY integer ------------------------------------><
   |------ MAXVALUE integer ------|
   |      |- NOMAXVALUE -------|      |
   |------ MINVALUE integer ------|
   |      |- NOMINVALUE -------|      |
   |------ CYCLE ----------------|
   |      |- NOCYCLE --------|     |
   |------ CACHE integer ---------|
   |      |- NOCACHE ---------|      |
   |------ ORDER ----------------|
   |      |- NOORDER --------|     |
```

Exemplo I

Esta declaração fixa um valor máximo para a seqüência ESEQ:

```
ALTER SEQUENCE eseq MAXVALUE 1500;
```

Exemplo II

Este declaração ativa o CYCLE e CACHE para a seqüência ESEQ:

```
ALTER SEQUENCE eseq CYCLE CACHE 5;
```

ALTER SESSION

Propósito

Alterar a sessão para ativar ou desativar a geração de estatísticas para as declarações SQL que forem executadas na sessão corrente. Pode acontecer em um destes modos:

- Para habilitar ou incapacitar localização fácil ao SQL,
- Para mudar os valores de parâmetros de NLS,
- Mudar sua sessão label DBMS,
- Mudar o formato do label default,
- Fechar um database link,
- Enviar avisos a Bancos de Dados remotos para forçar uma transação distribuída,
- Para permitir ou proibir procedures e stored functions para emitir um COMMIT e ROLLBACK.

Pré-requisitos

Para habilitar e desabilitar sessões, você tem que ter privilégio de sistema ALTER SESSION.

Sintaxe

ALTER SESSION command ::=

```
>>--- ALTER SESSION -------------------------------------------------------->
>--------- SET ----------- SQL_TRACE ----- = --------- TRUE ----------->< 
                |--- GLOBAL NAMES -|          |-- FALSE --|
                |-- NLS_LANGUAGE = language -----------------|
                |-- NLS_TERRITORY = territory ---------------|
                |-- NLS_DATE_FORMAT = 'fmt' -----------------|
                |-- NLS_DATA_LANGUAGE = language ------------|
                |-- NLS_NUMERIC_CHARACTERS = 'text' ---------|
                |-- NLS_ISSO_CURRENCY = territory -----------|
                |-- NLS_CURRENCY = 'text' -------------------|
                |-- NLS_SORT = ---- sort --------------------|
                              |-- binary --|
                |-- LABEL = ---- 'text' ---------------------|
                                |-- DBHIGH ---|
                                |-- DBLOW ----|
                                |-- OSLABEL --|
                |-- NLS_LABEL_FORMAT = fmt ------------------|
                |-- OPTMIZER_GOAL = ---- ALL_ROWS -----------|
                                   |-- FIRST ROWS --|
                                   |-- ROLE --------|
                                   |-- CHOOSE ------|
          |-- CLOSE DATABASE LINK dblink -----------------|
          |-- ADVISE --- COMMIT --------------------------|
                     |-- ROLLBACK -|
                     |-- NOTHING --|
          |-- ENABLE ---- COMMIT IN PROCEDURE ------------|
             |-- DISABLE --|
```

110 | *SQL, PL/SQL, SQL*Plus*

Exemplo I

Habilitando o SQL trace.

```
ALTER SESSION SET SQL_TRACE = TRUE;
```

Como usar parâmetros NLS

ORACLE contém suporte para o uso em nações diferentes e com idiomas diferentes. Quando você começa uma instância, ORACLE estabelece suporte para idiomas baseado nos valores de parâmetros de inicialização que começam com "NLS".

Você pode especificar um idioma novo para mensagens de erro com o parâmetro NLS_LAN-GUAGE. ORACLE provê mensagens de erro em um alcance largo de idiomas em muitas plataformas.

Exemplo II

Esta declaração muda o idioma para mensagens de erro em francês:

```
ALTER SESSION SET NLS_LANGUAGE = French;
```

ORACLE irá retorna mensagens de erro em francês.

```
SELECT * FROM empp;
```

ORA-00942: Table ou vue n'existe pas

Formato de data default

Você pode especificar um novo formato default para data usando o parâmetro NLS_DATE_FORMAT ou com o parâmetro NLS_TERRITORY.

Exemplo III

Esta declaração muda dinamicamente o formato de data padrão para uma nova sessão 'YYYY MM DD-HH24:MI:SS':

```
ALTER SESSION SET NLS_DATE_FORMAT = 'YYYY MM DD HH24:MI:SS';
```

ORACLE usará este novo formato de data:

```
SELECT TO_CHAR(SYSDATE) hoje FROM DUAL;

HOJE
-------------------
2001 04 30 20:38:44
```

Você pode especificar um idioma novo para nomes e abreviações de meses e dias usando explicitamente o parâmetro NLS_DATE_LANGUAGE ou implicitamente com o parâmetro NLS_LANGUAGE.

Exemplo IV

Esta declaração muda o idioma para francês:

```
ALTER SESSION SET NLS_DATE_LANGUAGE = French;
```

Oracle irá retornar valores para o idioma francês.

```
SELECT TO_CHAR(SYSDATE, 'Day DD Month YYYY') Hoje FROM DUAL;

HOJE
-------------------------
Lundi    30 Avril     2001
```

Nota: Quando desejar voltar para o nosso idioma, troque french para portuguese.

Caractere decimal e separador de milhares

Você pode especificar novos valores explicitamente para o parâmetro NLS_NUMERIC_ CHARACTERS ou implicitamente para o parâmetro NLS_TERRITORY:

D é o caractere que separa o inteiro e (caractere decimal) porções decimais de um número.

G é o caractere que separa grupos de dígitos (separador de milhar) a porção de inteiro de um número.

Exemplo V

Esta declaração muda dinamicamente o caractere decimal para ',' e o separador de milhar para '.':

```
ALTER SESSION SET NLS_NUMERIC_CHARACTERS = ',.';
```

Teremos o seguinte retorno:

```
SELECT TO_CHAR(SUM(SAL), 'L999G999D99') Total FROM emp;

TOTAL
-------------------
         29.025,00
```

112 | *SQL, PL/SQL, SQL*Plus*

Símbolo de moeda corrente ISO

Você pode especificar um novo valor para o formato numérico usando o parâmetro NLS ISO_CURRENCY.

Esta declaração muda dinamicamente o formato numérico corrente ISO ao símbolo de moed corrente do território América:

```
ALTER SESSION SET NLS_ISO_CURRENCY = America;
```

ORACLE usa o símbolo de moeda corrente ISO definido para a América:

```
SELECT TO_CHAR(SUM(SAL), 'L999G999D99') Total FROM emp;

TOTAL
---------------------
        USD29,025.00
```

Símbolo de moeda corrente

Você pode especificar um novo valor para o formato numérico usando o parâmetro NLS_CUR RENCY.

Esta declaração muda dinamicamente o símbolo de moeda corrente pelo símbolo definid por você:

Exemplo VII

Este comando mudará o símbolo de moeda local para 'R$'

```
ALTER SESSION SET NLS_ CURRENCY = 'R$';
```

ORACLE usa o novo símbolo de moeda definido pelo usuário:

```
SELECT TO_CHAR(SUM(SAL), 'L999G999D99') Total FROM emp;

TOTAL
---------------------
        R$29.025,00
```

ALTER SNAPSHOT

Propósito

Alterar um snapshot em um destes modos:
- Mudando suas características de armazenamento,
- Mudando seu modo automatic refresh.

Pré-requisitos

O snapshot deve estar em seu próprio schema ou você tem que ter privilégio de sistema ALTER ANY SNAPSHOT.

Se você está usando ORACLE Trusted no modo DBMS MAC, seu label DBMS tem que emparelhar o label de criação do snapshot, ou você deve satisfazer um destes critérios:

- Se o label de criação do snapshot é maior que seu DBMS, você tem que ter privilégios de sistemas READUP e WRITEUP.

- Se o label de criação do snapshot é mais baixo que seu DBMS, você tem que ter privilégio de sistema WRITEDOWN.

- Se o label de criação do snapshot e seu DBMS são do tipo noncomparable, você tem que ter privilégios de sistemas READUP, WRITEUP, e WRITEDOWN.

Para mudar as características de armazenamento da tabela interna que ORACLE usa para manter os dados snapshot, você tem que ter também os privilégios para alterar esta tabela.

Sintaxe

ALTER SNAPSHOT command ::=

```
>>--- ALTER SNAPSHOT ----------- snapshot ------------------------------->
                      | schema |
>------------------------------------------------------------------------->
                   |-- PCTFREE integer ---------|
                   |-- PCTUSED integer ---------|
                   |-- INITRANS integer --------|
                   |-- MAXTRANS integer --------|
                   |-- STORAGE storage_clause --|
>------------------------------------------------------------------------><
      |-- REFRESH ----------------------------------------------|
             |-- FAST -----|  |- START WITH date -|  |- NEXT date --|
             |-- COMPLETE -|
             |-- FORCE ----|
```

Palavras-chave e parâmetros

schema é o schema que contém o snapshot. Se você omite schema, ORACLE assume o snapshot do schema atual.

Snapshot é o nome do snapshot a ser alterado.

PCTFREE, PCTUSED, INITRANS, MAXTRANS mude os valores destes parâmetros pela tabela interna que ORACLE usa para manter os dados do instantâneo.

STORAGE muda as características de armazenamento da tabela interna que ORACLE usa para manter os dados do snapshot.

REFRESH muda o modo automatic refresh:

114 | *SQL, PL/SQL, SQL*Plus*

FAST especifica um refresh rápido, ou um refresh usando snapshot log associado com a tabela mestra.

COMPLETE especifica um completo refresh, ou um refresh que reexecuta o snapshot query.

FORCE especifica um refresh rápido, se for possível, ou completo, caso o refresh rápido não seja possível.

Se você omitir as opções FAST, COMPLETE e FORCE, ORACLE usa FORCE por default.

START WITH especifica uma expressão de data para o próximo refresh automático.

NEXT especifica uma expressão de data nova para calcular o intervalo entre refresh automáticos.

Exemplo I

Esta declaração muda o modo refresh automatic para hq_emp

```
ALTER SNAPSHOT hq_emp REFRESH FAST;
```

Exemplo II

Esta declaração armazena um intervalo novo entre refresh automatic para brach_emp:

```
ALTER SNAPSHOT branch_emp REFRESH NEXT SYSDATE + 7;
```

ALTER TABLE

Propósito

Usado para alterar as definições de uma tabela nas seguintes situações:

- Adicionar campos,
- Adicionar integridade constraint,
- Redefinir um campo (tipo de dados, tamanho, valor default),
- Modificar características de armazenamento ou outros parâmetros,
- Habilitar, desabilitar ou excluir uma integridade ou trigger.

Pré-requisitos

A tabela a ser alterada precisa estar no seu schema ou você terá que ter privilégio de sistema ALTER ANY TABLE.

Se você está usando ORACLE Trusted no modo DBMS MAC, seu label DBMS tem que emparelhar o label de criação da tabela ou você deve satisfazer um destes critérios:

- Se o label de criação da tabela é maior que seu DBMS, você tem que ter privilégios de sistemas READUP e WRITEUP.

- Se o label de criação da tabela é mais baixo que seu DBMS, você tem que ter privilégio de sistema WRITEDOWN.

- Se o label de criação da tabela e seu DBMS são do tipo noncomparable, você tem que ter privilégios de sistemas READUP, WRITEUP, e WRITEDOWN.

Sintaxe

ALTER TABLE command ::=

```
>>--- ALTER TABLE ---- table -------------------------------------------------->
                      |-- schema. --|
>--- ADD ( --- column datatype -----------------------------------------)-|
       |             |-                         |DEFAULT expr| |col constraint|  |
       |             |- table_constraint -----------------------------|  |
       |-- MODIFY ( - column ---------------------------------------)-|
       |                          |datatype| |DEFAULT expr| |col constr.|  |
       |-- PCTFREE integer ---------------------------------------------|
       |-- PCTUSED integer ---------------------------------------------|
       |-- INITRANS integer --------------------------------------------|
       |-- MAXTRANS integer --------------------------------------------|
       |-- STORAGE storage_clause --------------------------------------|
       |-- ALLOCATE EXTENT ---------------------------------------------|
```

Palavras-chave e parâmetros

schema é o schema que contém a tabela. Se for omitido o esquema, Oracle assume que será usada a tabela do esquema atual.

table é o nome da tabela a ser alterada.

ADD adiciona colunas ou integridades constraints.

MODIFY modifica as definições de uma coluna existente. Se você omitir alguma parte opcional da definição da coluna (tipo de dados, valor padrão ou campo constraint), estas partes permanecem inalteradas.

column é o nome do campo a ser adicionado ou alterado.

datatype é o tipo de dados para o novo campo ou novo tipo de dados para um campo existente.

DEFAULT especifica um valor padrão para um novo campo ou um novo valor padrão para um campo existente. Oracle associa este valor para o campo quando um comando INSERT omite um valor para o campo.

column_constraint adiciona ou remove uma constraint NOT NULL para ou de um campo existente.

116 | *SQL, PL/SQL, SQL*Plus*

table_constraint adiciona uma integridade para a tabela.

PCTFREE, PCTUSED, INITRANS, MAXTRANS altera o valor de um destes parâmetros.

STORAGE altera as características de armazenamento da tabela.

DROP apaga uma integridade constraint.

ALLOCATE EXTENT especifica novas extensões de alocações para a tabela.

SIZE especifica o tamanho da extensão em bytes. Você pode usar K ou M para especificar valores em Kilobytes ou Megabytes. Se for omitido este parâmetro, Oracle determina o valor baseado no valor do parâmetro STORAGE da tabela.

DATAFILE especifica um dos datafiles para a nova extensão.

INSTANCE cria uma nova extensão para a instância avaliada. Uma instância é identificada por um valor de inicialização no parâmetro INSTANCE_NUMBER.

ENABLE habilita uma integridade simples ou todos os triggers associados com a tabela.

DISABLE desabilita uma integridade simples ou todos os triggers associados com a tabela.

Adição de colunas

Se você usa a cláusula ADD para adicionar uma coluna nova para uma tabela, então o valor inicial de cada registro para a coluna nova é null. Você pode adicionar uma coluna com uma constraint NOT NULL somente se a tabela não contiver nenhum registro.

Se você cria um view com uma query que usa o asterisco (*) no comando select para selecionar todas as colunas da tabela e você adiciona colunas subseqüentemente para a tabela, ORACLE não adicionará automaticamente colunas para este view. Para adicionar a nova coluna no view, você pode recriar o view usando o comando CREATE VIEW com a cláusula OR REPLACE.

Remoção de colunas

A partir das versões 8 ou superior do Banco de Dados Oracle, já pode se remover uma coluna do Banco de Dados usando a declaração ALTER TABLE, seguida do nome da tabela e da cláusula DROP COLUMN, seguida do nome da coluna a ser excluída.

Exemplo:

```
ALTER TABLE dept DROP COLUMN loc;
```

Nota: a coluna não pode conter nenhum dado.

Modificação das definições de colunas

Você pode usar a cláusula MODIFY para mudar quaisquer destas partes de uma definição de coluna:

- Tipo de dados,
- Tamanho,
- Valor padrão,
- NOT NULL constraint.

A cláusula MODIFY necessita especificar o nome da coluna e a parte a ser modificada.

Tipos de dados e tamanhos

Você pode mudar o datatype de uma coluna ou pode diminuir o tamanho de uma coluna, somente se a coluna contiver nulos em todos os registros.

Valor padrão

Uma mudança para o valor padrão de uma coluna só afetará os registros subseqüentes inseridos na tabela.

Constraints

O único tipo de constraint que você pode adiciona à uma coluna existente, que usa a cláusula MODIFY é NOT NULL. Porém, você pode definir outros tipos de constraints (UNIQUE, PRIMARY KEY, integridade referencial) em colunas existentes que usam a cláusula ADD.

Você pode definir uma constraint NOT NULL em uma coluna existente, somente se a coluna não contém nenhum null.

Exemplo I

Esta declaração adiciona uma coluna nomeada camp1 com tipo de dados NUMBER com máximo de sete dígitos e duas casas decimais e outra coluna nomeada camp2 com tipo de dados VARCHAR2 com um tamanho de 30 bytes e integridade not null.

```
ALTER TABLE emp ADD (camp1 number(7,2), camp2 varchar2(30) not null);
```

Exemplo II

Esta declaração aumenta o tamanho da coluna de camp1 para nove dígitos:

```
ALTER TABLE emp MODIFY (camp1 number(9,2));
```

118 | *SQL, PL/SQL, SQL*Plus*

Exemplo III

Este comando altera os valores de PCTFREE e PCTUSED para 30 e 60, respectivamente.

```
ALTER TABLE emp PCTFREE 30 PCTUSED 60;
```

Exemplo IV

Esta declaração aloca uma extensão de 5 kilobytes e uma instância de 4 para a tabela EMP

```
ALTER TABLE emp ALLOCATE EXTENT (SIZE 5K INSTANCE 4);
ALTER TABLESPACE
```

Propósito

Alterar uma tablespace existente em um destes modos:

- Para adicionar ou renomear data file(s),
- Para mudar parâmetros de armazenamento default,
- para definir uma tablespace online ou offline,
- Para começar ou terminar um backup.

Pré-requisitos

Se você tem privilégio de sistema ALTER TABLESPACE, pode executar quaisquer das operações deste comando. Se você tem privilégio de sistema MANAGE TABLESPACE, você somente poderá efetuar estas operações:

- Para definir uma tablespace online ou offline,
- Para começar ou terminar um backup.

Se você está usando ORACLE Trusted no modo DBMS MAC, seu label DBMS tem que emparelhar o label de criação da tablespace, ou você deve satisfazer um destes critérios:

- Se o label de criação da tablespace é maior que seu DBMS, você tem que ter privilégios de sistemas READUP e WRITEUP.
- Se o label de criação da tablespace é mais baixo que seu DBMS, você tem que ter privilégio de sistema WRITEDOWN.
- Se o label de criação da tablespace e seu DBMS são do tipo noncomparable, você tem que ter privilégios de sistemas READUP, WRITEUP e WRITEDOWN.

Se você está usando ORACLE Trusted no modo DBMS MAC, para adicionar um datafile, seu sistema operacional deverá processar o equivalente a DBHIGH.

Sintaxe

ALTER TABLESPACE command ::=

```
>>--- ALTER TABLESPACE tablespace ---------------------------------------->
>---- ADD DATAFILE --- filespec -------------------------------------------><
      |-- RENAME DATAFILE -- 'filename' -- TO -- 'filename' ---|
      |-- DEFAULT STORAGE storage_clause ---------------------|
      |-- ONLINE --------------------------------------------|
      |-- OFFLINE -------------------------------------------|
      |                    |-- NORMAL -----|                        |
      |                    |-- TEMPORARY --|                        |
      |                    |-- IMEDIATE ---|                        |
      |-- BEGIN ---- BACKUP -------------------------|
      |-- END ----|
```

Palavras-chave e parâmetros

tablespace é o nome do tablespace a ser alterado.

ADD DATAFILE adiciona o arquivo de dados especificado por filespec ao tablespace. Você pode adicionar um arquivo de dados enquanto tablespace está online ou offline. Esteja seguro de que o arquivo de dados já não está em uso por outro Banco de Dados.

RENAME DATAFILE renomeia um ou mais dos arquivos de dados da tablespace. Coloque em offline a tablespace antes de renomear o arquivo de dados. Cada ' filename' deve especificar completamente o arquivo de dados que usa as convenções para filenames de seu sistema operacional.

Esta cláusula só associa a tablespace com o arquivo novo no lugar do velho. Esta cláusula não muda o nome do arquivo de seu sistema operacional. Você tem que mudar o nome do arquivo pelos recursos de seu sistema operacional.

DEFAULT STORAGE

Especifica os novos parâmetros de armazenamento padrão para objetos subseqüentes criados na tablespace.

ONLINE

Coloca a tablespace online.

OFFLINE

Coloca a tablespace offline e previne acesso adicional para seus segmentos.

NORMAL

Executa um checkpoint para todos os datafiles da tablespace.

TEMPORÁRIO

Executa um checkpoint para todos os datafiles online na tablespace, mas não assegura que todos os arquivos poderão ser escritos. Qualquer arquivo offline pode requerer recuperação de mídia, antes de você retornar ao modo online na tablespace.

120 | *SQL, PL/SQL, SQL*Plus*

IMMEDIATE

Não se assegure que aqueles arquivos de tablespace estarão disponíveis e não fizeram checkpoint. Você tem que executar recuperação de mídia na tablespace antes de retornar ao modo online.

O valor padrão é NORMAL.

BEGIN BACKUP

Significa que um backup online na tablespace será iniciado.

END BACKUP

Significa que um backup online na tablespace está completo. Use esta opção o mais cedo possível depois de completar um backup online.

Exemplo I

Esta declaração informa para o Banco de Dados que um backup está a ponto de começar:

```
ALTER TABLESPACE accounting BEGIN BACKUP;
```

Exemplo II

Esta declaração informa para o Banco de Dados que o backup está finalizado:

```
ALTER TABLESPACE accounting END BACKUP;
```

ALTER TRIGGER

Propósito

Executar uma destas operações em um trigger no Banco de Dados:

- Habilitar,
- Desabilitar.

Pré-requisitos

O trigger deve estar em seu próprio schema ou você terá que ter o privilégio de sistema ALTER ANY TRIGGER.

Se você está usando ORACLE Trusted no modo DBMS MAC, seu label DBMS tem que emparelhar o label de criação de triggers ou você deve satisfazer um destes critérios:

- Se o label de criação de triggers é maior que seu DBMS, você tem que ter privilégios de sistemas READUP e WRITEUP.

- Se o label de criação de triggers é mais baixo que seu DBMS, você tem que ter privilégio de sistema WRITEDOWN.
- Se o label de criação de triggers e seu DBMS são do tipo noncomparable, você tem que ter privilégios de sistemas READUP, WRITEUP, e WRITEDOWN.

Sintaxe

ALTER TRIGGER command ::=

```
>>--- ALTER TRIGGER ------- trigger ------ enable --------------------><
                   | schema |              | disable |
```

Palavras-chave e parâmetros

schema é o schema que contém o gatilho. Se você omitir schema, ORACLE assume que o trigger está em seu próprio schema.

trigger é o nome do trigger a ser alterado.

ENABLE habilita o trigger.

DISABLE desabilita o trigger.

Habilitação e desabilitação do trigger

Um trigger de Banco de Dados sempre está em um destes estados:

enabled

Se um trigger é habilitado, ORACLE dispara o trigger quando uma declaração é emitida.

disabled

Se o trigger é desabilitado, ORACLE não dispara o trigger quando uma declaração é emitida.

Quando você cria um trigger, ORACLE habilita automaticamente. Você pode usar as opções ENABLE E DISABLE do comando ALTER TRIGGER para habilitar ou desabilitar um trigger.

Você também pode usar as cláusulas ENABLE e DISABLE do comando ALTER TABLE para habilitar ou desabilitar todos os triggers associados à uma tabela.

Nota: o comando ALTER TRIGGER não muda a definição de um trigger existente. Para redefine um trigger, você tem que usar o comando CREATE TRIGGER, com a opção OR REPLACE.

---

122 | *SQL, PL/SQL, SQL*Plus*

Exemplo

Quando um trigger é criado, ORACLE habilita automaticamente. Você pode desabilitar o trigger subseqüentemente com esta declaração:

```
ALTER TRIGGER ordem DISABLE;
```

Depois de desabilitar o trigger, você pode habilitar novamente com esta declaração:

```
ALTER TRIGGER ordem ENABLE;
```

ALTER USER

Propósito

Mudar quaisquer uma destas características de um usuário no Banco de Dados:

- Senha,
- Tablespace default para criação de objetos no Banco de Dados,
- Tablespace temporária,
- Tablespace de acesso e tablespace quotas,
- Limites nos recursos do Banco de Dados,
- Roles default.

Pré-requisitos

Você quer ter o privilégio ALTER USER. Porém, você pode mudar sua própria senha sem este privilégio.

Se você está usando ORACLE Trusted no modo DBMS MAC, seu label DBMS tem que emparelhar o label de criação de usuários ou você deve satisfazer um destes critérios:

- Se o label de criação de usuários é maior que seu DBMS, você tem que ter privilégios de sistemas READUP e WRITEUP.
- Se o label de criação de usuários é mais baixo que seu DBMS, você tem que ter privilégio de sistema WRITEDOWN.
- Se o label de criação de usuários e seu DBMS são do tipo noncomparable, você tem que ter privilégios de sistemas READUP, WRITEUP, e WRITEDOWN.

Sintaxe

ALTER USER command ::=

```
>>--- ALTER USER user ------------------------------------------------>
>-------- IDENTIFIED ------ BY password ---------------------------><
         |                  |-- EXTERNALY --|                        |
```

```
|-- DEFAULT TABLESPACE tablespace ----------------------------|
|-- TEMPORARY TABLESPACE tablespace --------------------------|
|-- QUOTA -- integer ------ ON tablespace --------------------|
|             |          |- K -|  |                           |
|             |          |- M -|  |                           |
|             | UNLIMITED --------|                           |
|-- PROFILE profile ------------------------------------|
|-- DEFAULT ROLE ----- role -------------------------|
                |--ALL ----------------------------|
                |          | EXCEPT -- role ------------|
                |--NONE ---------------------------|
```

Palavras-chave e parâmetros

user é o usuário a ser alterado.

IDENTIFIED

Indica como o ORACLE permite acesso ao usuário.

BY

Especifica uma nova senha para o usuário. A senha não aparece em citações e não é case-sensitive.

EXTERNALLY

Indica que ORACLE verifica se o usuário tem acesso ao sistema operacional, e usa esta senha, em vez de fornecer uma senha nova.

Embora você não precise de privilégios para mudar sua própria senha, você quer ter privilégio de sistema ALTER USER para mudar de BY password para EXTERNALLY ou vice-versa. ALTER o USUÁRIO

DEFAULT TABLESPACE

Especifica a tablespace default para criação de objeto.

TEMPORARY TABLESPACE

Especifica a tablespace para a criação de segmentos temporários em operações como ordenar, que requerem mais espaço disponível em memória.

QUOTA

Estabelece uma cota especial de integer bytes na tablespace para o usuário. Esta cota é o espaço máximo na tablespace que pode ser alocado para objetos no schema do usuário. Você pode usar K ou M para especificar a cota em kilobytes ou megabytes. Se você reduz uma cota existente para um valor debaixo do espaço alocado para objetos existentes no schema do usuário na tablespace, nenhum espaço a mais na tablespace pode ser alocado a objetos no schema.

UNLIMITED

Sem limites no espaço alocado da tablespace a objetos no schema do usuário.

124 | *SQL, PL/SQL, SQL*Plus*

PROFILE

Altera o perfil do usuário para profile. Em sessões subseqüentes, o usuário está sujeito aos limites definidos no perfil novo.

DEFAULT ROLE

Estabelece roles default para o usuário. ORACLE habilita os roles default do usuário quando é efetuado logon. Por padrão, todos os roles (papéis) concedidos ao usuário são roles default (padrão).

Estabelecer default roles

A cláusula DEFAULT ROLE somente pode conter roles que foram concedidos diretamente ao usuário com a declaração GRANT. Você não pode usar a cláusula DEFAULT ROLE para habilitar:

- Roles não concedidos ao usuário,
- Roles concedidos por outros papéis,
- Roles administrados pelo sistema operacional.

Note que o ORACLE habilita por padrão roles no logon, sem requerer que o usuário especifique a senha.

Exemplo I

Esta declaração muda a senha do usuário SCOJT para KSD e a tablespace default para a tablespace TSTEST:

```
ALTER USER scott IDENTIFIED BY ksd DEFAULT TABLESPACE tstest;
```

Exemplo II

Este comando associa o perfil CLERK para SCOTT:

```
ALTER USER scott PROFILE clerk;
```

Em sessões subseqüentes, SCOTT é restringido aos limites do perfil CLERK.

Exemplo III

Esta declaração atribui todos os papéis diretamente a SCOTT, exceto o papel AGENT:

```
ALTER USER scott   DEFAULT ROLE ALL EXCEPT agent;
```

No começo da próxima sessão de Scott, ORACLE habilita todos os papéis concedidos diretamente a SCOTT, exceto o papel AGENT.

ALTER VIEW

Propósito

Para recompilar uma view.

Pré-requisitos

A view deve estar em seu próprio schema ou você tem que ter privilégio de sistema ALTER ANY TABLE.

Se você está usando ORACLE Trusted no modo DBMS MAC, seu label DBMS tem que emparelhar o label de criação de views ou você deve satisfazer um destes critérios:

- Se o label de criação de views é maior que seu DBMS, você tem que ter privilégios de sistemas READUP e WRITEUP.

- Se o label de criação de views é mais baixo que seu DBMS, você tem que ter privilégio de sistema WRITEDOWN.

- Se o label de criação de views e seu DBMS são do tipo noncomparable, você tem que ter privilégios de sistemas READUP, WRITEUP, e WRITEDOWN.

Sintaxe

ALTER VIEW command ::=

```
>>--- ALTER VIEW -------- view ------ COMPILE -------------------------><
                |- schema -|
```

Palavras-chave e parâmetros

schema é o schema que contém a view. Se você omite schema, ORACLE assume que a view está em seu próprio schema.

view é o nome da view para ser recompilada.

COMPILE Informa ao ORACLE para recompilar a view. A palavra-chave COMPILE é requerida.

Notas de uso

Você pode usar o comando ALTER VIEW para recompilar uma view que está inválida. Recompilação explícita lhe permite localizar erros de recompilação anterior para runtime. Você pode querer explicitamente recompilar uma view depois de alterar uma de suas tabelas básicas para assegurar que a alteração não afetará a view ou outros objetos que dependem disto.

126 | *SQL, PL/SQL, SQL*Plus*

Exemplo

Esta declaração recompila a view CLIENTES_VIEW:

```
ALTER VIEW clientes_view COMPILE;
```

Se ORACLE não encontra nenhum erro de compilação enquanto recompila CLIENTES_VIEW, esta view se torna válida. Se recompilar resultar em erros de compilação, ORACLE devolve um erro e CLIENTES_VIEW permanecerá inválida.

ORACLE também invalida todos os objetos dependentes. Estes objetos podem ser qualquer procedure, funções, package bodies e views que referenciam CLIENTES_VIEW.

AUDIT

Propósito

Especifica as opções de auditoria (exame) para acesso à base de dados.

Pré-requisitos

Você tem que ter privilégio de sistema AUDIT SYSTEM.

Sintaxe

AUDIT command (declarações SQL) ::=

```
>>--- AUDIT ----- statement_opt ------------------------------------------>
               |- system_priv --------|    |                              |
                                           |- BY — user —|
>------------------------------------------------------------------------><
     |- BY --- SESSION ---|   |- WHENEVER ------- SUCCESSFUL -|
     |- ACCESS --|                |-NOT-|
```

Palavras-chave e parâmetros

statement_opt

Escolha de declarações SQL específicas para auditoria. Veja a seguir a lista destas declarações.

system_priv

Escolha de declarações SQL de privilégios de sistema que estão autorizadas para auditoria.

BY user

Escolha de declarações SQL que são emitidas por usuários específicos para auditoria. Se for omitido esta cláusula, Oracle considera todos usuários.

BY SESSION

Especifica que será gerado apenas um registro de auditoria para cada tipo de acesso examinado, de acordo com a duração da seção do usuário.

BY ACCESS

Especifica que será gerado registro de auditoria por acesso para cada tipo de acesso examinado.

WHENEVER SUCCESSFUL

Indica que as declarações SQL serão examinadas apenas se forem executadas com sucesso.

WHENEVER NOT SUCCESSFUL

Indica que as declarações SQL serão examinadas apenas se falharem.

Opções de declarações para auditoria

Opção de declaração	Operações e declarações SQL
CLUSTER	CREATE CLUSTER ALTER CLUSTER DROP CLUSTER TRUNCATE CLUSTER
DATABASE LINK	CREATE DATABASE LINK DROP DATABASE LINK
INDEX	CREATE INDEX ALTER INDEX DROP INDEX
PROCEDURE	CREATE FUNCTION CREATE PACKAGE CREATE PACKAGE BODY CREATE PROCEDURE DROP FUNCTION DROP PACKAGE DROP PROCEDURE
PROFILE	CREATE PROFILE ALTER PROFILE DROP PROFILE
PUBLIC DATABASE LINK	CREATE PUBLIC DATABASE LINK DROP PUBLIC DATABASE LINK
PUBLIC SYNONYM	CREATE PUBLIC SYNONYM DROP PUBLIC SYNONYM
ROLE	CREATE ROLE ALTER ROLE DROP ROLE SET ROLE

128 | *SQL, PL/SQL, SQL*Plus*

Opções de declarações para auditoria (continuação)

Opção de declaração	Operações e declarações SQL
ROLLBACK SEGMENT	CREATE ROLLBACK SEGMENT ALTER ROLLBACK SEGMENT DROP ROLLBACK SEGMENT
SEQUENCE	CREATE SEQUENCE DROP SEQUENCE
SESSION	Logons
SYNONYM	CREATE SYNONYM DROP SYNONYM
SYSTEM AUDIT	AUDIT (Declarações SQL) NOAUDIT (Declarações SQL)
SYSTEM GRANT	GRANT (Roles e privilégios de sistemas) REVOKE (Roles e privilégios de sistemas)
TABLE	CREATE TABLE DROP TABLE TRUNCATE TABLE
TABLESPACE	CREATE TABLESPACE ALTER TABLESPACE DROP TABLESPACE
TRIGGER	CREATE TRIGGER ALTER TRIGGER com opções ENABLE e DISABLE DROP TRIGGER ALTER TABLE com ENABLE ALL TRIGGERS e DISABLE ALL TRIGGERS
USER	CREATE USER ALTER USER DROP USER
VIEW	CREATE VIEW DROP VIEW

Exemplo I

Para promover auditoria sempre que uma declaração SQL consulta dados na tabela EMP no esquema SCOTT, usamos esta declaração:

```
AUDIT SELECT ON scott.emp;
```

Para promover auditoria sempre que uma declaração SQL consulta dados na tabela EMP no esquema SCOTT e obtém sucesso, usamos esta declaração:

```
AUDIT SELECT ON scott.emp WHENEVER SUCCESSFUL;
```

Para promover auditoria sempre que uma declaração SQL consulta dados na tabela EMP no esquema SCOTT e não obtém sucesso, usamos esta declaração:

```
AUDIT SELECT ON scott.emp WHENEVER NOT SUCCESSFUL;
```

Exemplo II

Para promover auditoria sempre que uma declaração SQL insere ou atualiza dados na tabela EMP no esquema SCOTT, usamos esta declaração:

```
AUDIT INSERT, UPDATE ON scott.emp;
```

Exemplo III

Para promover auditoria sempre que uma declaração SQL é usada na tabela EMP no esquema SCOTT, usamos esta declaração:

```
AUDIT ALL ON scott.emp;
COMMENT
```

Propósito

Insere comentários no dicionário de dados referente a tabelas, views, snapshots ou colunas.

Pré-requisitos

Tabela, view ou snapshot tem que estar dentro do schema do usuário, ou este terá que ter privilégio de sistema COMMENT ANY TABLE.

Sintaxe

COMMENT ON command ::=

```
>--- COMMENT ON --- TABLE ------- table ------- IS 'text' -><
                |       |-schema-|  |- view -------|  |
                |                    |- snapshot       |  |
                |- COLUNM -------- table.column       |
                      |-schema-|  view.column         |
                                  snapshot.col         |
```

130 | *SQL, PL/SQL, SQL*Plus*

Palavras-chave e parâmetros

TABLE especifica o nome da tabela, view ou snapshot para o comentário.

COLUMN especifica o nome da coluna para o comentário.

IS 'text' comentário sobre a tabela, view ou snapshot.

Exemplo

Para inserir um comentário na coluna SAL da tabela EMP, usamos esta declaração:

```
COMMENT ON COLUMN emp.sal IS 'Definição do salário';
```

Para remover um comentário do banco de dados, usamos esta declaração:

COMMENT ON COLUMN emp.sal IS '';

COMMIT

Propósito

Terminar sua transação atual e tornar permanentes todas as mudanças executadas nesta transação. Este comando também apaga todo o Savepoint na transação.

Pré-requisitos

Você não precisa de nenhum privilégio para realizar um commit na transação atual.

Sintaxe

COMMIT command ::=

```
>>-- COMMIT --|-WORK-|    |--COMENT 'text'-------------------------------><
```

Palavras-chave e parâmetros

WORK

Usado para compatibilizar com padrão ANSI. As declarações COMMIT e COMMIT WORK são semelhantes.

COMMENT

Especifica um comentário a ser associado com a transação atual. 'text' é um citado literal de até 50 caracteres que ORACLE armazena na view do dicionário de dados DBA_2PC_PENDING, junto com o ID da transação.

Capítulo 5 – Comandos | 131

Exemplo I

Este exemplo insere um registro na tabela DEPT e confirma esta mudança:

```
INSERT INTO dept VALUES (50, 'MARKETING', 'TAMPA');
COMMIT WORK
```

Exemplo II

Esta declaração confirma a transação atual e atribui um comentário:

```
COMMIT WORK COMMENT 'transação Código 36, Chame (415)555-2637';
```

Cláusula CONSTRAINT

Propósito

Definir uma constraint (restrição) de integridade. Uma constraint (restrição) de integridade é uma regra que restringe os valores para uma ou mais colunas na tabela.

Pré-requisitos

As cláusulas CONSTRAINT podem aparecer nos comandos CREATE TABLE ou ALTER TABLE. Para definir uma integridade constraint, você tem que ter privilégios necessários para usar um destes comandos. Veja os comandos CREATE TABLE e ALTER TABLE neste capítulo.

Sintaxe

table_constraint ::=

```
>>--- CONSTRAINT constraint ----------------------------------------->
>--- UNIQUE ----- ( — column —) ------------------------------------->
    |  |- PRIMARY KEY -|                                            |
    |- FOREIGN KEY ( -- column -- ) REFERENCES --- table ----------|
    |                               |schema.|  ON DELETE CASCADE |
    |                                              (-column-) |
    | CHECK (condition) ---------------------------------------|
```

column_constraint ::=

```
>>--- CONSTRAINT constraint ----------------------------------------->
>----- NULL -------------------------------------------------------->
    |  |- NOT -|                                                    |
    |— UNIQUE -----------------------------------------------------|
    |  |- PRIMARY KEY -|                                           |
    |-REFERENCES ------ table -------------------------------------|
```

```
|            |schema.|        (-column-)  |- ON DELETE CASCADE -|
|                                                                |
| CHECK (condition) -------------------------------------------|
```

Palavras-chave e parâmetros

CONSTRAINT

Identifica a CONSTRAINT de integridade pelo nome da constraint. ORACLE armazena este nome no dicionário de dados, junto com a definição da CONSTRAINT de integridade

NULL

Especifica que uma coluna pode conter valores nulos.

NOT NULL

Especifica que uma coluna não pode conter valores nulos. Se você não especifica NULL ou NOT NULL na definição de um campo, Oracle define que NULL será o padrão.

UNIQUE

Designa uma coluna ou uma combinação de colunas como um valor único e sem igual.

PRIMARY KEY

Designa uma coluna ou combinação de colunas como a chave primária da tabela.

FOREIGN KEY

Designa uma coluna ou combinação de colunas como a chave estrangeira em uma CONSTRAINT de integridade referente.

REFERENCES

Identifica a primary key (chave primária) ou única, que é referenciada por uma foreign key (chave estrangeira) em uma CONSTRAINT de integridade referente.

ON DELETE CASCADE

Especifica que o ORACLE mantém integridade referencial removendo automaticamente valores dependentes pela foreign key (chave estrangeira) quando se remove um valor primary key (chave primária) ou unique.

CHECK

Especifica uma condição que cada registro na tabela tem que satisfazer.

EXCEPTIONS INTO

Identifica uma tabela na qual ORACLE coloca informações sobre registros que violam uma CONSTRAINT de integridade. Esta tabela tem que existir antes que se use esta opção. Se você omitir schema, ORACLE assume que a tabela de exceção está em seu próprio schema. A tabela de exceção deve estar em seu Banco de Dados local.

DISABLE

Desabilita CONSTRAINT de integridade. Se você não especifica esta opção, ORACLE habilita a CONSTRAINT de integridade automaticamente.

Definir constraint de integridade

Para definir uma constraint de integridade, inclua uma cláusula CONSTRAINT em uma declaração CREATE TABLE ou ALTER TABLE. A cláusula CONSTRAINT tem duas formas sintáticas:

table_constraint

A sintaxe de table_constraint é a parte da definição da tabela. Uma CONSTRAINT de integridade definida com esta sintaxe pode impor regras em qualquer coluna da tabela. A sintaxe de table_constraint pode aparecer em declarações CREATE TABLE ou ALTER TABLE. Esta sintaxe pode definir qualquer tipo de CONSTRAINT, menos constraint NOT NULL.

column_constraint

A sintaxe de column_constraint é parte de uma definição de um campo (coluna). Na maioria dos casos, uma CONSTRAINT de integridade definida nesta sintaxe só pode impor regras na coluna na qual é definida. A sintaxe de Column_constraint que aparece em declarações CREATE TABLE pode definir qualquer tipo de CONSTRAINT de integridade. A sintaxe de Column_constraint que aparece em declarações ALTER TABLE só pode definir ou pode remover uma constraint NOT NULL.

As sintaxes de table_constraint e column_constraint são simplesmente meios sintáticos diferentes de definir CONSTRAINTS de integridade. Não há nenhuma diferença funcional entre uma CONSTRAINT de integridade definida com sintaxe de table_constraint e column_constraint.

Constraints NOT NULL

A constraint NOT NULL especifica que uma coluna não poderá conter valor nulos. Para satisfazer esta CONSTRAINT, todo registro na tabela deverá conter um valor para coluna determinada.

A palavra-chave NOT NULL indica que uma coluna não poderá conter nulos. Se você não especificar NOT NULL ou NULL, a coluna define por default NULL.

Você somente poderá especificar NOT NULL ou NULL com a sintaxe de column_constraint em uma declaração CREATE TABLE ou ALTER TABLE, não pode ser usado com a sintaxe table_constraint.

Exemplo I

Esta declaração altera a tabela EMP definindo e habilitando uma constraint NOT NULL na coluna SAL:

```
ALTER TABLE emp MODIFY (sal NUMBER CONSTRAINT nn_sal NOT NULL);
```

NN_SAL assegura que nenhum empregado na tabela terá salário nulo.

134 | *SQL, PL/SQL, SQL*Plus*

Constraint UNIQUE

A constraint UNIQUE especifica que uma coluna ou uma combinação de colunas serão uma chave única. Para satisfazer uma constraint UNIQUE, dois registros ou mais na tabela não podem ter o mesmo valor para a chave única.

Uma coluna única não pode ser do tipo de dados LONG ou LONG RAW. Você não pode designar a mesma coluna ou uma combinação de colunas como uma chave única e uma chave primária ou como uma chave única e uma cluster key (chave de agrupamento). Porém, você pode designar a mesma coluna ou combinação de colunas como uma chave única e uma chave estrangeira (foreign key).

Definir chaves únicas

Você pode definir uma chave única em uma única coluna com a sintaxe column_constraint

Exemplo II

Esta declaração cria a tabela DEPT, define e habilita uma chave única na coluna DNAME:

```
CREATE TABLE dept
       (deptno NUMBER,
       dname   VARCHAR2(9) CONSTRAINT unq_dname UNIQUE,
       loc     VARCHAR2(10));
```

A constraint UNQ_DNAME identifica a coluna DNAME como uma chave única. Esta CONSTRAINT assegura que nenhum dos dois departamentos na tabela têm o mesmo nome. Porém, a CONSTRAINT permite nomes de departamentos repetidos.

Uma declaração alternativa, você pode definir e pode habilitar esta CONSTRAINT com a sintaxe de table_constraint:

```
CREATE TABLE dept
          (deptno NUMBER,
       dname   VARCHAR2(9,,
       loc     VARCHAR2(10),
       constraint unq_dname
          UNIQUE (dname)
          USING INDEX PCTFREE 20 TABLESPACE user_x
          STORAGE (INITIAL 6K NEXT 6H));
```

Definir unique keys compostas

Uma unique key composta é uma combinação de colunas, desde que ORACLE crie um índice nas colunas de uma chave única, podendo conter no máximo 16 colunas. Para definir uma unique key composta, você tem que usar a sintaxe de table_constraint, no lugar da sintaxe column_constraint.

Exemplo III

Esta declaração define e habilita uma unique key composta na combinação das colunas CIDADE e ESTADO da tabela CENSO:

```
CREATE TABLE censo
ADD CONSTRAINT unq_cid_uf
UNIQUE (cidade, estado)
USING INDEX PCTFREE 5 TABLESPACE user_y
EXCEPTION INTO bad_keys_in_ship_cont;
```

A constraint UNQ_CID_UF assegura que a combinação dos valores de CIDADE e ESTADO não apareçam mais de uma vez na tabela. A cláusula CONSTRAINT também especifica outras propriedades da CONSTRAINT:

- A opção USING INDEX especifica características de armazenamento para ORACLE criar índice para obrigar a CONSTRAINT.
- A opção EXCEPTIONS informa ao ORACLE para registrar informação à tabela BAD_KEYS_IN_SHIP_CONT sobre qualquer registro na tabela que violar a CONSTRAINT.

Constraint PRIMARY KEY

Uma CONSTRAINT primary key designa uma coluna ou combinação de colunas como a chave primária da tabela. Para satisfazer uma CONSTRAINT de chave primária, as exigências abaixo tem que ser cumpridas:

- Nenhum valor de chave primário pode aparecer em mais de um registro na tabela.
- Nenhum campo que é parte da chave primária poderá conter valor nulo.

Uma tabela pode ter somente uma primary key.

Um campo chave primária não pode ser do tipo de dados LONG ou LONG RAW. Você não pode designar a mesma coluna ou combinação de colunas como uma chave primária e uma chave única. Porém, você pode designar a mesma coluna ou combinação de colunas como uma chave primária e uma chave estrangeira.

Você pode usar a sintaxe de column_constraint para definir uma chave primária em uma única coluna.

Exemplo IV

Esta declaração cria a tabela DEPTO definindo e habilitando uma primary key na coluna DEPTNO:

```
CREATE TABLE depto
     (deptno NUMBER(6) CONSTRAINT Pk_dept PRIMARY KEY,
     dname VARCHAR2 (9),
     loc VARCHAR2(10));
```

136 | *SQL, PL/SQL, SQL*Plus*

A constraint PK_DEPT identifica a coluna de DEPTNO como a chave primária da tabela. Esta constraint assegura que nenhum registro na tabela terá o mesmo número de departamento e que nenhum número de departamento será NULO.

Alternativo, você pode definir e pode habilitar esta constraint com sintaxe table_constraint:

```
CREATE TABLE depto
     (deptno NUMBER(6),
     dname VARCHAR2(9),
     loc VARCHAR2(10),
     pk_dept PRIMARY KEY (deptno));
```

Definir primary keys compostas

Uma chave primária composta é uma primary key usando combinação de colunas. Porque ORACLE cria um índice nas colunas de uma chave primária, podendo conter no máximo 16 colunas. Para definir uma primary key composta, você tem que usar a sintaxe de table_constraint, em lugar da sintaxe column_constraint.

Exemplo V

Esta declaração define uma chave primária composta, na combinação das colunas SHIP_NO CONTAINER_NO na tabela SHIP_CONT:

```
ALTER TABLE ship_cont
ADD PRIMARY KEY (ship_no, container_no) DISABLE;
```

Esta CONSTRAINT identifica a combinação dos campos SHIP_NO e CONTAINER_NO como a chave primária da tabela. Estes registros asseguram que nenhum registro a mais na tabela terá os mesmo valores.

A cláusula CONSTRAINT também especifica estas propriedades:

- Considerando que a definição de CONSTRAINT não inclui um nome de constraint, ORACLE gera um nome para constraint.
- A opção DISABLE informa ORACLE para definir a constraint, mas não utilizar no momento.

CONSTRAINT integridade referencial

Uma constraint integridade referencial designa uma coluna ou combinação de colunas como uma foreign key (chave estrangeira) e estabelece uma relação entre esta foreign key e uma primary key ou unique key, chamada de chave referencial. Nesta relação, a tabela que contém a foreign key é chamada de tabela filho e a tabela que contém a chave referencial é chamada de tabela pai.

Capítulo 5 – Comandos | 137

Uma definição de constraint integridade referencial pode incluir quaisquer destas palavras chaves:

FOREIGN KEY

Identifica a coluna ou combinação de colunas na tabela filha que serão a foreign key (chave estrangeira). Só use esta palavra-chave quando você definir uma chave estrangeira com uma cláusula CONSTRAINT na tabela.

REFERENCES

Identifica a tabela pai e a coluna ou combinação de colunas que serão a chave referencial.

ON DELETE CASCADE

Permite a exclusão referencial quando um valores na tabela pai é excluído, registros dependentes na tabela filho são automaticamente apagados para manter integridade referencial. Se você omitir esta opção, ORACLE desabilita o apagamento referencial de valores chaves na tabela pai que tem registros dependentes na tabela filho.

Antes de definir uma constraint de integridade referencial na tabela filho, a constraint referencial UNIQUE ou PRIMARY KEY na tabela pai já deve ter sido definida.

Você não pode definir uma constraint de integridade referencial em uma declaração CREATE TABLE que contém uma cláusula AS. Ao invés, você pode criar a tabela sem a CONSTRAINT e então adicioná-la depois com uma declaração ALTER TABLE.

Uma coluna foreign key não pode ser do tipo de dados LONG ou LONG RAW. Você pode definir foreign keys múltiplas em uma tabela. Também, uma única coluna pode ser parte de mais de uma chave estrangeira.

Você pode usar a sintaxe column_constraint para definir uma CONSTRAINT de integridade referencial na qual a chave estrangeira é composta de uma única coluna.

Exemplo VI

Esta declaração cria a tabela EMP, definindo e habilitando uma foreign key na coluna DEPTNO que faz referência à primary key na coluna DEPTNO da tabela DEPT:

```
CREATE TABLE emp
      (empno       NUMBER(4),
      ename        VARCHAR2 (10),
      job          VARCHAR2 (9),
      mqr          NUMBER(4),
      hiredate     DATE,
      sal          NUMBER(7,2),
      comm         NUMBER(7,2),
      deptno       NUMBER (2)
      CONSTRAINT   fk_deptno REFERENCES dept(deptno));
```

A constraint FK_DEPTNO assegura que todos os empregados na tabela EMP trabalhem em um departamento na tabela DEPT. Porém, empregados podem ter números nulos.

138 | *SQL, PL/SQL, SQL*Plus*

Antes de definir e habilitar esta constraint, você tem que definir e habilitar uma constraint que designa a coluna DEPTNO da tabela DEPT como uma primary key ou unique. Para a definição de tal constraint, veja o exemplo IV.

Note que a definição da constraint de integridade referencial não usou a palavra-chave FOREIGN KEY para identificar as colunas que compõem a chave estrangeira. Quando a constraint foi definida com uma cláusula de constraint na coluna DEPTNO, a foreign key está automaticamente definida na coluna DEPTNO.

Note que a definição da constraint identifica a tabela pai e as colunas da chave referencial. Porque a chave de referência é a primary key da tabela pai.

Como alternativa, você pode definir uma constraint de integridade referencial com a sintaxe table_constraint:

```
CREATE TABLE emp
    (empno          NUMBER(4),
    ename           VARCHAR2 (10),
    job             VARCHAR2 (9),
    mqr             NUMBER(4),
    hiredate        DATE,
    sal             NUMBER(7,2),
    comm            NUMBER(7,2),
    deptno          NUMBER (2)
    CONSTRAINT      fk_deptno
    FOREIGN KEY     (deptno)
    REFERENCES      dept(deptno));
```

Note que ambas as definições omitiram a opção ON DELETE CASCADE, forçando ORACLE a proibir a exclusão em cascata.

Manter integridade referencial com a opção ON DELETE CASCADE

Se você usar a opção ON DELETE CASCADE, ORACLE permitirá exclusão em cascata de valores na tabela pai e automaticamente apagará registros dependentes na tabela filha para manter a integridade referencial.

Exemplo VII

Este exemplo cria a tabela EMP, define e habilita a constraint de integridade referencial FK_DEPTNO, e usa a opção ON DELETE CASCADE.

```
CREATE TABLE emp
    (empno          NUMBER(4),
    ename           VARCHAR2 (10),
    job             VARCHAR2 (9),
    mqr             NUMBER(4),
    hiredate        DATE,
    sal             NUMBER(7,2),
```

```
comm            NUMBER(7,2),
deptno          NUMBER (2)
CONSTRAINT      fk_deptno
REFERENCES      dept(deptno)
ON DELETE       CASCADE );
```

Constraint integridade referencial com chaves compostas

Uma foreign key composta é uma combinação de colunas. Uma foreign key composta pode conter até 16 colunas. Para definir uma constraint de integridade referencial com foreign key composta, você tem que usar a sintaxe table_constraint. Você não pode usar sintaxe column_constraint porque esta sintaxe pode ser imposta em regras de única coluna. Uma foreign key composta tem que se referir a uma unique key composta ou uma primary key composta.

Para satisfazer uma constraint de integridade referencial que envolve chaves compostas, cada registro na tabela filho tem que satisfazer uma destas condições:

- Os valores das colunas foreign key têm que emparelhar os valores referenciais seguidos de colunas chaves na tabela pai.
- O valor de pelo menos uma das colunas da foreign key deve ser nulo.

Exemplo IX

Esta declaração define e habilita uma foreign key na combinação das colunas AREACO e PHONENO da tabela PHONE_CALLS:

```
ALTER TABLE  phone_calls
    ADD CONSTRAINT fk_areaco_phoneno
        FOREIGN KEY (areaco, phoneno)
        REFERENCES customers (areaco, phoneno)
        EXCPTIONS INTO wrong_numbers;
```

Antes de definir e habilitar esta constraint, você tem que definir e habilitar uma constraint que designa a combinação das colunas AREACO e PHONENO na tabela CUSTOMERS como uma primary key ou unique.

A opção EXCEPTIONS informa ao ORACLE para escrever informação em WRONG_NUMBERS sobre qualquer registro na tabela PHONE_CALLS que viola a CONSTRAINT.

Constraint CHECK

A constraint CHECK define uma condição explícita. Para satisfazer esta constraint, cada registro na tabela deverá satisfazer a condição verdadeiro ou desconhecido. Esta condição pode

140 | *SQL, PL/SQL, SQL*Plus*

referenciar qualquer coluna na tabela, mas não pode referenciar colunas em outras tabelas. A constraint CHECK não pode ser definida em algum destes casos:

- Consultas para referenciar dados externos.
- Chamadas para as funções SYSDATE, UID, USER ou USERENV.
- As pseudocolunas CURRVAL, NEXTVAL, LEVEL ou ROWNUM.

Exemplo X

Esta declaração cria a tabela DEPT e define uma constraint CHECK em cada coluna da tabela:

```
CREATE TABLE dept
     (deptno NUMBER
        CONSTRAINT check_deptno
           CHECK (deptno BETWEEN 10 and 99)
           DISABLE,
(dname VARCHAR2(9)
        CONSTRAINT check_dname
           CHECK (dname = UPPER (dname))
           DISABLE,
(uf VARCHAR2(20)
        CONSTRAINT check_uf
           CHECK (uf IN ('MG', 'RJ', 'SP', 'ES'))
           DISABLE);
```

Cada registro na tabela terá uma restrição na coluna, a saber:

CHECK_DEPTNO: Determina que os números a serem armazenados devem estar entre 10 e 99.

CHECK_DNAME: Determina que os nomes devem estar em letras maiúsculas.

CHECK_UF: Determina que o estado digitado terá ser um entre os valores determinados.

Quando a restrição contém a opção DISABLE, ORACLE define esta constraint, mas não o torna obrigatório.

Exemplo XI

Esta declaração cria a tabela EMP e usa uma cláusula constraint de coluna para definir e habilitar uma restrição CHECK:

```
CREATE TABLE emp
(empno    NUMBER(4),
     ename       VARCHAR2 (10),
     job         VARCHAR2(9),
     mgr         NUMBER(4),
     hiredate    DATE,
     sal         NUMBER(7,2) CHECK (sal + comm <=5000),
     comm        NUMBER(7,2),
     deptno      NUMBER(2));
```

Esta constraint usa uma condição de desigualdade para limitar o total do salário de um empregado para igual ou inferior a 5.000, sendo a soma de seu salário e comissão:

- Se um empregado tem valores não-nulos para salário e comissão, a soma destes valores não deve ser mais que 5.000 para satisfazer a constraint.

- Se um empregado tem valores nulos para salário ou comissão, o resultado da condição é desconhecido e o empregado satisfaz a CONSTRAINT automaticamente.

Alternativamente, você pode definir e habilitar esta constraint usando a sintaxe table_constraint:

```
CREATE TABLE emp
(empno     NUMBER(4),
    ename       VARCHAR2 (10),
    job         VARCHAR2(9),
    mgr         NUMBER(4),
    hiredate    DATE,
    sal         NUMBER(7,2),
    comm        NUMBER(7,2),
    deptno      NUMBER(2),
    CHECK       (sal + comm <=5000));
```

Exemplo XII

Esta declaração define e habilita uma constraint primary key, duas constraints de integridade referencial, uma constraint NOT NULL, e duas constraints CHECK:

```
CREATE TABLE order_detail
    (CONSTRAINT pk_od PRIMARY KEY (order_id, part_no),
    order_id NUMBER
        CONSTRAINT fk_oid REFERENCES scott.order (order_id),
    part_no NUMBER
        CONSTRAINT fk_no REFERENCES scott.part (part_no),
    quantity NUMBER
        CONSTRAINT nn_qty NOT NULL
        CONSTRAINT check_qty_low CHECK (quantity > 0),
    Cost NMBER
        CONSTRAINT  check_cost CHECK ( cost > 0 ));
```

Estas regras são obrigadas nesta constraint:

PK_OD identifica a combinação das colunas ORDER_ID e PART_NO como chave primary da tabela NO.

FK_OID identifica a coluna ORDER_ID como uma foreign key que referencia a coluna ORDER_ID na tabela ORDER no schema SCOTT.

FK_PNO identifica a coluna PART_NO como uma foreign key que referencia a coluna PART_NO na tabela de PART possuída por SCOTT.

NN_QTY proíbe valores nulos na coluna QUANTITY.

CHECK_QTY assegura que valores na coluna QUANTITY sempre serão maior que 0.

CHECK_COST assegura que valores na coluna COST sempre serão maior que 0.

142 | *SQL, PL/SQL, SQL*Plus*

CREATE CLUSTER

Propósito

Criar um cluster para uma ou mais tabelas, onde as linhas das tabelas partilharão a mesma chave do cluster. As chaves são guardadas juntas dentro da base de dados, permitindo acesso aos grupos de linhas de dados que tenham a mesma chave. Permite acesso mais rápido em consultas que utilizem "JOIN", mas o tempo de acesso pode ser maior quando se tratar de inclusões, alterações ou exclusões de dados dentro das tabelas. Permite reduzir o espaço físico de armazenamento dos dados.

Para criar um cluster em seu próprio schema, você tem que ter privilégio de sistema CREATE CLUSTER. Para criar um cluster no schema de outro usuário, você tem que ter privilégio de sistema CREATE ANY CLUSTER.

Sintaxe

CREATE CLUSTER command::=

```
>>-- CREATE CLUSTER ------ cluster (— column datatype —)----------------->
                  |schema.|
>------------------------------------------------------------------------><
         |- PCTUSED integer --------------------------------|
         |- PCTFREE integer --------------------------------|
         |- INITRANS integer -------------------------------|
         |- MAXTRANS integer -------------------------------|
         |- SIZE integer -----------------------------------|
         |                     |- K -|                       |
         |                     |- M -|                       |
         |- TABLESPACE tablespace --------------------------|
         |- STORAGE storage_clause -------------------------|
         |-- INDEX -----------------------------------------|
            |-------- HASHKEYS integer ---------|
              |- HASH IS column -|
```

Palavras-chave e parâmetros

schema é o schema que contém o cluster. Se você omite schema, ORACLE cria o cluster em seu schema atual.

cluster é o nome do cluster a ser criado.

column é o nome de um campo da chave do cluster.

datatype é o tipo de dados digitados de uma coluna chave do cluster. Uma coluna chave do cluster pode ter qualquer tipo de dados interno, exceto LONG ou LONG RAW.

PCTUSED especifica o limite que ORACLE usará para determinar a adição de registros ao bloco de dados de um cluster. É expresso o valor deste parâmetro como um todo, e é interpretado como uma porcentagem.

Capítulo 5 – Comandos | 143

PCTFREE especifica o espaço reservado em cada bloco de dados do cluster para expansão futura. O valor do parâmetro é expresso como um todo e interpretado como uma porcentagem.

INITRANS especifica o número inicial de transações de atualizações simultâneas alocados para blocos de dados do cluster. O valor deste parâmetro para um cluster não pode ser menos que 2 ou maior que o valor do parâmetro de MAXTRANS.

MAXTRANS especifica o número máximo de transações de atualização simultâneo para qualquer bloco de dados pertencente ao cluster. O valor deste parâmetro não pode ser menos que o valor do parâmetro de INITRANS. O valor máximo deste parâmetro é 255.

SIZE especifica a quantidade de espaço em bytes para armazenar todos os registros com o mesmo valor chave ou o mesmo valor hash. Você pode usar K ou M para especificar este espaço em kilobytes ou megabytes. O valor deste parâmetro não pode exceder o tamanho de um bloco de dados.

TABLESPACE especifica a tablespace na qual o cluster será criado.

STORAGE especifica como são alocados os blocos de dados ao cluster.

INDEX cria um cluster indexado. Em um cluster indexado, são armazenados registros baseados em valores chaves.

HASH IS especifica uma coluna a ser usada como função hash para um cluster hash. Em um cluster hash, são armazenados registros baseados nos valores hash destes. A função hash especifica o valor hash por cada registro no cluster. O valor que você especifica deve ser somente uma coluna e chave de cluster e têm que ter um tipo de dados NUMBER com uma escala 0. Cada valor na coluna deve ser um inteiro não negativo.

HASHKEYS cria um cluster hash e especifica o número de valores de hash para este cluster. ORACLE arredonda o HASHKEYS até o mais próximo número primo para obter o número atual. O valor mínimo para este parâmetro é 2.

Exemplo I

Esta declaração cria um cluster indexado de nome PERSONNEL com a coluna chave DEPART-MENT_NUMBER, com tamanho de 512 bytes, e valores de parâmetro de armazenamento:

```
CREATE CLUSTER personnel
     (department_number NUMBER(2))
     size 512
     STORAGE ( INITIAL 100K NEXT 50K PCTINCREASE 10);
```

Estas declarações adicionam as tabelas EMP e DEPT para o cluster recém-criado:

```
CREATE   TABLE emp
     (empno NUMBER PRIMARY KEY,
     ename VARCHAR2(10) NOT NULL,
        CHECK (ename = UPPER(ename)),
     job VARCHAR2 (9),
     mgr NUMBER REFERENCES scott.emp(empno),
     hiredate DATE CHECK (hiredate >= SYSDATE),
     sal NUMBER(10,2) CHECK (sal > 500),
```

SQL, PL/SQL, SQL*Plus

```
       comm NURBER (9, 0) DEFAULT NULL,
       deptno NUMBER(2) NOTT NULL)
   CLUSTER personnel (deptno);

CREATE  TABLE dept
       (deptno      NUMBER(2),
       dname        VARCHAR2(9),
       loc          VARCHAR2(9)
       CLUSTER      personnel (deptno);
```

Esta declaração cria o índice de cluster em personnel:

CREATE INDEX idx_personnel ON CLUSTER personnel

Após criar o índice de cluster, você pode inserir registros em EMP ou DEPT.

Exemplo II

Esta declaração cria um cluster hash nomeado PERSONNEL com cluster coluna chave DEPARTMENT_NUMBER.

```
CREATE  CLUSTER  personnel
       ( department_number NUMBER )
       SIZE 512 HASHKEYS 500
       STORAGE (INITIAL 100K NEXT 50K PCTINCREASE 10);
```

CREATE DATABASE

Propósito

Criar um Banco de Dados, disponibilizado para uso geral, com estas opções:

Advertência: este comando prepara um Banco de Dados para uso inicial e apaga qualquer dado atual nos arquivos especificados. Só use este comando com clareza e consciência.

Pré-requisitos

Você tem que ter o role OSDBA habilitado.

Se você está usando ORACLE trusted e planeja usar o Banco de Dados no modo DBMS MAC, seu label de sistema operacional deveria ser o equivalente a DBLOW.

Sintaxe

CREATE DATABASE command ::=

```
>>-- CREATE DATABASE ---- database ---------------------------------------->
>--- CONTROLFILE REUSE -------------------------------------------------><
        |-- LOGFILE --------------- filespec -----------|
        |            |- GROUP integer -|                              |
        |-- MAXLOGFILES integer -----------------------|
        |-- MAXLOGMEMBERS integer ---------------------|
        |-- MAXLOGHISTORY integer ---------------------|
        |-- DATAFILE --- filespec ---------------------|
        |-- MAXDATAFILES integer ----------------------|
        |-- MAXINSTANCES integer ----------------------|
        |-- ARCHIVELOG --------------------------------|
        |   |-NOARCHIVELOG-|                              |
        |-- EXCLUSIVE ---------------------------------|
        |-- CHARACTER SET character -------------------|
```

Palavras-chave e parâmetros

database é o nome do Banco de Dados a ser criado. ORACLE escreve este nome no arquivo de controle. Se você usa uma declaração ALTER DATABASE que explicitamente especifica um nome de Banco de Dados, ORACLE verifica aquele nome com o nome do arquivo de controle.

CONTROLFILE REUSE

Reutiliza arquivos de controle existentes identificados pelo parâmetro de inicialização CONTROL_FILES. Esta opção só é normalmente usada quando você está recriando um Banco de Dados. Se você omite esta opção e quaisquer dos arquivos já especificados por CONTROL_FILES existir, ORACLE devolve uma mensagem de erro.

LOGFILE

Especifica um ou mais arquivos a serem usados na base de dados. Caso seja omitido, dois redo_log_files serão criados automaticamente.

MAXLOGFILES

Número máximo de arquivo redo_log_files (2 a 256). Este número só poderá ser alterado através da recriação da base de dados.

MAXLOGHISTORY

Especifica o número de arquivos redo_log_files para recuperação automática de media recovery com a opção Parallel Server. ORACLE usa este valor para determinar quanto espaço no arquivo de controle alocar para os nomes de arquivou redo_log_files.

DATAFILE

Especifica um ou mais arquivos para serem usados como arquivos da base de dados. Todos os arquivos especificados farão parte da tablespace SYSTEM. Caso sejam omitidos, um arquivo é criado automaticamente.

146 | *SQL, PL/SQL, SQL*Plus*

MAXDATAFILES

Número máximo de arquivos da base de dados que poderão ser criados (1 a 255, default = 32). O número de datafiles acessíveis pela sua instância está no parâmetro de inicialização DB_FILES.

MAXINSTANCES

Especifica o número máximo de instâncias que simultaneamente poderão ser montadas e abertas no Banco de Dados.

ARCHIVELOG

Indica que os redo_log_files não serão reescritos quando o último redo_log_files ativo estiver cheio. No modo automático os dados serão escritos para uma área de log e, quando ocorrer um checkpoint (atingir o limite estabelecido), este log será salvo com um nome e um número seqüencial. No modo manual, o log deve ser salvo manualmente.

NOARCHIVELOG

Especifica que quando o último arquivo redo_log_file ativo estiver cheio, continuará a escrever as transações sobre o primeiro arquivo redo_log_file.

EXCLUSIVE

Indica que a base de dados será montada no modo exclusivo depois da criação ser completada. Não pode ser usada por múltiplas instâncias. Este modo permite só sua instância para ter acesso ao Banco de Dados. ORACLE monta o Banco de Dados automaticamente em modo exclusivo, depois de criá-lo. Esta palavra-chave é completamente opcional.

CHARACTER SET

Especifica o caractere set que o Banco de Dados usa para armazenar dados. Você não pode mudar o caractere set de Banco de Dados depois de criar o Banco de Dados.

Notas de uso

Este comando apaga todos os dados em qualquer arquivo de dados que já exista. Se você usa o comando em um Banco de Dados existente, todos os dados nos arquivos de dados estarão perdidos.

Exemplo

Esta declaração cria um Banco de Dados pequeno que usa defaults para todos os argumentos:

```
CREATE DATABASE;
```

Esta declaração cria um Banco de Dados e especifica cada argumento:

```
CREATE DATABASE newtest
    CONTROLFILE REUSE
```

```
LOGFILE GROUP 1 ('diskb:logl.log','diskc:logl.log')
              SIZE 50K,
         GROUP 2 ('diskb:log2.log', 'diskc:log2.log ')
              SIZE 50K,
MAXLOGFILES 5
MAXLOGHISTORY 100
DATAFILE 'diska:dbone.dat ' SIZE 2M
MAXDATAFILES 10
MAXINSTANCES 2
ARCHIVELOG
EXCLUSIVE;
```

CREATE DATABASE LINK

Propósito

Criar um link (vínculo) de Banco de Dados. Um link é um objeto no Banco de Dados local que lhe permite ter acesso a objetos em um Banco de Dados remoto ou montar um Banco de Dados secundário em modo somente leitura. O Banco de Dados remoto pode ser ORACLE ou um Banco de Dados não Oracle.

Pré-requisitos

Para criar um database link privado, você tem que ter privilégio de sistema CREATE DATABASE LINK. Para criar um database link público, você tem que ter privilégio de sistema CREATE PUBLIC DATABASE LINK. Também, você tem que ter privilégio CREATE SESSION no Banco de Dados remoto. O SQL_Net deverá estar instalado nos Bancos de Dados local e remoto.

Sintaxe

CREATE DATABASE LINK command ::=

```
>>--- CREATE ---------- DATABASE LINK dblink --------------------------->
            |- PUBLIC -|
>----------------------------------------------------------------------><
    |-CONECT TO user IDENTIFIED BY password-| |-USING 'connect_string'-|
```

Palavras-chave e parâmetros

PUBLIC cria um database link público disponível para todos os usuários. Se você omite esta opção, o database link é privado e só está disponível para você.

dblink é o nome completo ou parcial do database link.

CONNECT TO user IDENTIFIED BY password é o nome do usuário e senha para conectar ao Banco de Dados remoto. Se você omite esta cláusula, o database link usa o usuário e senha de cada usuário que usa o database link.

148 | *SQL, PL/SQL, SQL*Plus*

USING especifica:

- A especificação do Banco de Dados remoto,
- A especificação do Banco de Dados secundário para montagem somente leitura.

Exemplo

Esta declaração define um database link nomeado SALES.HQ.ACME.COM, que se refere ao usuário SCOTT com senha TIGER no Banco de Dados especificado pela string D:BOSTON-MFG:

```
CREATE DATABASE LINK sales.hq.acme.com
    CONECT TO Scott IDENTIFIED BY tiger
    USING 'D:BOSTON-MFG';
```

Uma vez que este database link é criado, você pode examinar tabelas no schema SCOTT no Banco de Dados remoto.

SELECT * FROM emp@sales.hq.acme.com;

Você também pode usar comandos DML para modificar registros no Banco de Dados remoto:

INSERT INTO

accounts@sales.hq.acme.com(acc_no, acc_name, balance)

VALUES (5001, 'BOWER', 2000);

UPDATE accounts@sales.hq.acme.com

SET balance = balance + 500;

DELETE FROM accounts@sales.hq.acme.com

WHERE acc_name = 'BOWER';

CREATE FUNCTION

Propósito

Criar funções standalone armazenadas. Uma função armazenada é um conjunto de declarações PL/SQL que você aciona através do nome. Funções armazenadas são bem parecidas com procedimentos, a não ser que uma função retorne um valor para o ambiente no qual é chamada.

Pré-requisitos

Para criar uma função em seu próprio schema, você quer ter privilégio de sistema CREATE PROCEDURE. Para criar uma função no schema de outro usuário, você que ter privilégio de sistema CREATE ANY PROCEDURE.

Capítulo 5 – Comandos | 149

Para criar uma função armazenada, você tem que estar usando ORACLE com a opção procedural.

Sintaxe

CREATE FUNCTION comando::=

```
>>--- CREATE --------- FUNCTION ---------- function ------>
            |- OR REPLACE -|              |- schema.-|
>---- ( -- argument ------ IN ------ datatype --- ) ------>
>-- RETURN datatype ---- IS ---- pl/sql_subprogram_body -><
                        |- AS -|
```

Palavras-chave e parâmetros

OR REPLACE recria a função se esta já existe. Você pode usar esta opção para mudar a definição de uma função existente. Se você redefine uma função, ORACLE a recompila. Usuários que tiveram privilégios concedidos em uma função redefinida ainda tem acesso a esta função, sem ser necessário conceder novos privilégios.

schema é o schema que contem a função. Se você omite schema, ORACLE cria a função em seu schema atual.

function é o nome da função a ser criada.

argument é o nome de um argumento da função. Se a função não aceita argumentos, você pode omitir os parênteses que seguem o nome de função.

IN especifica que você tem que prover um valor pelo argumento quando chamando a função. Isto sempre é verdade para argumentos de função. Só esta palavra-chave é opcional.

datatype é o tipo de dados de um argumento. Um argumento pode ter qualquer tipo de dados suportados por PL/SQL.

RETURN datatype especifica o valor do tipo de dados de retorno da função. Porque toda função deve retorna um valor, esta cláusula é requerida. O valor de retorno pode ter qualquer tipo de dados suportados por PL/SQL.

Notas de uso

Uma função armazenada é um conjunto de declarações PL/SQL que você aciona através do nome. Funções são bem parecidas a procedimentos (procedures), a não ser que funções retornem um valor para seu ambiente de chamada. Para uma discussão geral de procedimentos e funções, veja o comando CREATE PROCEDURE nos capítulos adiantes.

150 | *SQL, PL/SQL, SQL*Plus*

Exemplo

Esta declaração cria a função GET_BAL:

```
CREATE FUNCTION get_bal (acc_no IN NUMBER)
      RETURN NUMBER
      IS
         acc_bel NUMBER(11,2);
      BEGIN
         SELECT balance
            INTO acc_bal
            FROM accounts
            WHERE account_id = acc_no;
         RETURN(acc_bal);
END
```

A função GET_BAL retorna o balance de uma conta específica.

A função usa uma declaração SELECT para selecionar a coluna BALANCE do registro identificado pelo argumento ACC_NO na tabela accounts. A função usa uma declaração RETURN para retorna este valor para o ambiente no qual a função foi chamada.

Tópicos relacionados

ALTER FUNCTION, CREATE PACKAGE, CREATE PACKAGE BODY, CREATE PROCEDURE, DROP FUNCTION.

CREATE INDEX

Propósito

Criar um índice em uma ou mais colunas de uma tabela ou cluster. Um índice é um objeto de Banco de Dados que contém uma entrada para cada valor que aparece na coluna (indexado) da tabela ou cluster e provê acesso direto e rápido aos registros.

Pré-requisitos

Para criar um índice em seu próprio schema, uma destas condições deve ser verdadeira:

- A tabela ou cluster para ser indexado deve estar em seu próprio schema.
- Você tem que ter privilégio INDEX na tabela a ser indexada.
- Você tem que ter privilégio de sistema CREATE ANY INDEX para criar um índice em outro schema.

Sintaxe

CREATE INDEX command ::=

```
>>-- CREATE INDEX - schema. -- index ------------------------------------->
>--- ON------------- table ( - column ---------------------------)----->
        | |-schema.-|                      |- ASC -|
|
        |                                  |- DESC -|
|
        |- CLUSTER -schema.- cluster ------------------------------------|
>-- INITRANS integer -------------------------------------------------><
      |- MAXTRANS integer ----------|
      |- TABLESPACE tablespace -----|
      |- STORAGE storage_clause ----|
      |- PCTFREE integer -----------|
      |- NOSORT --------------------|
```

Palavras-chave e parâmetros

schema é o schema para conter o índice. Se você omite schema, ORACLE cria o índice em seu próprio schema.

index é o nome do índice a ser criado.

table é o nome da tabela para a qual o índice será criado. Se você não faz referência ao schema da tabela, ORACLE assume que a tabela está contida em seu próprio schema.

column é o nome de uma coluna na tabela. Um índice pode ter no máximo 6 colunas. Uma coluna de um índice não pode ser do tipo de dados LONG ou LONG RAW.

ASC DESC compatibilidade de sintaxe DB2, embora sempre são criados índices em ordem ascendente.

CLUSTER especifica o cluster para o qual um índice será criado. Se você não relaciona o cluster ao schema, ORACLE assume que o cluster está contido em seu schema atual.

INITRANS MAXTRANS estabelece valores a estes parâmetros para o índice. Veja INITRANS e MAXTRANS em CREATE TABLE capítulos adiante.

TABLESPACE é o nome da tablespace. Se você omitir esta opção, ORACLE cria o índice na tablespace default do dono do schema que contém o índice.

STORAGE estabelece as características de armazenamento para o índice.

PCTFREE é a porcentagem (0 a 99) de espaço reservado para a atualização das linhas de índice.

NOSORT indica ao ORACLE que os registros são armazenadas no Banco de Dados em ordem ascendente e então ORACLE não tem que ordenar os registros quando criar o índice.

Nulos

Não são indexados valores nulos. Considere esta declaração:

```
SELECT ename FROM emp WHERE comm IS NULL;
```

Criar índices para cluster

ORACLE não cria um índice automaticamente para um cluster quando este é criado. Para criar um índice para o cluster EMPLOYEE, usamos esta declaração:

CREATE INDEX ic_emp ON CLUSTER employee;

Exemplo

Esta declaração cria um índice na coluna ENAME da tabela EMP:

```
CREATE INDEX i_emp_ename ON emp (ename);
```

CREATE PACKAGE

Propósito

Para criar um package armazenado. Um package é uma coleção encapsulada de procedimentos relacionados, funções, e outros objetos de programa armazenados juntos no Banco de Dados.

Pré-requisitos

Para criar um package em seu próprio schema, você quer ter privilégio de sistema CREATE PROCEDURE. Para criar um package no schema de outro usuário, você tem que ter privilégio de sistema CREATE ANY PROCEDURE.

Se você está usando ORACLE Trusted no modo DBMS MAC, você pode criar só um package no schema de outro usuário.

Para criar um package, você tem que estar usando ORACLE com a opção procedural.

Sintaxe

CREATE PACKAGE command ::=

```
>>---CREATE -------- PACKAGE -------- package -------------------------->
           |- OR REPLACE -|        |- schema. -|
>---- IS ---- pl/sql_package_spec -------------------------------------->
        |- AS -|
```

Palavras-chave e parâmetros

OR REPLACE recria uma especificação de package se já existe. Você pode usar esta opção para mudar a especificação de um package existente.

Usuários que tinham privilégios concedidos previamente em um package continuam sem alteração em seus privilégios.

schema é o schema que contém o package. Se você omite schema, ORACLE cria o package em seu próprio schema.

package é o nome do package a ser criado.

pl/sq1_package_spec é a especificação do package. A especificação do package pode declarar objetos de programas. São escritas especificações de package em PL/SQL.

Um package é uma coleção encapsulada de objetos de programas relacionados armazenados juntos no Banco de Dados. Objetos de programa são:

- Procedures,
- Funções,
- Variáveis,
- Constantes,
- Cursores,
- Exceções.

Usar packages é uma alternativa a criação de procedimentos e funções como objetos de schema standalone. Pacotes têm muitas vantagens em cima de procedimentos e funções standalones, a saber:

- Pacotes lhe permitem organizar seu desenvolvimento da aplicação mais eficazmente.
- Pacotes lhe permitem conceder privilégios mais eficazes.
- Pacotes lhe permitem modificar objetos de package sem recompilar objetos de schema dependentes.
- Pacotes permitem ao ORACLE a leitura de objetos de packages múltiplos imediatamente na memória.
- Pacotes podem conter variáveis globais e cursores que estarão disponíveis a todos os procedimentos e funções no package.

Como criar packages

Para criar um package, você tem que executar dois passos distintos:

1. Crie a especificação de package com o comando CREATE PACKAGE. Você pode declarar objetos de programa na especificação do package. Tais objetos são chamados de objetos públicos. Objetos públicos podem ser referenciados fora do package, como também por outros objetos no package.

2. Crie o corpo do package com comando CREATE PACKAGE BODY. Você pode declarar e pode definir objetos de programa no corpo do package:

Você tem que definir objetos públicos declarados na especificação do package.

154 | *SQL, PL/SQL, SQL*Plus*

Você também pode declarar e pode definir objetos de package adicionais. Tais objetos são chamados de objetos privados.

Veja o comando CREATE PACKAGE BODY após este capítulo.

Exemplo

Esta declaração SQL cria o package EMP_MGMT:

```
CREATE PACKAGE emp_mgmt AS
    FUNCTION hire
    (ename VARCHAR2, job VARCHAR2, mgr NUMBER, sal NUMBER,
    comm NUMBER, deptno NUMBER)
      RETURN NUMBER;
    FUNCTION create_dept(dname VARCHAR2, loc VARCHAR2)
      RETURN NUMBER;
    PROCEDURE remove_emp    (empno NUMBER);
    PROCEDURE remove_dept   (deptno NUMBER);
    PROCEDURE increase_sal  (empno NUMBER, sal_incr NUMBER);
    PROCEDURE increase_comm (empno NUMBER, comm_incr NUMBER);
    no_comm EXCEPTION;
    no_sal  EXCEPTION;
    END emp_mgmt
```

A especificação para o package EMP_MGMT declara estes objetos de programas públicos:

- As funções HIRE e CREATE_DEPT
- As procedures REMOVE_EMP, REMOVE_DEPT, INCREASE_SAL e INCREASE_COMM
- As exceções NO_COMM e NO_SAL

Todos estes objetos estão disponíveis a usuários que têm acesso ao package. Depois de criar o package, você pode desenvolver aplicações que chamam quaisquer dos procedimentos públicos do package ou funções.

Antes que você possa chamar os procedimentos e funções deste package, você tem que definir estes procedimentos e funções no corpo do package. Temos um exemplo de uma declaração CREATE PACKAGE BODY que cria o corpo do package EMP_MGMT no capítulo seguinte.

Tópicos relacionados

ALTER PACKAGE, CREATE FUNCTION, CREATE PROCEDURE, CREATE PACKAGE BODY, DROP PACKAGE.

CREATE PACKAGE BODY

Propósito

Criar o corpo de um package armazenado. Um package é uma coleção de procedimentos relacionados, funções armazenadas, e outros objetos de programas armazenados juntos no Banco de Dados. O corpo (body) define estes objetos.

Pré-requisitos

Antes que um package possa ser criado, o usuário SYS tem que executar o script SQL DBMSSTDX.SQL.

Para criar um package em seu próprio schema, você tem que ter privilégio de sistema CREATE PROCEDURE. Para criar um package no schema de outro usuário, você tem que ter privilégio de sistema CREATE ANY PROCEDURE.

Para criar um package, você tem que estar usando ORACLE com a opção procedural.

Sintaxe

CREATE PACKAGE BODY command ::=

```
>>-- CREATE ---------- PACKAGE BODY ------------------------- package ->
          |- OR REPLACE -|                    |- schema. -|
>--- IS --------pl/sql_package_body ------------------------------------->
      |- AS -|
```

Palavras-chave e parâmetros

OR REPLACE recria o corpo de package, caso já exista. Você pode usar esta opção para mudar o corpo de um package existente sem perdê-lo e pode recriar, e recolocar os privilégios concedidos aos objetos previamente. Se você muda um package body, ORACLE o recompila.

Usuários que já tinham privilégios concedidos previamente em um package, continuarão a ter acesso com os privilégios definidos anteriormente.

schema é o schema que contém o package. Se você omite schema, ORACLE cria o package em seu schema atual.

package é o nome do package a ser criado.

pl/sql_package_body é o corpo do package. O corpo do package pode declarar e definir objetos de programa. São escritos corpos de package em PL/SQL. Para embutir uma declaração CREATE PACKAGE BODY, você deve terminar a declaração com a palavra-chave END, seguida pelo nome da declaração SQL.

PACKAGES

Um package é uma coleção encapsulada de procedimentos relacionados, funções, e outros objetos de programa armazenados junto ao Banco de Dados. Packages são uma alternativa à criação de procedures e funções como objetos no schema do usuário.

Exemplo

Esta declaração SQL cria package body de nome EMP_MGMT:

CREATE PACKAGE BODY emp_mgmt AS

```
tot_emps NUMBER;
tot_depts NUMBER;

FUNCTION hire(ename VARCHAR2, job VARCHAR2, mgr NUMBER, sal NUMBER,
              comm NUMBER, deptno NUMBER)
    RETURN NUMBER IS
       new_empno NUMBER(4);
    BEGIM
       SELECT empseq.NEXTVAL
           INTO new_empno
           FROM DUAL;
       INSERT INTO emp
           VALUES (new_empno, ename, job, mgr, sal, comm, deptno)
       tot_emps := tot_emps + 1;
       RETURN(new_empno);
END;

FUNCTION  create_dept(dname VARCHAR2, loc VARCNAR2)
    RETURN NUMBER IS
       new_deptno NUMBER(4);
    BEGIN
       SELECT deptseq.NEXTVAL
           INTO new_deptno
           FROM dual;
       INSERT INTO dept
           VALUES (new_deptno, dname, loc);
       tot_depts := tot_depts + 1;
       RETURN(newdeptno);
END;

PROCEDURE remove_emp(empno NUMBER) IS
    BEGIN
       DELETE FROM emp
           WHERE emp.empno = remove_emp.empno;
       tot_emps := tot_emps - 1;
    END;

PROCEDURE remove_dept(deptno NUMBER) IS
    BEGIM
       DELETE FROM dept
           WHERE dept.deptno = remove_dept.deptno;
       tot_depts := tot_depts - 1;
       SELECT COUNT(*)
           INTO tot_emps
```

```
            FROM emp;
    END;
PROCEDURE increase_sal(empno NUMBER, sal_incr NUMBER) IS
    curr_sal NUMBER(7,2);
BEGIN
    SELECT sal
        INTO curr_sal
        FROM emp
        WHERE emp.empno = increase.sal.empno;
IF curr_sal IS NULL
    THEN RAISE no_sal;
    ELSE UPDATE emp
        SET Sal = sal + sal_incr
        WHERE empno = empno;
 END IF;

PROCEDURE increase_comm(empno NUMBER, comm_incr NUMBER) IS
    curr_comm MUMBER(7,2);
BEGIM
    select comm
        INTO curr_comm
        FROM emp
        WHERE emp.empno = increase_comm.empno
    IF curr_comm IS NULL
        THEN RAISE no_comm;
        ELSE UPDATE emp
            SET comm = comm + comm_incr;
EMD emp_mgmt;
```

Este package body corresponde à especificação de package no capitulo anterior, CREATE PACKAGE . O package body define os objetos de programa públicos declarados na especificação do package:

- as funções HIRE e CREATE_DEPT,
- os procedimentos REMOVE_EMP, RFMOVE_DEPT, INCREASE_SAL e INCREASE_COMM.

O corpo de package neste exemplo também declara objetos de programa privados, as variáveis TOT_EMPS e TOT_DEPN. Desde que estes objetos são declarados no corpo do package, em lugar da especificação do package, eles são acessíveis a outros objetos no package, mas eles não são acessíveis fora do package. Por exemplo, você não pode desenvolver uma aplicação que muda o valor da variável TOT_DEPT. Porém, desde que a function CREATE_DEPT é parte do package, CREATE_DEPT pode mudar o valor de TOT_DEPT.

CREATE PROCEDURE

Propósito

Criar um procedure armazenado standalone. Um procedure é um grupo de declarações PL/SQL que você cria e dispara através do nome.

158 | *SQL, PL/SQL, SQL*Plus*

Pré-requisitos

Antes que um procedure possa ser criado, o usuário SYS tem que executar o script SQL DBMSSTDX.SQL. O nome exato e a localização deste script variam e dependem do seu sistema operacional.

Para criar um procedure em seu próprio schema, você tem que ter privilégio de sistema CREATE PROCEDURE. Para criar um procedure em outro schema, você tem que ter privilégio de sistema CREATE ANY PROCEDURE.

Se você está usando ORACLE Trusted no modo DBMS MAC, você só pode criar um procedure no schema de outro usuário se sua etiqueta de DBMS domina etiqueta de criação do outro usuário.

Sintaxe

CREATE PROCEDURE command :=

```
>>-- CREATE -------------- PROCEDURE ------------ procedure ------------>
           |- OR REPLACE -|               |-schema.-|
>--- ( — argument ------ datatype ----- ) ---------------------------------->
                  |— IN -----|
                  |— OUT ----|
                  |— IN OUT -|
>-- IS --- pl/sql_subprogram_body ----------------------------------------><
   |- AS -|
```

Palavras-chave e parâmetros

OR REPLACE recria o procedure se já existe. Você pode usar esta opção para mudar a definição de um procedure existente sem o derrubar e pode recriar, e garantir novamente privilégios concedidos a objetos previamente. Se você redefine um procedure, ORACLE o recompila. Usuários que tinham privilégios concedidos previamente em um procedure, ainda podem ter acesso ao procedure sem ser necessário aplicar o comando GRANT para novos privilégios.

schema é o schema que contém o procedimento. Se você omite schema, ORACLE cria o procedure em seu schema atual.

procedure é o nome do procedure a ser criado.

argument é o nome de um argumento ao procedimento. Se o procedure não aceita argumentos, você pode omiti-lo.

IN define que você tem que especificar um valor pelo argumento quando chamando o procedimento.

OUT especifica que o procedure passe um valor atrás por este argumento para seu ambiente de chamada depois da execução.

IN OUT define que você tem que especificar um valor pelo argumento quando chamando o procedure e que o procedure passa um valor atrás para seu ambiente de chamada depois da execução.

Se você omitir IN, OUT, e IN OUT, o argumento default será IN.

datatype é o tipo de dados de um argumento. Um argumento pode ter qualquer tipo de dados suportado por PL/SQL.

pl/sql_subprogram_body é a definição do procedimento. São escritas definições de procedure em PL/SQL.

Notas de uso

Um procedure é um grupo de declarações PL/SQL que você pode chamar através do nome. Você pode agrupar múltiplas declarações SQL junto com declarações PL/SQL, semelhante com linguagens de programação como Ada e C. Com o comando CREATE PROCEDURE, você pode criar um procedure e pode armazená-lo no Banco de Dados.

Stored Procedures lhe oferecem vantagens nestes áreas:

- Desenvolvimento,
- Integridade,
- Segurança,
- Desempenho,
- Alocação de memória.

O comando CREATE PROCEDURE cria um procedure como um objeto de schema standalone. Você também pode criar um procedure como parte de um package. Para informação sobre como criar packages veja o comando CREATE PACKAGE anterior a este capítulo.

Exemplo

Esta declaração cria procedure CREDIT no schema SAM:

```
CREATE PROCEDURE sam.credit (acc_no IN NUMBER, amount IN NUMBER)
    AS BEGIN
       UPDATE accounts
          SET balance = balance + amount
          WHERE account_id = acc_no;
    END;
```

O procedure CREDIT credita uma conta bancária especificada com uma quantia específica. Quando você chama o procedimento, deve especificar estes argumentos:

ACC_NO

Este argumento é o número da conta bancária a ser creditada. O tipo de dados do argumento é NUMBER.

160 | *SQL, PL/SQL, SQL*Plus*

AMOUNT

Este argumento é a quantia do crédito. O tipo de dados do argumento é NUMBER.

O procedure usa uma declaração UPDATE para aumentar o valor no campo BALANCE na tabela ACCOUNT pelo valor do argumento.

CREATE PROFILE

Propósito

Para criar um profile (perfil). Um profile é um conjunto de limites em recursos ao Banco de Dados. Se você nomeia o profile a um usuário, o usuário não poderá exceder estes limites.

Pré-requisitos

Você tem que ter privilégio de sistema CREATE PROFILE.

Sintaxe

CREATE PROFILE command ::=

```
>>-- CREATE PROFILE profile LIMIT ------------------------------------------>
>--- SESSION_PER_USER ------------------- integer ---------------------><
      |  |- CPU_PER_SESSION -----------|  |-UNLIMITED-|         |
      |  |- CPU_PER_CAL ---------------|  |-DEFAULT---|         |
      |  |- CONNECT_TIME --------------|                   |
      |  |- IDLE_TIME -----------------|                   |
      |  |- LOGICAL_READS_PER_SESSION --|                  |
      |  |- LOGICAL_READS_PER_CALL -----|                  |
      |  |- COMPOSITE_LIMIT -----------|                   |
      |---- PRIVATE_SGA ----------- integer --------------|
                                |            |- K -| |
                                |            |- M -| |
                           |-- UNLIMITED ------------|
                           |-- DEFAULT --------------|
```

Palavras-chave e parâmetros

profile é o nome do perfil a ser criado.

SESSIONS_PER_USER limites integer a um usuário para sessões simultâneas.

CPU_PER_SESSION limita o tempo de CPU para uma sessão. Este valor é expresso em hundredths de segundos.

CPU_PER_CALL limita o tempo de CPU para uma chamada. Este valor é expresso em hundredths de segundos.

CONNECT_TIME limita o tempo total decorrido de uma sessão. Este valor é expresso em minutos.

Capítulo 5 – Comandos | 161

IDLE_TIME períodos de limites de tempo inativos contínuos durante a sessão. Este valor é expresso em minutos.

LOGICAL_READS_PER_SESSION limita o número de blocos de dados lidos em uma sessão, inclusive blocos lidos de memória e disco, para blocos integer.

LOGICAL_READS_PER_CALL limita o número de blocos de dados lidos para uma chamada para processar uma declaração SQL.

PRIVATE_SGA limita a quantidade de espaço em uma sessão para o pool compartilhado da System global area (SGA). Você também pode usar K ou M para especificar este limite em kilobytes ou megabytes. Este limite só se aplica se você está usando a arquitetura de servidor multi-thread.

COMPOSITE_LIMIT limita o custo de recurso total para uma sessão. Você tem que expressar o valor deste parâmetro em unidades de serviço.

ORACLE calcula o custo do recurso total como uma soma em um destes recursos:

- CPU_PER_SESSION,
- CONNECT_TIME,
- LOGICAL_READS_PER_SESSION,
- PRIVATE_SGA.

UNLIMITED indica que o usuário poderá usar uma quantia ilimitada para o recurso.

DEFAULT omite um limite para este recurso neste profile. Um usuário nomeado a este profile está sujeito ao limite para este recurso especificado no profile default.

Notas de uso

Um profile é um conjunto de limites em recursos ao Banco de Dados. Você pode usar limites de profile aos recursos do Banco de Dados disponível para um usuário, para uma única chamada, ou uma única sessão.

ORACLE obriga limites de recurso em um destes modos:

- Se um usuário excede o limite da sessão CONNECT_TIME ou IDLE_TIME, ORACLE volta a transação e finaliza a sessão.
- Se uma tentativa do usuário excede o limite para outros recursos da sessão, ORACLE aborta a operação, volta a transação, e imediatamente emite um erro. O usuário pode então realizar um commit ou rollback na transação atual.
- Se um usuário tenta executar uma operação que excede o limite para uma única chamada, ORACLE aborta a operação, volta transação da declaração atual, e emite uma mensagem de erro, deixando a transação atual intacta.

Profile default

ORACLE cria automaticamente um profile default nomeado DEFAULT. Este profile inicialmente define recursos ilimitados. Você pode mudar os limites definidos neste profile com o comando ALTER PROFILE.

Qualquer usuário que não é nomeado em um profile, explicitamente está sujeito aos limites definidos no profile default.

Exemplo

Esta declaração cria o profile SYSTEM_MANAGER:

```
CREATE PROFILE system_manager
     LIMIT SESSIONS_PER_USER        UNLIMITED
         CPU_PER_SESSIOR            UNLIMITED
         CPU_PER_CALL               3000
         CONNECT_TIME               45
         LOGICAL_READS_PER_SESSION  DEFAULT
         LOGICAL_READS_PER_CALL     1000
         PRIVATE_SGA                15K
         COMPOSITE_LIMIT            5000000;
```

Se você então associa o profile SYSTEM_MANAGER a um usuário, o usuário está sujeito a estes limites em sessões subseqüentes:

O usuário pode ter qualquer número de sessões simultâneas.

Em uma única sessão, o usuário pode consumir uma quantia ilimitada de tempo da CPU.

Uma única chamada feita pelo usuário não pode consumir mais que 30 segundos de tempo de CPU.

Uma única sessão não pode durar mais de 45 minutos.

Em uma única sessão, o número de blocos de dados de memória e disco estão sujeitos ao limite especificado no profile DEFAULT.

Uma única chamada feita pelo usuário não pode ler mais de 1000 blocos de dados totais de memória e disco.

Uma única sessão não pode alocar mais de 15 kilobytes de memória na SGA.

Em uma única sessão, o custo de recurso total não pode exceder 5 milhões de unidades de serviço. A fórmula para calcular o custo de recurso total é especificada pelo comando ALTER RESOURCE COST.

Considerando que o profile SYSTEM_MANAGER omite um limite para IDLE_TIME, o usuário está sujeito ao limite neste recurso especificado no profile DEFAULT.

CREATE ROLE

Propósito

Criar um role (papel). Um role é um conjunto de privilégios que podem ser concedidos aos usuários ou para outros papéis.

Pré-requisitos

Você tem que ter privilégio de sistema CREATE ROLE.

Sintaxe

CREATE ROLE command ::=

```
>>-- CREATE ROLE role -------------------------------------------------><
                          |- NOT IDENTIFIED ----------------|
                          |- IDENTIFIED ----- BY password ---|
                                 |- EXTERNALLY -|
```

Palavras-chave e parâmetros

role é o nome do papel a ser criado.

NOT IDENTIFIED indica que o usuário concedeu a necessidade de role não ser verificado quando estiver habilitado.

IDENTIFIED indica que um usuário concedeu que o role deve ser verificado quando habilitando com o comando de SET ROLE:

BY password o usuário tem que especificar a senha para que o role seja habilitado.

EXTERNALLY o sistema operacional verifica o usuário que habilita o role. Dependendo do sistema operacional, o usuário pode ter que especificar uma senha para o sistema operacional quando habilitar o role.

Notas de uso

Um role é um jogo de privilégios que podem ser concedidos aos usuários ou para outros roles. Você pode usar roles para administrar privilégios de Banco de Dados. Você pode somar privilégios para o domínio de privilégio de um role e então pode conceder o role a um usuário. O usuário pode habilitar o role então e pode exercitar os privilégios no domínio de privilégio do role.

O domínio de privilégio de um role contém todos os privilégios concedidos ao role. O domínio de privilégio de um role novo está inicialmente vazio. Você pode somar privilégios para o domínio de privilégio de um role com o comando GRANT.

164 | *SQL, PL/SQL, SQL*Plus*

Quando você cria um role, ORACLE lhe concede o role com ADMIN OPTION. O ADMIN OPTION permite estas operações:

- Conceder o role a outro usuário ou role,
- Revogar o role de outro usuário ou role,
- Alterar o role para mudar a autorização,
- Apagar o role.

Roles definidos pelo ORACLE

Alguns papéis são definidos por scripts SQL de acordo com sua distribuição. Estes papéis são predefinidos:

- CONNECT
- RESOURCE
- DBA
- EXP_FULL_DATABASE
- IMP_FULL_DATABASE

Os roles CONNECT, RESOURCE e DBA são papéis que mantém compatibilidade com versões anteriores do ORACLE.

Os roles EXP_FULL_DATABASE e IMP_FULL_DATABASE são usados por conveniência em utilitários de importação e exportação.

ORACLE também cria outros papéis que autorizam a você administrar o Banco de Dados. Em muitos sistemas operacionais, estes papéis são chamados OSOPER e OSDBA. Estes nomes podem ser diferentes em seu sistema operacional.

Exemplo

Esta declaração cria o role TELLER:

```
CREATE ROLE teller IDENTIFIED BY cashflow;
```

Usuários que são concedidos ao role TELLER subseqüentemente devem especificar a senha CASHFLOW para habilitar o role.

CREATE SCHEMA

Propósito

Para criar múltiplas tabelas e visões e executar concessões múltiplas em uma transação simples.

Capítulo 5 – Comandos | 165

Pré-requisitos

A declaração CREATE SCHEMA pode incluir as declarações CREATE TABLE, CREATE VIEW, e GRANT. Para emitir uma declaração CREATE SCHEMA, você tem que ter os privilégios necessários para emitir as declarações.

Sintaxe

CREATE SCHEMA command ::=

```
>>-- CREATE SCHENA AUTORIZAÇÃO schema ------------------------------------>
>--- CREATE TABLE command --------------------------------------------><
       |- CREATE VIEW command -|
       |- GRANT command -------|
```

Palavras-chave e parâmetros

schema é o nome do schema.

CREATE TABLE command é uma declaração CREATE TABLE emitida como parte da declaração SCHEMA. Veja o comando CREATE TABLE capítulos adiante.

CREATE VIEW command é uma declaração CREATE VIEW emitida como parte da declaração SCHEMA. Veja o comando CREATE VIEW capítulos adiante.

GRANT command é uma declaração GRANT (Privilégios de objetos) emitida como parte da declaração SCHEMA.

Notas de uso

Com o comando CREATE SCHEMA você pode emitir múltiplas declarações DML em uma única transação. ORACLE executa cada declaração. Se todas as declarações executam prosperamente, ORACLE comete a transação. Se qualquer declaração resulta em um erro, ORACLE volta atrás todas as declarações.

A ordem na qual você coloca as declarações CREATE TABLE, CREATE VIEW e GRANT são importantes:

- Uma declaração CREATE VIEW criará uma VIEW que está baseada em uma tabela a qual já deve estar criada, portanto, o comando CREATE VIEW vem antes da declaração CREATE TABLE.

- Uma declaração CREATE TABLE criará uma tabela com uma foreign key que depende da primary key de uma tabela pela qual foi criada, mais recente que a declaração CREATE TABLE.

- Uma declaração GRANT pode conceder privilégios em uma tabela ou view que foram criadas mais recente pelas declarações CREATE TABLE, CREATE VIEW.

166 | *SQL, PL/SQL, SQL*Plus*

Exemplo

Esta declaração cria um schema nomeado AUTORIZAÇÃO para o usuário KSD:

```
CREATE SCHEMA AUTORIZAÇÃO ksd
    CREATE TABLE sox(color VARCHAR2(10) PRIMARY KEY, quantity NUMBER)
    CREATE VIEW red_sox AS
        SELECT color, quantity FROM sox WHERE color = 'RED'
    GRANT select ON red_sox TO waites;
```

Esta declaração cria a tabela SOX, cria view RED_SOX, e concede privilégio SELECT na VIEW RED_SOX para o usuário KSD.

CREATE SEQUENCE

Propósito

Criar uma seqüência. Uma seqüência é um objeto do Banco de Dados do qual os usuários podem gerar números inteiros únicos. Você pode usar seqüências para gerar automaticamente valores para primary keys.

Pré-requisitos

Para criar uma seqüência em seu próprio schema, você tem que ter privilégio CREATE SEQUENCE.

Para criar uma seqüência no schema de outro usuário, você tem que ter privilégio CREATE ANY SEQUENCE.

Sintaxe

CREATE SEQUENCE command ::=

```
>>-- CREATE SEQUENCE - schema. --------------------------------------------->
>--- INCREMENT BY integer ----------------------------------------------><
        |- START WITH integer -------|
        |---- MAXVALUE integer ------|
        |   |- NOMAXVALUE integer -|   |
        |---- MINVALUE integer ------|
        |   |- NOMINVALUE integer -|   |
        |---- CYCLE ----------------|
        |   |- NOCYCLE -|                |
        |---- CACHE ----------------|
        |   |- NOCACHE -|                |
        |---- ORDER ----------------|
        |   |- NOORDER -|                |
```

Capítulo 5 – Comandos | 167

Palavras-chave e parâmetros

schema é o schema a conter a seqüência. Se você omitir schema, ORACLE cria a seqüência em seu próprio schema.

sequence é o nome da seqüência a ser criada.

INCREMENT BY especifica o intervalo entre os números da seqüência. Este valor pode ser qualquer inteiro positivo ou negativo, mas não pode ser 0. Se este valor for negativo, então a seqüência será decrescente. Se o incremento é positivo, então a seqüência será ascendente. Se você omitir esta cláusula, o intervalo deixa de existir.

MINVALUE especifica o valor mínimo que a seqüência pode retornar.

NOMINVALUE não haverá limite mínimo de valor que uma seqüência pode retornar. O default é NOMINVALUE.

MAXVALUE especifica o valor máximo que a seqüência pode retornar.

NOMAXVALUE não haverá limite máximo de valor que uma seqüência pode retornar. O default é NOMAXVALUE.

START WITH especifica o primeiro número da seqüência a ser gerado. Você pode usar esta opção para começar uma seqüência crescente a um valor maior que seu mínimo ou começar uma seqüência descendente a um valor menor que seu máximo.

CYCLE determina se o número da seqüência volta ao valor mínimo depois de atingir o valor máximo (Para seqüências ascendentes).

NOCYCLE especifica se o número da seqüência volta ao valor máximo depois de atingir o valor mínimo. (Para seqüências descendentes).

CACHE especifica o número de seqüências que ORACLE guardará na memória para acesso mais rápido. O valor mínimo para este parâmetro é 2. Default é 20.

NOCACHE não guarda seqüências na memória.

ORDER é necessário quando se utiliza do servidor paralelo com a opção de modo compartilhado para garantir que o número da seqüência seja gerado na ordem requerida.

NOORDER ordem normal do número da seqüência. No modo compartilhado não garante que o número da seqüência seja gerado na ordem requerida.

Notas de uso

Você pode usar números de seqüência para gerar automaticamente valores para primary keys.

Valores para uma determinada seqüência são gerados automaticamente através de rotinas ORACLE, e conseqüentemente, seqüências evitam o gargalo no desempenho da aplicação. Quando um número de seqüência é gerado, a seqüência é incrementada, independente de transações commit ou rollback. Se dois usuários utilizam seqüências ao mesmo tempo, a numeração poderá ter buracos, porque os números da seqüência estão sendo gerados e/ou

168 | *SQL, PL/SQL, SQL*Plus*

cancelados pelo outro usuário. Um usuário nunca poderá ver o número da seqüência gerada pelo outro usuário.

Como acessar e incrementar valores de seqüências

Uma vez que uma seqüência é criada, você pode ter acesso a seus valores armazenados no db usando estas pseudocolunas:

CURRVAL retorna o valor atual da seqüência.

NEXTVAL incremento que a seqüência retornará no novo valor.

Exemplo

Esta declaração cria uma seqüência simples de nome ESEQ:

```
CREATE SEQUENCE eseq INCREMENT BY 10;
```

A primeira referência para ESEQ.NEXTVAL retornará 1. O segundo retorno será 11. Cada referência subseqüente vai retornar um valor 10 vezes maior que o atual.

CREATE SNAPSHOT

Propósito

Para criar um snapshot. Um snapshot é uma tabela que contém resultados de pesquisas de uma ou mais tabelas ou views, freqüentemente localizados em um Banco de Dados remoto.

Pré-requisitos

Para criar um snapshot em seu próprio schema, você tem que ter privilégio de sistema CRE-ATE SNAPSHOT.

Para criar um snapshot no schema de outro usuário, você tem que ter privilégio de sistema CREATE ANY SNAPSHOT.

Sintaxe

CREATE SNAPSHOT command ::=

```
>>-- CREATE SNAPSHOT --------- snapshot -------------------------------->
                       |- schema. -|
>----------------------------------------------------------------------->
        |   |- PCTFREE integer -------------|   |
        |   |- PCTUSED integer -------------|   |
        |   |- INITRANS integer ------------|   |
```

```
|   |- MAXTRANS integer -------------|   |
|   |- TABLESPACE tablespace --------|   |
|   |- STORAGE integer --------------|   |
|---- CLUSTER cluster (- column -) -----|
>----------------------------------------------------------------------->
    |- REFRESH --------------------------|
            |-FAST--------|   |-START WITH date-| |-NEXT date-|
            |-COMPLETE----|
            |-FORCE-------|
>--- AS subquery -------------------------------------------------------->
```

Palavras-chave e parâmetros

schema é o schema que contém o snapshot. Se você omite schema, ORACLE assume que o snapshot será criado no seu próprio schema.

snapshot é o nome do snapshot a ser criado. O limite para um nome snapshot é de 30 bytes, mas a ORACLE recomenda que se use 23 bytes.

PCTFREE, PCTUSED, INITRANS, MAXTRANS, esses parâmetros estabelecem valores internos para uso nos dados snapshot.

TABLESPACE especifica a tablespace que irá conter o snapshot a ser criado. Se você omite esta opção, ORACLE cria o snapshot na tablespace default do dono do schema.

STORAGE estabelece características de armazenamento para que ORACLE possa manter os dados do snapshot.

CLUSTER cria o snapshot como parte de um cluster especificado.

REFRESH especifica como e onde ORACLE automaticamente atualiza o snapshot.

FAST especifica uma atualização rápida, ou uma atualização usando somente os dados atualizados e armazenados no snapshot log associado com uma tabela master.

COMPLETE especifica uma atualização completa.

FORCE especifica uma atualização completa, caso a atualização fast falhe.

START WITH especifica uma data para uma primeira atualização automática.

NEXT especifica uma data para calcular o intervalo de atualizações automáticas.

As subquery especificam uma consulta snapshot. Quando você cria o snapshot, ORACLE executa esta consulta e retorna o resultado para o snapshot. A lista select pode conter até 253 expressões.

Notas de uso

Um snapshot é uma tabela que contém resultados de pesquisas de uma ou mais tabelas ou views, freqüentemente localizados em um Banco de Dados remoto. As tabelas ou views da consulta são chamadas de master tables. Os Banco de Dados que contém os snapshots são chamados de master databases.

Snapshots são bastante usados em Banco de Dados distribuídos. Snapshots mantém cópias somente leitura dos dados remotos, portanto, um snapshot não pode ser modificado.

170 | *SQL, PL/SQL, SQL*Plus*

Exemplo I

Esta declaração cria um snapshot simples de nome EMP_SF, que retorna dados de funcionários de um Banco de Dados remoto.

```
CREATE SNAPSHOT emp_sf
    PCTFREE 5 PCTUSED 60
    TABLESPACE users|
    STORAGE INITIAL 50K NEXT 50K PCTINCREASE 50
    REFRESH FAST NEXT sysdate + 7
    AS SELECT * FROM emp@mg;
```

Exemplo II

Esta declaração cria um snapshot complexo de nome ALL_EMPS, que retorna dados de duas tabelas de um Banco de Dados remoto.

```
CREATE SNAPSHOT all_emps
    PCTFREE 5 PCTUSED 60
    TABLESPACE users
    STORAGE INITIAL 50K NEXT 50K PCTINCREASE 50
    REFRESH START WITH ROUND(sysdate + 1)  + 11/24
    NEXT NEXT_DAY(TRUNC(SYSDATE, 'MONDAY') + 15/24
    AS SELECT * FROM emp@mg
        UNION
        SELECT * FROM emp@sp;
```

CREATE SYNONYM

Propósito

Criar um sinônimo. Um sinônimo é um nome alternativo para uma tabela, view, seqüência, procedure, stored function, package ou outro sinônimo.

Pré-requisitos

Para criar um sinônimo em seu próprio schema, você tem que ter privilégio de sistema CREATE SYNONYM.

Para criar um sinônimo no schema de outro usuário, você tem que ter privilégio de sistema CREATE ANY SYNONYM.

Sintaxe

CREATE SYNONYM command ::=

```
>>-- CREATE --------- SYNONYM ------- synonym -------------------------->
              |- PUBLIC -|                            |- schema -|
>--- FOR ---------- object -------------------------------------------><
          |- schema. -|            |- @dblink -|
```

Capítulo 5 – Comandos | 171

Palavras-chave e parâmetros

PUBLIC cria um sinônimo público. Sinônimos públicos são acessíveis a todos os usuários. Se você omitir esta opção, o sinônimo será privado e acessível somente ao seu schema.

schema é o schema para conter o sinônimo. Se você omite schema, ORACLE cria o sinônimo em seu próprio schema.

synonym é o nome do sinônimo a ser criado.

FOR identifica os objetos para qual o sinônimo é criado. Se você não faz referência ao objeto do schema, ORACLE assume que o objeto poderá ser algum destes tipos do seu schema:

- Table,
- View,
- Sequence,
- Stored procedure, function ou package,
- Snapshot,
- Synonym.

Notas de uso

Um sinônimo pode ser usado para representar seu objeto em qualquer declaração da DML:

- SELECT
- INSERT
- UPDATE
- DELETE
- EXPLAIN PLAN
- LOCK TABLE

Também podem ser usados sinônimos nestas declarações da DDL:

- AUDIT
- NOAUDIT
- GRANT
- REVOKE
- COMMENT

Sinônimos são usados para segurança e conveniência. Criando um sinônimo para algum objeto você terá:

- Referência ao objeto sem especificar seu dono,
- Referência ao objeto sem especificar o Banco de Dados no qual está localizado,
- Providenciar outro nome para o objeto.

Um nome de sinônimo privado deve ser distinto de todos os outros objetos em seu schema.

172 | *SQL, PL/SQL, SQL*Plus*

Exemplo I

Para definir o sinônimo MERCADO para a tabela MARKET_RESEARCH no schema SCOTT, usamos esta declaração:

```
CREATE SYNONYM mercado FOR scott.market_resarch;
```

Para criar um sinônimo público para a tabela EMP no schema SCOTT no Banco de Dados SALES remoto, usamos esta declaração:

Exemplo II

```
CREATE PUBLIC SYNONYM emp FOR scott.emp@sales;
```

CREATE TABLE

Propósito

Criar uma tabela, a estrutura básica para armazenar dados do usuário, especificando estas informações:

- Definições de coluna,
- Constraints e integridades,
- Tablespaces,
- Características de armazenamento,
- Cluster opcional.

Pré-requisitos

Para criar uma tabela em seu próprio schema, você tem que ter privilégio de sistema CREATE TABLE. Para criar uma tabela no schema de outro usuário, você tem que ter privilégio de sistema CREATE ANY TABLE. Também, o dono do schema para conter a tabela tem que ter qualquer cota espacial na tablespace que receberá a tabela ou privilégio de sistema UNLIMITED TABLESPACE.

Sintaxe

CREATE TABLE command ::=

```
>>-- CREATE TABLE -- schema — table — table_constraint ------------------>
>---(- column datatype -- DEFAULT expr - column_constraint )------------->
       |-table_constraint ---------------------|
>- PCTFREE integer --------------------->
       |   PCTUSED integer -------------------|   |
       |   INITRANS integer ------------------|   |
```

```
    |  MAXTRANS integer -----------------|    |
    |  TABLESPACE tablespace -------------|    |
    |  STORAGE storage_clause ------------|    |
    |  CLUSTER cluster ( - column - ) -------|
>- ENABLE enable_clause --|    |- AS subquery -| ----------------------->< 
    |  DISABLE disable_clause -|
```

Palavras-chave e parâmetros

schema é o schema que receberá a tabela. Se você omite schema, ORACLE cria a tabela em seu próprio schema.

table é o nome da tabela a ser criada.

column especifica o nome de uma coluna(campo) da tabela. O número de colunas em uma tabela pode variar entre 1 e 254.

datatype é o tipo de dados de uma coluna.

DEFAULT especifica um valor a uma coluna quando em uma declaração INSERT o valor para a coluna é omitido. O valor default não poderá conter referências para pseudocolunas CURRVAL, NEXTVAL, LEVEL, e ROWNUM, ou constantes de dados que não são especificadas completamente.

column_constraint define uma restrição de integridade como parte da definição da coluna.

table_constraint define uma restrição de integridade como parte da definição da tabela.

PCTFREE especifica um percentual (0 a 99) de espaço de reserva para a atualização das linhas de cada bloco. PCTFREE + PCTUSED não devem exceder 100 (default = 10).

PCTUSED especifica um percentual mínimo (0 a 100) de espaço de uso que será mantido para cada bloco. Caso o espaço livre esteja sendo totalmente utilizado, só será feita nova inserção no bloco quando este sofrer alterações ou exclusões que diminuam o espaço em uso até o limite estabelecido pelo PCTUSED (default =40)

INITRANS número inicial (1 a 255) de transações de entrada que serão utilizadas para atualizar um bloco (default =1). Cada transação que atualiza um bloco requer uma entrada de transação no bloco. O tamanho de uma entrada de transação depende de seu sistema operacional.

MAXTRANS especifica o número máximo de transações simultâneas que podem atualizar um bloco de dados alocado à tabela. Este limite não se aplica a queries. Este valor pode variar de 1 a 255 (default = 255).

TABLESPACE nome da tablespace onde será criada a tabela (default = system).

STORAGE define os valores usados na alocação de espaço para a tabela.

CLUSTER especifica o nome do cluster no qual a tabela fará parte e as colunas da tabela farão parte do cluster.

ENABLE habilita uma constraint de integridade.

DISABLE desabilita uma constraint de integridade.

As subquery de uma consulta especificada pela declaração SELECT... FROM... WHERE...

174 | *SQL, PL/SQL, SQL*Plus*

As colunas da tabela e seus tamanhos serão criados de acordo com o número de itens especificados na declaração SELECT. Depois de criada a tabela, os dados da consulta serão inseridos na nova tabela. Esta consulta não pode incluir as cláusulas ORDER BY ou FOR UPDATE. O número de colunas tem que se igualar ao número de expressões na subquery. Se todas as expressões na subquery são colunas, você pode omitir as colunas da definição da tabela. Neste caso, os nomes das colunas da tabela serão os mesmos nomes das colunas da subquery.

Notas de uso

Tabelas são criadas sem dados, a menos que uma consulta seja específica. Você pode adicionar registros para uma tabela com o comando INSERT.

Depois de criar uma tabela, você pode definir colunas adicionais e constraints de integridade com a cláusula ADD do comando ALTER TABLE. Você pode mudar a definição de uma coluna existente com a cláusula MODIFY do comando ALTER TABLE. Para modificar uma restrição de integridade, você tem remover a constraint e redefini-la.

Exemplo I

Para definir a tabela EMP possuída pelo usuário SCOTT, usaremos estas declarações:

```
CREATE TABLE scott.emp
      (empno NUMBER CONSTRAINT pk_emp PRIMARY KEY,
      ename VARCHAR2(10) CONSTRAINT nn_ename NOT NULL
                    CONSTRAINT upper_ename
                CHECK (ename = UPPER(ename)),
      job VARCHAR2(9),
      mgr NUMBER CONSTRAINT pk_mgr
        REFERENCES scott.emp(empno),
      hiredate DATE DEFAULT SYSDATE,
      sal NUMBER(10,2) CONSTRAINT ck_sal CHECK (sal > 500),
      comm NUMBER(9,0) DEFAULT NULL,
      deptno NUMBER(2) CONSTRAINT nn_deptno NOT NULL
                    CONSTRAINT fk_deptno
                        REFERENCES scott.dept(deptno))
      PCTFREE 5 PCTUSED 75;
```

Esta tabela contém 8 colunas. A coluna EMPNO tem tipo de dados numérico e tem uma constraint nomeada PK_EMP. A coluna HIRDEDATE tem tipo de dados data e um valor default SYSDATE.

Esta definição de tabela especifica um PCTFREE 5 e um PCTUSED 75, que são apropriados para uma tabela relativamente estática. Esta declaração também define restrição de integridade nas colunas da tabela EMP.

Exemplo II

Para definir a tabela sample SALGRADE na tablespace HUMAN_RESOURCE com um armazenamento pequeno e potencial de distribuição limitado, usamos esta declaração:

```
CREATE TABLE salgrade
      (grade NUMBER CONSTRAINT pk_salgrada
            PRIMARY KEY
            USING INDEX TABLESPACE users_a,
      losal NUMBER,
      hisal NUMBER )
      TABLESPACE human_resource
      STORAGE(INITIAL 6144 NEXT 6144
            MINEXTENTS 1 MAXEXTENTS 5 PCTINCREASE 5);
```

CREATE TABLESPACE

Propósito

Criar uma tablespace. Uma tablespace é uma distribuição de espaço no Banco de Dados que pode conter objetos.

Pré-requisitos

Você tem que ter privilégio de sistema CREATE TABLESPACE.

Sintaxe

CREATE TABLESPACE command ::=

```
>>-- CREATE TABLESPACE tablespace - DATAFILE -|- filesp -|--------------->
>--- DEFAULT STORAGE storage_clause -------------------------------------><
            |- ONLINE ------------|
            |- OFFLINE -----------|
```

Palavras-chave e parâmetros

tablespace é o nome do tablespace a ser criado.

DATAFILE especifica o arquivo de dados ou arquivos para conter a tablespace.

DEFAULT STORAGE especifica os parâmetros de armazenamento default para todos os objetos criados na tablespace.

ONLINE cria a tablespace e a disponibiliza imediatamente após a criação para usuários que forem concedidos acesso à tablespace.

OFFLINE não libera a tablespace após ter sido criada.

176 | *SQL, PL/SQL, SQL*Plus*

Notas de uso

Uma tablespace é uma distribuição de espaço no Banco de Dados que pode conter quaisque destes segmentos:

- Segmentos de dados,
- Segmentos indexados,
- Segmentos rollback,
- Segmentos temporários.

Todos os bancos de dados têm pelo menos uma tablespace, ORACLE cria automaticamente a tablespace SYSTEM quando você cria o Banco de Dados.

Muitos objetos de schema associam segmentos que ocupam espaço no Banco de Dados Estes objetos são localizados nas tablespaces. O usuário que cria objeto(s), opcional mente especifica a tablespace para conter o objeto. O dono do schema que contém c objeto tem que ter cota especial na tablespace do objeto. Você pode nomear uma cota especial em uma tablespace para um usuário com a cláusula COTA da CREATE USEF ou ALTER USER.

Exemplo

Este comando cria uma tablespace de nome TABSPACE_2 para um Banco de Dados:

```
CREATE TABLESPACE tabspace_2
     DATAFILE 'diska:tabspace_file2.dat' SIZE 20M
     DEFAULT STORAGE(INITIAL 10K NEXT 50K
         MINEXTENTS 1 MAXEXTENTS 999 PCTINCREASE 10)
     ONLINE;
CREATE TRIGGER
```

Propósito

Criar e habilitar um trigger (gatilho) de Banco de Dados. Um trigger de Banco de Dados é um bloco PL/SQL armazenado, que é associado a uma tabela. ORACLE automaticamente executa um trigger quando uma declaração SQL é emitido na tabela.

Pré-requisitos

Antes que um trigger possa ser criado, o usuário SYS deve executar o script DBMSSTDX. SQL. O nome exato e a localização deste script podem variar, dependendo de seu sistema operacional.

Para emitir esta declaração, você tem que ter um destes privilégios de sistemas:

CREATE TRIGGER

Este privilégio de sistema lhe permite criar um trigger em uma tabela em seu próprio schema.

Capítulo 5 – Comandos | 177

CREATE ANY TRIGGER

Este privilégio de sistema permite criar um trigger em uma tabela no schema de qualquer usuário.

Sintaxe

CREATE TRIGGER command ::=

```
>>-- CREATE -- OR REPLACE - TRIGGER -- schema. - TRIGGER ---------------->
                                OR
>--- BEFORE ---- DELETE ---------- ON -------- table ------------------->
     |- AFTER —| |- INSERT ------|     |schema|
                 |- UPDATE ------|
                            |OF -- column|
>----------------------------- FOR EACH ROW ---------------------------->
                                         | WHEN (condition) |
     |— REFERENCING -- OLD --- old ---|
     |          | AS |        |
     |- NEW ---- new ----|
     |          | AS |        |
>-- pl/sql_block ---------------------------------------------------->< 
```

Palavras-chave e parâmetros

OR REPLACE recria um trigger já existente. Você pode usar esta opção para alterar a definição de um trigger existente.

schema é o schema de arquivo a conter e arquivar o trigger. Se você omite schema, ORACLE cria o trigger em seu próprio schema.

trigger é o nome do trigger a ser criado.

BEFORE indica que ORACLE dispara o trigger antes de executar a declaração SQL.

AFTER indica que ORACLE dispara o trigger após executar a declaração SQL.

DELETE indica que ORACLE dispara o trigger quando uma declaração SQL DELETE remove um registro na tabela.

INSERT indica que ORACLE dispara o trigger quando uma declaração SQL INSERT adiciona um registro na tabela.

UPDATE indica que ORACLE dispara o trigger quando uma declaração SQL UPDATE atualiza um registro na tabela.

FOR EACH ROW designa o trigger para ser um gatilho de registros. ORACLE dispara um trigger de registro uma vez para cada registro que é afetado pela declaração.

WHEN especifica a restrição do trigger. A restrição contém uma condição SQL que deve ser obedecida para ORACLE disparar o trigger.

pl/sql_block é o bloco PL/SQL que ORACLE executa quando o trigger é disparado.

178 | *SQL, PL/SQL, SQL*Plus*

Note que o bloco PL/SQL não poderá conter declarações de controles de transações (COM-MIT, ROLLBACK e SAVEPOINT).

Triggers

Um trigger de Banco de Dados é um procedimento armazenado, que é associado a uma tabela. Automaticamente ORÁCULO, executa um trigger quando uma declaração SQL é emitida.

Componentes de um trigger

Um trigger é composto por três partes:

1. Comando SQL que aciona o trigger (triggering event): o disparo do trigger é ocasionado pelos comandos INSERT, UPDATE ou DELETE. Um mesmo trigger pode ser invocado quando mais de uma ação ocorrer, como, por exemplo, somente quando o comando INSERT for executado ou quando um comando INSERT ou DELETE for executado.
2. Limitador de ação do Trigger: representado pela cláusula WHEN, especifica qual condição deve ser verdadeira para que o trigger seja disparado.
3. Ação executada pelo Trigger: é o bloco PL/SQL que é executado pelo trigger.

Tipos de trigger

Existem dois tipos distintos de trigger que podem ser usados em uma tabela. Um é executado apenas uma vez quando ocorre o evento de disparo e o outro é para cada linha da tabela processada pelo comando SQL.

Statement-level Trigger

Este tipo de trigger é disparado apenas uma vez. Por exemplo: se um comando UPDATE atualizar 15 linhas, os comandos contidos no trigger serão executados uma única vez, e não em cada linha processada.

Row-level Trigger

Este tipo de trigger tem os seus comandos executados para todas as linhas que sejam afetadas pelo comando que gerou o acionamento do trigger.

Quando um trigger é definido, podemos especificar se o trigger deve ocorrer antes (BEFORE) ou depois (AFTER) do comando que originou o disparo do trigger.

Trigger BEFORE

É usado em situações onde a ação do trigger poderia determinar se ele próprio deveria ser executado ou quando é necessário fazer algum pré-processamento antes da execução do comando.

Trigger AFTER

Somente é disparado após a execução do comando associado ao disparo.

Capítulo 5 – Comandos | 179

Referenciar colunas dentro do trigger

Dentro de um trigger do tipo row-level é possível acessar o valor de um campo de uma linha. Dependendo da operação que está sendo executada, é necessário preceder o nome da coluna com o prefixo :new ou :old. Pois em um determinado instante, pode-se obter tanto o valor antigo como o novo valor do campo.

Para um comando INSERT, os valores dos campos que serão gravados devem ser precedidos do prefixo :new.

Para um comando DELETE, os valores dos campos da linha que está sendo processada devem ser precedidos do sufixo :old.

Para um comando UPDATE, o valor original que está gravado é acessado com o sufixo :old e os novos valores que serão gravados devem ser precedidos do prefixo :new.

Obs: os prefixos :new e :old existem para os casos em que precisamos utilizar no trigger valores modificados pela ação que disparou o trigger.

O exemplo abaixo compara se o novo valor atribuído ao campo Pagto é maior que o seu antigo valor:

IF :new.pagto > :old.pagto Then <comandos>

Exemplo I

Este exemplo cria um trigger BEFORE nomeado EMP_PERMIT_CHANGES no schema SCOTT. São feitas alterações a registros de empregados.

```
CREATE TRIGGER scott.emp_permit_changes
     BEFORE
     DELETE OR INSERT OR UPDATE
     ON scott.emp
     DECLARE
        dummy INTEGER;
     BEGIN
        /* se hoje é sábado ou domingo então retorne um erro.*/
        IF (TO_CHAR(SYSDATE, 'DY') = 'SAT' OR
           TO_CHAR(SYSDATE, 'DY') = 'SUN')
        THEN
           raise_application_error( -20501, 'Não podem ser feitas altera-
ções para o funcionário no final de semana');
        END IF;
           /* compara a data de hoje com todas as datas dos feriados cadas-
trados na empresa. Se hoje é um feriado cadastrado na empresa, então retorne
um erro. */
           SELECT COUNT (*)
           INTO dummy
           FROM company_holidays
        WHERE day = TRUNC(SYSDATE);
```

SQL, PL/SQL, SQL*Plus

```
      IF dummy > 0 THEN
            raise_aplication_error (-25501, 'Não pode atualizar registro du-
rante feriado cadastrado.');
      END IF;
      /* se a hora de atualização não estiver entre o período de trabalho
(8:00  às 18:00) então retorne um erro. */
      IF (TO_CHAR(SYSDATE, "HH24') < 8 OR
      (TO_CHAR(SYSDATE, 'HH24') > 18)
      THEN
            raise_application_error (-25502, 'Alterações permitidas somente
no horário de trabalho.');
      END IF;
   END;
```

ORACLE dispara este trigger sempre que uma declaração DELETE, INSERT ou UPDATE afetar a tabela EMP no schema SCOTT.

Gatilho executará estas condições:

1. Se o dia atual é sábado ou domingo, o trigger gera um erro de aplicação com uma mensagem em que a tabela de empregado não pode ser mudada durante fins de semana.

2. O trigger compara a data atual com as datas cadastradas na tabela de feriados da empresa.

3. Se a data atual é um feriado da companhia, o trigger gera um erro de aplicação com uma mensagem em que a tabela de empregado não pode ser mudada durante feriados.

4. Se o horário atual não está entre 8:00AM e 6:00PM, o trigger gera um erro de aplicação, com uma mensagem em que a tabela de empregado só pode ser mudada durante as horas de funcionamento comercial da empresa.

Exemplo II

Este exemplo cria um trigger de registro BEFORE, nomeado SALARY_CHECK no schema SCOTT. Sempre que um empregado novo é adicionado à tabela de empregado ou o salário de um empregado existente é mudado, este trigger garante que o salário do empregado esteja dentro do valor estabelecido.

```
CREATE TRIGGER scott.salary_check
   BEFORE
   INSERT OR UPDATE OF sal, job
   ON scott.emp
   FOR EACH ROW
   WHEN (new.job <> 'PRESIDENT')
   DECLARE
      minsal NUMBER(8,2);
      maxsal NUMBER(8,2);
   BEGIN
/* Encontre os valores para menor e maior salário */
SELECT minsal, maxsal
INTO minsal, maxsal
FROM sal_guide
WHERE job=:new.job;
/* se o salário do funcionário ultrapassar o valor mínimo ou máximo, re-
```

```
tornará um erro */
   IF (:new.sal < minsal OR :new.sal > maxsal) THEN
      raise_application_error(-20601, 'Salário ' || :new.sal || ' fora da
faixa de valor para o trabalho ' || :new.job || ' para o empregado. ');
   END IF;
   END;
```

ORACLE dispara este trigger sempre que uma destas declarações é usada:

- Uma declaração INSERT que adiciona novos registros para a tabela EMP,
- Uma declaração UPDATE que altera valores das colunas SAL ou JOB da tabela EMP.

Já que SALARY_CHECK é um trigger de registro BEFORE, ORACLE dispara-o antes da declaração UPDATE ou antes da declaração INSERT.

SALARY_CHECK tem uma restrição ao trigger que o impede de conferir o salário do presidente da companhia. Para cada novo registro adicionado ou modificado o trigger obedece estes passos.

1. O trigger examina a tabela de salário para o valor mínimo e máximo para o trabalho do empregado.
2. O trigger compara o salário do empregado com estes valores de máximo e mínimo.
3. Se o salário do empregado não está dentro da faixa aceitável, o trigger emite um erro de aplicação com uma mensagem que o salário do empregado não está dentro da faixa estabelecida para o trabalho do empregado.

CREATE USER

Propósito

Criar um usuário de Banco de Dados, ou uma conta pela qual você pode conectar em um Banco de Dados, e estabelecer os meios pelos quais ORACLE permitirá acesso. Você pode usar estas propriedades opcionais ao usuário:

- Default tablespace,
- Tablespace temporária,
- Cotas para alocar espaço em tablespaces,
- Perfil que contém limites de recurso.

Pré-requisitos

Você tem que ter privilégio de sistema CREATE USER.

182 | *SQL, PL/SQL, SQL*Plus*

Se você está usando ORACLE Trusted no modo DBMS MAC, você tem que conhecer condições prévias adicionais para executar as tarefas opcionais desta declaração:

- Para nomear uma tablespace default ou temporária, sua etiqueta de DBMS tem que dominar a etiqueta de criação da tablespace.

- Para nomear um perfil, sua etiqueta de DBMS tem que dominar a etiqueta de criação do perfil.

Sintaxe

CREATE USER command ::=

```
>>-- CREATE USER user - IDENTIFIED -------- BY password ----------------->
                                  |- EXTERNALY -|
>-- DEFAULT TABLESPACE tablespace ---------------------------------------><
     |- TEMPORARY TABLESPACE tablespace -----------|
     |-- QUOTA ---- integer ------ ON tablespace --|
     |          |            |- K -|       |        |
     |          |            |- M -|       |        |
     |          |-- UNLIMITED -------|               |
     |-- PROFILE profile -------------------------|
```

Palavras-chave e parâmetros

user é o nome do usuário a ser criado.

IDENTIFIED indica como ORACLE permitirá ao usuário o acesso:

BY o usuário deverá especificar uma senha para logon.

EXTERNALLY define que o usuário tenha acesso pelo sistema operacional.

DEFAULT TABLESPACE identifica a tablespace default para objetos que o usuário criará. Se você omite esta cláusula, objetos serão anexados à tablespace SYSTEM.

TEMPORARY TABLESPACE identifica a tablespace para o uso de segmentos temporários. Se você omite esta cláusula, segmentos temporários serão anexados à tablespace SYSTEM.

QUOTA permite ao usuário estabelecer uma cota de byte. Esta cota é o espaço máximo na tablespace que o usuário poderá usar. Você também pode usar as letras K para kilobytes ou M para megabytes.

UNLIMITED permite ao usuário usar todo o espaço necessário na tablespace.

PROFILE nomeia o perfil para o usuário. O perfil limita a quantia aos recursos do Banco de Dados que o usuário poderá usar.

Notas de uso

A opção EXTERNALLY informa ao ORACLE para verificar o acesso no Banco de Dados junto ao sistema operacional, em lugar de exigir uma senha. Este usuário só poderá ter tido acesso ao sistema operacional através de uma senha, logo ORACLE compara o username e o nome de conta do sistema operacional atual. O username têm que se igualar ao nome da conta do sistema operacional.

Para criar um objeto ou um segmento temporário, o usuário tem que alocar espaço em algum tablespace. Permitir ao usuário espaço controlado, usando a cláusula QUOTA. Uma declaração CREATE USER pode ter cláusulas de QUOTA múltiplas, para diferentes Tablespaces.

Exemplo I

Vamos criar um usuário de nome DIRO usando esta declaração:

```
CREATE USER diro
     IDENTIFIED BY nice
     DEFAULT TABLESPACE cases_ts
     TEMPORARY TABLESPACE temp_ts
     QUOTA 10M ON cases_ts
     QUOTA 5M ON temp_ts
     QUOTA 5M ON system
     PROFILE faturamento;
```

O usuário DIRO tem estas características:

- A senha DIRO,
- Tablespace default CASES_TS, com uma cota de 10 megabytes,
- Tablespace temporária TEMP_TS, com uma cota de 5 megabytes,
- Acesso à tablespace SYSTEM, com uma cota de 5 megabytes,
- Limites aos recursos do Banco de Dados definidos pelo perfil FATURAMENTO.

CREATE VIEW

Propósito

Criar uma view (consulta, visão), uma tabela lógica baseada em uma ou mais tabelas ou até mesmo em outras views.

Pré-requisitos

Para criar uma view em seu próprio schema, você tem que ter privilégio de sistema CREATE VIEW. Para criar uma view no schema de outro usuário, você tem que ter privilégio de sistema CREATE ANY VIEW.

184 | *SQL, PL/SQL, SQL*Plus*

Sintaxe

CREATE VIEW command ::=

```
>>-- CREATE -- OR REPLACE -- VIEW -- schema. -- view -------------------->
                 |- FORCE --|
                 |- NOFORCE -|
>------------------------------------- AS subquery -------------------->
     |--- ( -- alias -- ) ---|
>--|--- WITH CHECK OPTION ---- CONSTRAINT constraint ------------------><
```

Palavras-chave e parâmetros

OR REPLACE recria a view, se já existe. Você pode usar esta opção para mudar a definição de uma view existente sem derrubá-la, e garantir privilégios concedidos anteriormente.

FORCE cria a view, embora as tabelas bases da view não existam ou o dono do schema onde será armazenada a view não tenha privilégios sobre as tabelas bases. Note que ambas as condições devem ser verdades antes que qualquer declaração SELECT, INSERT, UPDATE, ou DELETE possam ser emitidas na view.

NOFORCE só cria a view se as tabelas básicas existirem e o dono do schema que conterá a view tiver privilégios nas tabelas bases. NOFORCE é o valor default.

schema é o schema a conter a view. Se você omite schema, ORACLE cria o objeto em seu próprio schema.

view é o nome da view.

alias especifica nomes para as expressões select para definições da view. O número dos alias devem corresponder ao número das colunas selecionadas pela view. Se você omitir os alias, ORACLE aceita o nome das colunas definidas pela expressão select.

As subquery identificam as colunas e registros da(s) tabelas(s) que irão compor a view. Uma definição view aceita a declaração SELECT sem o uso das cláusulas ORDER BY ou FOR UPDATE.

Notas de uso

- Uma view é uma tabela lógica que lhe permite ter acesso a dados de outras tabelas e visões. Uma view não contêm dados físicos. As tabelas em uma view são baseadas em tabelas bases.
- Uma consulta view não pode usar as pseudocolunas CURRVAL ou NEXTVAL
- Você pode definir uma view com uma declaração SELECT que usa o curinga asterisco (*) para selecionar todas as colunas de uma tabela:
  CREATE VIEW emp_vu AS SELECT FROM emp;
- Você pode criar views que se referem a tabelas remotas e views que usam database links. É recomendado que em qualquer tabela remota na definição da view seja referenciado também o nome do schema que contém a tabela remota.

Capítulo 5 – Comandos | 185

Views são usadas para estes propósitos:

- Para prover um nível adicional de segurança às tabelas, restringindo o acesso a um grupo predeterminado de colunas e registros de uma tabela base.

- Para esconder a complexidade dos dados. Por exemplo, uma view pode ser usada para agir como uma tabela quando são usadas realmente várias tabelas para construir o resultado exibido na view.

- Para apresentar dados de outra perspectiva. Por exemplo, views provêem meios de mencionar novamente colunas sem mudar a definição da tabela base.

Exemplo I

Esta declaração cria uma view de nome DEPT20 usando a tabela EMP. A view mostra os empregados no departamento 20 e o salário anual destes:

```
CREATE VIEW dept20 AS
    SELECT ename, sal*12 annual_salary
    FROM emp
    WHERE deptno = 20;
```

Exemplo II

Esta declaração cria uma view de nome CLERKS, de todos os balconistas na tabela de empregados:

```
CREATE VIEW clerk (id_number, person, department, position) AS
    SELECT empno, ename, deptno, job
    FROM emp
    WHERE job = 'CLERK'
    WITH CHECK OPTION CONSTRAINT wco;
```

DELETE

Propósito

Para remover registros de uma tabela.

Pré-requisitos

Apagar registros de uma tabela, a tabela deve estar em seu próprio schema ou você tem que ter privilégio DELETE na tabela.

O privilégio de sistema DELETE ANY TABLE também lhe permite apagar registros de qualquer tabela.

Sintaxe

DELETE command ::=

```
>>-- DELETE ------------ table ------------------------------------------->
                |- FROM -|     |- schema -|          |-alias-|
>-------------------------------------------------------------------------><
        |- WHERE condition -|
```

Palavras-chave

schema é o schema que contém a tabela. Se você omite schema, ORACLE assume a tabela que está em seu próprio schema.

table é o nome de uma tabela da qual os registros serão apagados.

dblink é o nome completo ou parcial do database link a um Banco de Dados remoto onde a tabela está localizada.

Se você omite dblink, ORACLE assume que a tabela está localizada no Banco de Dados local.

alias é um apelido associado à tabela.

WHERE apaga só os registros que satisfazem a condição.

Exemplo I

Esta declaração apaga todos os registros de uma tabela de nome TEMP_ASSIGN:

```
DELETE FROM temp_assign;
```

Exemplo II

Esta declaração apaga da tabela empregados todos os registros em que a comissão recebida no mês seja menor que 100,00.

```
DELETE FROM emp
    WHERE job = 'SALESMAN'
    AND comm < 100;
```

Exemplo III

Esta declaração apaga todos os registros da tabela account do usuário BLAKE em um Banco de Dados acessível pelo database link OBERS.

```
DELETE FROM blake.accounts@obers;
```

Capítulo 5 – Comandos | 187

DISABLE cláusula

Propósito

Para desabilitar uma constraint ou todos os triggers associados à uma tabela:

- Se você desabilita uma constraint, ORACLE não obriga a fazê-lo. Porém, constraints inválidas aparecem no dicionário de dados, junto com constraints habilitadas.

- Se você desabilita um trigger, ORACLE não o dispara, mesmo a sua condição de ativação sendo satisfeita.

Pré-requisitos

Uma cláusula DISABLE que desabilita uma constraint, pode aparecer em uma declaração CREATE TABLE ou ALTER TABLE. Para desabilitar uma constraint, você tem que ter os privilégios necessário para emitir um destes comandos.

Uma cláusula DISABLE que desabilita triggers só pode aparecer em uma declaração ALTER TABLE. Para desabilitar triggers com a cláusula DISABLE, você tem que ter os privilégios necessários para emitir esta declaração. Também, os triggers devem estar em seu próprio schema ou você tem que ter privilégio de sistema para ALTER ANY TRIGGER.

Sintaxe

DISABLE disable_clause ::=

```
>>-- DISABLE ---- UNIQUE (-column-)------------------------------->< 
              |  |- PRIMARY KEY -----|  |- CASCADE -|  |
              |  |- CONSTRAINT constraint -|         |
              |- ALL TRIGGERS ---------|                      |
```

Palavras-chave e parâmetros

UNIQUE desabilita a constraint UNIQUE definida na especificação da coluna ou na combinação de colunas.

PRIMARY KEY desabilita a constraint de chave primária da tabela.

CONSTRAINT desabilita a restrição de integridade com o nome da constraint.

CASCADE desabilita qualquer constraint que dependa da restrição de integridade. Para desabilitar uma primary ou unique key que são parte de uma constraint referente você deve especificar esta opção.

ALL TRIGGERS desabilita todos os triggers associados com a tabela. Esta opção só aparece em uma cláusula da declaração ALTER TABLE, e não em uma declaração CREATE TABLE.

Para desabilitar um único trigger use a opção DISABLE da declaração ALTER TRIGGER.

188 | *SQL, PL/SQL, SQL*Plus*

Exemplo I

Esta declaração cria a tabela DEPT e define uma constraint PRIMARY KEY desabi-litada:

```
CREATE TABLE dept
    (deptno NUMBER(2) PRIMARY KEY,
    dname VARCHAR2(10),
    LOC VARCHAR2(9))
  DISABLE PRIMARY KEY;
```

Considerando que a chave primária está inválida, você pode adicionar registros que violam a chave primária.

Exemplo II

Esta declaração define e desabilita uma constraint de CHEQUE na tabela de EMP:

```
ALTER TABLE emp
    ADD(CONSTRAINT check_comp CHECK (sal + comm <= 5000))
    DISABLE CONSTRAINT check_comp;
```

A constraint CHECK_COMP assegura que o total do salário e comissões não excedam a 5.000,00. Considerando que a restrição está inválida, os usuários poderão ultrapassar este valor.

Exemplo III

Esta declaração desabilita todos os triggers associados com a tabela EMP:

```
ALTER TABLE emp DISABLE ALL TRIGGERS;
```

DROP cláusula

Propósito

Remover uma constraint do Banco de Dados.

Pré-requisitos

A cláusula DROP pode aparecer em uma declaração ALTER TABLE. Para dropar uma cons-traint de integridade, você tem que ter os privilégios necessários para emitir uma declaração ALTER TABLE.

Capítulo 5 – Comandos | 189

Sintaxe

DROP drop_clause ::=

```
>>-- DROP --- PRIMARY KEY ------------------------------------------->< 
             |                                      |        |- CASCADE -|
             | UNIQUE ( — column ) --------|
             | CONSTRAINT constraint ------|
```

Palavras-chave e parâmetros

PRIMARY KEY dropa uma restrição PRIMARY KEY da tabela.

UNIQUE dropa uma restrição de UNIQUE nas colunas especificadas.

CONSTRAINT dropa a restrição de integridade com nome especificado.

CASCADE dropa todas as outras constraints de integridade dos dependentes.

Notas de uso

Você pode derrubar uma constraint na cláusula DROP de uma declaração ALTER TABLE. Quando você derruba uma constraint, ORACLE paralisa a integridade e remove-a do dicionário de dados.

Você não pode derrubar uma unique ou primary key que é parte de uma constraint referencial sem também derrubar a foreign key.

Exemplo I

Esta declaração derruba a primary key da tabela DEPT:

```
ALTER TABLE dept
    DROP PRIMARY KEY CASCADE;
```

Se você sabe que o nome da restrição primary key é PK_DEPT, você também pode derrubá-la:

```
ALTER TABLE dept
    DROP CONSTRAINT pk_dept CASCADE;
```

A opção CASCADE derruba qualquer foreign key a que referencia a primary key.

Exemplo II

Esta declaração derruba a unique key na coluna DNAME da tabela DEPT:

```
ALTER TABLE dept
    DROP UNIQUE (dname);
```

190 | *SQL, PL/SQL, SQL*Plus*

Note que a cláusula DROP neste exemplo omite a opção CASCADE. Por causa desta omissão, ORACLE não derruba a unique key.

DROP CLUSTER

Propósito

Exclui um cluster da base de dados e os índices que estiverem relacionados a ele.

Pré-requisitos

O cluster tem que estar em seu schema ou você tem que ter privilégio de sistema DROP ANY CLUSTER.

Se você está usando ORACLE Trusted no modo DBMS MAC, seu label DBMS tem que emparelhar o label de criação de cluster ou você deve satisfazer um destes critérios:

- Se o label de criação de cluster é maior que seu DBMS, você tem que ter privilégios de sistemas READUP e WRITEUP.

- Se o label de criação de cluster é mais baixo que seu DBMS, você tem que ter privilégio de sistema WRITEDOWN.

- Se o label de criação de cluster e seu DBMS são do tipo noncomparable, você tem que ter privilégios de sistemas READUP, WRITEUP, e WRITEDOWN.

Sintaxe

DROP CLUSTER command ::=

```
>>-- DROP CLUSTER -- schema. - cluster ------------------------------->
>--- INCLUDING TABLES - CASCADE CONSTRAINTS ---------------------------><
```

Palavras-chave e parâmetros

schema é o nome do schema que contém o cluster. Se você omitir schema, Oracle assume que o cluster está em seu esquema atual.

cluster é o nome do cluster que será removido.

INCLUDING TABLES indica que todas as tabelas ligadas ao cluster devem ser excluídas junto com o cluster. Caso esta opção seja omitida, as tabelas já deverão ter sido excluídas anteriormente.

CASCADE CONSTRAINTS apaga todas as integridades referenciais ligadas ao cluster. Caso esta opção seja omitida, as integridades já deverão ter sido excluídas anteriormente.

Exemplo

Esta declaração apaga um cluster de nome GEOGRAF e todas as tabelas e constraints.

```
DROP CLUSTER geograf
    INCLUDING TABLES
        CASCADE CONSTRAINTS;
DROP DATABASE LINK
```

Propósito

Exclui um database link da base de dados.

Pré-requisitos

Para apagar um database link privado, o database link tem que estar em seu schema. Para apagar um database link público, você tem que ter privilégio de sistema DROP PUBLIC DATABASE LINK.

Se você está usando ORACLE Trusted no modo DBMS MAC, seu label DBMS tem que emparelhar o label de criação de database link ou você deve satisfazer um destes critérios:

- Se o label de criação de database link é maior que seu DBMS, você tem que ter privilégios de sistemas READUP e WRITEUP.
- Se o label de criação de database link é mais baixo que seu DBMS, você tem que ter privilégio de sistema WRITEDOWN.
- Se o label de criação de database link e seu DBMS são do tipo noncomparable, você tem que ter privilégios de sistemas READUP, WRITEUP, e WRITEDOWN.

Sintaxe

DROP DATABASE LINK command ::=

```
>>-- DROP — | PUBLIC | — DATABASE LINK dblink ------------------------->< 
```

Palavras-chave e parâmetros

PUBLIC deve ser especificado para poder excluir uma ligação pública (aquela que foi criada com a opção public).

dblink é o nome do database link que será removido.

Exemplo

Esta declaração apaga um database link privado de nome OBERS.

```
DROP DATABASE LINK obers;
```

192 | *SQL, PL/SQL, SQL*Plus*

DROP FUNCTION

Propósito
Exclui uma função da base de dados.

Pré-requisitos
A função tem que estar em seu schema ou você tem que ter privilégio de sistema DROP ANY PROCEDURE.

Se você está usando ORACLE Trusted no modo DBMS MAC, seu label DBMS tem que emparelhar o label de criação de função ou você deve satisfazer um destes critérios:

- Se o label de criação de função é maior que seu DBMS, você tem que ter privilégios de sistemas READUP e WRITEUP.

- Se o label de criação de função é mais baixo que seu DBMS, você tem que ter privilégio de sistema WRITEDOWN.

- Se o label de criação de função e seu DBMS são do tipo noncomparable, você tem que ter privilégios de sistemas READUP, WRITEUP, e WRITEDOWN.

Sintaxe
DROP FUNCTION command ::=

```
>>-- DROP FUNCTION |- schema. -| function ------------------------------->< 
```

Palavras-chave e parâmetros
schema é o nome do schema que contém a função. Se você omite schema, Oracle assume que função está no schema atual.

function é o nome da função que será removida.

Exemplo

Esta declaração apaga a função NOVA_ACCT do schema KSD.

```
DROP FUNCTION riddley.new_acct;
```

DROP INDEX

Propósito

Exclui um índice da base de dados.

Pré-requisitos

O índice tem que estar em seu schema ou você tem que ter privilégio de sistema DROP ANY INDEX.

Se você está usando ORACLE Trusted no modo DBMS MAC, seu label DBMS tem que emparelhar o label de criação de index ou você deve satisfazer um destes crité-rios:

- Se o label de criação de index é maior que seu DBMS, você tem que ter privilégios de sistemas READUP e WRITEUP.

- Se o label de criação de index é mais baixo que seu DBMS, você tem que ter privilégio de sistema WRITEDOWN.

- Se o label de criação de index e seu DBMS são do tipo noncomparable, você tem que ter privilégios de sistemas READUP, WRITEUP, e WRITEDOWN.

Sintaxe

DROP INDEX command ::=

```
>-- DROP INDEX |- schema. -| index ------------------------------------->< 
```

Palavras-chave e parâmetros

schema é o nome do schema que contém o índice. Se você omite schema, Oracle assume que o índice está no schema atual.

index é o nome do índice que será removido.

Exemplo

Esta declaração apaga o índice de nome MONOLITH:

```
DROP INDEX monolith;
```

DROP PACKAGE

Propósito

Exclui um package da base de dados.

Pré-requisitos

O package tem que estar em seu schema ou você tem que ter privilégio de sistema DROP ANY PACKAGE.

Se você está usando ORACLE Trusted no modo DBMS MAC, seu label DBMS tem que em parelhar o label de criação de package ou você deve satisfazer um destes critérios:

- Se o label de criação de package é maior que seu DBMS, você tem que ter privilégio de sistemas READUP e WRITEUP.

- Se o label de criação de package é mais baixo que seu DBMS, você tem que ter privilégio de sistema WRITEDOWN.

- Se o label de criação de package e seu DBMS são do tipo noncomparable, você tem que ter privilégios de sistemas READUP, WRITEUP, e WRITEDOWN.

Sintaxe

DROP PACKAGE command ::=

```
>>-- DROP PACKAGE |- BODY -| — |- schema. -| package -------------------><
```

Palavras-chave e parâmetros

BODY apaga somente o corpo do package. Se você omite esta opção, Oracle apaga o corpo e o package também.

schema é o nome do schema que contém o package. Se você omite schema, Oracle assume que o package está no schema atual.

package é o nome do package que será removido.

Exemplo

Esta declaração apaga o package de nome BANCOS:

```
DROP PACKAGE bancos;
```

DROP PROCEDURE

Propósito

Exclui um procedure da base de dados.

Pré-requisitos

O procedimento tem que estar em seu schema ou você tem que ter privilégio de sistema DROP ANY PROCEDURE.

Se você está usando ORACLE Trusted no modo DBMS MAC, seu label DBMS tem que emparelhar o label de criação de procedimento ou você deve satisfazer um destes critérios:

- Se o label de criação de procedimento é maior que seu DBMS, você tem que ter privilégios de sistemas READUP e WRITEUP.

- Se o label de criação de procedimento é mais baixo que seu DBMS, você tem que ter privilégio de sistema WRITEDOWN.

- Se o label de criação de procedimento e seu DBMS são do tipo noncomparable, você tem que ter privilégios de sistemas READUP, WRITEUP, e WRITEDOWN.

Sintaxe

DROP PROCEDURE command ::=

```
>>-- DROP PROCEDURE |- schema. -| procedure ---------------------------><
```

Palavras-chave e parâmetros

schema é o nome do schema que contém o procedure. Se você omite schema, Oracle assume que o procedure está no schema atual.

procedure é o nome do procedure que será removido.

Exemplo

Esta declaração apaga o procedure de nome atualiz:

```
DROP PROCEDURE atualiz;
```

DROP PROFILE

Propósito

Exclui um profile da base de dados.

Pré-requisitos

Você tem que ter privilégio de sistema DROP ANY PROCEDURE.

Se você está usando ORACLE Trusted no modo DBMS MAC, seu label DBMS tem que emparelhar o label de criação de profile ou você deve satisfazer um destes critérios:

- Se o label de criação de profile é maior que seu DBMS, você tem que ter privilégios de sistemas READUP e WRITEUP.

- Se o label de criação de profile é mais baixo que seu DBMS, você tem que ter privilégio de sistema WRITEDOWN.

- Se o label de criação de profile e seu DBMS são do tipo noncomparable, você tem que ter privilégios de sistemas READUP, WRITEUP, e WRITEDOWN.

Sintaxe

DROP PROFILE command ::=

```
>>-- DROP PROFILE profile --------------------------------------><
```

Palavras-chave e parâmetros

profile é o nome do profile que será removido.

Exemplo

Esta declaração apaga o profile de nome PROGRAMADOR:

```
DROP PROFILE programador;
```

DROP ROLE

Propósito

Exclui um role da base de dados.

Pré-requisitos

Você tem que ter privilégio de sistema DROP ANY ROLE.

Se você está usando ORACLE Trusted no modo DBMS MAC, seu label DBMS tem que emparelhar o label de criação de role ou você deve satisfazer um destes critérios:

- Se o label de criação de role é maior que seu DBMS, você tem que ter privilégios de sistemas READUP e WRITEUP.

- Se o label de criação de role é mais baixo que seu DBMS, você tem que ter privilégio de sistema WRITEDOWN.

- Se o label de criação de role e seu DBMS são do tipo noncomparable, você tem que ter privilégios de sistemas READUP, WRITEUP, e WRITEDOWN.

Sintaxe

DROP ROLE command ::=

```
>>-- DROP ROLE role -------------------------------------------><
```

Palavras-chave e parâmetros

role é o nome do role que será removido.

Exemplo

Esta declaração apaga o role de nome VENDEDOR:

```
DROP ROLE vendedor;
```

DROP SEQUENCE

Propósito

Exclui uma seqüência da base de dados.

198 | *SQL, PL/SQL, SQL*Plus*

Pré-requisitos

A seqüência tem que estar em seu schema ou você tem que ter privilégio de sistema DROP ANY SEQUENCE.

Se você está usando ORACLE Trusted no modo DBMS MAC, seu label DBMS tem que emparelhar o label de criação de seqüência ou você deve satisfazer um destes critérios:

- Se o label de criação de seqüência é maior que seu DBMS, você tem que ter privilégios de sistemas READUP e WRITEUP.

- Se o label de criação de seqüência é mais baixo que seu DBMS, você tem que ter privilégio de sistema WRITEDOWN.

- Se o label de criação de seqüência e seu DBMS são do tipo noncomparable, você tem que ter privilégios de sistemas READUP, WRITEUP, e WRITEDOWN.

Sintaxe

DROP SEQUENCE command ::=

```
>>-- DROP SEQUENCE |- schema. -| sequence --------------------------------><
```

Palavras-chave e parâmetros

schema é o nome do schema que contém a seqüência. Se você omite schema, Oracle assume que a seqüência está no schema atual.

sequence é o nome da seqüência que será removida.

Exemplo

Esta declaração apaga a seqüência de nome CONTAD:

```
DROP SEQUENCE contad;
```

DROP SNAPSHOT

Propósito

Exclui um snapshot da base de dados.

Pré-requisitos

O snapshot tem que estar em seu schema ou você tem que ter privilégio de sistema DROP ANY SNAPSHOT.

Capítulo 5 – Comandos | 199

Sintaxe

DROP SNAPSHOT command ::=

```
>>-- DROP SNAPSHOT |- schema. -| snapshot ------------------------------><
```

Palavras-chave e parâmetros

schema é o nome do schema que contém o snapshot. Se você omite schema, Oracle assume que o snapshot está no schema atual.

snapshot é o nome do snapshot que será removido.

Exemplo

Esta declaração apaga o snapshot de nome CONTAB:

```
DROP SNAPSHOT contab;
```

DROP SYNONYM

Propósito

Exclui um sinônimo da base de dados.

Pré-requisitos

Se você deseja apagar um sinônimo privado, este tem que estar em seu schema ou você tem que ter privilégio de sistema DROP ANY SYNONYM. Se você deseja apagar um sinônimo público, então terá que ter privilégio de sistema DROP ANY PUBLIC SYNONYM.

Se você está usando ORACLE Trusted no modo DBMS MAC, seu label DBMS tem que emparelhar o label de criação de sinônimo ou você deve satisfazer um destes critérios:

- Se o label de criação de sinônimo é maior que seu DBMS, você tem que ter privilégios de sistemas READUP e WRITEUP.
- Se o label de criação de sinônimo é mais baixo que seu DBMS, você tem que ter privilégio de sistema WRITEDOWN.
- Se o label de criação de sinônimo e seu DBMS são do tipo noncomparable, você tem que ter privilégios de sistemas READUP, WRITEUP, e WRITEDOWN.

Sintaxe

DROP SYNONYM command ::=

```
>>-- DROP |- PUBLIC -| SYNONYM |- schema. -| synonym ------------------><
```

200 | *SQL, PL/SQL, SQL*Plus*

Palavras-chave e parâmetros

PUBLIC deve ser especificado quando se deseja excluir um sinônimo público (aquele que foi criado com a opção PUBLIC).

schema é o nome do schema que contém o sinônimo. Se você omite schema, Oracle assume que o sinônimo está no schema atual.

synonym é o nome do sinônimo que será removido.

Exemplo

Esta declaração apaga o sinônimo de nome MARKET:

```
DROP SINONYM market;
```

DROP TABLE

Propósito

Exclui uma tabela e todos os seus dados do database.

Pré-requisitos

A tabela tem que estar em seu schema ou você tem que ter privilégio de sistema DROP ANY TABLE.

Se você está usando ORACLE Trusted no modo DBMS MAC, seu label DBMS tem que emparelhar o label de criação de tabela ou você deve satisfazer um destes critérios:

- Se o label de criação de tabela é maior que seu DBMS, você tem que ter privilégios de sistemas READUP e WRITEUP.
- Se o label de criação de tabela é mais baixo que seu DBMS, você tem que ter privilégio de sistema WRITEDOWN.
- Se o label de criação de tabela e seu DBMS são do tipo noncomparable, você tem que ter privilégios de sistemas READUP, WRITEUP, e WRITEDOWN.

Sintaxe

DROP TABLE command ::=

```
>>-- DROP TABLE |- schema. -| table -- CASCADE CONSTRAINTS ------------->< 
```

Capítulo 5 – Comandos | 201

Palavras-chave e parâmetros

schema é o nome do schema que contém a tabela. Se você omite schema, Oracle assume que a tabela está no schema atual.

table é o nome da tabela que será removida.

CASCADE CONSTRAINTS apaga todas as integridades referenciais existentes que se referem a primary keys e unique keys na tabela que será apagada. Se você omitir esta opção, e existirem integridades referenciais, Oracle retornará um erro.

Exemplo

Esta declaração apaga a tabela TEST_TABLE:

```
DROP TABLE text_table;
```

DROP TABLESPACE

Propósito

Exclui uma tablespace da base de dados.

Pré-requisitos

Você tem que ter privilégio de sistema DROP TABLESPACE.

Se você está usando ORACLE Trusted no modo DBMS MAC, seu label DBMS tem que emparelhar o label de criação de tablespace ou você deve satisfazer um destes critérios:

- Se o label de criação de tablespace é maior que seu DBMS, você tem que ter privilégios de sistemas READUP e WRITEUP.
- Se o label de criação de tablespace é mais baixo que seu DBMS, você tem que ter privilégio de sistema WRITEDOWN.
- Se o label de criação de tablespace e seu DBMS são do tipo noncomparable, você tem que ter privilégios de sistemas READUP, WRITEUP, e WRITEDOWN.

Sintaxe

DROP TABLESPACE command ::=

```
>>-- DROP TABLESPACE tablespace ------------------------------------------>
>--- INCLUDING CONTENTS ------| CASCADE CONSTRAINTS |-------------------><
```

Palavras-chave e parâmetros

tablespace é o nome da tablespace que será removida.

INCLUDING CONTENTS indica que os objetos da tablespace e os dados nela contidos serão excluídos junto com a tablespace.

CASCADE CONSTRAINTS apaga todas as integridades referenciais ligadas à tablespace. Caso esta opção seja omitida, as integridades já deverão ter sido excluídas anteriormente.

Exemplo

Esta declaração apaga a tablespace de nome MGBR e todo o seu conteúdo :

```
DROP TABLESPACE mgbr
     INCLUDING CONTENTS
        CASCADE CONSTRAINTS;
```

DROP TRIGGER

Propósito

Exclui um trigger da base de dados.

Pré-requisitos

O trigger tem que estar em seu schema ou você tem que ter privilégio de sistema DROP ANY TRIGGER.

Se você está usando ORACLE Trusted no modo DBMS MAC, seu label DBMS tem que emparelhar o label de criação de trigger ou você deve satisfazer um destes critérios:

- Se o label de criação de trigger é maior que seu DBMS, você tem que ter privilégios de sistemas READUP e WRITEUP.
- Se o label de criação de trigger é mais baixo que seu DBMS, você tem que ter privilégio de sistema WRITEDOWN.
- Se o label de criação de trigger e seu DBMS são do tipo noncomparable, você tem que ter privilégios de sistemas READUP, WRITEUP, e WRITEDOWN.

Sintaxe

DROP TRIGGER command ::=

```
>>-- DROP TRIGGER |- schema. -| trigger -------------------------------><
```

Palavras-chave e parâmetros

schema é o nome do schema que contém o trigger. Se você omite schema, Oracle assume que o trigger está no schema atual.

trigger é o nome do trigger que será removido.

Exemplo

Esta declaração apaga o trigger de nome VENDAS:

```
DROP TRIGGER vendas;
```

DROP USER

Propósito

Exclui um usuário da base de dados.

Pré-requisitos

Você tem que ter privilégio de sistema DROP USER.

Se você está usando ORACLE Trusted no modo DBMS MAC, seu label DBMS tem que emparelhar o label de criação de usuário ou você deve satisfazer um destes critérios:

- Se o label de criação de usuário é maior que seu DBMS, você tem que ter privilégios de sistemas READUP e WRITEUP.
- Se o label de criação de usuário é mais baixo que seu DBMS, você tem que ter privilégio de sistema WRITEDOWN.
- Se o label de criação de usuário e seu DBMS são do tipo noncomparable, você tem que ter privilégios de sistemas READUP, WRITEUP, e WRITEDOWN.

Sintaxe

DROP USER command ::=

```
>>-- DROP USER user ------- cascade ----------------------------------------><
```

Palavras-chave e parâmetros

user é o nome do usuário que será removido.

CASCADE apaga todos os objetos no schema do usuário após apagar o usuário.

204 | *SQL, PL/SQL, SQL*Plus*

Exemplo I

Esta declaração apaga o usuário de nome STEPHANE:

```
DROP USER stéphane;
```

Exemplo II

Esta declaração apaga o usuário KARICIA e todos os seus objetos:

```
DROP USER karicia CASCADE;
```

DROP VIEW

Propósito

Exclui um view da base de dados.

Pré-requisitos

O view tem que estar em seu schema ou você tem que ter privilégio de sistema DROP ANY VIEW.

Se você está usando ORACLE Trusted no modo DBMS MAC, seu label DBMS tem que emparelhar o label de criação de view ou você deve satisfazer um destes critérios:

- Se o label de criação de view é maior que seu DBMS, você tem que ter privilégios de sistemas READUP e WRITEUP.
- Se o label de criação de view é mais baixo que seu DBMS, você tem que ter privilégio de sistema WRITEDOWN.
- Se o label de criação de view e seu DBMS são do tipo noncomparable, você tem que ter privilégios de sistemas READUP, WRITEUP, e WRITEDOWN.

Sintaxe

DROP VIEW command ::=

```
>>-- DROP VIEW |— schema. —| view ----------------------------------------><
```

Palavras-chave e parâmetros

schema é o nome do schema que contém o view. Se você omite schema, Oracle assume que o view está no schema atual.

view é o nome do view que será removido.

Exemplo

Esta declaração apaga o view de nome R_V_BANCO:

```
DROP VIEW r_v_banco;
```

ENABLE cláusula

Propósito

Para habilitar uma constraint ou todos os triggers associados à uma tabela.

- Se você habilita uma constraint, ORACLE obriga que todos os dados obedeçam a esta constraint na tabela.
- Se você habilita um trigger, ORACLE dispara o trigger sempre que a condição é obedecida.

Sintaxe

ENABLE enable_clause ::=

```
>>--- ENABLE --------------------------------------------------------------->
>---- UNIQUE ( - column - ) --------------------------------------------------><
       |- PRIMARY KEY ---------------|  |- EXCEPTIONS INTO ---- table ------|
       |- CONSTRAINT constraint  ----|  |- USING INDEX ------ |schema.|     |
       |                                     |- INITRANS integer ----|      |
       |                                     |- MAXTRANS integer ----|      |
       |                                     |- TABLESPACE tablespace|      |
       |                                     |- STORAGE storag_clause|      |
       |                                     |- PCTFREE integer ----|       |
       |- ALL TRIGGERS ----------------------------------------------------|
```

Palavras-chave e parâmetros

UNIQUE habilita uma restrição UNIQUE definida em uma coluna especificada ou na combinação de colunas.

PRIMARY KEY habilita a restrição PRIMARY KEY da tabela.

CONSTRAINT habilita a restrição de integridade nomeada constraint.

USING INDEX especifica parâmetros de índices para ORACLE criar constraints UNIQUE ou PRIMARY KEY.

EXCEPTIONS INTO identifica uma tabela na qual ORACLE coloca informação sobre registros que violam a restrição de integridade. A tabela tem que existir antes de você usar esta opção. Se você omitir schema, ORACLE assume que a tabela de exceção está em seu próprio schema. A tabela de exceção deve estar em seu Banco de Dados local.

206 | *SQL, PL/SQL, SQL*Plus*

ALL TRIGGERS habilita todos os triggers associados à tabela. Você só pode usar esta opção em uma cláusula ENABLE em declarações ALTER TABLE, ficando proibido o uso em declaração CREATE TABLE.

Exemplo I

Esta declaração cria a tabela DEPT, definindo e habilitando uma constraint PRIMARY KEY.

```
CREATE TABLE dept
     (deptno NUMBER(2) PRIMARY KEY,
     dname VARCHAR2(10),
     loc VARCHAR2(9) )
     TABLESPACE user_a
     ENABLE PRIMARY KEY USING INDEX INITRANS 3
                              STORAGE (INITIAL 10K NEXT 10K
                              MINEXTENTS 2 MAXEXTENTS 10)
     TABLESPACE user_b
     PCTFREE 5;
```

Exemplo II

Esta declaração habilita uma constraint nomeada FK_DEPTNO_EMP:

```
ALTER TABLE emp
     ENABLE CONSTRAINT fk_deptno
        EXCEPTIONS INTO except_table;
```

EXPLAIN PLAN

Propósito

Determina um plano de execução da declaração SQL (SELECT, UPDATE, INSERT, DELETE). Insere em uma tabela a descrição dos passos executados durante uma consulta. Antes de criar o plano de execução, deve-se criar a tabela com seus elementos.

Pré-requisitos

Para usar a declaração EXPLAIN PLAN, você tem que ter privilégios necessários para inserir registros na tabela devida.

Sintaxe

EXPLAIN PLAN command ::=

```
>>--- EXPLAIN PLAN ---------------------------------------------------->
                    |- SET STATEMENT_ID = 'text' -|
```

```
>---------------------------------------- FOR statement ----------------><
    |- INTO ------------ table ----------------|
              |- schema. -|              |- @dblink -|
```

Palavras-chave e parâmetros

SET STATEMENT_ID identificado do plano de execução inserido na coluna com o mesmo nome na tabela especificada. Se omitido, insere o valor NULL na coluna. Máximo de 30 caracteres.

INTO identifica a tabela que receberá as descrições do plano de execução. Se omitido, será assumida a tabela de nome PLAN_TABLE (default).

FOR especifica a declaração SQL que determinará o plano de execução.

Exemplo

Esta declaração determina a execução de um plano.

```
EXPLAIN PLAIN
    SET STATEMENT_ID = 'Raise in Chicago'
    INTO output
    FOR UPDATE emp
        SET sal = sal * 1.10
        WHERE deptno = (SELECT deptno
                            FROM dept
                            WHERE loc = 'CHICAGO');
```

GRANT (privilégios de sistemas e roles)

Propósito

Para conceder privilégios de sistemas e roles (papéis) aos usuários e roles. Para conceder privilégios de objetos, use o comando GRANT (privilégios de objeto) descrito mais adiante.

Pré-requisitos

Para conceder um privilégio de sistema, você deve ter recebido o privilégio de sistema ou GRANT ANY PRIVILEGE.

Para conceder um role, você deve ter recebido o role ou privilégio de sistema GRANT ANY ROLE ou ter criado o role.

Sintaxe

GRANT command (privilégios de sistema e roles) ::=

```
>>-- GRANT — system_priv —— TO —— user ---------------------------------->
         |- role -----|            |- role -----|
                                   |- public —|
>--- WHITH ADMIN OPTION ------------------------------------------------->< 
```

Palavras-chave e parâmetros

system_priv é um privilégio de sistema a ser concedido.

role é um role a ser concedido.

TO identifica usuários ou roles para os quais serão concedidos privilégios de sistema e roles.

PUBLIC concede privilégios de sistemas ou roles para todos os usuários.

WITH ADMIN OPTION permite para o cedente conceder o papel de privilégio de sistema a outros usuários ou papéis.

Notas de uso

Se você concede um privilégio a um usuário, ORACLE soma o privilégio para o conjunto de privilégios do usuário. O usuário pode usar o privilégio imediatamente.

Se você concede um privilégio a um role, ORACLE soma o privilégio para o conjunto de privilégio do role. Usuários que foram concedidos e habilitados neste role podem usar o privilégio imediatamente.

Se você concede um privilégio PUBLIC, ORACLE soma o privilégio para o conjunto de privilégios de cada usuário.

Tabela privilégios de sistemas

Privilégio de sistema	Operação autorizada
ALTER ANY CLUSTER	Permite ao usuário alterar qualquer agrupamento em qualquer schema.
ALTER ANY INDEX	Permite ao usuário alterar qualquer índice em qualquer schema.
ALTER ANY PROCEDURE	Permite ao usuário alterar qualquer procedimento armazenado, função ou package em qualquer schema.
ALTER ANY ROLE	Permite ao usuário alterar qualquer role no Banco de Dados.
ALTER ANY SEQUENCE	Permite ao usuário alterar qualquer seqüência em qualquer schema.
ALTER ANY SNAPSHOT	Permite ao usuário alterar qualquer snapshot em qualquer schema.
ALTER ANY TABLE	Permite ao usuário alterar qualquer tabela ou view em qualquer schema.

Capítulo 5 – Comandos | 209

Tabela privilégios de sistemas (continuação)

Privilégio de sistema	Operação autorizada
ALTER ANY TRIGGER	Permite ao usuário habilitar, incapacitar ou compilar um trigger em qualquer schema.
ALTER DATABASE	Permite ao usuário alterar o Banco de Dados.
ALTER PROFILE	Permite ao usuário alterar perfis.
ALTER RESOURCE COST	Permite ao usuário estabelecer custos para recursos de sessão.
ALTER ROLLBACK SEGMENT	Permite ao usuário alterar segmentos de rollback.
ALTER SESSION	Permite ao usuário emitir declaração ALTER SESSION.
ALTER SYSTEM	Permite ao usuário emitir declaração ALTER SYSTEM.
ALTER TABLESPACE	Permite ao usuário alterar tablespaces.
ALTER USER	Permite ao usuário alterar qualquer usuário. Este privilégio autoriza o usuário a mudar sua password de usuário.
ANALYZE ANY	Permite ao usuário conceder análise a qualquer tabela, cluster ou índice em qualquer schema.
AUDIT ANY	Permite ao usuário analisar qualquer objeto em qualquer schema que use declarações AUDIT (Declarações de schema).
AUDIT SYSTEM	Permite ao usuário emitir AUDITORIA (Declarações de SQL).
BECOME USER	Permite ao usuário utilizar de importação para importar objetos no schemas de outros usuários.
BACKUP ANY TABLE	Permite ao usuário usar a utilidade de Exportação para exportar objetos no schemas de outros usuários.
COMMENT ANY TABLE	Permite ao usuário fazer um comentário sobre qualquer tabela, view ou coluna em qualquer schema.
CREATE ANY CLUSTER	Permite ao usuário criar um agrupamento em qualquer schema. Se comporta similar a CREATE E ANY TABLE.
CREATE ANY INDEX	Permite ao usuário criar um índice em qualquer schema, em qualquer mesa, em qualquer schema.
CREATE ANY PROCEDURE	Permite ao usuário criar procedimento armazenado, funções e packages em qualquer schema.
CREATE ANY SEQUENCE	Permite ao usuário criar seqüências em qualquer schema.
CREATE ANY SNAPSHOT	Permite ao usuário criar snapshot privado em qualquer schema.
CREATE ANY SYNONYM	Permite ao usuário criar sinônimos privados em qualquer schema.
CREATE ANY TABLE	Permite ao usuário criar tabelas em qualquer schema. O dono do schema que contém a tabela tem que ter cota especial na tablespace que irá conter a tabela.

SQL, PL/SQL, SQL*Plus

Tabela privilégios de sistemas (continuação)

Privilégio de sistema	Operação autorizada
CREATE ANY TRIGGER	Permite ao usuário criar triggers de Banco de Dados em qualquer schema associado com uma tabela em qualquer schema.
CREATE ANY VIEW	Permite ao usuário criar views em qualquer schema.
CREATE CLUSTER	Permite ao usuário criar clusters no próprio schema.
CREATE DATABASE LINK	Permite ao usuário criar database link privado no próprio schema.
CREATE PROCEDURE	Permite ao usuário criar procedimentos armazenados, funções e pacotes em seu próprio schema.
CREATE PROFILE	Permite ao usuário criar perfis.
CREATE PUBLIC DATABASE LINK	Permite ao usuário criar vínculos de Banco de Dados públicos.
CREATE PUBLIC SYNONYM	Permite ao usuário criar sinônimos públicos.
CREATE ROLE	Permite ao usuário criar papéis.
CREATE ROLLBACK SEGMENT	Permite ao usuário criar segmentos de rollback.
CREATE SESSION	Permite ao usuário conceder conexões ao Banco de Dados.
CREATE SEQUENCE	Permite ao usuário criar seqüências no próprio schema
CREATE SNAPSHOT	Permite ao usuário criar snapshots no próprio schema.
CREATE SYNONYM	Permite ao usuário criar sinônimo no próprio schema.
CREATE TABLE	Permite ao usuário criar tabelas em seu próprio schema. Para criar uma tabela, o usuário também tem que ter cota especial na tablesp que irá conter a tabela.
CREATE TABLESPACE	Permite ao usuário criar tablespace.
CREATE TRIGGER	Permite ao usuário criar o gatilho de Banco de Dados no próprio schema.
CREATE USER	Permite ao usuário criar usuários.
CREATE VIEW	Permite ao usuário criar views em seu próprio schema.
DELETE ANY TABLE	Permite ao usuário apagar registros em tabelas ou views em qualquer schema ou truncar tabelas qualquer schema.
DROP ANY CLUSTER	Permite ao usuário apagar agrupamentos em qualquer schema.
DROP ANY INDEX	Permite ao usuário apagar índices em qualquer schema.
DROP ANY PROCEDURE	Permite ao usuário apagar procedimentos armazenados, funções ou packages em qualquer schema.
DROP ANY ROLE	Permite ao usuário apagar papéis.

Capítulo 5 – Comandos | 211

Tabela privilégios de sistemas (continuação)

Privilégio de sistema	Operação autorizada
DROP ANY SEQUENCE	Permite ao usuário apagar seqüência em qualquer schema.
DROP ANY SNAPSHOT	Permite ao usuário apagar snapshot em qualquer schema.
DROP ANY SYNONYM	Permite ao usuário apagar sinônimos privados em qualquer schema.
DROP ANY TABLE	Permite ao usuário apagar tabelas em qualquer schema.
DROP ANY TRIGGER	Permite ao usuário apagar gatilhos de Banco de Dados em qualquer schema.
DROP ANY VIEW	Permite ao usuário apagar views em qualquer schema.
DROP PROFILE	Permite ao usuário apagar perfis.
DROP PUBLIC DATABASE LINK	Permite ao usuário apagar vínculos de Banco de Dados públicos.
DROP PUBLIC SYNONYM	Permite ao usuário apagar sinônimos públicos.
DROP ROLLBACK SEGMENT	Permite ao usuário apagar segmentos de rollback.
DROP TABLESPACE	Permite ao usuário apagar tablespaces.
DROP USER	Permite ao usuário apagar usuários.
EXECUTE ANY PROCEDURE	Permite ao usuário executar procedimentos ou funções ou referenciar variáveis de pacotes públicos em qualquer schema.
FORCE ANY TRANSACTION	Permite ao usuário forçar o commit ou rollback em transação no Banco de Dados local. Também permite ao usuário induzir uma transação distribuída.
FORCE TRANSACTION	Permite ao usuário forçar o commit ou rollback.
GRANT ANY PRIVILEGE	Permite ao usuário conceder qualquer privilégio de sistema.
GRANT ANY ROLE	Permite ao usuário conceder qualquer papel no Banco de Dados.
INSERT ANY TABLE	Permite ao usuário inserir registros em tabelas e visões em qualquer schema.
LOCK ANY TABLE	Permite ao usuário bloquear tabelas e visões em qualquer schema.
MANAGE TABESPACE	Permite ao usuário promover uma tablespace online/offline e iniciar e terminar backups na tablespace.
READUP	Permite ao usuário examinar dados que tem uma classe de acesso mais alto que a etiqueta de sessão do cedente.
RESTRICTED SESSION	Permite ao usuário se logar depois de uma instância iniciada usando o comando SQL*DBA STARTUP RESTRICT.
SELECT ANY SEQUENCE	Permite ao usuário selecionar seqüências em qualquer schema.
SELECT ANY TABLE	Permite ao usuário examinar tabelas, visões, ou snapshots em qualquer schema.

212 | *SQL, PL/SQL, SQL*Plus*

Tabela privilégios de sistemas (continuação)

Privilégio de sistema	Operação autorizada
UNLIMITED TABLESPACE	Permite ao usuário usar uma quantia ilimitada de qualquer tablespace. Este privilégio anula qualquer cota específica. Se você revogar este privilégio de um usuário, os objetos do schema do usuário permanecem nas distribuições da tablespace. Você não pode conceder este privilégio de sistemas a roles.
UPDATE ANY TABLE	Permite ao usuário atualizar registros de tabelas e visões em qualquer schema.
WRITEDOWN	Permite ao usuário criar, alterar e dropar objetos no schema, inserir, atualizar e apagar registros que tem acesso classificado como mais baixo que a etiqueta de sessão do cedente. Este privilégio só está disponível em ORACLE Trusted
WRITEUP	Permite ao usuário criar, alterar e dropar objetos no schema, inserir, atualizar e apagar registros que tem acesso classificado como mais alto que a etiqueta de sessão do cedente. Este privilégio só está disponível em ORACLE Trusted.

Exemplo I

Para conceder o privilégio de sistema CREATE SESSION para RICHARD, permitindo a RICHARD o logon no ORACLE, usamos esta declaração:

```
GRANT CREATE SESSION TO richard;
```

Exemplo II

Para conceder o privilégio de sistema CREATE TABLE para o role TRAVEL_AGENT, usamos esta declaração:

```
GRANT CREATE TABLE TO travel_agent;
```

O conjunto de privilégios de TRAVEL_AGENT contém agora o privilégio de sistema CREATE TABLE.

Esta declaração concede o role TRAVEL_AGENT ao role EXECUTIVE:

```
GRANT travel_agent TO executive;
```

TRAVEL_AGENT é concedido ao role EXECUTIVE. O conjunto de privilégios do role executivo agora contém o privilégio de sistema CREATE TABLE.

Para conceder o role EXECUTIVE com ADMIN OPTION para SJRAAR, emita esta declaração:

GRANT executive TO sjraar WITH ADMIN OPTION;

Capítulo 5 – Comandos | 213

GRANT (privilégios de objetos)

Propósito

Conceder privilégios de objetos para os usuários e roles.

Pré-requisitos

O objeto deve estar em seu próprio schema ou você deve ter privilégio de objeto GRANT OPTION.

Se você está usando ORACLE Trusted no modo DBMS MAC, seu label DBMS tem que dominar o label ao qual o privilégio de objeto foi concedido a você, e a criação do usuário ou role.

Sintaxe

GRANT command (Object Privileges) ::=

```
>>-- GRANT --- object_priv ------------------------------------------->
            |- ALL --------------|              |                      |
                  |PRIVILEGES-|                 |--( column )--|
>-- ON -- schema -- object ------------ TO --- user -------------------><
                                              |- role —|
                                              |- public-|
>-- WITH GRANT OPTION ------------------------------------------------><
```

Palavras-chave e parâmetros

object_priv é um privilégio de objeto a ser concedido. Você pode usar quaisquer destes valores:

- ALTER
- DELETE
- EXECUTE
- INDEX
- INSERT
- REFERENCES
- SELECT
- UPDATE

ALL PRIVILEGES dá concessões de todos os privilégios para o objeto que foi concedido com GRANT OPTION. O usuário que possui o schema que contém um objeto, automaticamente tem todos os privilégios no objeto com GRANT OPTION.

214 | *SQL, PL/SQL, SQL*Plus*

column especifica uma coluna em tabela ou view nas quais são concedidos privilégios. Você pode especificar só colunas quando concedendo privilégio INSERT, REFERENCES ou UPDATE.

ON identifica o objeto no qual os privilégios são concedidos. Se você não faz referência ao schema, ORACLE assume que o objeto está em seu próprio schema. O objeto pode ser um destes tipos:

- Table,
- View,
- Sequence,
- Procedure, function ou package,
- Snapshots,
- Synonym para uma tabela, view, sequence, snapshot, procedure, function ou package.

TO identifica usuários ou roles para qual o privilégio de objeto será concedido.

PUBLIC concede privilégios de objetos para todos os usuários.

WITH GRANT OPTION permite ao cedente conceder privilégio de objeto a outros usuários e roles.

Notas de uso

Você pode usar esta forma da declaração GRANT para conceder privilégios de objeto aos usuários, roles, e PUBLIC:

Se você concede um privilégio a um usuário, ORACLE soma o privilégio ao conjunto de privilégios do usuário. O usuário pode imediatamente usar o privilégio.

Se você concede um privilégio a um role, ORACLE soma o privilégio ao conjunto de privilégios do role. Usuários definidos neste role podem usar o privilégio imediatamente.

Se você concede um privilégio PUBLIC, ORACLE soma o privilégio ao conjunto de privilégios de cada usuário. Todos os usuários podem usar o privilégio imediatamente.

Um privilégio não pode aparecer mais de uma vez na lista de privilégios a serem concedidos. Um usuário ou role não podem aparecer mais de uma vez na cláusula TO.

Privilégios de objetos

Cada privilégio de objeto que você concede autoriza alguma operação no objeto. A próxima tabela resume os privilégios de objeto que você pode conceder em cada tipo de objeto.

Privilégio de objeto	Tables	Views	Sequences	Procedures functions packages	Snapshots
ALTER	X		X		
DELETE	X	X			
EXECUTE				X	
INDEX	X				
INSERT	X	X			
REFERENCES	X				
SELECT	X	X	X		X
UPDATE	X	X			

Estes privilégios de objetos autorizam operações em uma tabela:

ALTER permite mudar a definição de uma tabela com o comando ALTER TABLE.

DELETE permite remover registros de uma tabela com o comando DELETE.

INDEX permite criar um índice em uma tabela com o comando CREATE INDEX.

INSERT permite adicionar registros novos à uma tabela com o comando INSERT.

REFERENCES permite criar uma constraint que se refere à tabela. Você não pode conceder este privilégio a um role.

SELECT permite a seleção a uma tabela com o comando SELECT.

UPDATE permite alteração nos dados da tabela com o comando UPDATE.

Qualquer um destes privilégios de objetos permite ao cedente prender a tabela em qualquer lockmode com o comando LOCK TABLE.

Privilégios de view

Estes privilégios de objetos autorizam operações em uma view.

DELETE permite remover registros de uma view com o comando DELETE.

INSERT permite adicionar registros novos a uma view com o comando INSERT.

SELECT permite a seleção a uma view com o comando SELECT.

UPDATE permite alteração nos dados da view com o comando UPDATE.

Privilégios de sequence

Estes privilégios de objetos autorizam operações em uma sequence:

ALTER permite alterar a definição da seqüência com o comando ALTER SEQUENCE.

SELECT permite o exame ao valores de incremento da seqüência pelas pseudocolunas CURVAL e NEXTVAL.

216 | *SQL, PL/SQL, SQL*Plus*

Privilégios de function, procedure e package

Este privilégio de objeto autoriza operações em uma procedure, function ou package:

EXECUTE permite executar o procedure ou a function ou ter acesso à qualquer declaração de objeto de programa na especificação de um package.

Privilégios de snapshot

Este privilégio de objeto autoriza operações em um snapshot:

SELECT permite a consulta ao snapshot com o comando SELECT.

Exemplo I

Para conceder todos os privilégios na tabela BONUS para o usuário JONES com GRANT OPTION, usamos esta declaração:

```
GRANT ALL
    ON bonus
    TO jones
    WITH GRANT OPTIONS;
```

JONES pode executar estas operações subseqüentemente:

- Usar qualquer privilégio na tabela BONUS,
- Conceder qualquer privilégio na tabela BONUS para outro usuário ou role.

Exemplo II

Para conceder privilégios SELECT e UPDATE na view GOLF_HANDICAP para todos os usuários, usamos esta declaração:

```
GRANT SELECT, UPDATE
    ON golf_handicap
    TO PUBLIC;
```

Todos os usuários podem examinar subseqüentemente e podem atualizar esta view.

Exemplo III

Para conceder privilégio SELECT na sequence ESEQ no schema ELLY para o usuário BLAKE, usamos esta declaração:

```
GRANT SELECT
    ON elly.eseq
    TO blake;
```

BLAKE pode gerar o próximo valor da sequence subseqüentemente com esta declaração:

```
SELECT elly.eseq.NEXTVAL FROM dual;
```

Capítulo 5 – Comandos | 217

INSERT

Propósito

Adicionar registros para uma tabela ou tabela base da view.

Pré-requisitos

Para inserir registros em uma tabela, a tabela deve estar em seu próprio schema ou você tem que ter privilégio INSERT na tabela.

Para você inserir registros na tabela base de uma visão, o dono do schema que contém a view tem que ter liberado privilégio INSERT na tabela base.

O privilégio de sistema INSERT ANY TABLE também lhe permite inserir registros em qualquer tabela ou tabela base de uma view.

Sintaxe

INSERT command ::=

```
>>-- INSERT INTO ------------- table ------------------------------------>
                      |- schema -|   |- view --|      |- @dblink --|
>------------------------ VALUES (-- expr --) ------------------------->< 
       |                        |-- subquery ----------------|
```

Palavras-chave e parâmetros

schema é o schema que contém a tabela ou view. Se você omitir schema, ORACLE assume que a tabela ou view está em seu próprio schema.

table é o nome da tabela na qual os registros serão inseridos.

dblink é o nome completo ou parcial de um database link que referencia um Banco de Dados remoto onde a tabela ou view está localizada.

Se você omite dblink, ORACLE assume que a tabela ou view está no Banco de Dados local.

column é uma coluna da tabela ou visão.

Se você omite uma das colunas da tabela, o valor para o novo registro que é inserido é o valor default da coluna, como especificado quando esta foi criada.

VALUES especifica os valores dos registros a serem inseridos na tabela.

subquery é uma declaração SELECT que retorna registros que serão inseridos na tabela.

218 | *SQL, PL/SQL, SQL*Plus*

Notas de uso

O número de colunas que receberão os dados devem ser em no mesmo número de valores na cláusula VALUE, ou pelo número de colunas selecionadas pelo subquery.

Se omitir qualquer coluna, ORACLE busca o valor default como especificado quando a tabela foi criada.

Emitindo uma declaração INSERT em uma tabela, qualquer trigger INSERT é disparado.

Exemplo I

Esta declaração insere um registro na tabela DEPT:

```
INSERT INTO dept
    VALUES(50, 'PRODUTOS', 'PATOS DE MINAS');
```

Exemplo II

Esta declaração insere um registro com seis colunas na tabela EMP. Uma destas colunas é inserida como NULL e outra é inserida um número em notação científica:

```
INSERT INTO emp (empno, ename, job, sal, comm, deptno)
    VALUES(7890, 'MARCO', 'DBA', 1.2E3, NULL, 40);
```

Exemplo III

Esta declaração copia os registros de empregados que excedem 25% do salário na tabela BONUS:

```
INSERT INTO bonus
    SELECT ename, job, sal, comm
        FROM emp
            WHERE comm > 0.25*sal OR job IN('PRESIDENT', 'MANAGER');
```

Exemplo IV

Esta declaração insere um registro na tabela ACCOUNTS possuída pelo usuário SCOTT no Banco de Dados acessível pelo database link SALES.

```
INSERT INTO scott.accounts@sales (acc_no, acc_name)
    VALUES (5001, 'BOWER');
```

Exemplo V

Esta declaração insere um registro novo que contém o próximo valor de uma seqüência na tabela EMP:

```
INSERT INTO emp
    VALUES (empseq.nextval, 'LEWIS', 'CLERK', 7902, SYSDATE, 1200, NULL, 20);
```

LOCK TABLE

Propósito

Bloquear as linhas de uma ou mais tabelas para atualização, inserção ou exclusão durante o uso da mesma. A opção ROW EXCLUSIVE é automaticamente acionada quando da atualização, inserção ou exclusão de uma linha da tabela. A tabela retorna ao modo normal quando é executada a gravação dos dados (commit), ou quando ocorre o cancelamento do que foi processado (rollback).

Pré-requisitos

A tabela ou view deve estar em seu próprio schema ou você tem que ter privilégio de sistema LOCK ANY TABLE ou você tem que ter qualquer privilégios de objetos na tabela ou view.

Se você está usando ORACLE Trusted no modo DBMS MAC, sua etiqueta DBMS tem que dominar a etiqueta de criação da tabela ou view ou ter privilégio de sistema READUP.

Sintaxe

LOCK TABLE command ::=

```
>>-- LOCK TABLE ------------- table ------------------------------------->
                 |- schema. -|      |- view -|
>--- IN lockmode MODE ---- NOAUDIT ------------------------------------><
```

Palavras-chave e parâmetros

schema é o schema que contém a tabela ou visão. Se você omitir schema, ORACLE assume que a tabela ou view está em seu próprio schema.

table view é o nome da tabela a ser bloqueada. Se você especificar view, ORACLE fecha as tabelas de base da view.

dblink é um vínculo de Banco de Dados a um Banco de Dados remoto onde a tabela ou view está localizada. Se você omite dblink, ORACLE assume que a tabela ou view estão no Banco de Dados local.

lockmode é um destes itens:

- ROW SHARE
- ROW EXCLUSIVE
- SHARE UDATE
- SHARE
- SHARE ROW EXCLUSIVE
- EXCLUSIVE

220 | *SQL, PL/SQL, SQL*Plus*

NOWAIT indica que, caso a tabela já esteja bloqueada por outro usuário, não aguardará que a mesma seja desbloqueada e retornará o controle para o usuário através de um erro.

Exemplo I

Esta declaração bloqueia a tabela EMP em modo exclusivo, mas não espera se outro usuário já bloqueou a tabela:

```
LOCK TABLE emp IN EXCLUSIVE MODE NOWAIT;
```

Exemplo II

Esta declaração bloqueia a tabela remota ACCOUNTS, que é acessível pelo vínculo de Banco de Dados BOSTON:

```
LOCK TABLE accounts@boston IN SHARE MODE;
```

RECOVER cláusula

Propósito
Para recuperação de mídia.

Pré-requisitos
A cláusula RECOVER tem que aparecer em uma declaração ALTER DATABASE. Você tem que ter os privilégios necessários para emitir esta declaração.

Você também tem que ter o papel de OSDBA habilitado.

Sintaxe
RECOVER recover_clause ::=

```
>>-- RECOVER — AUTOMATIC -- FROM 'location' ------------------------------>
>--- DATABASE ---- UNTIL CANCEL ------------------------------------------><
               |               |- UNTIL TIME date -----------|             |
               |               |- UNTIL CHANGE integer ------|             |
               |               |- USING BACKUP CONTROLFILE --|             |
               |-- TABLESPACE ---- tablespace ------------------------|
               |-- DATAFILE ------ 'filename' -----------------------|
               |-- LOGFILE ------- 'filename' -----------------------|
               |-- CONTINUE ------ DEFAULT --------------------------|
               |-- CANCEL ------------------------------------------|
```

Capítulo 5 – Comandos | 221

Palavras-chave e parâmetros

AUTOMATIC automaticamente gera os nomes do redo log files para aplicação durante recuperação de mídia.

FROM especifica a localização dos arquivos redo log files. O valor deste parâmetro deve ser uma localização de arquivo completamente especificada que segue as convenções de seu sistema operacional. Se você omite este parâmetro, ORACLE assume que os arquivos estão localizados pelo parâmetro de inicialização LOG_ARCHIVE_DEST.

DATABASE recupera o Banco de Dados inteiro. Esta é a opção default. Você só pode usar esta opção quando o Banco de Dados está fechado.

UNTIL CANCEL recupera o Banco de Dados até que você emita uma declaração ALTER DATABASE com a cláusula RECOVER, que contém a opção CANCEL.

UNTIL TIME recupera o Banco de Dados para o tempo especificado pela data. A data deve ser um caractere literal no formato 'YYYY-MM-DD:HH24:MI:SS'.

USING BACKUP CONTROLFILE especifica que um arquivo de controle posterior está sendo usado, em vez do arquivo de controle atual.

TABLESPACE recupera só a tablespace especificada. Você pode usar esta opção se o Banco de Dados está aberto ou fechado, contanto que a tablespace a ser recuperada não esteja sendo usada.

DATAFILE recupera os arquivos de dados especificados. Você pode usar esta opção quando Banco de Dados está aberto ou fechado, contanto que o datafile a ser recuperado não esteja sendo usado.

LOGFILE continua recuperação de mídia aplicando o redo log file especificado.

CONTINUE continua recuperação multi-instance depois que fosse interrompido.

CONTINUE DEFAULT continua recuperação aplicando o redo log file que ORACLE gerou automaticamente.

CANCEL termina recuperação cancel-based.

Notas de uso

Oracle recomenda que você use o comando SQL*DBA RECOVER, em lugar do comando ALTER DATABASE com a cláusula RECOVER para executar recuperação de mídia. Para a maioria dos propósitos, o comando RECOVER é mais fácil de usar que o comando ALTER DATABASE.

Exemplo I

Esta declaração executa recovery completo do Banco de Dados inteiro.

```
ALTER DATABASE
    RECOVER AUTOMATIC DATABASE;
```

SQL, PL/SQL, SQL*Plus

Esta declaração especifica os nomes dos redo log files:

```
ALTER DATABASE
     RECOVER LOGFILE 'diska:arch0006.arc';
```

Exemplo II

Esta declaração executa recovery time-based:

```
ALTER DATABASE
     RECOVER UNTIL TIME '1992-10-27:14:00:00';
```

ORACLE recupera o Banco de Dados até as 2:00 pm de 27 de outubro de 1992.

Exemplo III

Esta declaração executa recuperação cancel-based:

```
ALTER DATABASE
     RECOVER CANCEL
```

Exemplo IV

Esta declaração recupera a tablespace USER6:

```
ALTER DATABASE
     RECOVER TABLESPACE user6;
```

RENAME

Propósito

Renomear uma tabela, view, seqüência ou sinônimo.

Pré-requisitos

O objeto tem que está em seu próprio schema.

Sintaxe

RENAME command ::=

```
>>--- RENAME old TO new --------------------------------------------><
```

Capítulo 5 – Comandos | 223

Palavras-chave e parâmetros

old é o nome atual de uma tabela, view, seqüência ou sinônimo.

new é o nome novo a ser dado ao objeto existente.

Notas de uso

Este comando muda o nome de uma tabela, view, seqüência ou sinônimo. O nome novo não deve ter sido usado por outro schema.

Constraints, índices e grants do objeto velho são automaticamente transferidos ao objeto novo e a todos os objetos dependentes.

Você não pode usar este comando para renomear sinônimos públicos. Para renomear um sinônimo público, você primeiro tem que apagá-lo com o comando DROP SINONYM e então criar outro sinônimo público com o nome novo usando o comando CREATE SINONYM.

Você não pode usar este comando para renomear colunas. Você pode renomear colunas usando o comando CREATE TABLE com a cláusula AS SELECT. Este exemplo recria a tabela STATIC e renomeia a coluna OLDNAME para NEWNAME:

CREATE TABLE temporária (newname, col2, col3)

      AS SELECT oldname, col2, col3 FROM static;

DROP TABLE static;

RENAME temporária AS static;

Exemplo

Para mudar o nome da tabela DEPT para EMP_DEPT:

```
RENAME dept TO emp_dept;
```

REVOKE (privilégios de sistemas e roles)

Propósito

Para retirar privilégios de sistemas e roles dos usuários e roles. Para revogar privilégios de objeto dos usuários e roles, use o comando REVOKE (privilégio de objeto) descrito nas próximas seções.

Pré-requisitos

Você deve ter concedido previamente o privilégio de sistema ou role a cada usuário e role.

224 | *SQL, PL/SQL, SQL*Plus*

Sintaxe

REVOKE command (privilégios de sistemas e roles) ::=

```
>>-- REVOKE ---- system_priv ---- FROM ----- user -------------------->< 
               |- role ——|                  |- role —| 
                                             |- PUBLIC -|
```

Palavras-chave e parâmetros

system_priv é um privilégio de sistema a ser retirado.

role é um papel a ser retirado.

FROM identifica os usuários e roles dos quais serão retirados os privilégios de sistemas ou roles.

PUBLIC retira o privilégio de sistema ou papel de todos os usuários.

Notas de uso

Você pode usar esta forma do comando REVOKE para retirar privilégios de sistemas e roles de usuários, roles e PUBLIC:

Se você retira um privilégio de um usuário, ORACLE remove o privilégio do domínio de privilégios do usuário. Efetivo imediatamente, o usuário não pode exercitar o privilégio.

Se você retira um privilégio de um role, ORACLE remove o privilégio do domínio de privilégios do role. Efetivo imediatamente, os usuários com o papel habilitado não podem exercitar o privilégio. Também, outros usuários a que foi concedido o role e subseqüentemente foi habilitado o role, não podem exercitar o privilégio.

Se você retira um privilégio PUBLIC, ORACLE remove o privilégio do domínio de privilégios de cada usuário a que foi concedido o privilégio PUBLIC. Efetivo imediatamente, tais usuários não poderão exercitar os privilégios.

Se você retira um role PUBLIC, ORACLE faz o papel indisponível para todos os usuários a que foram concedidos o role PUBLIC.

Um privilégio de sistema ou role não podem aparecer mais de uma vez na lista de privilégios e roles a serem revogados. Um usuário, um role, ou PUBLIC não podem aparecer mais de uma vez na cláusula FROM.

Exemplo I

Esta declaração retira privilégio de sistema DROP ANY TABLE da conta de usuários BILL e MARY:

```
REVOKE DROP ANY TABLE FROM bill, mary;
```

BILL e MARY já não podem apagar tabelas em schemas diferente do próprio.

Capítulo 5 – Comandos | 225

Exemplo II

Esta declaração retira o role CONTROL do usuário DIRO:

```
REVOKE control FROM diro;
```

DIRO já não pode habilitar o papel CONTROL.

Exemplo III

Esta declaração retira o privilégio de sistema CREATE TABLESPACE do role CONTROL.

```
REVOKE CREATE TABLESPACE FROM control;
```

Na seqüência, o papel CONTROL não permitirá aos usuários criar tablespaces.

Exemplo IV

Para retirar o role VP do role CEO, usamos esta declaração:

```
REVOKE vp FROM ceo;
```

REVOKE *(privilégios de objeto)*

Propósito
Para retirar privilégios de objetos de um objeto particular de usuários e roles.

Pré-requisitos
Você deve ter concedido previamente o privilégio de objeto a cada usuário e role.

Sintaxe
REVOKE command (privilégio de objeto) ::=

```
>>-- REVOKE ---- object_priv --------- ON --------- object ------------->
             |- ALL ----------------|      |- schema. -|
                         |-PRIVILEGES-|

>>-- FROM ---- user -------------------------------------------------><
             |- role -|                    |- CASCADE CONSTRAINTS -|
             |- PUBLIC -|
```

Palavras-chave e parâmetros

object_priv é um privilégio de objeto a ser retirado. Você pode substituir por quaisquer destes valores:

- ALTER
- DELETE
- EXECUTE
- INDEX
- INSERT
- REFERENCES
- SELECT
- UPDATE

ALL PRIVILEGES retira todos os privilégios de objetos que você concedeu.

ON identifica o objeto no qual os privilégios de objeto serão revogados. Este objeto pode ser quaisquer um destes tipos:

- Table,
- View,
- Seqüência,
- Procedure, stored function ou package,
- Snapshot,
- Synonym para uma tabela, view, seqüência, procedure, stored function, package ou snapshot.

Se você não referencia o objeto com o schema, ORACLE assume que o objeto está em seu próprio schema.

FROM identifica os usuários e roles dos quais os privilégios de objeto serão revogados.

PUBLIC retira privilégios de objeto de todos os usuários.

Notas de uso

Você pode usar esta forma do comando REVOKE para retirar privilégios de objeto de usuários e roles:

Se você retira um privilégio de um usuário, ORACLE remove o privilégio do domínio de privilégios do usuário. Efetivo imediatamente, o usuário não poderá exercitar o privilégio.

Se você retira um privilégio de um role, ORACLE remove o privilégio do domínio de privilégios do role.

Se você retira um privilégio PUBLIC, ORACLE remove o privilégio do domínio de privilégios de cada usuário a que foi concedido o privilégio PUBLIC. Efetivo imediatamente, todos os usuários são restritos de exercer o privilégio.

Você só pode usar o comando REVOKE para retirar privilégios de objetos que você concedeu diretamente e previamente. Você não pode usar o comando REVOKE para executar estas operações:

- Retirar privilégios de objetos que você não concedeu,
- Retirar privilégios concedidos pelo sistema operacional.

Um privilégio não pode aparecer mais de uma vez na lista de privilégios a ser revogado. Um usuário, um role ou PUBLIC não podem aparecer mais de uma vez na cláusula FROM.

Exemplo I

Você pode conceder os privilégios DELETE, INSERT, SELECT e UPDATE na tabela CLIE para o usuário GABRIEL usando esta declaração:

```
GRANT ALL
      ON clie
      TO gabriel;
```

Para revogar o privilégio DELETE na tabela CLIE para GABRIEL, usamos esta declaração:

```
REVOKE DELETE
      ON clie
      FROM gabriel;
```

Para revogar todos os privilégios na tabela CLIE que você concedeu ao usuário GABRIEL, usamos esta declaração:

```
REVOKE  ALL
      ON clie
      FROM gabriel;
```

Exemplo II

Você pode conceder os privilégios SELECT e UPDATE no view REPORTS para todos os usuários concedendo o privilégio PUBLIC ao role:

```
GRANT SELECT, UPDATE
      ON reports
      TO public;
```

Esta declaração retira o privilégio UPDATE em REPORTS de todos os usuários.

```
REVOKE UPDATE
      ON reports
      FROM public;
```

Usuários não poderão atualizar o view REPORTS, embora os usuários ainda possam examiná-lo.

228 | *SQL, PL/SQL, SQL*Plus*

Exemplo III

Você pode conceder para o usuário BETO, o privilégio SELECT para a seqüência ESEQ que está no schema CARP com esta declaração:

```
GRANT SELECT
     ON carp.eseq
     TO beto;
```

Para revogar o privilégio SELECT em ESEQ de BETO, usamos esta declaração:

```
REVOKE SELECT
     ON carp.eseq
     FROM beto;
```

ROLLBACK

Propósito

Desfazer uma declaração de uma transação atual.

Pré-requisitos

Para desfazer uma transação atual, nenhum privilégio é necessário.

Sintaxe

ROLLBACK command ::=

```
>>-- ROLLBACK ------------------------------------------------------><
                   |- WORK -|     |- TO ------------------- savepoint -|
                   |              |         |- SAVEPOINT -|            |
                   |              |- FORCE 'text' ---------------------|
```

Palavras-chave e parâmetros

WORK é opcional e é usado para compatibilidade com o padrão ANSI.

TO desfaz a transação atual para um savepoint especificado. Se você omite esta cláusula, a declaração ROLLBACK desfaz a transação inteira.

FORCE desfaz uma transação manualmente. A transação é identificada pelo 'text' que contém o ID local ou global da sua transação. Para achar os IDs de transações, consulte o dicionário de dados DBA_2PC_PENDING.

A declarações ROLLBACK com a cláusula FORCE não é suportada em PL/SQL.

Notas de uso

Uma transação (ou uma unidade lógica de trabalho) é uma sucessão de declarações SQL, que ORACLE trata como uma única unidade. Uma transação começa com a primeira declaração SQL executável após um COMMIT, ROLLBACK ou uma conexão ao Banco de Dados. Uma transação termina com uma declaração COMMIT, ROLLBACK ou uma desconexão (intencional ou não intencional) do Banco de Dados.

Exemplo I

Esta declaração desfaz a transação atual inteira:

```
ROLLBACK;
```

Exemplo II

Esta declaração desfaz a transação atual para o savepoint SP5:

```
ROLLBACK TO SAVEPOINT sp5;
```

SAVEPOINT

Propósito

Identificar um ponto em uma transação para a qual você poderá desfazer.

Pré-requisitos

Nenhum

Sintaxe

SAVEPOINT command ::=

```
>>-- SAVEPOINT savepoint ------------------------------------------->< 
```

Palavras-chave e parâmetros

savepoint é o nome do savepoint a ser criado.

230 | *SQL, PL/SQL, SQL*Plus*

Notas de uso

Savepoints são usados junto com o comando ROLLBACK para desfazer uma transação.

Savepoints são úteis em programas interativos, porque você pode criar e nomear passos de intermédio em um programa. Isto lhe permite mais controle em cima de programas mais longos, mais complexos. Por exemplo, você pode usar savepoints ao longo de uma série complexa e longa de atualizações, de forma que se fizer um erro, poderá facilmente reverter a situação sem perder os passos anteriores que foram válidos.

Exemplo

Atualizados os salários dos funcionários BETO e MARCIA, verificou-se depois que o salário da empresa não poderia exceder 2.000,00; então teve que desfazer a atualização do salário de Beto.

```
UPDATE emp
     SET sal = 2000
     WHERE ename = 'BETO';

SAVEPOINT beto_sal;

UPDATE emp
     SET sal = 1800
     WHERE ename = 'MARCIA';

SAVEPOINT marcia_sal;

SELECT sal FROM emp;

ROLLBACK TO SAVEPOINT beto_sal;

UPDATE emp
     SET sal = 1800
     WHERE ename = 'BETO';

COMMIT;
```

SELECT

Propósito

Para recuperar dados contidos em uma ou mais tabelas, views ou snapshots.

Pré-requisitos

Para você selecionar dados de uma tabela ou snapshot, a tabela ou snapshot devem estar em seu próprio schema ou você tem que ter privilégio SELECT para a tabela ou snapshot.

Para selecionar registros das tabelas bases de uma view, o dono do schema que contém a view tem que ter concedido privilégio SELECT nas tabelas bases a você. Também, se a view está em um schema diferente do seu próprio, você têm que ter privilégio SELECT na view.

Sintaxe

SELECT command ::=

```
>>-- SELECT ------------------------------------------------------------------>
                |- DISTINCT -|   |                                   |
                |- ALL ------|   | -------- table ----------|
                                 | schema.  | view ---|      |
                                 |          | snapshot|      |
                                 | expr --- c_alias --------|
>-- FROM - schema.  -table -----------------------------------------------------><
                        |view ----|-t_alias-|  |-WHERE-|
                        |snapshot|
```

Palavras-chave e parâmetros

DISTINCT indica que as linhas que são totalmente iguais não serão exibidas.

ALL indica que todas as linhas serão exibidas, mesmo as linhas que sejam totalmente iguais.

* exibe todas as colunas de todas as tabelas ou views que foram selecionadas.

table.* view.* snapshot.* seleciona todas as colunas da tabela especificada, view ou snapshot. Você pode usar um schema diferente do seu para selecionar uma tabela, view ou snapshot.

Se você está usando ORACLE Trusted, o * não seleciona a coluna ROWLABEL. Para selecionar esta coluna, você deve especificar uma declaração explícita.

expr seleciona uma expressão, normalmente baseada em valores de coluna, de uma das tabelas, views ou snapshots na cláusula FROM.

c_alias provê um nome diferente para a expressão da coluna. Um alias de coluna não afeta o nome atual da coluna.

schema é o schema que contém a tabela, view, ou snapshot. Se você omite schema, ORACLE assume que a tabela, view ou snapshot estão em seu próprio schema.

table, view, snapshot é o nome de uma tabela, view, ou snapshot do qual os dados serão selecionados.

dblink é o nome completo ou parcial para um vínculo de Banco de Dados remoto onde a tabela, view ou snapshot estão localizados.

Se você omite dblink, ORACLE assume que a tabela, view, ou snapshot estão no Banco de Dados local.

t_alias provê um nome diferente para a tabela, view, ou snapshot.

232 | *SQL, PL/SQL, SQL*Plus*

WHERE restringe os registros selecionados para os quais a condição seja VERDADE. Se você omite esta cláusula, ORACLE devolve todos os registros das tabelas, views ou snapshot na cláusula FROM.

CONNECT BY especifica uma ordem hierárquica para trazer as linhas da tabela ou view. Faz um auto-relacionamento entre dois campos de uma mesma tabela. Não pode usar esta cláusula junto com um JOIN ou uma subconsulta.

START WITH especifica as linhas através de uma condição, por onde se iniciará o caminho da hierarquia.

GROUP BY agrupa os registros selecionados baseados no valor expr para cada registro retornando um somatório para cada grupo.

HAVING restringe os grupos de retorno dos registros para os quais a condição especificada seja VERDADE. Se você omitir esta cláusula, ORACLE devolve registros calculados para todos os grupos.

UNION retorna as linhas de duas ou mais consultas unidas como se fossem uma única consulta e retira as linhas que são totalmente iguais. As colunas das duas consultas devem ser do mesmo tipo de dados. Se uma das consultas tiver um número menor de colunas, estas podem ser completadas por um literal: 0 (zero) para tipo de dados caractere ou data.

INTERSECT retorna as linhas iguais nas duas consultas.

MINUS retorna as linhas da primeira consulta menos as linhas iguais da segunda consulta.

ORDER BY classifica os dados selecionados em ordem ascendente (ASC) que é default, ou (DESC) descendente.

FOR UPDATE OFF bloqueia os registros selecionados para posterior atualização. Desbloqueia quando for executada uma declaração COMMIT ou ROLLBACK. Não pode ser usado com funções de grupo GROUP BY, DISTINCT, UNION, INTERSECT e MINUS.

NOWAIT retorna o controle para o usuário se falhar a tentativa de bloquear a linha. Se você omitir esta cláusula, ORACLE espera até que o registro esteja disponível e então retorna os resultados da declaração SELECT.

Exemplo 1

Esta declaração seleciona registros da tabela emp com o número do departamento 40:

```
SELECT   *
FROM emp
      WHERE deptno = 40;
```

Exemplo II

Esta declaração seleciona o nome, trabalho, salário e número do departamento de todos os empregados, exceto os vendedores do departamento número 30:

```
SELECT ename, job, sal, deptno
     FROM emp
WHERE NOT (job = 'SALESMAN' AND deptno = 30 );
```

Consultas hierárquicas

Se uma tabela contém dados hierárquicos, você pode selecionar registros em uma ordem hierárquica usando estas cláusulas:

START WITH

Você pode especificar os registros raiz da hierarquia usando esta cláusula.

CONNECT BY

Você pode especificar a relação entre registros pai e filho da hierarquia usando esta cláusula.

WHERE

Você pode restringir os registros devolvidas pela consulta, sem que afete outros registros da hierarquia usando esta cláusula.

Exemplo III

Esta declaração retorna todos os empregados em ordem hierárquica. O registro raiz é definido para ser o empregado cujo trabalho é 'PRESIDENT'.

```
SELECT LPAD(' ',2*(LEVEL-1))||ename ORG_CHART, empno, mgr, job
    FROM emp
    START WITH job = 'PRESIDENT'
    CONNECT BY PRIOR empno = mgr;
```

Esta declaração é semelhante à anterior, a não ser que não seleciona os empregados do trabalho 'ANALYST'.

```
SELECT LPAD(' ',2*(LEVEL-1))||ename ORG_CHART, empno, mgr, job
    FROM emp
    WHERE job != 'ANALYST'
    START WITH job = 'PRESIDENT'
    CONNECT BY PRIOR empno = mgr;
```

Esta declaração é semelhante à primeira, a não ser que usa a pseudocoluna LEVEL para selecionar só os primeiros dois níveis de hierarquia.

```
SELECT LPAD(' ',2*(LEVEL-1))||ename ORG_CHART, empno, mgr, job
    FROM emp
    START WITH job = 'PRESIDENT'
    CONNECT BY PRIOR empno = mgr AND LEVEL <= 2;
```

Cláusula GROUP BY

Você pode usar a cláusula GROUP BY para agrupar registros selecionados e retornando um único registro de informação sumária. ORACLE coleciona cada grupo de registros baseado nos valores da expressão especificada na cláusula GROUP BY.

Expressões na cláusula GROUP BY podem conter qualquer coluna em tabelas, views e snapshots na cláusula FROM.

234 | *SQL, PL/SQL, SQL*Plus*

Exemplo IV

Para retornar os salários mínimo e máximo para cada departamento na tabela de empregados, usamos esta declaração:

```
SELECT deptno, MIN(sal), MAX(sal)
    FROM emp
    GROUP BY deptno;
```

Exemplo V

Para retornar os salários mínimo e máximo para os balconistas em cada departamento, usamos esta declaração:

```
SELECT deptno, MIN(sal), MAX(sal)
    FROM emp
    WHERE job = 'CLERK'
    GROUP BY deptno;
```

Cláusula HAVING

Você pode usar a cláusula HAVING para restringir grupos de registros definidos pela cláusula GROUP BY. ORACLE processa as cláusulas WHERE, GROUP BY e HAVING da seguinte maneira:

1. Se a declaração contém uma cláusula WHERE, ORACLE remove todos os registros que não satisfazem.
2. ORACLE calcula e forma os grupos como especificado na cláusula GROUP BY.
3. ORACLE remove todos os grupos que não satisfazem a cláusula HAVING.

Especifique as cláusulas GROUP BY e HAVING depois das cláusulas WHERE e CONNECT BY.

Exemplo VI

Para retornar os salários mínimo e máximo para os balconistas em cada departamento, cujo mínimo seja abaixo de R$ 1.000,00 usamos esta declaração:

```
SELECT deptno, MIN(sal), MAX(sal)
    FROM emp
    WHERE job = 'CLERK'
    GROUP BY deptno
    HAVING MIN(sal) < 1000;
```

Cláusula ORDER BY

Você pode usar a cláusula ORDER BY para ordenar registros selecionados por uma consulta. Você pode especificar múltiplas expressões para a cláusula ORDER BY. O mecanismo pelo qual ORACLE ordena registro com a cláusula ORDER BY é especificado pelo parâmetro de inicialização NLS_SORT.

Capítulo 5 – Comandos | 235

Exemplo VII

Para selecionar os registros de todos os vendedores da tabela EMP ordenando os resultados através de comissão em ordem descendente, usamos esta declaração:

```
SELECT *
    FROM emp
    WHERE job = 'SALESMAN'
    ORDER BY comm DESC;
```

Exemplo VIII

Para selecionar os empregados da tabela EMP ordenando primeiro a coluna deptno ascendente e então a coluna sal descendente, usamos esta declaração.

```
SELECT ename, deptno, sal
    FROM emp
    ORDER BY deptno ASC, sal DESC;
```

Exemplo IX

Esta declaração devolve registros, usando o relacionamento entre tabelas para obter campos em diferentes tabelas para um resultado em comum. Note que o nome das tabelas foi substituído por alias.

```
SELECT a.ename, a.deptno, b.dname
    FROM emp a, dept b
    WHERE a.deptno = b.deptno;
```

Subconsultas

Uma subconsulta é uma forma do comando SELECT aparecer dentro de outra declaração SQL. Uma subconsulta às vezes é chamado de declaração aninhada. A declaração que contém uma sub-consulta é chamada de declaração pai. O retorno dos registros pela sub-consulta é usado pela declaração pai.

Exemplo XI

Para determinar quem trabalha no departamento de Alfaiate, usamos esta declaração:

```
SELECT ename, deptno
    FROM emp
    WHERE deptno = (
        SELECT deptno
            FROM emp
            WHERE ename = 'TAYLOR');
```

236 | *SQL, PL/SQL, SQL*Plus*

Exemplo XII

Para dar a todos os empregados na tabela EMP um aumento de dez por cento, caso eles já nã receberam esta gratificação (se eles não aparecem na tabela BONUS), emita esta declaraçã

```
UPDATE emp
    SET sal = sal * 1.1
    WHERE empno NOT IN (SELECT empno FROM bonus);
```

Exemplo XIII

Para criar uma duplicata da tabela DEPT nomeada de NEWDEPT, emita esta declaração:

```
CREATE TABLE newdept (deptno, dname, loc) AS
    SELECT deptno, dname, loc FROM dept;
```

Cláusula STORAGE

Propósito

Para especificar características de armazenamento para tabelas, índices, clusters, rollbac segments e características default storage para tablespaces.

Pré-requisitos

A cláusula STORAGE pode aparecer em comandos que criam ou alteram um destes objetos

- Clusters,
- Índices,
- Rollback segments,
- Snapshots,
- Tables,
- Tablespaces.

Para mudar o valor de um parâmetro STORAGE, você tem que ter os privilégios necessários para emitir comandos.

Sintaxe

STORAGE storage_clause ::=

```
>>-- STORAGE ( ------ INITIAL integer ----------------------------- ) -><
             |                                  |-K-|                    |
             |                                  |-M-|                    |
             |------ NEXT INTEGER ----------------------------------|
             |                             |-K-|                         |
```

```
                    |-M-|
|------ MINEXTENTS integer ----------------------|
|------ MAXEXTENTS integer ----------------------|
|------ PCTINCREASE integer ---------------------|
|------ OPTIMAL --- integer ---------------------|
|                           |-K-|                |
|                           |-M-|                |
|             |-- NULL -------------------|      |
|------ FREELISTS integer -----------------------|
|------ FREELIST GROUPS integer -----------------|
```

Palavras-chave e parâmetros

INITIAL especifica o tamanho em bytes da primeira extensão do objeto. Podemos também usar K ou M para especificar este tamanho em kilobytes ou megabytes. O valor default é de 5 blocos de dados. O valor mínimo é de 2 blocos de dados. O valor máximo varia e depende de seu sistema operacional. ORACLE arredonda valores até o próximo múltiplo do tamanho do bloco de dados.

NEXT especifica o tamanho em bytes da próxima extensão a ser alocada ao objeto. Você também pode usar K ou M para especificar o tamanho em kilobytes ou megabytes. O valor default é de 5 blocos de dados. O valor mínimo é de 1 bloco de dados. O valor máximo varia e depende de seu sistema operacional. ORACLE arredonda valores até o próximo múltiplo do tamanho do bloco de dados.

PCTINCREASE especifica o percentual para cada extensão depois do segundo aumento da extensão. O valor default é 50, o valor mínimo é 0. ORACLE arredonda o tamanho calculado de cada extensão nova até o próximo múltiplo do tamanho do bloco de dados.

MINEXTENTS especifica o número total de extensões alocados quando o segmento é criado. O valor mínimo é 1, o valor máximo varia e depende de seu sistema operacional.

MAXEXTENTS

OPTIMAL especifica um tamanho optimal em bytes para um rollback segment. Você pode usar também K ou M para especificar este tamanho em kilobytes ou megabytes. O valor deste parâmetro não pode ser menos que o espaço alocado para o rollback inicialmente.

FRELIST GROUPS especifica o número de grupos de listas livres para um cluster, tabela ou índice. Os valores default e mínimo para este parâmetro é 1. Só use este parâmetro se você está usando ORACLE Parallel Server com opção em modo parallel.

FREELISTS especifica o número de listas livres para cada grupo de lista livres para cluster, tabela ou índice. Os valores default e mínimo para este parâmetro é 1, significando que cada grupo de lista livres contém uma lista livre.

Quando você altera uma tablespace, você pode mudar os valores dos parâmetros STORAGE.

SQL, PL/SQL, SQL*Plus

Exemplo I

Esta declaração cria uma tabela e provê valores de parâmetro STORAGE:

```
CREATE TABLE dept
     (deptno NUMBER(2),
     dname VARCHAR2(14),
     loc VARCHAR2(13) )
     STORAGE (INITIAL 100K NEXT 50K
        MINEXTENTS 1 MAXEXTENTS 50 PCTINCREASE 5 );
```

ORACLE reserva espaço para a tabela baseado nos valores de parâmetro em STORAGE.

Exemplo II

Esta declaração cria um rollback segment e provê valores de parâmetro STORAGE:

```
CREATE ROLLBACK SEGMENT rsone
     STORAGE ( INITIAL 10K NEXT 10K
               MINEXTENTS 2 MAXEXTENTS 25
               OPTIMAL 50K );
```

ORACLE aloca espaços para rollback segment baseado nos valores de parâmetro STORAGE.

TRUNCATE

Propósito

Para remover todos os registros de uma tabela ou cluster.

Pré-requisitos

A tabela ou cluster deve estar em seu schema ou você tem que ter privilégio de sistema DELETE ANY TABLE.

Sintaxe

TRUNCATE command ::=

```
>>-- TRUNCATE — TABLE ------------------ table ------------------------>
          |             |- schema.-|      |   |— DROP — STORAGE --|
          |- CLUSTER ---------- cluster -|     |- REUSE --|
                        |- schema.-|
```

Palavras-chave e parâmetros

TABLE especifica o schema e o nome da tabela a ser truncado. Se você omite schema, ORACLE assume que a tabela está em seu próprio schema. Quando você trunca uma tabela, ORACLE automaticamente apaga todos os dados nas tabelas de índice.

CLUSTER especifica o schema e o nome do cluster a ser truncado. Se você omite schema, ORACLE assume que o cluster está em seu próprio schema. Quando você trunca um cluster, ORACLE automaticamente apaga todos os dados nas tabelas clusters de índice.

DROP STORAGE desaloca o espaço ocupado pelos registros das tabelas ou clusters STORAGE. Este espaço pode ser usado subseqüentemente através de outros objetos na tablespace.

REUSE STORAGE aproveita o espaço alocado dos registros deletados na tabela ou cluster. Este espaço pode ser usado subseqüentemente, só através de dados novos na tabela ou que seja resultado de updates ou inserts.

Notas de uso

Você pode usar o comando TRUNCATE para remover rapidamente todos os registros de uma tabela ou cluster. É mais rápido remover registros com o comando TRUNCATE do que com o comando DELETE por estas razões:

- Comando TRUNCATE parte da DDL (linguagem de definição de dados) e não gera nenhuma informação rollback.
- Truncando uma tabela, triggers no nível da tabela não são disparados.

Exemplo I

Esta declaração apaga todos os registros da tabela EMP e retorna o espaço livre para a tablespace que contém EMP:

```
TRUNCATE TABLE emp;
```

Esta declaração também apaga todos os dados de todos os índices em EMP e retorna o espaço livre para a tablespaces que os contém.

Exemplo II

Esta declaração apaga todos os registros de todas as tabelas do cluster CUST, mas reutiliza o espaço alocado para as tabelas:

```
TRUNCATE CLUSTER cust
    REUSE STORAGE;
```

UPDATE

Propósito

Para atualizar valores existentes em uma tabela ou view.

Pré-requisitos

Para atualizar valores em uma tabela, a tabela deve estar em seu próprio schema ou você tem que ter privilégio UPDATE na tabela.

Para atualizar valores na tabela base de uma view, o dono do schema que contém a view tem que fornecer privilégio UPDATE na tabela base a você. Também, se a view está em um schema diferente do seu, será necessário o privilégio UPDATE na view.

O privilégio de sistema UPDATE ANY TABLE também lhe permite atualizar valores em qualquer tabela ou qualquer tabela base de view.

Sintaxe

UPDATE command ::=

```
>>-- UPDATE --------------- table -------------------------------------->
              |- schema. -|   |- view -|   |-@dblink-||-alias-|
>-- SET --------------- ( — column —) = (subquery) -------------------->
          |- column = — expr -------------|
                            |- (subquery )-|
>-- WHERE condition -------------------------------------------------><
```

Palavras-chave e parâmetros

schema é o schema que contém a tabela ou view. Se você omite schema, ORACLE assume que a tabela ou view está em seu próprio schema.

table/view é o nome da tabela a ser atualizada. Se você especifica view, ORACLE atualiza a(s) tabela(s) base(s) da view.

dblink é o nome completo ou parcial de um database link a um Banco de Dados remoto onde a tabela ou view está localizada. Se você omite dblink, ORACLE assume que a tabela ou view está no Banco de Dados local.

alias é um apelido de referência nas outras cláusulas do comando.

column é o nome da(s) coluna(s) da tabela ou view que será atualizada.

expr é o novo valor atribuído a coluna correspondente.

subquery é uma declaração SELECT que retorna valores novos que são atribuídos às colunas correspondentes.

Capítulo 5 – Comandos | 241

WHERE restringe os registros a serem atualizados a uma a condição especificada. Se você omite esta cláusula, ORACLE atualiza todos os registros na tabela ou view.

Notas de uso

A cláusula SET determina quais colunas serão atualizadas e que valores novos serão armazenados.

A cláusula WHERE determina os registros que serão atualizados. Se nenhuma cláusula WHERE é especificada, todos os registros são atualizados.

Emitindo uma declaração UPDATE contra uma tabela, esta dispara qualquer trigger UPDATE.

Exemplo I

Esta declaração atribui valores nulos para comissão a todos os empregados que satisfaçam a uma condição:

```
UPDATE emp
    SET comm = NULL
    WHERE job = 'TRAINEE';
```

Exemplo II

Esta declaração promove JONES para gerente do departamento 20 com um aumento de .000,00:

```
UPDATE emp
    SET job = 'MANAGER', sal = sal + 1000, deptno = 20
    WHERE ename = 'JONES';
```

Exemplo III

Esta declaração atualiza registros em uma tabela em um Banco de Dados remoto. Observe o símbolo de arroba que indica um dblink:

```
UPDATE accounts@boston
    SET balance = balance + 500
    WHERE acc_no = 5001;
```

Exemplo IV

Este exemplo abrange a sintaxe completa do comando UPDATE:

ambas as formas da cláusula SET juntas em uma única declaração

uma subquery anexada

uma cláusula WHERE limitando os registros atualizados

SQL, PL/SQL, SQL*Plus

```
UPDATE emp A
    SET deptno =
        (SELECT deptno
          FROM dept WHERE loc = 'BOSTON'),
        (sal, comm) =
        (SELECT 1.1 * AVG(sal), 1.5 * AVG(comm)
          FROM emp B
          WHERE A.deptno = B.deptno)
    WHERE deptno IN
        (SELECT deptno
          FROM dept
          WHERE loc = 'DALLAS'
            OR loc = 'DETROIT');
```

Capítulo 6

SQL*Plus em ação

O software SQL*Plus (pronuncia-se "sequel plus") tem uma importância muito grande dentro da família Oracle. Através dele podemos entrar e executar comandos SQL, blocos de comandos PL/SQL. Além de ser um compilador SQL, PL/SQL, o SQL*Plus é uma eficiente e poderosa ferramenta na geração de relatórios em modo caractere. Com o SQL*Plus podemos:

- Entrar, editar, armazenar, substituir e executar comandos SQL e blocos PL/SQL;
- Formatar, ativar cálculos em colunas, funções e imprimir os resultados na tela ou na impressora;
- Exibir as definições das colunas de alguma tabela;
- Acessar e copiar dados entre Bancos de Dados;

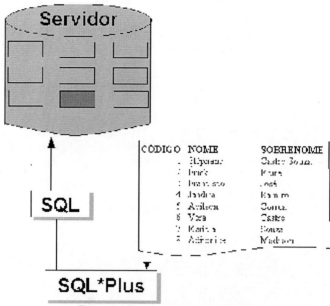
Figura 6.1 Funcionamento do SQL*Plus

Referência dos comandos

Este capítulo contém as descrições dos comandos SQL*plus, listados alfabeticamente. Use este capítulo para consultas e referências. Cada descrição contém as seguintes partes:

Propósito	Discute o uso básico do comando.
Sintaxe	Mostra como digitar o comando.
Condições e cláusulas	Descrevem a função de cada termo ou cláusula encontrados na sintaxe do comando.
Notas de uso	Contém informações adicionais sobre o funcionamento do comando.
Exemplo	Fornece um ou mais exemplos do comando.

A próxima tabela contém uma lista resumida e descreve brevemente os comandos SQL*Plus.

Comando	Descrição
@	Executa um script SQL especificado.
@@	Executa um script SQL aninhado.
/ nados	Executa comandos ou bloco de comandos PL/SQL atualmente armazeno buffer SQL.

Capítulo 6 – SQL*Plus em ação | 245

Comando	Descrição
ACCEPT	Lê uma linha de entrada e armazena-a em uma variável.
APPEND	Adiciona um texto especificado no fim de uma declaração corrente armazenada no buffer.
BREAK	Especifica onde e como a formatação deve alterar um relatório ou lista as definições atuais de break.
BTITLE	Posiciona e formata um título no fim de cada página de relatório, ou lista a definição de BTITLE atual.
CHANGE	Altera o texto da linha atual armazenado no buffer.
CLEAR	Reajusta ou apaga o valor atual ou fixa para uma opção especificada, como BREAKS ou COLUMNS.
COLUMN	Especifica os atributos de exibição para uma determinada coluna ou lista os atributos de exibição atuais para uma única coluna ou para todas as colunas.
COMPUTE	Calcula e imprime linhas somatórias ou exibe as definições de COMPUTE.
CONNECT	Conecta um determinado usuário ao ORACLE.
COPY	Copia dados de uma query para uma tabela em um Banco de Dados local ou remoto.
DEFINE	Especifica uma variável de usuário e atribui a ela um valor do tipo CHAR, ou exibe o valor e tipo de dados de uma única variável ou de um conjunto de variáveis.
DEL	Apaga uma ou mais linhas do buffer.
DESCRIBE	Exibe as definições de colunas de uma tabela, view ou sinônimo.
DISCONNECT	Executa um commit das mudanças pendentes no Banco de Dados e desconecta o usuário atual do ORACLE, mas não encerra o SQL*Plus.
EDIT	Invoca o editor de textos do sistema operacional, transferindo para ele o conteúdo do buffer.
EXECUTE	Executa um comando PL/SQL.
EXIT	Termina o SQL*Plus e retorna ao sistema operacional.
GET	Carrega um arquivo de texto para o SQL buffer.
HELP	Ativa o sistema de ajuda.
HOST	Executa um comando do sistema operacional sem sair do SQL*Plus.
INPUT	Adiciona uma ou mais linhas após a linha atual do buffer.
LIST	Lista uma ou mais linhas do SQL buffer.
PAUSE	Exibe uma linha em branco, seguida de uma linha contendo texto e aguarda o usuário pressionar ENTER.
PRINT	Exibe o conteúdo de uma bind variável.
PROMPT	Envia a mensagem especificada para a tela.
REMARK	Inicia uma linha de comentário.
RUN	Lista e executa o comando SQL armazenado no buffer.
RUNFORM	Executa um aplicativo SQL*Forms a partir do SQL*Plus.
SAVE	Salva o conteúdo do buffer SQL*Plus em um arquivo de texto.
SET	Atribui um conteúdo a uma variável de ambiente.

246 | *SQL, PL/SQL, SQL*Plus*

Comando	Descrição
SHOW	Exibe o valor atual de uma variável de ambiente.
SPOOL	Armazena o resultado de uma query em um arquivo de texto e opcionalmente o envia para a impressora.
SQLPLUS	Inicia o SQL*Plus a partir do prompt do sistema operacional.
START	Executa o conteúdo do arquivo de comandos especificado.
TIMING	Registra o tempo decorrido ou exibe os timers ativos.
TTITLE	Posiciona e formata o título no topo de cada página do relatório.
UNDEFINE	Apaga uma ou mais variáveis que foram previamente definidas.
VARIABLE	Declara uma bind variável.
WHENEVER OSERROR	Abandona a execução do SQL*Plus se um comando do sistema operacional gerar erro.
WHENEVER SQLERROR	Abandona a execução do SQL*Plus se um comando SQL ou PL/SQL gerar erro.

@ ("at")

Propósito

Executa um script SQL especificado.

Sintaxe

```
>>-- @ file_name[.ext] -------------------------------------------><
```

Condições e cláusulas

File_name[.ext] Representa o arquivo script que você deseja executar. Se você omite ext, SQL*Plus assume a extensão default (normalmente SQL). Para informação sobre como mudar a extensão default, veja a variável SUFFIX do comando SET, adiante neste capítulo.

Quando você entra @ file_name.ext, SQL*Plus procura um arquivo com o nome e extensão especificados.

Observe que você pode omitir o espaço entre @ e o nome do arquivo.

Notas de uso

Você pode incluir em um script SQL qualquer comando que você iria entrar normalmente no SQL*Plus.

O comando @ funciona como o comando START.

Capítulo 6 – SQL*Plus em ação | 247

Exemplo

Para executar um arquivo script de nome upd_clie com a extensão SQL, usamos:

```
SQL> @UPD_CLIE
```

Para executar um script de nome sel_forn com extensão QRY, usamos:

```
SQL> @SEL_FORN.QRY
```

@@ (Double "at")

Propósito

Executa um script de comando aninhado. Este comando é idêntico ao comando @, a não ser que procure o script especificado no mesmo caminho no qual foi chamado.

Sintaxe

```
>>-- @@ file_name [.ext] ---------------------------------------><
```

Condições e cláusulas

File_name [.ext] Representa o arquivo script aninhado que você deseja executar. Se você omite ext, SQL*Plus assume a extensão default (normalmente SQL). Para informação sobre como mudar a extensão default, veja a variável SUFFIX do comando SET, adiante neste capítulo.

Note que você pode omitir o espaço entre o double 'at' (@ @) e o nome do script.

Notas de uso

Você pode incluir em um arquivo script qualquer comando que entraria normalmente no SQL*Plus.

Exemplo

Suponha que você tem o arquivo de comando seguinte nomeado WKRPT:

```
@@WKRPT
/ (barra)
```

Propósito

Executa um comando SQL ou bloco PL/SQL armazenado no buffer SQL atualmente.

248 | *SQL, PL/SQL, SQL*Plus*

Sintaxe

```
>>-- / -------------------------------------------------------->< 
```

Notas de uso

Você pode entrar com uma barra no prompt de comando ou em um prompt de comando numerado que representa a continuação de um bloco PL/SQL.

O comando / tem funcionamento similar ao comando RUN, mas não lista a declaração SQL na tela ao executar.

Exemplo

Veja a seguinte declaração SQL sendo listada logo abaixo:

```
SQL> LIST
SELECT ENAME, JOB FROM EMP WHERE ENAME = 'JAMES'
```

Entrando com a barra (/), podemos executar a declaração armazena no buffer.

```
SQL> /
```

O SQL*Plus retorna um resultado na tela.

```
ENAME       JOB
---------   ----------
JAMES       CLERK
```

ACCEPT

Propósito

Lê uma linha de inserção e armazena-a em uma determinada variável do usuário.

Sintaxe

```
>>-- ACC[EPT] var [NUM[BER] |CHAR] --------------------------------->< 
              |-[PROMPT Text|NOPR[OMPT]] -|
              |-[HIDE] ------------------|
```

Condições e cláusulas

var

Representa o nome da variável na qual você deseja armazenar um valor. Se a variável não existe, SQL*Plus a cria.

NUM[BER]

Restringe o datatype da variável para o datatype NUMBER. Se a resposta não emparelha o datatype, ACCEPT retorna uma mensagem de erro e termina.

CHAR

Restringe o datatype da variável para o datatype CHAR. Se a resposta não emparelha o datatype, ACCEPT retorna uma mensagem de erro e termina.

PROMPT text

Exibe text na tela, antes de aceitar o valor da variável do usuário.

NOPR[OMPT]

Ignora uma linha e espera para entrada sem exibir o prompt.

HIDE

Suprime a exibição de como você digita a resposta.

Exemplos

Para exibir o lembrete, 'Salário' e colocar a resposta em uma variável NUMBER de nome SAL, entre:

```
SQL> ACCEPT sal NUMBER PROMPT 'Salário: '
```

Para exibir o lembrete, 'Contra-senha', e colocar a resposta em uma variável CHAR de nome SENHA, e suprimir a exibição, entre:

```
SQL> ACCEPT senha CHAR PROMPT 'Senha' HIDE
```

APPEND

Propósito

Adiciona o texto especificado para o fim da linha atual no buffer.

Sintaxe

```
>>--- A[PPEND] texto ----------------------------------------------------><
```

250 | *SQL, PL/SQL, SQL*Plus*

Condições e cláusulas

text

Representa o texto que você deseja adicionar. Se você deseja separar o texto do texto precedido com um espaço, entre com dois espaços em branco entre ACCEPT e texto.

Exemplos

Para adicionar um espaço e a coluna DEPT para a segunda linha no buffer, usamos a seguinte instrução:

```
SQL> 2

2 * FROM EMP,
```

Agora entre ACCEPT:

```
SQL> ACCEPT DEPT

SQL> 2

2 * FROM EMP, DEPT
```

Note o espaço duplo entre APPEND e DEPT. O primeiro separa ACCEPT do caractere a ser adicionado; o segundo espaço se torna o primeiro caractere adicionado.

BREAK

Propósito

Especifica onde e como a formatação deve alterar um relatório, ou listar as configurações atuais de break.

Sintaxe

```
>>-- BRE[AK] [ON rep_element [action [action]]] ------------------------><
```

Condições e cláusulas

```
rep_element Requer a sintaxe seguinte:
{ column | expr| ROW | REPORT }

action Requer a sintaxe seguinte:
[SKI[P] n | SKI[P]] PAGE]
[NODUP[LICATES] | DUP[LICATES]]
```

CHANGE

Propósito

Tem o objetivo de substituir parte do texto (ou todo) por outro.

Sintaxe

```
>>-- C[HANGE] sepchar old[sepchar[new[sepchar]]] ---------------------->-<
```

Condições e cláusulas

sepchar Pode ser qualquer caractereespecial que não esteja presente no texto <old> nem no texto <new>. Você pode omitir o espaço entre CHANGE e o primeiro sepchar.

Old Representa o texto que será trocado pelo comando. CHANGE ignora maiúsculas/minúsculas na procura de old. Por exemplo:

CHANGE /aq/aw

Irá encontrar a primeira letra da ocorrência do texto, seja iniciada por aq ou Aq ou aQ e fará a troca por aw.

new Representa o texto que irá substituir old.

Observe que os separadores apresentados são iguais. Podemos utilizar qualquer caractere especial não presente nos textos, porém dentro de um comando só podemos usar um deles.

Este comando efetua apenas uma substituição por linha, isto é, a linha é analisada da esquerda para a direita e quando for encontrado um trecho de texto igual ao texto <old> é feita a substituição pelo texto <new> e o comando é encerrado. Se desejarmos repetir a substituição para outro trecho da linha, devemos digitar o comando novamente.

Exemplos

Vamos assumir que a linha corrente no buffer tem o seguinte texto:

```
4* WHERE job IS IN ('CLERK', 'SECRETARY', 'RECEPTIONIST')
```

Entramos com o seguinte comando:

```
SQL> C /RECEPTIONIST/GUARD/
```

A linha terá uma nova alteração armazenada no buffer:

```
4* WHERE job IS IN ('CLERK', 'SECRETARY', 'GUARD')
```

250 | *SQL, PL/SQL, SQL*Plus*

Também podemos entrar com o seguinte comando:

```
SQL> C /'CLERK',.../'CLERK')/
```

A linha original é alterada para:

```
4* WHERE job IS IN ('CLERK')
```

Podemos também entrar com o seguinte comando:

```
SQL> C /(...),/('COOK', 'BUTLER')/
```

A linha original é alterada para:

```
4* WHERE job IS IN ('COOK', 'BUTLER')
```

Podemos também substituir o conteúdo de uma linha inteira.

Esta entrada:

```
SQL> 2 FROM EMP e1
```

Substituirá a segunda linha armazenada no buffer por:

```
FROM EMP e1
```

CLEAR

Propósito

Limpar o valor atual da opção especificada

Sintaxe

```
>>-- Cl[ear]----------------------------------------------------------><
                |--- Bre[aks] ---|
                |--- Buff[er] ---|
                |--- Col[umns] --|
                |--- Comp[utes] -|
                |--- Scr[een] ---|
                |--- Sql --------|
                |--- Timi[ng] ---|
```

Condições e cláusulas

Bre[aks] remove todas as indicações de quebra definidas no comando break

Buff[er] remove o texto do SQL Buffer. Comando semelhante a Clear Sql, a menos que tenhamos utilizado mais de um Buffer.

Col[umns] remove todas as especificações definidas pelo comando Col.

Comp[utes]remove todas as especificações definidas pelo comando Compute.

Scr[een] limpa a tela do SQL*Plus.

Sql limpa o Sql Buffer.

Timi[ng] remove todos os controles de tempo definidos.

Exemplo

Para remover todas as indicações de quebras, entramos:

```
SQL> CLEAR BREAKS
```

Para remover as definições de colunas, usamos:

```
SQL> CLEAR COLUMNS
```

COLUMN

Propósito

Formatar uma determinada coluna ou expressão.

Sintaxe

```
>>-- Col[umn] -------------------------------------------------------->< 
         |-<coluna>  ---------------------------| 
         |-<expressão>-|    |---------------------| 
                           |-Ali[as]<alias>--------| 
                           |-Cle[ar]--------------| 
                           |-Fold_Af[ter]----------| 
                           |-Fold_B[efore]---------| 
                           |-For[mat]<formato>-----| 
                           |-Hea[ding]<texto>------| 
                           |-Jus[tify]--L[eft]-----| 
                           |                |-C[enter]|| 
                           |                |-C[entre]|| 
                           |                |-R[ight]-|| 
                           |-Like-<expressão>------| 
                           |       |-----<alias>----| 
                           |-Newl[ine]-------------| 
                           |-New_v[alue]<var>------| 
                           |----Nopri[nt]----------| 
                           |                |-Pri[nt]-------|
```

SQL, PL/SQL, SQL*Plus

```
|-Nul[l]<texto>---------|
|-Old_v[alue]<var>------|
|------------On---------|
|                |-Off-----|
|--Wra[pped]------------|
|-Wor[d_wrapped]--------|
|-Tru[ncated]-----------|
```

Condições e cláusulas

Podemos executar este comando sem coluna identificada, para que ele apresente a formatação existente em vigor no SQL*Plus. Se o executarmos informando um nome de coluna ou expressão, ele apresentará a formatação em vigor para o elemento específico.

Ali[as] associa um alias (apelido) para a coluna (ou expressão), que pode ser utilizado em um comando Break, Compute ou até mesmo em outro comando Column.

Cle[ar] desfaz os formatos especificados para a coluna.

Fold_Af[ter] / Fold_B[efore] associa um retorno de carro antes (before) ou depois (after) do cabeçalho e coluna em cada linha. Isto força uma quebra na linha na posição em que o retorno de carro é colocado. O SQL*Plus não adiciona um retorno de carro extra ao final da linha listada.

For[mat] determina um formato de edição para as colunas numéricas e um tamanho de coluna para as demais colunas. O <formato> não pode ser substituído por uma variável, deve ser um valor constante e pode ser composto pelos caracteres { 9 0, . $ L G D C B MI S PR V EEEE RN rn DATE }, com a mesma funcionalidade dos formatos numéricos da função To_Char. Para os formatos alfanuméricos ou de data, podemos especificar An, onde n indica a largura da coluna.

Hea[ding] determina o cabeçalho da coluna.

Jus[tify] determina o alinhamento para o cabeçalho da coluna. Se não especificado, o alinhamento-padrão para colunas numéricas é à direita, e para as alfanuméricas à esquerda.

Like copia os atributos de outra coluna definida anteriormente. A opção Like não recobre as características já definidas para a coluna; só acrescenta aquelas não definidas.

Newl[ine] quebra a linha antes do valor ser apresentado. Tem o mesmo efeito de Fold_Before.

New_v[alue] atribui ao parâmetro <variável> o novo valor desta coluna, toda vez que houver mudança de valor.

Pri[nt]/Nopri[nt] apresenta (Print) ou não (NoPrint) a coluna na listagem resultado (cabeçalho e todos os valores).

Nul[l] indica o <texto> a ser apresentado quando o conteúdo da coluna for indeterminado (Null).

Old_v[alue] atribui ao parâmetro <variável> o valor anterior desta coluna, toda vez que houver mudança de valor.

On/Off habilita ou desabilita os atributos de apresentação para a coluna.

Wra[pped] determina como será feito o controle de quebra quando o conteúdo da coluna for maior que a largura especificada para ela. A opção Wrapped indica que o texto será cortado na largura especificada e continuará na próxima linha. Word_wrapped indica que o texto será cortado em final de palavra. Truncated indica que o texto apresentado será apenas aquele que couber na primeira linha.

Exemplos

Para configurar a coluna ENAME com tamanho de 20 caracteres e exibir o título FUNCIONA-RIO NOME em duas linhas no topo, digitamos:

```
SQL> COLUMN ENAME FORMAT A20 HEADING 'FUNCIONARIO |NOME'
```

Para formatar a coluna SAL, a fim de mostrar os separadores de milhar e decimal, usamos:

```
SQL> COLUMN SAL FORMAT 9,999,990.99
```

COMPUTE

Propósito

Calcula e imprime linhas somatórias ou exibe as definições de COMPUTE.

O comando Compute efetua um cálculo em relação a um elemento de quebra. Se desejarmos efetuar um cálculo quando houver quebra de coluna, esta coluna deve estar referenciada no comando Break. Se desejarmos um determinado cálculo ao término do relatório, a palavra Report deve estar mencionada no comando Break, e assim por diante. O cálculo só é efetuado em relação a um elemento presente no comando de quebra.

Podemos especificar um ou mais cálculos por elemento e, ainda, especificar um label que identifique o tipo de cálculo efetuado.

Sintaxe

```
>>-- Comp[ute]-------------------------------------------------><
                |-Avg——-——OF—<col>—ON—<col>|
                |-Count-|  lab[el]<txt>   |-<exp>||-<exp>|
                |-Max—|                   |-<als>||-Row--|
                |-Min—|                           |-Rept-|
                |-Num—|
                |-Std—|
                |-Sum—|
                |-Var—|
```

Condições e cláusulas

Avg calcula a média de valores não incluindo Nulls.

Count calcula a quantidade de valores não incluindo Nulls.

Max calcula o maior valor não incluindo Nulls.

Min calcula o menor valor não incluindo Nulls.

Num calcula a quantidade de valores (total).

Std calcula o desvio-padrão não incluindo Nulls.

Sum calcula o somatório de valores não incluindo Nulls

Var calcula a variância não incluindo Nulls.

Of indica a coluna em relação à qual será feito o cálculo.

lab[el] indica o label referente ao cálculo.

On indica em que momento o cálculo deve ser realizado (quebra).

Se criarmos mais de um comando Compute para a mesma indicação de quebra, somente a última é considerada. As demais são ignoradas.

Exemplo I

Para obtermos o subtotal de salário para a declaração abaixo, usamos:

```
SQL> BREAK ON JOB SKIP 1
SQL> COMPUTE SUM OF SAL ON JOB
SQL> SELECT job, ename, sal
     2   FROM emp
     3   WHERE JOB IN ('CLERK', 'ANALYST', 'SALESMAN')
     4   ORDER BY job, sal;
```

Teremos o seguinte resultado:

```
JOB              ENAME          SAL
-----------      ----------     -------
ANALYST          SCOTT          3000
                 FORD           3000
*********                       -------
sum                             6000

CLERK            SMITH          800
                 JAMES          950
                 ADAMS          1100
                 MILLER         1300
*********                       -------
sum                             4150

SALESMAN         WARD           1250
                 MARTIN         1250
```

Capítulo 6 – SQL*Plus em ação | 257

```
            TURNER          1500
            ALLEN           1600
*********                   -------
sum                         5600
```

Exemplo II

Para obtermos a média e o maior salário na declaração abaixo, usamos:

```
SQL> BREAK ON DNAME SKIP 1
SQL> COMPUTE AVG MAX OF SAL ON DNAME
SQL> SELECT dname, ename, sal
     2  FROM dept, emp
     3  WHERE dept.deptno = emp.deptno
     4  AND dname IN ('ACCOUNTING','SALES')
5       ORDER BY dname;

DNAME              ENAME            SAL
-------------      ------------     ---------
ACCOUNTING         CLARK            2450
                   KING             5000
                   MILLER           1300
**************                      ---------
avg                                 2916,6667
maximum                             5000

SALES              ALLEN            1600
                   WARD             1250
                   JAMES            950
                   TURNER           1500
                   MARTIN           1250
                   BLAKE            2850
**************                      ---------
avg                                 1566,6667
maximum                             2850
```

CONNECT

Propósito

Conecta/permite a troca de um determinado usuário ao ORACLE.

Sintaxe

```
>>-- Conn[ect]  [logon]  ---------------------------------------><
```

Condições e cláusulas

[logon] requer os seguintes parâmetros:

username/password@connect_string

O comando CONNECT realiza commit na transação corrente e desconecta o usuário corrente, reconectando ao Oracle com usuário novo que foi especificado no parâmetro username.

Exemplo I

Para conectar usando o username SCOTT e password TIGER para a connect_string default, entramos:

```
SQL> CONNECT SCOTT/TIGER
Conectado.
```

Exemplo II

Para a mesma conexão acima, no entanto ocultando a senha do usuário ao ser digitada, entramos:

```
SQL> CONNECT SCOTT
Informe a senha: *****
Conectado.
```

Copy

Propósito

Copia dados de uma query para uma tabela em um Banco de Dados local ou remoto.

Sintaxe

```
>--Copy--From<user>------------| |-Append-|-<tab    dest>--------------><
          |-To<user>------------|   |-Create-|
          |-From<user>To<user>---|   |-Insert-|
                                    |-Replace-|
----------------------------------------------------------using query-
```

O parâmetro <user> é da seguinte forma: <username>[/ <password> @<espec.do banco de dados>.

Capítulo 6 – SQL*Plus em ação | 259

Condições e cláusulas

<user> representa o usuário/senha que será usado para usar COPY FROM e TO. Na cláusula FROM, user representa a origem dos dados, enquanto a cláusula TO representa o destino. Se você não especifica uma senha, SQL*Plus providencia o prompt para a entrada da senha.

<tab dest>

Representa a tabela que será criada, caso não exista, para receber os dados.

using query

Especifica uma consulta SQL, determinando as colunas e registros que serão copiados.

Append

Insere os registros de query em <tab dest> se a tabela existir. Se <tab dest> não existir, COPY irá criá-la.

Create

Insere os registros de query em <tab dest> após criar a tabela. Se <tab dest> já existir, COPY retornará um erro.

Insert

Insere os registros de query em <tab dest> se a tabela existir. Se <tab dest> já existir, COPY retornará um erro.

Replace

Substitui o conteúdo de <tab dest> pelo conteúdo de query. Se <tab dest> não existir, COPY irá criá-la.

Exemplo I

Neste exemplo, vamos utilizar o comando COPY para copiar registro da tabela emp do usuário scott para o schema do usuário marco. Observe o uso do connect string @KSD e do hífen no final das duas primeiras linhas para indicar ao SQL*Plus a continuação do comando na próxima linha.

```
SQL> COPY FROM SCOTT/TIGER@KSD TO MARCO/KSD@KSD -
> REPLACE EMPTEMP -
> USING SELECT * FROM EMP
```

Tamanho do vetor busc./ligaç.é 15. (tamanho do vetor é 15)

Validará quando concluído. (validaçãocópia é 0)

Extensão de tam.máximo é 80. (extensão é 80)

Tabela EMPTEMP criada.

```
14 linhas selecionadas de SCOTT@KSD.
14 linhas inseridas em EMPTEMP.
14 linhas validadas em EMPTEMP no MARCO@KSD.
```

DEFINE

Propósito

Especifica uma variável de usuário e atribui a ela um valor do tipo CHAR, ou exibe o valor e tipo de dados de uma única variável ou de um conjunto de variáveis.

Sintaxe

```
>>--Def[ine]-------------------------------------------------------------><
                 |--<variavel>----------|
                 |--<variavel>=<texto>--|
```

Condições e cláusulas

O valor desta variável permanece no sistema até que modifiquemos seu valor através de outro comando Define, um comando Accept ou Col com New_Value / Old_Value ou, ainda, façamos a destruição da variável com o comando Undefine ou encerremos o SQL*Plus.

<variavel> representa a variável a ser usada, que terá um valor atribuído.

<texto> representa o valor CHAR que será atribuído à variável.

Exemplo I

O valor MANAGER será atribuído à variável POS:

```
SQL> DEFINE POS = MANAGER
```

Ao ser digitada uma declaração SQL que use a variável POS, esta terá seu valor usado pelo SQL*Plus:

```
SQL> SELECT ename, job, hiredate FROM EMP WHERE JOB='&POS';
antigo 1: SELECT ename, job, hiredate FROM EMP WHERE JOB='&POS'
novo   1: SELECT ename, job, hiredate FROM EMP WHERE JOB='MANAGER'

ENAME           JOB           HIREDATE
----------      ----------    ----------
JONES           MANAGER       02/04/81
BLAKE           MANAGER       01/05/81
CLARK           MANAGER       09/06/81
```

DEL

Propósito

Para excluir uma determinada linha da área do SQL Buffer. Caso não sejam informados parâmetros que indiquem a linha a ser removida, será excluída a linha corrente.

Sintaxe

```
>>-- Del -------------------------------------------------------->< 
              |—n——|
              |—last—|
```

Condições e cláusulas

n apaga a linha indicada pelo parâmetro n.

last apaga a última linha da declaração SQL.

Exemplo I

Vamos assumir a seguinte declaração:

```
SQL> SELECT ename, sal
       2   FROM emp
       3   ORDER BY ename;
```

Ao usarmos o comando DEL, vamos apagar a linha de número 3:

```
SQL> del 3
SQL> l
       1   SELECT ename, sal
       2*  FROM emp
```


Exemplo II

Podemos apagar sempre a última linha usando o comando:

```
SQL> del last
SQL> l
       1*  SELECT ename, sal
```

DESCRIBE

Propósito
Exibe as definições de colunas de uma tabela, view ou sinônimo.

Sintaxe

```
>>--Desc[ribe]------------<objeto>---------------------------------------><
                |-<schema>-|          |-@dblink-|
```

Condições e cláusulas
<schema> o schema do usuário.
<objeto> a tabela, view ou sinônimo a ser usado.
@dblink uma conexão de Banco de Dados remoto a ser usado.

Exemplo I

```
SQL> DESC DEPT
        Name                        Null?          Type
        ----------------------      ---------      --------
        DEPTNO                      NOT NULL       NUMBER(2)
        DNAME                                      VARCHAR2(14)
        LOC                                        VARCHAR2(13)
DISCONNECT
```

Propósito
Executa um commit das mudanças pendentes no Banco de Dados e desconecta o usuário atual do ORACLE, mas não encerra o SQL*Plus.

Sintaxe

```
>>--Disc[onnect]-----------------------------------------------------><
```

Condições e cláusulas
Use o comando DISCONNECT quando for se ausentar por um período maior de perto de seu computador. Deste modo, o SQL*Plus continuará rodando, mas sem nenhum usuário conectado no momento.

Capítulo 6 – SQL*Plus em ação | 263

EDIT

Propósito

Invoca o editor de textos do sistema operacional transferindo para ele o conteúdo do buffer.

Sintaxe

```
>>--Ed[it]-------------------------------------------------------------><
           |-<filename>----------|
           |              |-<.ext>---|
```

Condições e cláusulas

Quando omitimos o nome do arquivo a ser editado, o SQL*Plus aciona o editor do sistema, passando como parâmetro o texto do SQL Buffer.

Quando desejamos editar um determinado arquivo, seu nome pode ser informado com ou sem a extensão. A extensão default é SQL.

EXECUTE

Propósito

Usado para executar um comando PL/SQL. Normalmente usado para executar um bloco PL/SQL stored procedure.

Sintaxe

```
>>--Exe[cute] statement ------------------------------------------------><
```

Condições e cláusulas

statement representa o bloco PL/SQL.

O tamanho dos comandos no bloco PL/SQL não pode exceder o comprimento máximo definido em LINESIZE.

Exemplo I

O seguinte comando atribui um valor numérico à uma variável:

```
SQL> EXECUTE :n := 1
```

264 | *SQL, PL/SQL, SQL*Plus*

Exemplo II

A linha abaixo executa um bloco PL/SQL referente a uma stored procedure.

```
SQL> EXECUTE LOJA.PRODUTO('ORACLE BANCOS DE DADOS')
```

EXIT/QUIT

Propósito

Os comandos Exit e Quit são equivalentes e tem a finalidade de encerrar a sessão do SQL*plus. Isto significa que a conexão com o Banco de Dados e simultaneamente o próprio programa serão encerrados.

Sintaxe

```
>>--Exit----------------------------------------------------------------><
>>--Quit----------------------------------------------------------------><
```

Condições e cláusulas

Quando digitamos apenas Quit (ou apenas Exit) o término do programa é considerado normal e a conexão se encerra também normalmente com Commit.

A conexão com o banco pode ser encerrada independentemente do tipo de término do SQL*Plus (Commit ou Rollback).

GET

Propósito

Usado para carrega um arquivo de texto para o SQL buffer.

Sintaxe

```
>>--GET—<arquivo>-------------------------------------------------------><
                |-<ext>-|  |-Lis[t]-|  |-Nol[ist]-|
```

Condições e cláusulas

<arquivo> representa o arquivo que será lido (tipicamente um script de comandos).

<ext> representa a extensão do arquivo que será lido. A extensão só precisa ser mencionada se for diferente do padrão (SQL). O padrão pode ser mudado com o uso da variável de sistema Suffix.

Lis[t] lista o conteúdo do script ao carregá-lo. Por default, o conteúdo do arquivo é listado após ser carregado para o SQL Buffer. Se esta ação não for desejada, devemos usar a opção Nolist.

Nol[ist] ignora a listagem do arquivo script.

Todo o conteúdo do arquivo é carregado para o SQL Buffer; desta forma, se o arquivo contiver mais de um comando, ocorre um erro na execução, porque o SQL*Plus envia todo o buffer para o Banco de Dados como se fosse um único comando e, portanto, não reconhecido pelo Banco de Dados.

Caso o nome do arquivo seja composto das palavras List ou File, seu nome deve ser mencionado entre aspas.

Exemplo

Para ler um script que possui os comandos necessários para criação de usuários, usamos o seguinte comando:

```
SQL> GET criarUsuarios
```

HELP

Propósito

Usado para ativar o sistema de ajuda.

Sintaxe

```
>>--HELP-------------------------------------------------------------><
              |-<topico>-|
```

Exemplo

Este exemplo exibe informações sobre o uso do comando Comp[ute].

```
SQL> HELP COMP
```

266 | *SQL, PL/SQL, SQL*Plus*

HOST

Propósito
Usado para executar comandos direto no sistema operacional do host.

Sintaxe
```
>>--Ho[st]—<comando>----------------------------------------------------->< 
```

Condições e cláusulas
<comando> representa o comando a ser executado no sistema operacional.

Exemplo I
Este comando procura por arquivos no Unix/Linux com extensão SQL.
```
SQL> HOST LS *.sql
```

Exemplo II
Este comando executa o programa EDIT do Windows.
```
SQL> HOST edit
```

INPUT

Propósito
Adicionar uma ou mais linhas após a linha atual do buffer.

Este comando difere do comando Append, uma vez que pode voltar ao estado de digitação, abrindo uma nova linha para digitação, imediatamente após à linha corrente.

Sintaxe
```
>>--I[nput]-------------------|
                 |-<texto>-|
```

Condições e cláusulas

<texto> o texto na qual será inserida a declaração SQL. Para adicionar apenas uma linha, digite-a após o comando Input. Para inserir mais de uma linha, digite o comando Input e pressione ENTER. O SQL*Plus irá para uma nova linha com uma numeração seqüencial.

Exemplo I

Vamos assumir a seguinte linha:

```
SQL> SELECT * FROM EMP
```

Para adicionar uma cláusula condicional, usamos:

```
SQL> Input WHERE JOB = 'CLERK'
```


Exemplo II

Para adicionar mais de uma linha de comandos à declaração abaixo:

```
SQL> SELECT * FROM EMP
```

Usamos:

```
SQL> Input
       2   WHERE JOB = 'CLERK'
       3   ORDER BY ENAME
       4
SQL> List
       1   SELECT * FROM EMP
       2   WHERE JOB = 'CLERK'
       3*  ORDER BY ENAME
LIST
```

Propósito

Listar uma ou mais linhas do SQL buffer.

Sintaxe

```
>>--L[ist]----------------------------------------------------------><
                |—n-----|
                |—n m---|
                |—*-----|
                |—last--|
```

Condições e cláusulas

n indica a linha a ser listada.

n m lista a linha inicial(n) até a linha final(m).

* lista a linha atual no buffer.

last lista a última linha do buffer.

Exemplo I

Para listar todas as linhas do buffer, usamos:

```
SQL> List
      1   SELECT * FROM EMP
      2   WHERE JOB = 'CLERK'
      3*  ORDER BY ENAME
```

Exemplo II

Para listar a linha 2, usamos:

```
SQL> l 2
      2*  WHERE JOB = 'CLERK'
```

Exemplo III

Para listar da linha 2 até a 3, usamos:

```
SQL> l 2 3
      2   WHERE JOB = 'CLERK'
      3*  ORDER BY ENAME
```

Exemplo IV

Para listar a linha corrente do buffer, usamos:

```
SQL> l *
      3*  ORDER BY ENAME
```

Exemplo V

Para listar a última linha do buffer, usamos:

```
SQL> l last
      3*  ORDER BY ENAME
```

PAUSE

Propósito

Exibe uma linha em branco, seguida de uma linha contendo texto e aguarda o usuário pressionar ENTER.

Sintaxe

```
>>--Pau[se]---[text]------------------------------------------------->< 
```

Condições e cláusulas

[text] Representa o texto que será exibido no SQL*Plus.

Exemplo I

Para exibir uma linha alertando para o preparo da impressora, usamos:

```
SQL> SET PAUSE OFF
SQL> PAUSE Prepare a impressora e pressione ENTER.
SQL> SELECT...
PRINT
```

Propósito

Exibe o conteúdo de uma bind variável. Para maiores informações, veja nos próximos capítulos informações sobre PL/SQL.

Sintaxe

```
>>--Pri[nt]—<variavel>----------------------------------------------->< 
```

Condições e cláusulas

<variavel> representa o texto que receberá um valor no SQL*Plus.

Exemplo I

Vejamos o exemplo abaixo do comando PRINT:

```
SQL> Var id NUMBER
SQL> BEGIN
```

```
  2      :id := 27;
  3  END;
  4
SQL> PRINT id
      ID
----------
27
```

PROMPT

Propósito

Envia uma mensagem ou uma linha em branco para a tela do usuário. Pode ser útil para scripts longos, a fim de informar o passo executado.

Sintaxe

```
>>--PROMPT------------------------------------------------------------><
                  |-<texto>-|
```

Condições e cláusulas

<texto> representa a mensagem que será exibida na tela.

Exemplo I

Vejamos o exemplo abaixo do comando PROMPT, que irá rodar um script SQL localizado na unidade raiz do HD, seu conteúdo é o seguinte:

```
PROMPT
PROMPT Entre com um valor válido para o departamento
PROMPT Por exemplo: 10, 20, 30, 40
ACCEPT NEWDEPT NUMBER PROMPT 'DEPT:> '
SELECT dname FROM dept
WHERE  deptno = &NEWDEPT;
```

Vamos executar este script:

```
SQL> @ c:\depart
```

Em seguida teremos o resultado:

Entre com um valor válido para o departamento

Por exemplo: 10, 20, 30, 40

DEPT:>

Capítulo 6 – SQL*Plus em ação | 271

REPHEADER/REPFOOTER

Propósito

Os comandos RepHeader e RepFooter têm a finalidade de formatar um título geral para o início ou fim do relatório. Somente serão apresentados na primeira página (RepHeader) ou na última página do relatório (RepFooter).

A utilização de um dos comandos sem parâmetros faz com que o SQL*Plus liste o header ou footer em vigor.

Sintaxe

```
>>--Reph[eader]---------------------------------------------------><
     |-Repf[ooter]-|    |-page-| |-Col n------|            |-On/Off-|
                                 |-S[kip] n---|            |-<txt>--|
                                 |-Tab n------|            |-sql.pno|
                                 |-Le[ft]-----|            |-sql.lno|
                                 |-Ce[nter]---|            |-sql.rls|
                                 |-R[ight]----|            |-sql.cod|
                                 |-Bold-------|            |-sql.usr|
                                 |-Format<fmt>|            |-<var>--|
```

Condições e cláusulas

Page

Muda de página após o header ou antes do footer. Para que este comando gere uma marcação de página física, devemos ter executado anteriormente o comando Set Newpage ( ).

Col

Estabelece posicionamento na coluna <n> da linha de impressão atual (avança ou recua).

S[kip]

Pula para o início da próxima linha <n> vezes. Se o parâmetro <n> for omitido, 1 é assumido. Se o parâmetro <n> possuir valor 0, fará com que haja o posicionamento na linha atual.

Tab

Pula <n> de colunas para a frente ou para trás (se o valor for negativo).

Le[ft] / Ce[nter] / R[ight]

Estabelece o posicionamento dos textos que o seguem à esquerda, centralizados ou à direita, respectivamente. Os textos são tratados como um único elemento.

Bold

Realiza impressão em negrito. No vídeo, a linha será repetida três vezes.

272 | SQL, PL/SQL, SQL*Plus

Format

Utiliza os mesmos formatos válidos para o comando Column. A palavra Format não pode ser abreviada.

<txt>

Corresponde à uma única palavra ou a um conjunto de palavras (se entre aspas).

<var>

Corresponde à uma variável de sistema criada pelo usuário.

Sql.pno

Corresponde à uma variável de sistema que indica a página corrente.

Sql.lno

Corresponde à uma variável de sistema que indica a linha corrente.

Sql.rls

Corresponde à uma variável de sistema que indica a release do Oracle.

Sql.cod

Corresponde à uma variável de sistema que indica o último código de erro ocorrido.

Sql.usr

Corresponde à uma variável de sistema que indica o usuário da sessão.

On/Off

Torna o header (ou footer) habilitado ou desabilitado sem afetar sua definição.

O comando RepHeader (assim como os demais comandos do SQL*Plus) pode ocupar diversas linhas. Será considerado um único comando se incluirmos o símbolo - (hífen) ao fim de cada linha para indicar continuação de comando.

RUN

Propósito

Lista e executa o comando SQL armazenado no buffer.

Sintaxe

```
>>--R[un]----------------------------------------------------------><
```

Condições e cláusulas

O comando Run, além de executar a declaração SQL, lista a declaração e define como linha corrente a última linha do buffer. Este se difere do comando barra (/) justamente na listagem da declaração SQL que é feita antes da execução da declaração SQL.

Capítulo 6 – SQL*Plus em ação | 273

Exemplo I

Assumimos a seguinte declaração:

```
SELECT *
FROM dept
ORDER BY loc
```

Ao usar o comando Run, teremos o seguinte resultado:

```
SQL> R
     1  SELECT *
     2  FROM dept
     3* ORDER BY loc

  DEPTNO    DNAME         LOC
  -------   ------------  ----------
    40      OPERATIONS    BOSTON
    30      SALES         CHICAGO
    20      RESEARCH      DALLAS
    10      ACCOUNTING    NEW YORK
```

SAVE

Propósito

Salva o conteúdo do buffer SQL*Plus em um arquivo de texto no sistema operacional.

Sintaxe

```
>>--Sav[e]--<arq>-------------------------------------------------><
                  |ext|    |create|    |repl[ace]|        |app[end]|
```

A sintaxe acima permite que o conteúdo do SQL buffer seja salvo em um arquivo novo (default), substitua um arquivo existente ou seja adicionado a um arquivo existente.

Condições e cláusulas

ext representa a extensão do arquivo, caso seja omitida será usado SQL como extensão padrão. O padrão pode ser mudado com o uso da variável de sistema Suffix.

create cria o arquivo ao salvar.

repl[ace] substitui o conteúdo do arquivo. Caso o arquivo não exista, REPLACE irá criá-lo.

app[end] salva o arquivo recobrindo o que está em disco.

274 | SQL, PL/SQL, SQL*Plus

Exemplo I

Para salvar o arquivo de nome DEPART.SQL, usamos o seguinte comando:

```
SQL> SAVE depart
Criado file depart
```

SET

Propósito

Este comando, que pode ser incluído em um script, modifica o valor de uma das variáveis de sistema.

Sintaxe

```
>>--Set—<variavel>—<valor>-------------------------------------------><
```

Condições e cláusulas

A seguir, uma tabela lista as variáveis de sistema do SQL*Plus.

VARIÁVEL	DESCRIÇÃO
APP[INFO]{ON|OFF|text}	Indica que os comandos executados com @, @@ e start devem ser registrados pelo pacote DBMS_APPLICATION_INFO, a fim de terem sua execução monitorada pelo DBA. O valor padrão é "SQL*Plus"
ARRAY[SIZE] {15/n}	Determina o número de linhas que o SQL*Plus deve obter do Banco de Dados a cada leitura (Fetch).
AUTOCOMMIT {OFF|ON}	Indica se o Oracle efetiva as modificações pendentes para o Banco de Dados. A opção ON faz que seja executado um COMMIT após cada comando SQL ou bloco PL/SQL.
AUTOPRINT {OFF|ON}	Apresenta automaticamente o valor das variáveis BIND após a execução de um bloco PL/SQL.
AUTOTRACE {OFF|ON|TRACE[ONLY]} [EXPLAIN] [STATISTICS]	Apresenta um relatório sobre a execução de comandos SQL DML (Select, Insert, Update, Delete) bem-sucedidos. O relatório pode incluir a apresentação de estatísticas e o caminho de execução (Explain). A opção traceonly apresenta o relatório sem mostrar os dados da query. Se Statistics for solicitado, a execução do comando é realizada, porém sem a apresentação dos resultados. Para que a opção Explain possa ser executada, deve ser criada a tabela Plan_table para a geração do caminho de acesso.

Capítulo 6 – SQL*Plus em ação | 275

VARIÁVEL	DESCRIÇÃO
BLOCKTERMINATOR {. / C}	Determina um caractere não alfanumérico para indicar o fim de blocos PL/SQL.
CLOSECURSOR	
CMDSEP {;	c	OFF	ON}	Determina um caractere não alfanumérico para separar múltiplos comandos SQL*Plus digitados na mesma linha. Se usarmos a opção ON, o caractere padrão será ponto e vírgula (;)
COLSEP { |text}	Determina o texto a ser impresso entre colunas selecionadas (Select). Se o valor tiver brancos ou caracteres de pontuação, deve ser informado entre aspas simples. O valor padrão é um único espaço em branco.
COMPATIBILITY {V7|V8|NATIVE}	Especifica a versão do Banco de Dados com o qual estamos nos conectando.
CONCAT {.|c|OFF|ON}	Determina o caractere para terminar uma variável de substituição, se desejarmos seguir imediatamente a variável com um caractere que o SQL*Plus deva interpretar como valor, e não como parte do nome da variável de substituição.
COPYCOMMIT {O|n}	Controla o número de linhas após as quais o comando COPY deve efetivar (COMMIT) as linhas para o Banco de Dados. Se optarmos por 0 (zero), o commit só será executado ao final da cópia.
COPYTYPECHECK {OFF|ON}	Determina que a verificação de compatibilidade de tipos de dados deve ser suprimida durante uma inclusão ou adicionamento de linhas para tabelas, usando-se o comando COPY. Esta é uma facilidade para DB2, que necessita que um CHAR seja copiado para um DB2 DATE.
DEFINE {&|c|OFF|ON}	Determina o caractere a ser usado para prefixar variáveis de substituição. ON ou OFF controla se o SQL*Plus irá ou não pesquisar no texto à procura de variáveis de substituição para substituí-las por valores. Ao usarmos ON, o valor atribuído é &. Esta opção tem precedência sobre SCAM.
ECHO {OFF|ON}	Controla quando o comando Start lista cada comando presente no arquivo de comandos quando realiza a sua execução.
EDITFILE filename.ext	Determina o nome padrão para o comando Edit.
EMBEDDED {OFF|ON}	Controla onde cada nova página do relatório começa. OFF força cada relatório a começar no topo de uma nova página. ON permite que um relatório inicie em qualquer parte da página.
ESCAPE {|c|OFF|ON}	Define o caractere a ser usado como escape. ON altera o valor (c) para o padrão (\ ). Este caractere é usado antes do caractere indicado para variáveis de substituição para indicar que o texto a seguir deve ser considerado normal e não uma substituição.
FEEDBACK 6|n	Mostra o número de registros retornados por uma query, se forem selecionados mais de n registros.
FEEDBACK ON|OFF	Determina o estado da variável FEEDBACK.

SQL, PL/SQL, SQL*Plus

VARIÁVEL	DESCRIÇÃO
FLAGGER {OFF|ENTRY |INTERMEDIATE|FULL}	Verifica sintaticamente o comando SQL informado com o padrão ANSI ISO SQL92. Este comando pode ser executado, mesmo que não estejamos conectados ao Banco de Dados. Ficará acionado através de todas as conexões que estabelecermos, até que seja desabilitado ou que encerremos (EXIT) o SQL*Plus.
FLUSH ON|OFF	Indica se as respostas (OUTPUTS) e prompts de comandos devem ou não ser mostrados no vídeo. Usado para execução em batch.
HEADING ON|OFF	Determina se o cabeçalho dos campos devem ser mostrados.
HEADSEP "|" |ON|OFF	Determina qual o caractere indicador de quebra de linha para os textos dos cabeçalhos de campos.
LINESIZE 100|n	Indica o número de caracteres por linha.
LONG {80|n}	Determina a largura máxima em bytes para apresentação de valores LONG, CLOB e NLOB e para cópia de valores LONG. O valor máximo é de 2GB.
LONGCHUNKSIZE {80|n}	Determina o tamanho em bytes dos incrementos nos quais o SQL*Plus recupera um valor LONG, CLOB ou NCLOB. Quando obtemos valores CLOB ou NCLOB podemos desejar obter os valores em pedaços, em vez do tamanho total em função de restrições de memória.
MAXDATA	
NEWPAGE {1|n|none}	Determina o número de linhas em branco a serem impressas entre o início da página e o primeiro título. O 0 (zero) coloca o formfeed no topo da página.
NULL {" "|text}	Indica qual o texto a ser apresentado na coluna quando seu conteúdo em alguma linha for vazio (NULL).
NUMFORMAT {" "|formato}	Determina o valor padrão para apresentação das colunas numéricas.
NUMWIDTH {10|n}	Indica a largura padrão para apresentação de números.
PAGESIZE {24|n}	Indica o número de linhas para cada página do relatório.
PAUSE {msg}	Mostra mensagem após preenchimento da página da tela.
PAUSE {ON|OFF}	Indica se o mecanismo de pausa após o preenchimento de uma página deve ser acionado.
PNO	
SERVEROUTPUT {OFF|ON} [FORMAT] [WRAPPED] [WORD_ WRAPPED] [TRUNCATED]	Controla a apresentação das informações geradas através do pacote [SIZE n] DBMS_OUTPUT em stored procedures ou blocos de PL/SQL. O parâmetro size determina o número de bytes que podem ser buferizados dentro do Oracle Server (o valor deve variar entre 2000 e 1.000.000). O padrão é 2000. Quando WRAPPED é habilitado, a quebra de linha ocorre a cada LINESIZE caracteres. Quando WORD_WRAPPED é utilizado, a quebra de linhas ocorre a cada LINESIZE caracteres, porém em final de palavra. Quando TRUNCATED é habilitado, cada linha é truncada em LINESIZE caracteres.

Capítulo 6 – SQL*Plus em ação | 277

VARIÁVEL	DESCRIÇÃO
SHOWMODE {ON|OFF}	Indica se o SQL*Plus mostra o valor antigo e o novo de uma variável de sistema quando esta é modificada com o comando SET.
SPACE {1|n}	Indica o número de espaços entre os campos do relatório. O valor máximo é de 10.
SQLCASE {MIXED|LOWER|UPPER}	Converte os textos de comandos SQL e PL/SQL, de acordo com a opção escolhida, inclusive os textos constantes.
SQLCONTINUE{>|text}	Determina o caractere que o SQL*Plus mostra como prompt, se quebrarmos uma linha de comando do SQL*Plus usando o hífen (-).
SQLNUMBER {ON|OFF}	Determina o prompt para a segunda e subseqüentes linhas quando estamos efetuando a digitação de comandos SQL ou PL/SQL. ON indica que o prompt deve ser uma numeração seqüencial. OFF indica que o valor deve ser SQLPROMPT.
SQLPREFIX {#|c}	Indica um prefixo. Durante a digitação de um comando de SQL, podemos, em uma linha separada prefixada pelo caractere escolhido, digitar um comando de SQL*Plus, que será executado imediatamente após o [ENTER] de linha. Deve ser um caractere não alfanumérico.
SQLPROMPT {SQL>|text}	Exibe um prompt para entrada de comandos.
SQLTERMINATOR {;|c|ON|OFF}	Indica qual caractere o SQL*Plus reconhecerá como fim de linha e execução. OFF indica que não existe caractere associado, o fim do comando é reconhecido como uma linha inteira em branco. O valor padrão é ;
SUFFIX {SQL|text}	Indica a extensão padrão para arquivos do SQL*Plus.
TAB {ON|OFF}	Determina como o SQL*Plus formato espaços no resultado.
TERMOUT {ON|OFF}	Controla a apresentação dos resultados gerados por comandos executados a partir de um arquivo de comandos. OFF suprime a apresentação do resultado no vídeo, mas o spool do resultado é gerado
TIME {ON|OFF}	Controla a apresentação da hora atual. ON mostra a hora corrente antes do prompt.
TIMING {ON|OFF}	Controla a apresentação de estatísticas de tempo.
TRIMOUT {ON|OFF}	Determina se o SQL*Plus deixa os brancos finais de cada linha ou remove-os. ON remove os brancos no final de cada linha aumentando a performance, especialmente útil quando executamos o SQL*Plus de um equipamento lento.
TRIMSPOOL {ON|OFF}	Determina se o SQL*Plus retira os brancos ao final de cada linha enviada para spool. ON remove os brancos finais.
UNDERLINE {-|c|ON|OFF}	Determina o caractere usado para sublinhar cabeçalhos de colunas.
VERIFY {ON|OFF}	Determina se o texto do comando SQL será apresentado antes e após o SQL*Plus ter efetuado a substituição do parâmetro pelo valor real.

VARIÁVEL	DESCRIÇÃO
WRAP {ON|OFF}	Controla se o SQL*Plus trunca a apresentação de linhas selecionada: se o comprimento a ser apresentado é muito longo para a largura atual da linha. OFF trunca a linha.

SHOW

Propósito

Exibir o valor atual de uma variável de sistema.

Sintaxe

```
>>--Show-------------------------------------------------------------->-<
              |-varSys------|
              |-all---------|
              |-Bti[tle]----|
              |-Label-------|
              |-Lno---------|
              |-Pno---------|
              |-Rel[ease]---|
              |-RepH[eader]-|
              |-RepF[ooter]-|
              |-Spoo[l]-----|
              |-sqlcode-----|
              |-Tti[tle]----|
              |-User--------|
              |-Err[ors]----|
```

Condições e cláusulas

varSys

 Apresenta informações sobre a variável de sistema nomeada no comando.

all

 Apresenta informações sobre todas as variáveis de sistema.

Bti[tle]

 Apresenta o valor corrente da variável Btitle.

Label

 Apresenta informações sobre o Label da sessão. Utilizado pelo Trusted Oracle.

Lno

 Apresenta o número da linha corrente.

Pno

 Apresenta o número da página corrente.

Rel[ease]

Apresenta a versão atual do SQL*Plus.

RepH[eader]

Apresenta o valor corrente do cabeçalho.

RepF[ooter]

Apresenta o valor corrente do rodapé.

Spoo[l]

Apresenta o valor corrente da variável Spool.

Sqlcode

Apresenta o valor corrente da variável Sqlcode.

Ti[tle]

Apresenta o valor corrente da variável Title.

User

Apresenta o usuário corrente conectado ao SQL*Plus.

Err[ors]

Apresenta informações sobre o último comando de PL/SQL compilado ou sobre uma rotina específica nomeada no comando.

Exemplo I

Para verificar o usuário conectado no momento, usamos:

```
SQL> SHOW user
usuário é "SCOTT"
```

Exemplo II

Para verificar a versão atual do SQL*Plus , usamos:

```
SQL> SHOW rel
release 801050000
```

Exemplo III

Para verificar o estado da variável Reph no momento, usamos:

```
SQL> SHOW reph
repheader OFF e é NULL
```

280 | *SQL, PL/SQL, SQL*Plus*

SPOOL

Propósito

Armazenar o resultado de uma query em um arquivo de texto e opcionalmente o enviar para a impressora.

Sintaxe

```
>>--Spo[ol]-------------------------------------------------------------><
              |-<arquivo>---|.<ext>|--|
              |-Off-------------------|
              |-Out-------------------|
```

Condições e cláusulas

<arquivo>

Indica o nome do arquivo para o qual está sendo enviado o resultado. A extensão default para o Windows é LST. De acordo com o sistema operacional, este valor poderá variar. Se desejarmos, poderemos alterar esta extensão definindo outro valor.

Off

Interrompe a geração do arquivo.

Out

Interrompe a geração do arquivo, e o envia para a impressora default do sistema operacional.

Neste arquivo, são gerados não só o resultado do(s) comando(s) executado(s), como também as mensagens enviadas, o texto do comando; enfim, uma reprodução de tudo o que é mostrado no vídeo. Podemos alterar esse resultado através das variáveis de sistema.

Exemplo I

Para gerar um arquivo de nome teste.lst, entramos com o seguinte comando:

```
SQL> SPOOL teste
```

Este arquivo é gravado em drive:Oracle\bin

START

Propósito

Executar o conteúdo do arquivo de comandos especificado.

Cada comando SQL ou SQL*plus é lido e tratado individualmente. Num arquivo executado por Start, podemos incluir diversos comandos SQL.

Sintaxe

```
>>--Start--<arq>------------------------------------------------><
       |-@-----|           |-<ext>-|   |                       |
       |-@@----|                       |-<parametro>----|
```

Condições e cláusulas

O comando @ é sinônimo de Start e o @@ é semelhante, com a diferença de que se esse comando for incluído em um arquivo de comandos, ele pesquisará o arquivo associado no diretório do arquivo de comandos e não no diretório local, como seria o caso do @ e do Start.

TIMING

Propósito

Registrar o tempo decorrido ou exibir os timers ativos.

Sintaxe

```
>>--Timi[ng]----------------------------------------------------><
                 |-Start--<texto>---|
                 |-Show-----------|
                 |-Stop-----------|
```

Condições e cláusulas

Start <texto> corresponde ao nome do timer criado. Se executado sem parâmetros, lista a quantidade de timers ativos.

Show mostra valor acumulado para o timer corrente.

Stop interrompe a contagem para o timer ativo.

SQL, PL/SQL, SQL*Plus

282

Exemplo I

Para criar uma área de timing de nome SQL_AREA, usamos:

```
SQL> TIMING START sql_area
```

Para visualizar o timing corrente, usamos:

```
SQL> TIMING show
sincronizando para: sql_area
real: 15182
```

TTITLE/BTITLE

Propósito

Os comandos Ttitle e Btitle formatam títulos a serem apresentados no topo (Ttitle) ou rodapé (Btitle) de cada página do relatório.

Sintaxe

```
>>--Tti[tle]--------------------------------------------------------->< 
       |-Bti[tle]-|    |-Col n------|  |-On/Off-|
                       |-S[kip] n---|  |-<txt>--|
                       |-Tab n------|  |-sql.pno|
                       |-Le[ft]-----|  |-sql.lno|
                       |-Ce[nter]---|  |-sql.rls|
                       |-R[ight]----|  |-sql.cod|
                       |-Bold-------|  |-sql.usr|
                       |-Format<fmt>|  |-<var>--|
```

Condições e cláusulas

Col

Estabelece posicionamento na coluna <n> da linha de impressão atual (avança ou recua).

S[kip]

Pula para o início da próxima linha <n> vezes. Se o parâmetro <n> for omitido, 1 é assumido. Se o parâmetro <n> possuir valor 0, fará com que haja o posicionamento na linha atual.

Tab

Pula <n> de colunas para a frente ou para trás (se o valor for negativo).

Le[ft] / Ce[nter] / R[ight]

Estabelece o posicionamento dos textos que o seguem à esquerda, centralizados ou à direita, respectivamente. Os textos são tratados como um único elemento.

Capítulo 6 – SQL*Plus em ação | 283

Bold

Realiza impressão em negrito. No vídeo, a linha será repetida três vezes.

Format

Utiliza os mesmos formatos válidos para o comando Column. A palavra Format não pode ser abreviada.

\<txt>

Corresponde à uma única palavra ou a um conjunto de palavras (se entre aspas).

\<var>

Corresponde à uma variável de sistema criada pelo usuário.

Sql.pno

Corresponde à uma variável de sistema que indica a página corrente.

Sql.lno

Corresponde à uma variável de sistema que indica a linha corrente.

Sql.rls

Corresponde à uma variável de sistema que indica o release do Oracle.

Sql.cod

Corresponde à uma variável de sistema que indica o último código de erro ocorrido.

Sql.usr

Corresponde à uma variável de sistema que indica o usuário da sessão.

On/Off

Torna o header (ou footer) habilitado ou desabilitado sem afetar sua definição.

Exemplo I

Vamos realizar algumas definições na declaração abaixo:

```
SQL> TTITLE LEFT 'RELATÓRIO TESTE' CENTER '29/06/01'  -
> RIGHT 'Pag.:' FORMAT 999 SQL.PNO SKIP CENTER BOLD -
> 'KSD INFO'
```

Lembre-se que quando colocamos hífen no fim de uma linha, SQL*Plus entende que esta linha terá continuação na linha seguinte. Outro detalhe é que o título que está centralizado está repetido 3 vezes. Isto ocorre para indicar que este texto está em negrito.

```
RELATÓRIO TESTE              29/06/01                 Pag.:
                            KSD INFO
                            KSD INFO
                            KSD INFO


     DEPTNO  DNAME           LOC
------------ --------------- ----------
         10  ACCOUNTING      NEW YORK
         20  RESEARCH        DALLAS
         30  SALES           CHICAGO
         40  OPERATIONS      BOSTON
UNDEFINE
```

Propósito

Apagar uma ou mais variáveis que foram previamente definidas.

Sintaxe

```
>>--Undef[ine]—<variavel>-------------------------------------------><
```

Condições e cláusulas

<variavel> representa o nome da variável a ser removida.

Exemplo I

Para remove o valor da variável POS, usamos:

```
SQL> UNDEFINE pos
```

VARIABLE

Propósito

Criar uma variável Bind, que pode ser usada em blocos PLISQL.

Sintaxe

```
>>--Var[iable]—<variavel>-----------------------------------------><
                          |-Number------------|
                          |-Char--------------|
                          |-Char(<tamanho>)---|
                          |-Nchar-------------|
                          |-Nchar(<tamanho>)--|
                          |-Nvarchar2(<tam>)--|
                          |-Varchar2(<tam>)---|
                          |-Clob--------------|
                          |-Refcursor---------|
```

Condições e cláusulas

Os tipos da variável criada correspondem aos tipos válidos em PL/SQL.

Quando utilizamos o comando Variable sem parâmetros, são listadas todas as variáveis Bind criadas no SQL*Plus.

Exemplo I

Vamos criar a seguinte variável usando a instrução abaixo:

```
SQL> Variable id NUMBER
SQL> BEGIN
   2    :id := emp_gerente
   3        ('BLAKE','MANAGER','KING',2990, 'SALES');
   4  END;
```

Exemplo II

Podemos verificar as variáveis atualmente declaradas:

```
SQL> VARIABLE
variável    id
Tipo de dados   NUMBER

variável    n
Tipo de dados   NUMBER
```

WHENEVER OSERROR/SQLERROR

Propósito

Abandona a execução do SQL*Plus se um comando do sistema operacional gerar erro (OSERROR), abandona a execução do SQL*Plus se um comando SQL ou PL/SQL gerar erro (SQLERROR).

Sintaxe

```
>>--Whenever—Oserror—Exit—-Success---------------------------------------->< 
        |-Sqlerror-|          |-Failure-----|      |-Commit---| 
                    |          |-<n>---------|      |-Rollback-| 
                    |          |-<variavel>--|                 | 
                    |          |-:<var.Bind>-|                 | 
                    |-Continue--------------------------| 
                                    |-Commit---| 
                                    |-Rollback-| 
                                    |-None-----| 
```

Condições e cláusulas

Exit Success Failure n <variavel>

Direciona como será a saída do SQL*Plus quando um erro for encontrado.

Continue

Continua a execução do SQL*Plus.

286 | *SQL, PL/SQL, SQL*Plus*

Commit

Direciona o SQL*Plus para executar um commit antes de sair.

Rollback

Direciona o SQL*Plus para executar um rollback antes de sair.

None

Direciona o SQL*Plus para não realizar nenhuma alteração ao sair.

Exemplos

Esta sessão fornece uma série de exemplos práticos e reutilizáveis para scripts SQL e SQL*Plus.

Exemplo I

Esta declaração será salva do SQL*BUFFER em um arquivo texto:

```
SQL> SELECT * FROM EMP;

SQL> SAVE CONSULTA1
Criado file CONSULTA1
```

Agora iremos retornar o conteúdo deste arquivo para o SQL*BUFFER:

```
SQL> GET CONSULTA1
1* SELECT * FROM EMP
```

Podemos executar este arquivo salvo através do comando START, usando:

```
SQL> START CONSULTA1
```

ou

```
SQL> @ CONSULTA1
```

EMPNO	ENAME	JOB	MGR	HIREDATE	SAL	COMM	DEPTNO
7369	SMITH	CLERK	7902	17/12/80	800		20
7499	ALLEN	SALESMAN	7698	20/02/81	1600	300	30
7521	WARD	SALLSMAN	7698	22/02/81	1250	500	30
7566	JONES	MANAGER	7839	02/04/81	2975		20
7654	MARTIN	SALESMAN	7698	28/09/81	1250	1400	30
7698	BLAKE	MANAGER	7839	01/05/81	2850		30
7782	CLARK	MANAGER	7839	09/06/81	2450		10
7788	SCOTT	ANALYST	7566	19/04/87	3000		20
7839	KING	PRESIDENT		17/11/81	5000		10
7844	TURNER	SALESMAN	7698	08/09/81	1500	0	30
7876	ADAMS	CLERK	7788	23/05/87	1100		20
7900	JAMES	CLERK	7698	03/12/81	950		30
7902	FORD	ANALYST	7566	03/12/81	3000		20
7934	MILLER	CLERK	7782	23/01/82	1300		10

14 linhas selecionadas.

Figura 6.2 Arquivo SQL executado.

Capítulo 6 – SQL*Plus em ação | 287

Usaremos este exemplo para ilustrar as configurações de página e pausa em um relatório SQL*Plus. Lembre-se que comandos SQL*Plus não precisam ser terminados com o ponto e vírgula (;).

```
SQL> SET PAGESIZE 10
SQL> SET PAUSE 'PRESSIONE QUALQUER TECLA PARA CONTINUAR...'
SQL> SET PAUSE ON
SQL> SELECT ENAME FROM EMP;
PRESSIONE QUALQUER TECLA PARA CONTINUAR...

ENAME
----------
SMITH
ALLEN
WARD
JONES
MARTIN
BLAKE
CLARK
PRESSIONE QUALQUER TECLA PARA CONTINUAR...

ENAME
----------
SCOTT
KING
TURNER
ADAMS
JAMES
FORD
MILLER
```

14 linhas selecionadas.

```
SQL>
```

Exemplo II

Neste exemplo, vamos configurar o tamanho da página, a quantidade de colunas, o cabeçalho e o rodapé do relatório.

```
SQL> SET PAGESIZE 14
SQL> SET LINESIZE 60
SQL> SET FEEDBACK OFF
SQL> TTITLE ' RELATÓRIO EMPREGADOS '
SQL> BTITLE ' CONFIDENCIAL '
SQL> SELECT ename, deptno, job FROM emp;
```

288 | *SQL, PL/SQL, SQL*Plus*

```
SQL> SELECT ENAME, DEPTNO, JOB FROM EMP;

Qui Dez 28                                        página    1
                       RELATÓRIO EMPREGADOS

 ENAME         DEPTNO   JOB
----------   ---------  ---------
 SMITH           20  CLERK
 ALLEN           30  SALESMAN
 WARD            30  SALESMAN
 JONES           20  MANAGER
 MARTIN          30  SALESMAN
 BLAKE           30  MANAGER
 CLARK           10  MANAGER
                       CONFIDENCIAL
```

Figura 6.3 Segundo exemplo de relatório.

Exemplo III

Neste exemplo, além das configurações anteriores, também configuramos as colunas ENAME e JOB com novos títulos e formato.

```
SQL> SET PAGESIZE 14
SQL> SET LINESIZE 60
SQL> SET FEEDBACK OFF
SQL> TTITLE 'RELATÓRIO EMMPREGADOS'
SQL> BTITLE 'CONFIDENCIAL'
SQL> COLUMN ENAME HEADING 'NOME' FORMAT A22
SQL> COLUMN JOB HEADING 'PROFISSÃO' FORMAT A22
SQL> SELECT ename, deptno, job FROM emp;
```

```
SQL> SELECT ENAME, JOB FROM EMP;

Qui Dez 28                                          página    1
                    RELATÓRIO EMPREGADOS

NOME                    PROFISSÃO
----------------------  ----------------------
SMITH                   CLERK
ALLEN                   SALESMAN
WARD                    SALESMAN
JONES                   MANAGER
MARTIN                  SALESMAN
BLAKE                   MANAGER
CLARK                   MANAGER
                            CONFIDENCIAL

Qui Dez 28                                          página    2
                    RELATÓRIO EMPREGADOS

NOME                    PROFISSÃO
----------------------  ----------------------
SCOTT                   ANALYST
KING                    PRESIDENT
TURNER                  SALESMAN
ADAMS                   CLERK
JAMES                   CLERK
FORD                    ANALYST
MILLER                  CLERK
                            CONFIDENCIAL
```

Figura 6.4 Terceiro exemplo de relatório

Exemplo IV

Acrescentamos a formatação do campo SAL, um BREAK no campo ENAME.

```
SQL> SET PAGESIZE 14
SQL> SET LINESIZE 60
SQL> SET FEEDBACK OFF
SQL> TTITLE 'RELATÓRIO EMPREGADOS'
SQL> BTITLE 'CONFIDENCIAL'
SQL> COLUMN ENAME HEADING 'NOME' FORMAT A22
SQL> COLUMN JOB HEADING 'PROFISSÃO' FORMAT A22
SQL> COLUMN SAL HEADING 'SALÁRIO' FORMAT $9,999.99
SQL> BREAK ON ENAME SKIP 1
SQL> SELECT ename, job, sal FROM emp;
```

290 | *SQL, PL/SQL, SQL*Plus*

```
SQL> SELECT ENAME, JOB, SAL FROM EMP;
```

```
Qui Dez 28                                              página    1
                        RELATÓRIO EMPREGADOS

NOME                    PROFISSÃO                       SALÁRIO
--------------------    ----------------------    ----------
SMITH                   CLERK                           $800.00

ALLEN                   SALESMAN                      $1,600.00

WARD                    SALESMAN                      $1,250.00

JONES                   MANAGER                       $2,975.00
                        CONFIDENCIAL
```

Figura 6.5 Quarto exemplo de relatório.

Exemplo V

Neste exemplo, reajustamos algumas configurações de página e acrescentamos um agrupamento nos campos JOB/ENAME.

```
SQL> SET PAGESIZE 14
SQL> SET LINESIZE 80
SQL> SET FEEDBACK OFF
SQL> TTITLE 'RELATÓRIO EMPREGADOS'
SQL> BTITLE 'CONFIDENCIAL'
SQL> COLUMN JOB HEADING 'CARGO' FORMAT A22
SQL> COLUMN ENAME HEADING 'NOME' FORMAT A22
SQL> COLUMN SAL HEADING 'SALÁRIO' FORMAT $99,999,999.99
SQL> BREAK ON JOB SKIP 1
SQL> COMPUTE SUM OF JOB ON ENAME
SQL> SELECT job, ename, sal FROM emp
  2  ORDER BY job, ename, sal;
```

Capítulo 6 – SQL*Plus em ação | 291

```
SQL> SELECT JOB, ENAME, SAL FROM EMP
  2   ORDER BY JOB, ENAME, SAL;

Qui Dez 20                                              página    1
                        RELATÓRIO EMPREGADOS

CARGO                   NOME                       SALÁRIO
----------------------  ----------------------   ---------------
ANALYST                 FORD                        $3,000.00
                        SCOTT                       $3,000.00

CLERK                   ADAMS                       $1,100.00
                        JONES                         $950.00
                        MILLER                      $1,300.00
                        SMITH                         $800.00
                           CONFIDENCIAL

Qui Dez 20                                              página    2
                        RELATÓRIO EMPREGADOS

CARGO                   NOME                       SALÁRIO
----------------------  ----------------------   ---------------

MANAGER                 BLAKE                       $2,850.00
                        CLARK                       $2,450.00
                        JONES                       $2,975.00

PRESIDENT               KING                        $5,000.00

                           CONFIDENCIAL
```

Figura 6.6 Quinto exemplo de relatório

Exemplo VI

Neste exemplo, modificamos o comando BREAK.

```
SQL>  SET PAGESIZE 14
SQL>  SET LINESIZE 80
SQL>  SET FEEDBACK OFF
SQL>  TTITLE 'RELATÓRIO EMPREGADOS'
SQL>  BTITLE 'CONFIDENCIAL'
SQL>  COLUMN JOB HEADING 'CARGO' FORMAT A22
SQL>  COLUMN ENAME HEADING 'NOME' FORMAT A22
SQL>  COLUMN SAL HEADING 'SALÁRIO' FORMAT $99,999,999.99
SQL>  BREAK ON JOB SKIP 1 ON REPORT
SQL>  SELECT job, ename, sal FROM emp
  2   ORDER BY job, ename, sal;
```

292 | *SQL, PL/SQL, SQL*Plus*

```
SQL> SELECT JOB, ENAME, SAL FROM EMP
  2  ORDER BY JOB, ENAME, SAL;

Qui Dez 28                                                      página    1
                        RELATÓRIO EMPREGADOS

CARGO                      NOME                         SALÁRIO
-------------------------- ----------------------   ---------------
ANALYST                    FORD                         $3,000.00
                           SCOTT                        $3,000.00

CLERK                      ADAMS                        $1,100.00
                           JAMES                          $950.00
                           MILLER                       $1,300.00
                           SMITH                          $800.00
                             CONFIDENCIAL

Qui Dez 28                                                      página    2
                        RELATÓRIO EMPREGADOS

CARGO                      NOME                         SALÁRIO

MANAGER                    BLAKE                        $2,850.00
                           CLARK                        $2,450.00
                           JONES                        $2,975.00

PRESIDENT                  KING                         $5,000.00

                             CONFIDENCIAL
```

Figura 6.7 Sexto exemplo de relatório

Exemplo VII

As modificações em relação aos exemplos anteriores, são o acréscimo dos comandos SUM e SPOOL. Observe e compare com os exemplos anteriores.

```
SQL>   SET PAGESIZE 14
SQL>   SET LINESIZE 80
SQL>   SET FEEDBACK OFF
SQL>   TTITLE 'RELATÓRIO EMPREGADOS'
SQL>   BTITLE 'CONFIDENCIAL'
SQL>   COLUMN JOB HEADING 'CARGO' FORMAT A22
SQL>   COLUMN ENAME HEADING 'NOME' FORMAT A22
SQL>   COLUMN SAL HEADING 'SALÁRIO' FORMAT $99,999,999.99
SQL>   BREAK ON JOB SKIP 1 ON REPORT
SQL>   COMPUTE SUM OF SAL ON JOB REPORT
SQL>   SPOOL SALARIOS
SQL>   SELECT job, ename, sal FROM emp
  2    ORDER BY job, ename, sal;
```

Exemplo VIII

Neste exemplo, desabilitamos o comando SPOOL e usamos o comando EDIT para exibir o relatório gravado em disco, feito no exemplo anterior.

```
SQL> SPOOL OFF
SQL> EDIT SALARIOS.LST
```

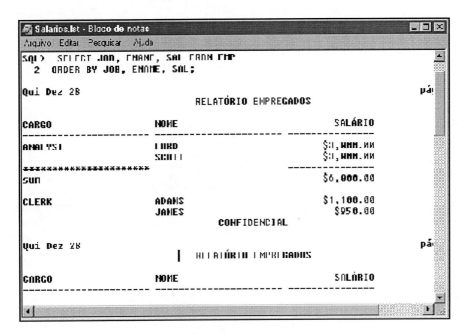

Figura 6.9 Oitavo exemplo de relatório

Realização de cálculos com números usando operadores aritméticos

Exemplo IX

Podemos realizar cálculos e obter resultados, como novas colunas, a partir de colunas existentes e o uso de operadores aritméticos. Veja o exemplo seguinte, que cria uma nova coluna de nome BONUS a partir do resultado do cálculo de percentual realizado na coluna SAL:

```
SQL> SELECT ename, sal, sal * 10 / 100 bonus FROM emp;
```

SQL, PL/SQL, SQL*Plus

```
SQL> SELECT ENAME, SAL, SAL + 10 / 100 BONUS FROM EMP
  2 /

ENAME           SAL       BONUS
----------  ---------  ---------
SMITH            800         80
ALLEN           1600        160
WARD            1250        125
JONES           2975      297,5
MARTIN          1250        125
BLAKE           2850        285
CLARK           2450        245
SCOTT           3000        300
KING            5000        500
TURNER          1500        150
ADAMS           1100        110
JAMES            950         95
FORD            3000        300
MILLER          1300        130

14 linhas selecionadas.
```

Figura 6.10 Exemplo de relatório usando operador

```
SQL> SELECT ENAME, SAL, SAL * 10 / 100 BONUS FROM EMP
  2 ORDER BY SAL * 10 / 100;

ENAME           SAL       BONUS
----------  ---------  ---------
SMITH            800         80
JAMES            950         95
ADAMS           1100        110
WARD            1250        125
MARTIN          1250        125
MILLER          1300        130
TURNER          1500        150
ALLEN           1600        160
CLARK           2450        245
BLAKE           2850        285
JONES           2975      297,5
SCOTT           3000        300
FORD            3000        300
KING            5000        500

14 linhas selecionadas.
```

Figura 6.11 Neste exemplo, foi acrescentada uma ordenação,
tendo como base a operação realizada na declaração SQL.

Siga a precedência dos operadores aritméticos quando formular expressões complexas.

Regras de precedência:

■ Operadores em uma expressão aritmética são avaliados na seguinte ordem:
1 – Multiplicação e Divisão (* , /)
2 – Adição e subtração (+ , -)

```
SQL> SELECT ENAME, SAL, SAL * 10 + 100 BONUS FROM EMP;

ENAME           SAL       BONUS
----------  ----------  ----------
SMITH           800         8100
ALLEN          1600        16100
WARD           1250        12600
JONES          2975        29850
MARTIN         1250        12600
BLAKE          2850        28600
CLARK          2450        24600
SCOTT          3000        30100
KING           5000        50100
TURNER         1500        15100
ADAMS          1100        11100
JAMES           950         9600
FORD           3000        30100
MILLER         1300        13100

14 linhas selecionadas.
```
Figura 6.12 Exemplo de relatório com operadores.

```
SQL> SELECT ENAME, SAL, (SAL + 100) * 12 FROM EMP;

ENAME           SAL   (SAL+100)*12
----------  ----------  ------------
SMITH           800        10800
ALLEN          1600        20400
WARD           1250        16200
JONES          2975        36900
MARTIN         1250        16200
BLAKE          2850        35400
CLARK          2450        30600
SCOTT          3000        37200
KING           5000        61200
TURNER         1500        19200
ADAMS          1100        14400
JAMES           950        12600
FORD           3000        37200
MILLER         1300        16800

14 linhas selecionadas.
```
Figura 6.13 Relatório usando operadores.

296 | SQL, PL/SQL, SQL*Plus

Exemplo X

Neste exemplo, usamos operadores para realizar o cálculo de datas entre um período inicial e o final, e no caso foi usada a data atual (SYSDATE).

EXPRESSÃO	DESCRIÇÃO
DATA + NÚMERO	Soma à data números de dias
DATA – NÚMERO	Subtrai à data número de dias
DATA – DATA	Retorna o número de dias entre as datas.

Figura 6.14 Relatório usando cálculo com datas.

```
SQL> SELECT ENAME, HIREDATE, SYSDATE,
  2  SYSDATE - HIREDATE "TOTAL DIAS",
  3  TRUNC((SYSDATE - HIREDATE) / 7,0) SEMANAS,
  4  ROUND(MOD((SYSDATE - HIREDATE),7),0) DIAS
  5  FROM EMP;

ENAME        HIREDATE   SYSDATE    TOTAL DIAS   SEMANAS   DIAS
----------   --------   --------   ----------   -------   -----
SMITH        17/12/80   28/12/00   7316,9147       1045      2
ALLEN        20/02/81   28/12/00   7251,9147       1035      7
WARD         22/02/81   28/12/00   7249,9147       1035      5
JONES        02/04/81   28/12/00   7219,9147       1030      1
MARTIN       28/09/81   28/12/00   7031,9147       1004      4
BLAKE        01/05/81   28/12/00   7181,9147       1025      7
CLARK        09/06/81   28/12/00   7142,9147       1020      9
SCOTT        19/04/87   28/12/00   5002,9147        714      5
KING         17/11/81   28/12/00   6981,9147        997      3
TURNER       08/09/81   28/12/00   7051,9147       1007      3
ADAMS        29/05/87   28/12/00   4968,9147        709      6
JAMES        03/12/81   28/12/00   6965,9147        995      1
FORD         03/12/81   28/12/00   6965,9147        995      1
MILLER       23/01/82   28/12/00   6914,9147        987      6

14 linhas selecionadas.
```

FUNÇÕES NUMÉRICAS SIMPLES

FUNÇÃO	SINTAXE	RESULTADO
ROUND	ROUND(M,N)	Arredonda M para N casas decimais.
TRUNC	TRUNC(N,M)	Trunca N para M casas decimais.

Capítulo 6 – SQL*Plus em ação | 297

Exemplo XI

Nesta declaração SQL, realizamos um cálculo onde o resultado teve números de ponto flutuante. Uma nova coluna usando a função ROUND retornou este mesmo resultado, arredondado para o inteiro mais próximo.

```
SQL> SELECT ENAME, SAL, SAL / 22, ROUND (SAL/22,0) FROM EMP;

ENAME          SAL    SAL/22 ROUND(SAL/22,0)
---------- ---------- --------- ---------------
SMITH          800 36,363636              36
ALLEN         1600 72,727273              73
WARD          1250 56,818182              57
JONES         2975 135,22727             135
MARTIN        1250 56,818182              57
BLAKE         2850 129,54545             130
CLARK         2450 111,36364             111
SCOTT         3000 136,36364             136
KING          5000 227,27273             227
TURNER        1500 68,181818              68
ADAMS         1100        50              50
JAMES          950 43,181818              43
FORD          3000 136,36364             136
MILLER        1300 59,090909              59

14 linhas selecionadas.
```

Figura 6.15 Utilização de função para arredondar valores.

```
SQL> SELECT ENAME, SAL, SAL / 22, TRUNC (SAL/22,0) FROM EMP;

ENAME          SAL    SAL/22 TRUNC(SAL/22,0)
---------- ---------- --------- ---------------
SMITH          800 36,363636              36
ALLEN         1600 72,727273              72
WARD          1250 56,818182              56
JONES         2975 135,22727             135
MARTIN        1250 56,818182              56
BLAKE         2850 129,54545             129
CLARK         2450 111,36364             111
SCOTT         3000 136,36364             136
KING          5000 227,27273             227
TURNER        1500 68,181818              68
ADAMS         1100        50              50
JAMES          950 43,181818              43
FORD          3000 136,36364             136
MILLER        1300 59,090909              59

14 linhas selecionadas.
```

Figura 6.16 Função TRUNC para obter o inteiro do resultado da operação.

SQL, PL/SQL, SQL*Plus

Exemplo XII

Para realizar cálculos com nulos, representando perda, desconhecimento ou valor inapropriado com nulo, usamos a função NVL.

```
SQL> SELECT ENAME, SAL * COMM / 100 FROM EMP;

ENAME        SAL+COMM/100
----------   ------------
SMITH
ALLEN               4800
WARD                6250
JONES
MARTIN             17500
BLAKE
CLARK
SCOTT
KING
TURNER                 0
ADAMS
JAMES
FORD
MILLER

14 linhas selecionadas.
```

Figura 6.17 Resultado de operação retornando valor nulo.

```
SQL> SELECT ENAME, NVL(COMM,0),
  2  SAL * NVL(COMM,0) / 100 FROM EMP;

ENAME        NVL(COMM,0) SAL*NVL(COMM,0)/100
----------   ----------- -------------------
SMITH                  0                   0
ALLEN                300                4800
WARD                 500                6250
JONES                  0                   0
MARTIN              1400               17500
BLAKE                  0                   0
CLARK                  0                   0
SCOTT                  0                   0
KING                   0                   0
TURNER                 0                   0
ADAMS                  0                   0
JAMES                  0                   0
FORD                   0                   0
MILLER                 0                   0

14 linhas selecionadas.
```

Figura 6.18 Convertendo nulo para valor numérico.

Exemplo VIII

Para realizar cálculos com datas usando funções:

FUNÇÃO	EXEMPLO	RESULTADO
SYSDATE	SYSDATE	Data e hora correntes
ADD_MONTHS	ADD_MONTHS(D,N)	Adiciona N meses a data D
LAST_DAY	LAST_DAY(D)	Data do último dia do mês D
NEXT_DAY	NEXT_DAY(D,CHAR)	Devolve o primeiro dia da semana determinado por char (MONDAY, FRIDAY, ETC)
MONTHS_BETWEEN (	MONTHS_BETWEEN	O número de meses existentes D, E) entre as datas D e E.

Figura 6.19 Adicionando meses à uma data.

SQL, PL/SQL, SQL*Plus

```
SQL> SELECT ENAME, HIREDATE,
  2    LAST DAY(HIREDATE) "ÚLTIMO"
  3    FROM EMP;

ENAME        HIREDATE ÚLTIMO
---------- -------- --------
SMITH      17/12/80 31/12/80
ALLEN      20/02/81 28/02/81
WARD       22/02/81 28/02/81
JONES      02/04/81 30/04/81
MARTIN     28/09/81 30/09/81
BLAKE      01/05/81 31/05/81
CLARK      09/06/81 30/06/81
SCOTT      19/04/87 30/04/87
KING       17/11/81 30/11/81
TURNER     08/09/81 30/09/81
ADAMS      23/05/87 31/05/87
JAMES      03/12/81 31/12/81
FORD       03/12/81 31/12/81
MILLER     23/01/82 31/01/82

14 linhas selecionadas.
```

Figura 6.20 Determinando o último dia do mês.

```
SQL> SELECT ENAME, HIREDATE,
  2    MONTHS BETWEEN(SYSDATE, HIREDATE)
  3    "MESES PASSADOS" FROM EMP;

ENAME        HIREDATE MESES PASSADOS
---------- -------- --------------
SMITH      17/12/80 240,38751
ALLEN      20/02/81 238,28874
WARD       22/02/81 238,22422
JONES      02/04/81 236,86938
MARTIN     28/09/81 231
BLAKE      01/05/81 235,90164
CLARK      09/06/81 234,64357
SCOTT      19/04/87 164,32099
KING       17/11/81 229,38751
TURNER     08/09/81 231,67583
ADAMS      23/05/87 163,19196
JAMES      03/12/81 228,83712
FORD       03/12/81 228,83712
MILLER     23/01/82 227,19196

14 linhas selecionadas.
```

Figura 6.21 Determinando um período de meses entre duas datas.

Para determinar o próximo dia da semana a partir de uma data usando a função NEXT_DAY.

Sintaxe:

```
NEXT_DAY (D,CHAR)
```

Onde:

D – Será a data determinada para retorno do valor desejado.

CHAR – será o dia da semana desejado.

```
SQL> SELECT SYSDATE, NEXT_DAY(SYSDATE,'DOMINGO')
2  "PRÓXIMO DOMINGO" FROM DUAL;

SYSDATE        PRÓXIMO         DOMINGO
----------     --------------------
28/12/00                       31/12/00
```

Para determinar o número de meses entre duas datas pela utilização da função MONTS_BE-TWEEN

```
SQL> SELECT ENAME, HIREDATE,
  2  MONTHS_BETWEEN(SYSDATE, HIREDATE)
  3  "MESES PASSADOS" FROM EMP;

ENAME         HIREDATE  MESES PASSADOS
----------    --------  --------------
SMITH         17/12/80      248,38751
ALLEN         20/02/81      238,28874
WARD          22/02/81      238,22422
JONES         02/04/81      236,86938
MARTIN        28/09/81      231,31
BLAKE         01/05/81      235,90164
CLARK         09/06/81      234,64357
SCOTT         19/04/87      164,32099
KING          17/11/81      229,38751
TURNER        08/09/81      231,67583
ADAMS         23/05/87      163,19196
JAMES         03/12/81      228,83712
FORD          03/12/81      228,83712
MILLER        23/01/82      227,19196

14 linhas selecionadas.
```

Figura 6.21 Usando função months_between para verificar período de meses.

Exemplo XIV

Para exibir a totalização de resultados para grupos de linhas com as cláusulas group by e having.

302 | *SQL, PL/SQL, SQL*Plus*

Sintaxe

```
SELECT NOME_COLUNA [ NOME_COLUNA ]
FROM NOME_TABELA
WHERE CONDIÇÃO
GROUP BY EXPRESSÃO_GROUP_BY
```

Onde

EXPRESSÃO_GROUP_BY = especifica a(s) coluna(s) pelas quais serão agrupados pela função de grupo.

```
SQL> SELECT JOB, COUNT(ENAME)
     2   "FUNCIONARIOS P/SETOR"
     3   FROM EMP GROUP BY JOB;

JOB                FUNCIONARIOS P/SETOR
-----------        ------------------------
ANALYST                               2
CLERK                                 4
MANAGER                               3
PRESIDENT                             1
SALESMAN                              4
```

Para mostrar linhas específicas ou grupos específicos utilizando a cláusula having:

Sintaxe

```
SELECT NOME_COLUNA [ NOME_COLUNA ]
FROM NOME_TABELA
WHERE CONDIÇÃO
GROUP BY EXPRESSÃO_GROUP_BY
```

HAVING CONDIÇÃO

Onde

HAVING CONDIÇÃO = restringe o grupo de linhas retornadas daqueles grupos para especificar uma condição TRUE

```
SQL> SELECT JOB, 12 * AVG(SAL)
     2   FROM EMP
     3   GROUP BY JOB
     4   HAVING 12 * AVG(SAL) > 5000;

JOB               12*AVG(SAL)
-----------        --------------
ANALYST                   36000
CLERK                     12450
MANAGER                   33100
PRESIDENT                 60000
SALESMAN                  16800
```

Capítulo 7

Linguagem PL/SQL em ação

Sobre a PL/SQL

Como já sabemos, a SQL (Structured Query Language), é uma linguagem interativa, que tem por objetivo pesquisar, recuperar e formatar dados de forma simples, através de relatórios em tela ou impressora, usando frases simples, tiradas do vocabulário corrente.

Devido à algumas limitação da linguagem SQL, a Oracle desenvolveu uma linguagem baseada no SQL interativo, incrementando várias facilidades encontradas em outras linguagens, surgindo assim PL/SQL. PL/SQL é uma linguagem ORACLE de extensão à linguagem SQL, com a qual é altamente integrada. PL/SQL tem suas origens em Ada, uma linguagem de programação de alto nível, desenvolvida para o Departamento Norte-Americano de Defesa, e compartilha muitas características em comum.

Benefícios através de PL/SQL

Performance

Sua utilização reduz o tráfego na rede, pelo envio de um bloco contendo vários comandos SQL agrupados para o Banco de Dados Oracle. PL/SQL também adiciona performance às ferramentas que possuem um módulo executor local, pois não necessita enviar comandos

304 | *SQL, PL/SQL, SQL*Plus*

PL/SQL para serem processados pelo servidor, sendo enviados apenas os comandos SQL. É importante também lembrar que a criação e o uso de stored subprogram podem reduzir, além do tráfego na rede, também a programação, quando estabelecemos ações que podem ser compartilhadas em várias aplicações.

Portabilidade

Usando PL/SQL para desenvolver aplicações, estas são portáveis para qualquer sistema operacional e plataforma suportada pelo Oracle, não havendo a necessidade de customização, significando que podemos escrever programs ou bibliotecas de programas que podem ser reutilizados em variados ambientes.

Modularizar desenvolvimento de programas

- Grupos relacionados logicamente com declarações de blocos.
- Criar sub-blocos dentro de grandes blocos para construção de poderosos programas.
- Desmembrar os problemas em pequenas partes, permitindo um melhor gerenciamento, pois estarão dispostos em módulos lógicos.

Identificar declaração

- Declarar variáveis, constantes, cursores e exceções, e usá-los em declarações procedurais no SQL.
- Adicionar na seção DECLARE tanto variáveis de tipos simples como compostos.
- Declarar variáveis dinamicamente baseadas na estrutura de tabelas e colunas no Banco de Dados.

Programas com controle

- Executa uma seqüência de declarações condicionalmente;
- Executa uma seqüência de declarações interagindo em um LOOP;
- Partindo para uma nova seqüência de declarações.
- Processamento individual das linhas retornadas por uma pesquisa de multilinhas com um cursor explícito.

Estrutura

A linguagem PL/SQL é estruturada em blocos. Cada bloco pode conter outros blocos. Em cada um destes blocos podemos declarar variáveis que deixam de existir quando o bloco termina.

Strutura do bloco PL/SQL

```
ACCEPT p_cod_produto PROMPT 'Entre o código de produto  '

DECLARE

    v_cod_prod produto.cod%type;

BEGIN

    SELECT cod
                INTO v_nxd_prod
    FROM produto
    WHERE cod = &p_cod_prod;
    DELETE FROM estoque
    WHERE cod = v_cod_prod;
    COMMIT WORK;

EXCEPTION

    WHEN NO_DATA_FOUND THEN
                ROLLBACK WORK;
                INSERT INTO excecao (mensagem)
                        VALUES(TO_CHAR(v_cod_prod) || ' e nvalido ');
                COMMIT WORK;
    WHEN TOO_MANY_ROWS THEN
                ROLLBACK WORK;
                INSERT INTO excecao (mensagem)
                        VALUES('Dados corromoidos na tabela PRODUTO.');
                COMMIT WORK;
    WHEN OTHERS THEN
                ROLLBACK WORK;
                INSERT INTO excecao (mensagem)
                        VALUES('Outro erro encontrado.');
                COMMIT WORK;

END;
/
```

Figura 7.1 Estrutura de um bloco PL/SQL.

SEÇÃO DE DECLARAÇÃO (DECLARE)

- Contém todas as variáveis, constantes, cursores e definições de exceções pelo usuário, que podem ser referenciados com a seção executável. Ocupacional.

SEÇÃO EXECUTÁVEL (BEGIN)

- Contém as declarações SQL para manipulação dos dados no banco, e declarações de PL/SQL para manipulação de dados no bloco. Obrigatório.

TRATAMENTO DE EXCEÇÕES (EXCEPTION)

- Especifica as ações para executar quando um erro ou uma condição anormal ocorre na seção executável. Opcional.

Construção de programas PL/SQL

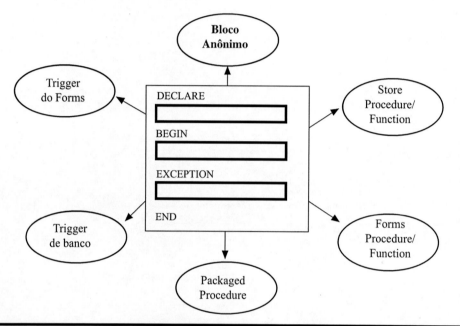

CONSTRUÇÃO	DESCRIÇÃO
BLOCO ANÔNIMO	Bloco PL/SQL anônimo, que está inserido em uma aplicação ou está sendo interagido.
PROCEDURE/ FUNCTION ESTOCADA	Bloco PL/SQL nomeado que pode aceitar parâmetros e pode ser chamado várias vezes.
ORACLE FORMS PROCEDURE/ FUNCTION	Bloco PL/SQL nomeado que pode receber parâmetros e pode ser invocado repetidas vezes.
PACKAGE	Modulo PL/SQL identificado que reúne grupos, relacionados com procedure e functions.
TRIGGER DE BANCO DE DADOS	Bloco PL/SQL que está associado com uma tabela, sendo disparac automaticamente.
TRIGGER ORACLE FORMS	Bloco de PL/SQL que está associado com evento do ORACLE For sendo disparado automaticamente.

Figura 7.2 Relação entre Oracle Server – PL/SQL - Aplicativo

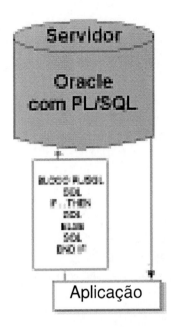

Caracteres suportados
- Todo alfabeto maiúsculo e minúsculo,
- Algarismos de 0 a 9,
- Símbolos especiais: ( ) + - * / < > = ! ~ ; : ' @ % , " # & $ _ | { } ? [ ] .

Operadores aritméticos
+ Adição   - Subtração
* Multiplicação   / Divisão
** Exponenciação

Operações relacionais
<> Diferente   > Maior
^= Diferente   < Menor
!= Diferente   >= Maior Igual
= Igual   <= Menor Igual

308 | *SQL, PL/SQL, SQL*Plus*

Outros símbolos

( ) Separadores de lista	Ex.: ANDMODELO IN('SANTA CECILIA','SÃO PAULO','SP')
; Final de declaração	Ex.: COMMIT WORK;
. Separador de item	Ex.: CLIENTES.CODIGO
' Engloba uma string	Ex.: 'DIGIDATA'
: = Atribuição	Ex.: NOME : = 'DIGIDATA'
|| Concatenação	Ex.: 'Codigo Cliente: '|| CLIENTES.CODIGO
- - Comentário na mesma linha	Ex.: Begin - - Início da execução

/* e */ Delimitadores de comentários abrangendo várias linhas (início e fim de comentário).

Variáveis

- Seus nomes devem iniciar sempre com uma letra de (A – Z),
- Podem ser seguidas de uma ou mais letras, números ou caracteres dos especiais $, # ou _ ,
- Devem ter no máximo 30 caracteres,
- Não podem conter espaços em branco,
- Não podem ser palavras reservadas do PL/SQL, como commit, if, raise, etc...

Identificadores

Identificadores consistem de uma letra seguida de outras letras, números, $ (dólar), _ (sublinhado) e # (símbolo numérico). Há um limite máximo de 30 caracteres.

As letras podem ser minúsculas ou maiúsculas indiscriminadamente, pois PL/SQL não é sensível à forma.

Opcionalmente, os identificadores podem ser declarados (e usados) entre aspas.

Palavras reservadas

Alguns identificadores possuem um significado especial em PL/SQL e não podem ser utilizados em declaração de variáveis.

Literais

Corresponde à representação explícita de um caractere, número, string ou booleano.

Capítulo 7 – Linguagem PL/SQL em ação | 309

Comentários

Semelhante à linguagem SQL, um comentário em PL/SQL pode ser informado de duas formas:

- Dois hífens em qualquer ponto da linha tornam o restante dela comentário,
- /* (início) e */ (fim) marcam um bloco que será ignorado pelo compilador.

Como restrição, não podemos embutir um comentário em outro e, ainda, não podemos utilizar comentários com dois hífens em blocos PL/SQL que venham a ser processados dinamicamente por um Oracle Precompiler, porque os caracteres de fim de linha são ignorados (não são considerados) e, desta forma, o fim do comentário não é percebido até o fim do bloco. Neste caso, devemos usar /* e */.

Fim de linha

A indicação de fim de linha de comando em PL/SQL é feita com um ponto-e-vírgula (;).

Tipos de dados

Podem ser subdivididos nos seguintes grupos: Escalares, Compostos, Reference e Lob.

Escalares

São um conjunto de tipos de dados predefinidos e que não possuem componentes internos (não são subdivididos).

Binary_Integer –

Tipo de dado numérico para armazenamento de inteiros válidos no seguinte intervalo de valores: de $-2^{31} + 1$ (-2147483647) e $2^{31} - 1 (2147483647)$.

Number

Tipo de dado numérico para armazenamento de valores fixos ou em ponto flutuante com precisão de até 38 dígitos e magnitude de 1.OE-130 a 9.99E125. Podemos especificar precisão e escala. Se não especificarmos precisão, o default é 38 (ou o maior tamanho válido para o sistema operacional, o que for menor). Escala pode variar de -84 a 127. Escalas negativas causam o arredondamento da parte inteira.

Pls_Integer

Tipo de dado numérico para armazenamento de inteiros válidos no seguinte intervalo de valores: de $-2^{31} + 1$ (-2147483647) e $2^{31} - 1 (2147483647)$. É similar ao tipo Binary_Integer, porém é mais rápido para efetuar cálculos que um Binary_Integer ou um Number, pois utiliza machine arithmetic, enquanto os demais usam library arithmetic. Possui uma outra diferença em relação ao Binary_Integer no que se refere à detecção de Overflow. Quando efetuamos um cálculo usando variáveis Pls_Integer e o valor ultrapassa a capacidade máxima da variável, ocorre um erro de Overflow, mesmo que a área receptora tenha capacidade de armazenamento (seja um Number, por exemplo). Já com Binary_Integer não ocorrerá qualquer erro se atribuirmos o resultado a um Number.

Char

Tipo de dado alfanumérico de tamanho fixo com comprimento de até 32767 bytes. Podemos especificar o tamanho máximo na declaração de uma variável com este tipo. Caso isto não seja especificado, o comprimento default é de 1 byte. O comprimento é especificado em bytes e não em caracteres. Isto é importante quando armazenamos valores multibyte. O conjunto de valores válidos para armazenamento depende do charset do Banco de Dados. A definição de uma coluna do tipo Char no Banco de Dados está limitada a 2.000 bytes.

Varchar2

Tipo de dado alfanumérico de tamanho variável com comprimento de até 32.767 bytes. A especificação de tamanho é obrigatória para uma variável declarada com este tipo. O comprimento é especificado em bytes e não em caracteres. Isto é importante quando armazenamos valores multibyte. O conjunto de valores válidos para armazenamento dependem do charset do Banco de Dados. A definição de uma coluna do tipo Varchar2 no Banco de Dados está limitada a 4.000 bytes.

Long

Tipo de dado alfanumérico de tamanho variável, com comprimento de até 32.767 bytes. Podemos especificar o tamanho máximo na declaração de uma variável com este tipo. Uma coluna Long no Banco de Dados armazena até 2GB (2.147.483.647 bytes). Podemos fazer referência a colunas Long em comandos de DML Insert, Update e muitos comandos Select, mas não em expressões, chamadas de funções SQL, ou em certas cláusulas, tais como Where, Group By e Connect By.

Raw

Tipo de dado binário de tamanho variável com comprimento de até 32.767. A especificação de tamanho na declaração de uma variável com este tipo é obrigatória. São semelhantes à colunas Varchar2, porém PL/SQL não interpreta seu conteúdo. O SQL*Net8 não realiza conversão entre charsets quando transmitimos dados Raw de um sistema para outro. Uma coluna Raw no Banco de Dados armazena até 2.000 bytes.

Long Raw

Tipo de dado binário de tamanho variável com comprimento de até 32.767 bytes. A especificação de tamanho na declaração de uma variável com este tipo é obrigatória. São semelhantes a colunas Long, porém PL/SQL não interpreta seu conteúdo. O SQL*Net 8 não realiza conversão entre charsets quando transmitimos dados Long Raw de um sistema para outro. Uma coluna Long Raw no Banco de Dados armazena até 2 GB (2.147.483 647 bytes).

Rowid

Para armazenamento de valores Rowid do Banco de Dados. Cada tabela criada no Banco de Dados possui uma pseudocoluna Rowid, que armazena valores hexadecimais, que correspondem ao endereço de cada linha (row).

Urowid

Armazena um Rowid lógico. Usado para captura do Rowid (lógico) de tabelas Index Organized. Disponível a partir da versão 8i do Oracle.

Capítulo 7 – Linguagem PL/SQL em ação 311

Nchar –

Tipo de dado alfanumérico de tamanho fixo com comprimento de até 32.767 bytes. Podemos especificar o tamanho máximo na declaração de uma variável com este tipo. Caso isto não seja especificado, o comprimento default é de 1 byte. O comprimento é especificado em bytes e não em caracteres. Isto é importante quando armazenamos valores multibyte. O conjunto de valores válidos para armazenamento depende do national charset definido para o Banco de Dados. As colunas alfanuméricas Nchar e Nvarchar2 obedecem ao national charset, e as colunas Char, Varchar2 e Long ao database charset. A definição de uma coluna do tipo Nchar no Banco de Dados está limitada a 2.000 bytes. Não podemos incluir valores Char em colunas Nchar e vice-versa.

Nvarchar2 –

Tipo de dado alfanumérico de tamanho variável com comprimento de até 32.767 bytes. A especificação de tamanho é obrigatória para uma variável declarada com este tipo. O comprimento é especificado em bytes e não em caracteres. Isto é importante quando armazenamos valores multibyte. O conjunto de valores válidos para armazenamento depende do national charset definido para o Banco de Dados. As colunas alfanuméricas Nchar e Nvarchar2 obedecem ao national charset e as colunas Char, Varchar2 e Long ao database charset. A definição de uma coluna do tipo Nvarchar2 no Banco de Dados está limitada a 4.000 bytes. Não podemos incluir valores Varchar2 em colunas Nvarchar2 e vice-versa.

Boolean

É um tipo de dado para variáveis (não podem ser definidas como colunas em uma base de dados). Armazena valores lógicos True e False e a ausência de valor Null. Não possuem tamanho e nem qualquer tipo de parâmetro.

Date

Tipo de dado para armazenamento de valores de data e hora. Os valores válidos variam de 01 de janeiro de 4712 A.C. até 31 de dezembro de 4712 D.C.

LOBS

São um conjunto de tipos de dados predefinidos e que armazenam valores chamados locators, os quais especificam a localização dos lobs (large objects) armazenados na linha ou fora dela.

Armazenam valores com comprimento de até 4 GB. Permitem o acesso randômico a trechos do dado.

Blob

O tipo Blob tem a capacidade de armazenar grandes valores binários. O tamanho máximo não pode exceder 4 GB. O armazenamento da informação pode ser feito na própria linha ou em outro espaço específico.

Clob –

O tipo Clob tem a capacidade de armazenar grandes volumes de dados alfanuméricos single byte. O tamanho máximo não pode exceder 4 GB. O armazenamento da informação pode ser feito na própria linha ou em outro espaço específico.

312 | *SQL, PL/SQL, SQL*Plus*

Nclob –

O tipo Nclob tem a capacidade de armazenar grandes volumes de dados alfanuméricos single byte ou multi byte do tipo Nchar. O tamanho máximo não pode exceder 4 GB. O armazenamento da informação pode ser feito na própria linha ou em outro espaço específico.

Bfile

O tipo Bfile tem a capacidade de armazenar grandes volumes de dados binários fora do Banco de Dados. O locator de um Bfile inclui um diretório que especifica o caminho completo do arquivo no servidor.

Bfiles são read-only. Não podemos modificá-los.

Compostos

São aqueles tipos que têm componentes internos que podem ser manuseados individualmente. Neste grupo se encontram os tipos definidos pelo usuário: Table, Record e Varray.

Reference

São aqueles tipos que armazenam valores chamados ponteiros, que apontam para outros itens do programa ou do Banco de Dados. Fazem parte deste grupo os tipos Ref Cursor e Ref <object>.

Conversão implícita

Quando atribuímos uma variável de um determinado tipo a uma outra variável de outro tipo, ocorre uma conversão implícita de tipo de dado.

A conversão implícita é possível em PL/SQL, mas não é recomendada, porque pode dificultar a performance e, ainda, sofrer modificações de uma versão para outra do software.

A tabela a seguir indica o que é possível converter:

Tabela 12.01 - Conversão Implícita de tipo de dado

Tipo	B_Integer	Char	Date	Long	Number	P_Integer	Raw	Rowid	Varchar2
B_Integer		S	S	S		S	S	S	S
Char	S		S	S	S	S	S	S	S
Date		S		S					S
Long		S					S		S
Number	S	S		S					S
P_Integer	S	S		S	S				S

Capítulo 7 – Linguagem PL/SQL em ação |313

Tabela 12.01 - Conversão Implícita de tipo de dado (continuação)

Tipo	B_Integer	Char	Date	Long	Number	P_Integer	Raw	Rowid	Varchar2
Row		S	S						S
Rowid		S							S
Varchar2	S	S	S	S	S	S		S	S

Devemos tomar cuidado adicional com as conversões implícitas, pois o PL/SQL utiliza as funções SQL, porém, com os parâmetros de formato defaults. Assim, a execução de uma rotina em um servidor pode produzir um resultado, enquanto em outro poderá produzir outro, em função de parâmetros de ambiente (NLS, por exemplo).

Declarações

A sessão declarativa do bloco PL/SQL precede a parte executiva e deve conter todas as variáveis necessárias à execução do bloco, uma vez que PL/SQL não declara implicitamente variáveis (como ocorre com outras linguagens).

Variáveis e constantes

Podemos declarar variáveis e constantes na parte declarativa de qualquer bloco, subprograma ou pacote.

```
>>--<var>—<tipo de dado>------------------------------------------><
   |                           |-not null-|  | := <vlr inicial>-|   |
   |                                          |-default-|            |
   |-<const>-constante---<tipo de dado>- := <vlr inicial>---------|
                                              |-default-|
```

A sintaxe acima apresenta a declaração de variáveis e constantes. Observe que uma constante, obrigatoriamente, deve ter um valor inicial; no entanto, seu valor não poderá ser alterado ao longo do programa.

O valor inicial poderá ser fixo ou uma expressão, inclusive utilizando funções.

As variáveis podem receber ou não valor inicial. Caso a declaração da variável receba a cláusula Not Null, a atribuição de valor inicial se torna obrigatória. Quando não informamos valor inicial para uma variável, seu valor é considerado desconhecido, ou seja, Null.

%TYPE

O atributo %Type copia o tipo de dado de uma variável ou coluna do Banco de Dados.

Podemos, desta forma, declarar outra variável baseados na definição de uma coluna do Banco de Dados ou outra variável.

Escopo e visibilidade

O escopo de uma variável é a região (bloco, subprograma ou pacote) onde a referência a ela é válida. Dentro de um mesmo escopo, todas as variáveis devem ter nomes únicos.

Uma variável declarada em um bloco é visível naquele bloco e em todos os blocos subordinados a este. Se uma variável é redefinida em um sub-bloco, ambas são acessíveis. No sub-bloco, porém, qualquer referência não qualificada fará acesso à variável de nível mais interno.

Uma variável declarada em um bloco deixa de existir quando o bloco termina.

Qualificação

Para controlarmos a visibilidade e termos acesso às variáveis dos blocos de nível superior, devemos qualificar qualquer referência às variáveis externas nos blocos internos.

Restrições

A PL/SQL não admite referências a variáveis não declaradas, mesmo que elas venham a ser declaradas posteriormente. Para que utilizemos uma variável (mesmo sendo na declaração de outra), devemos ter efetuado sua declaração primeiro.

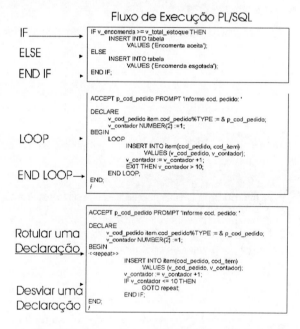

Figura 7.3 Fluxo de execução de um bloco PL/SQL

Capítulo 8

Comandos PL/SQL

Notas de uso

Neste capítulo teremos alguns exemplos fictícios, somente com o objetivo de ilustrar o uso do comando em questão. Você leitor, já está apto a interpretar o comando sem a necessidade de digitá-lo no SQL*Plus. Caso queira fazê-lo no SQL*Plus, tenha o cuidado de preparar antes as tabelas necessárias, bem como seus respectivos campos e tipos de dados.

Cursor

Variáveis do tipo cursor

A variável do tipo cursor aponta para a linha corrente no conjunto de resultados de uma consulta que retorne múltiplas linhas, mas ao contrário do cursor estático, que está vinculado à uma única consulta, as variáveis cursor podem ser associadas a várias consultas, até mesmo dentro de um mesmo programa. Variáveis do tipo cursor são verdadeiras variáveis PL/SQL, você pode associar novos valores a ela e passá-la como argumento a subprogramas.

Uma variável do tipo cursor é como um ponteiro nas linguagens C e Pascal, ela guarda a posição na memória (endereço) de um objeto, ao invés de guardar o próprio objeto. Portanto, quando você declara uma variável do tipo cursor você está criando um ponteiro e não um objeto.

316 | *SQL, PL/SQL, SQL*Plus*

O principal benefício da variável do tipo cursor é que ela provê um mecanismo para se passar resultados de consultas entre diferentes programas PL/SQL, ou ainda, entre programa PL/SQL cliente e programa servidor. Em um ambiente cliente/servidor, por exemplo, um programa do lado cliente poderia abrir a variável do tipo cursor e começar a extrair seus dados, e então passar essa variável como argumento a uma procedure armazenada no servidor. Este programa poderia então continuar a extrair seus dados e passar a variável de volta ao cliente, para que este feche o cursor.

Características das variáveis cursor

As variáveis do tipo cursor permitem que você:

- Associe uma variável do tipo cursor com diferentes consultas em tempos diferentes durante a execução de seu programa. Uma variável do tipo cursor pode ser usada para extrair dados de diferentes conjuntos de resultados.

- Passe uma variável do tipo cursor como argumento a um procedimento ou função. Você pode compartilhar o resultado de uma consulta com outros procedimentos.

- Empregue toda a funcionalidade de cursores estáticos. Você pode utilizar as declarações OPEN, FETCH e CLOSE e referenciar os atributos %ISOPEN, %FOUND, %NOTFOUND e %ROWCOUNT em variáveis do tipo cursor.

- Associar o conteúdo de uma variável do tipo cursor (inclusive seu conjunto de resultados) a outra variável do tipo cursor.

%ROWTYPE

A fim de facilitar a recepção de informações das linhas da tabela, a PL/SQL implementa o atributo %Rowtype, que gera uma área (registro) capaz de armazenar, exatamente, uma linha com o layout da linha de uma tabela do Banco de Dados ou com o layout apenas das colunas (ou expressões) referenciadas no Select associado a um cursor.

Atribuição

A atribuição de valor a uma variável é feita com a notação :=

As variáveis e constantes são criadas e recebem seu valor inicial cada vez que for iniciado o bloco no qual estão declaradas.

Na ausência de atribuição de valor inicial, a variável é considerada sem valor ou Null. É muito importante, portanto, que as variáveis sejam inicializadas antes do uso.

Atributo %FOUND

É um atributo de cursor que indica se a última operação de Fetch foi bem-sucedida (para cursores explícitos), ou se alguma linha foi afetada pelo último comando Insert, Update ou Delete, ou, ainda, se o comando Select Into retornou uma ou mais linhas (para cursores implícitos).

Antes do primeiro Fetch, o valor do atributo é Null para cursores explícitos e também é Null antes do comando (Insert, Update, Delete ou Select Into) ser executado, para cursores implícitos.

Atributo %ISOPEN

Permite que se verifique se um cursor está aberto ou não. Para cursores implícitos, o resultado será sempre False, uma vez que o Oracle fecha o cursor imediatamente após a operação e antes da ação retornar ao programa.

Atributo %NOTFOUND

É um atributo de cursor com lógica inversa ao atributo %Found. %Notfound retornará false se o último comando Fetch retornar uma linha (para cursores explícitos) ou se o último comando Insert, Update ou Delete não afetar nenhuma linha ou, ainda, se o último comando Select Into não retornar nenhuma linha (para cursores implícitos).

Antes do primeiro Fetch, o valor do atributo é Null para cursores explícitos e também é Null antes do comando (Insert, Update, Delete ou Select Into) ser executado, para cursores implícitos.

Atributo %ROWCOUNT

Indica o número de linhas já lidas (Fetched) para os cursores explícitos ou o número de linhas afetadas por um comando Insert, Update ou Delete ou, ainda, o número de linhas retornadas por um comando Select Into (para cursores implícitos).

Quando o cursor é aberto, o atributo %Rowcount é zerado. Antes do primeiro Fetch, o atributo continua zero. O valor só é incrementado após o fetch ter sido efetuado com sucesso.

Até que o primeiro comando DML seja executado, o valor do atributo é Null para cursores implícitos.

Atributo %BULK_ROWCOUNT

Este atributo é semelhante ao atributo %Rowcount, porém para utilização conjunta com o comando ForAll. Sua utilização está associada ao uso de coleções.

Ele indica o resultado do processamento de cada elemento da coleção.

Quando processamos uma coleção usando o comando ForAll, para cada índice da coleção o atributo %Bulk_RowCount indica quantas linhas da tabela foram processadas.

Como restrição, temos que %Bulk_RowCount não pode ser associado (atribuído) a outras coleções, além de não poder ser passado como parâmetro para subprogramas.

318 | *SQL, PL/SQL, SQL*Plus*

Close cursor

Para fechar um cursor, devemos utilizar o verbo Close. Este verbo libera a área reservada para a montagem do conjunto de dados selecionados.

```
>>--Close--<nome cursor>--------------------------------------------><
```

Cursor Loop

Este comando é similar ao comando For Loop, mas é específico para utilização com cursores.

```
>>--For-<reg>--IN---<cursor>--- (-<parametro>-)--------------------------->
                    |-(<comando Select>)-------------------------------------|
>---Loop--<sequencia de comando>---End Loop----------------------------><
```

O registro presente na sintaxe é declarado implicitamente pelo Oracle (como um registro tipo <cursor>%rowtype) e tem vida útil até o End ser atingido. Este comando realiza todas as operações vistas relativas a cursor: quando a iteração inicia o cursor é aberto e feito Fetch na primeira linha. Se a operação (de leitura) for bem-sucedida, é executada a seqüência de comandos presente entre o Loop e o End Loop. Este processo se repete até que a última linha seja processada. Após este processamento, o cursor é automaticamente fechado.

O cursor pode ser declarado previamente e utilizado no comando ou pode ser incluído o comando Select desejado no próprio comando.

Este comando permite até a passagem de parâmetros, caso o comando Select associado ao cursor seja executado em relação a um valor parametrizado.

Declaração de cursor

Na declaração de um cursor, já é feita a associação com o comando Select capaz de obter as linhas do Banco de Dados.

```
>>--Cursor--<nome>--------------------------------IS-<dec. select>--><
               |-<param>-|      |-Return <tipo>-|
```

<param> =
```
>>--<nome param>-----------<tipo>---------------------------------------><
                |-IN-|            |- := -----------<expressao>--|
                                  |--Default--|
```

<tipo> =
```
>>--<tabela>%RowType--------->< 
      |-<cursor>%RowType-----|
      |-<registro>%Type------|
      |-<tipo registro>------|
```

O cursor deve ser criado antes de ser usado; por isso é necessário que a declaração esteja presente no bloco em que usaremos o cursor ou em um bloco mais externo.

Capítulo 8 – Comandos PL/SQL | 319

O tipo do retorno deve representar um registro correspondendo às colunas trazidas pelo comando Select.

A manipulação de um cursor é semelhante àquela usada para arquivos convencionais: Abrir (Open), Ler uma linha (Fetch into) e fechar (Close).

Delete para cursor

Da mesma forma que para o Update, o comando Delete também possui uma sintaxe especial para trabalhar com cursores. Com esta sintaxe, poderemos remover a linha apontada pelo cursor, sem haver necessidade de estabelecer uma nova condição de busca.

Precisamos garantir que a linha a ser removida esteja bloqueada contra atualizações concorrentes antes de efetuar o comando Delete. Desta forma, a cláusula For Update deve ser usada no comando Select do cursor.

A cláusula For Update adicionado ao comando Select indica que todas as linhas escolhidas através da condição presente na cláusula Where devem sofrer bloqueio (Lock) contra atualizações concorrentes.

A cláusula Table, presente na sintaxe, é aplicável apenas ao Oracle8i. No de versões anteriores, devemos usar a palavra-chave THE para produzirmos o mesmo efeito.

FETCH cursor

Associa os valores da linha atual às variáveis do programa e, posteriormente, posiciona o cursor na próxima linha do conjunto de linhas resultantes da operação de Select.

```
>>--Fetch--<nome cursor>---Into---<variavel>-------------------------><
                          |-Bulk collect Into<colecao>-|
```

As variáveis devem ser informadas no Fetch na mesma ordem das expressões correspondentes no comando Select. Para cada expressão deve haver uma variável receptora. O tipo de dado da variável e da expressão devem ser compatíveis.

A cláusula Bulk Collect apresentada na sintaxe é uma exclusividade do Oracle8i. Ela indica à SQL Engine para preparar toda a coleção de saída (Bulk Bind) antes de retorná-la para a PL/SQL Engine. Esta cláusula pode ser usada junto com a cláusula Into nos comandos Select Into, Fetch Into e Returning Into.

OPEN cursor

A abertura de um cursor é realizada com o comando Open. Os parâmetros devem ser fornecidos a tempo de Open, para que seja possível a execução do comando Select.

```
>>--Open--<nome cursor>---------------------------------------------><
                          |-(-<valor parametro>-)-|
```

320 | *SQL, PL/SQL, SQL*Plus*

Os parâmetros declarados com valor inicial podem, a tempo de Open, não receber nenhum valor e utilizar os valores iniciais previamente declarados.

Para a passagem dos parâmetros, podemos usar a notação posicional ou a notação nomeada.

Update para cursor

Com a sintaxe do comando Update apresentada a seguir, podemos selecionar uma determinada linha usando cursor e em seguida atualizá-la, sem que seja necessária uma nova pesquisa.

A cláusula Where Current OF indica que será atualiza a linha atualmente apontada pelo cursor. Para que esta operação seja legal, devemos utilizar a cláusula For Update no comando Select do cursor associado.

```
>>--Update--<tabela ou view>—Set-<col> = <expr>-------------------------->>
            |-(<subquery>)-----|
            |-table<subquery>--|
>--Where Current Of—<nome cursor>------------------------------------->< 
                                      |clausula return|
```

A cláusula For Update adicionada ao comando Select indica que todas as linhas escolhidas através da condição presente na cláusula Where devem sofrer bloqueio (Lock) contra atualizações concorrente.

A cláusula Table, presente na sintaxe, é aplicável apenas ao Oracle8i. Em versões anteriores, devemos usar palavra-chave THE para produzirmos o mesmo efeito.

Tratamento de erro

EXCEPTION_INIT

A lista de exceptions predefinidas é limitada e muitas vezes desejamos controlar a ocorrência de outros erros conhecidos do ambiente, tais como: deadlock ou constraint error.

Como não temos condições de erro predefinidos para tratamento destas situações, é muito comum encontrarmos nos programas o uso de testes do código do erro ocorrido para efetuar uma ou outra ação (Sqlcode e When Others).

As pragmas são diretivas de compilação, isto é, são instruções fornecidas ao compilador, que modificam a forma de execução do programa.

A pragma Exception_Init nos proporciona uma forma mais legível de realizarmos o controle dos erros previstos, mas sem condições de erro predefinidos.

A diretiva Pragma é definida na parte declarativa do bloco, pois será usada pelo compilador e não a tempo de execução.

EXCEPTION

Cada bloco PL/SQL possui uma área específica para tratamento de erro. Toda vez que ocorre um erro no programa, a seqüência de execução é interrompida e o controle é transferido para esta área específica do bloco onde o erro foi adquirido.

Quando criamos um programa PL/SQL, são incorporadas a ele algumas condições de erro predefinida que conheceremos a seguir:

Exception	Oracle Error	SQLCode	
Access_into_null	ORA-06530	-6530	É causado se ocorrer uma associação de valores a atributos de um objeto não-inicializado (Null).
Collection_is_null	ORA-06531	-06531	É causado se forem aplicados métodos (exceto Exists) ouassociação de valores a uma Nested Table ou Varray não-inicializadas.
Cursor_already_open	ORA-0651 1	-6511	É causado se for executado um Open para um cursor já aberto.
Dup_val_an_index	ORA-00001	-l	É causado se for tentada a inclusão de valores duplicados em uma coluna do Banco de Dados que contêm uma restrição de unicidade.
Invalid_cursor	ORA-O1001	-1001	É causado se for tentado uma operação ilegal com um cursor. Como, por exemplo, fechar um cursor não aberto.
Invalid_number	ORA-01722	1722	É causado se algum comando SQL tentou uma conversão de string para numérico quando a string não representava um número válido. Em comandosprocedurais, a exception adquirido é Value_Error.
Login_denied	ORA-O1017	-1017	É causado se houver uma tentativo de conexão ao Oracle com um user/password inválidos.

322 | SQL, PL/SQL, SQL*Plus

Exception	Oracle Error	SQLCode	
No_data_found	ORA-O1403	+100	É causado se num comando Select Into nenhuma linha foi retornada ou foi feita referência a um elemento inexistente (deletado) de uma Nested Table ou uma referência a um elemento não inicializado em uma tabela PL/SOL.
Not_logged_on	ORA-01012	-1012	É causado se um programa PL/SOL tenta fazer acesso ao Banco de Dados sem estabe- lecer conexão.
Program error	ORA-06501	-6501	É causado se ocorrer um problema interno.
Rowtype_mismatch	ORA-06504	-6504	É causado se a host variável cursor e a PL/SOL variável cursor usadas em uma associação tiverem tipos de retorno incompatíveis.
Staroge_error	ORA-06500	-6500	É causado se PL/SOL sair da memória ou se a memória es- tiver corrompida.
Subscript_beyond_count	ORA-06533	-6533	É causado se for feita uma referência a um elemento de uma Nested Table ou Varray usando um número maior que o número de elementos da coleção.
Subscript_outside_limit	ORA-06532	-6532	É causado se for feita uma referência a um elemento de uma nested Table ou Varray usando um número fora do intervalo legal (por exemplo, -1).
Timeout_on_resource	ORA-00051	-51	É causado se ocorrer timeout enquanto a Oracle estiver aguardando por um recurso.
Too_many_rows	ORA-O1422	-1422	É causado se um comando Select Into retornar mais de uma linha.
Value_error	ORA-06502	-6502	É causado se uma operação aritmética, conversão, ~~cons traint error trune tien~~

RAISE

Este verbo causa a exception no momento em que é aplicado. Isto pode ser feito tanto para exception definida pelo usuário quanto para uma exception predefinida.

RAISE__APPLICATION__ERROR

Esta procedure permite que seja feito o fornecimento de mensagens de erro a partir de subprogramas armazenados no Banco de Dados ou de database triggers.

```
>--Raise_Application_Error--(-<erro>,-<msg>--------------------------)-><
                                          |-,TRUE-|
                                          |-,FALSE-|
```

Onde:

<erro>

Corresponde ao número do erro, podendo variar de -20.000 a -20.999. Deve ser um número inteiro. Neste intervalo de valores não existem erros do Oracle. Este intervalo foi reservado para erros do usuário.

<msg>

Corresponde à mensagem que desejamos enviar. Pode ser uma string de até 2.048 bytes de comprimento.

TRUE/FALSE

O terceiro parâmetro é opcional. Se for enviado True, indica que o erro será colocado na pilha de erros anteriores. Caso o valor seja False (default), o erro substituirá todos os erros anteriores.

WHEN OTHERS

Podemos utilizar a sintaxe When Others se desejarmos capturar, dentro do programa, qualquer outra ocorrência não prevista dentro da lista de exceptions (predefinidas ou do usuário) É muito comum a utilização conjunta da sintaxe When Others e das funções SqlCode e SqlErrm.

Iterações

EXIT

O comando Exit tem a finalidade de encerrar um Loop (qualquer das formas). Quando o comando Exit é executado, o Loop é completado incondicionalmente e o controle passa para o próximo comando.

A cláusula When oferece uma forma condicional de interrompermos o processamento.

Sintaxe

```
>>--Exit-------------------------------------------------------------><
          |-<label>-|  |-When <condição>-|
```

A presença do Label indica que o comando também é qualificável com a utilização de um label precedente e, desta forma, o processo repetitivo pode ser nomeado.

Exemplo:

Este exemplo ilustra uma possível forma de utilização do comando:

```
ACCEPT P_COD_PEDIDO PROMPT 'Entre com o código do pedido :'

DECLARE
     V_COD_PEDIDO ITENS.COD_PEDIDO%TYPE := &P_COD_PEDIDO;
     V_CONTADOR NUMBER(2) :=1;
BEGIN
     LOOP
         INSERT INTO ITENS (COD_PEDIDO, COD_ITEM)
         VALUES (V_COD_PEDIDO, V_CONTADOR);
         V_CONTADOR := V_CONTADOR + 1
         EXIT WHEN V_CONTADOR > 10;
     END LOOP;
END;
/
```

FORALL

Este comando indica à PL/SQL Engine para preparar toda a coleção de entrada (Bulk Bind) antes de enviá-la à SQL Engine.

Sintaxe

```
>>--ForAll-<contador>-IN-<inferior>-..-<superior>-<comando SQL>;-------><
```

Como características ou restrições, temos:

- Comando SQL presente na sintaxe pode ser Insert, Update ou Delete, fazendo a referência a elementos da coleção (a SQL Engine executa um comando Select para cada índice no intervalo).
- As fronteiras (<valor inferior> e <valor superior>) devem especificar um intervalo válido de índices numéricos consecutivos (não precisa ser a coleção inteira; pode ser parte da coleção, desde que seja consecutiva).
- Todos os elementos da coleção no intervalo especificado devem existir.
- Subscrito da coleção não pode ser uma expressão, portanto, o texto Where cd_mat = wcd_lista(I + 1) é inválido.

Capítulo 8 – Comandos PL/SQL | 325

- Antes de cada comando SQL executado pelo ForAll, é criado um SavePoint implícito. Desta forma, se no comando ForAll de um determinado programa a terceira execução (ou a utilização do terceiro índice da lista) falha, a primeira e segunda execuções do comando SQL associado não são desmanchadas; apenas a partir do terceiro índice a ação falha.

FOR Loop

O comando For Loop determina que a seqüência de comandos seja executada um número fixo de vezes. O número de iterações é conhecido (determinado) antes do Loop ter início.

Sintaxe

```
>>--For-<contador>-IN----------<inferior>-..-<superior>------------------>
                    |-Reverse-|
>---Loop-<sequencia de comandos>-End Loop------------------------------->< 
                                 |-<label>-|
```

Na sintaxe, observamos que deve ser fornecido um valor inferior e um valor superior que corresponderão, respectivamente, ao valor inicial e ao valor final de contador, que é incrementado de 1 a cada iteração. Caso a palavra Reverse seja utilizada na sintaxe, o valor inicial de contador será o valor superior e a cada iteração o contador será decrementado de 1 até atingir o valor inferior.

A variável contador é implicitamente declarada como variável local ao Loop e com tipo de dados Integer. Não pode ser utilizada fora da iteração porque sua declaração se extingue quando o processamento executar o End Loop.

Os valores referentes a valor inferior e valor superior podem ser fornecidos por constantes ou variáveis.

Exemplo:

Este exemplo ilustra uma possível forma de utilização do comando:

```
ACCEPT P_COD_PEDIDO PROMPT 'Entre com o código do pedido : '

DECLARE
V_COD_PEDIDO ITEM.COD_PEDIDO%TYPE := &P_COD_PEDIDO;

BEGIN

        FOR I IN 1..10 LOOP
            INSERT INTO ITEM (COD_PEDIDO, COD_ITEM)
            VALUES (V_COD_PEDIDO, I);
        END LOOP;
END;
/
```

GoTo

O comando GoTo efetua um desvio incondicional para um Label. O Label deve ser único dentro do escopo e deve preceder um comando ou um bloco PL/SQL. Além de ser usado para desvios, um label também serve como qualificador de variáveis, como foi mostrado no item Qualificação do tópico Declarações.

A PL/SQL possui diversas estruturas de iteração, e raramente teremos necessidade de utilizar um comando GoTo.

Existem algumas situações em que o comando GoTo não pode ser usado:

- Desvio para fora de um subprograma (GoTo Para_Fora).
- Desvio para dentro de um IF ou Loop (GoTo Proximo_IF).
- Desvio para dentro de um bloco a partir da área de exceção (GoTo início).
- Desvio para dentro de um sub-bloco (GoTo Subbloco).

Exemplo:

Este exemplo ilustra uma possível forma de utilização do comando:

```
ACCEPT P_COD_PEDIDO PROMPT 'Entre com o código do pedido : '

DECLARE

V_COD_PEDIDO ITENS.COD_PEDIDO%TYPE := &P_COD_PEDIDO;
V_CONTADOR NUMBER(2) := 1;

BEGIN
     <<REPEAT>>
     INSERT INTO ITENS (COD_PEDIDO, COD_ITEM)
     VALUES (V_COD_PEDIDO, V_CONTADOR);

     V_CONTADOR := V_CONTADOR + 1;

     IF V_CONTADOR <= 10 THEN
        GOTO REPEAT;
     END IF;
END;
/
```

Loop

A seqüência de comandos é executada um número infinito de vezes ou até que seja interrompida por um comando Exit.

Sintaxe

```
>>--Loop--<sequencia de comandos>—End Loop------------------------><
```

Exemplo:

Este exemplo ilustra uma possível forma de utilização do comando:

```
declare
a int :=0;
begin
while a <=20 loop
insert into tab
        values (a, sysdate, 'NUMERO ' || 20 -  a);
a:=a+1;
end loop;
end;
/
```

WHILE

O comando While corresponde a uma outra forma de Loop, em que estabelecemos uma condição de interrupção na própria sintaxe do comando.

Sintaxe

```
>>--While-<condição>-loop-<sequencia de comandos>-End loop-------------><
```

Exemplo I

Este exemplo ilustra uma possível forma de utilização do comando:

```
ACCEPT P_COD_PEDIDO PROMPT 'Informe o código do pedido :'

DECLARE
        V_COD_PEDIDO ITENS.COD_PEDIDO%TYPE := &P_COD_PEDIDO;
        V_CONTADOR NUMBER(2) := 1;

BEGIN
        WHILE V_CONTADOR <=10 LOOP
            INSERT INTO ITENS (COD_PEDIDO, COD_ITEM)
            VALUES(V_COD_PEDIDO, V_CONTADOR);
            V_CONTADOR := V_CONTADOR + 1;
        END LOOP;
END;
/
```

Exemplo II

Apesar da possibilidade de determinarmos a condição de interrupção no comando While, o comando Exit, se utilizado com o auxílio de um <label>, também provocará a interrupção do processamento.

```
<<LABEL1>>
WHILE A > B LOOP
```

```
B := B+1;

<<LABEL2>>
WHILE B > C LOOP

C := C+2;
EXIT OUTER WHEN C > 200;

END LOOP LABEL1;
END LOOP LABEL2;
```

Demais comandos

EXECUTE IMMEDIATE

Comandos de SQL dinâmico são armazenados em strings e construídos pelo programa a tempo de execução. Estas strings devem conter um comando SQL ou um bloco PL/SQL válidos. Podem ainda conter argumentos (Bind) a serem supridos durante a execução.

O comando Execute Immediate é um comando SQL Dinâmico para o qual podemos montar, a tempo de execução, o comando SQL (exceto Select que retorne múltiplas linhas) que desejamos executar.

Sintaxe

```
>>--Execute Immediate<str>---------------------------------------------><
                        |-INTO-<var>--| |-USING--<bind>-|
                        |-<record>-|       |-IN------|
                                           |-OUT-----|
                                           |-IN OUT--|
```

Onde:

    <str>

        Expressão que representa um comando SQL qualquer, exceto queries que retornem múltiplas linhas (sem terminação) ou um Bloco PL/SQL (com terminação). Esta string pode conter referências a argumentos Bind. Não podemos, porém, usar argumentos Bind para substituir nomes de objetos dentro da string.

    <var>

        Variável que armazena o valor de uma coluna selecionada.

    <record>

        Corresponde a um record definido pelo usuário ou um %Rowtype que armazenará uma linha (row) selecionada.

    <bind>

        Expressão cujo valor é passado dinamicamente para o comando SQL ou bloco PL/SQL (o hint NoCopy não é permitido em um Execute Immediate). Se não for especificado o modo do parâmetro, o default é IN.

Funções

Em PL/SQL, podemos utilizar quase todas as funções SQL diretamente nos comandos de atribuição ou em comandos IFs.

A lista a seguir apresenta as funções SQL válidas em PL/SQL:

Numéricas simples	Abs, Ceil, Exp, Floor, Ln, Log, Mod, Power, Round, Sign, Sqrt, Trunc.
Trigonométricas	Acos, Asin, Atan, Atan2, Cos, Cosh, Sin, Sinh, Tan, Tanh.
Alfanuméricas	Chr, Concat, Initcap, Lower, Lpad, Ltrim, Nls_Initcap, Nls_Lower Nls_upper, Replace, Rpad, Rtrim, Soundex, Substr, Substrb, Translate, Upper, Trim.
Alfanuméricas que retornam valores numéricos	Ascii, Instr, Instrb, Length, Lengthb, Nlssort.
Datas	Sysdate, Add_Months Last_Day, Months_Between, New_Time Next_Day, Round, Trunc.
Conversão	CharToRowid, Convert, HexToRaw, RawToHex, RowidToChar, To_Char, To_Date, To_Multi_Byte, To_Number, To_Single_Byte, Translate Using
Outras	Bfilename, Empty_Blob ou Empty_Clob, Greatest, Nvl, Uid, Least, User Nls_Char-set_Decl_Len, Nls_Charset_Id, Nls_Charset_Name Userenv.

A lista a seguir apresenta as funções SQL inválidas em PL/SQL:

Funções escalares	Decode, Dump e Vsize.
Funções de grupo (todas)	Avg, Max, Mm, StdDev Count, etc.

Para utilizarmos uma destas funções em PL/SQL, devemos acioná-las de dentro de um comando Select. As funções a seguir são exclusivas PL/SQL.

Sqlcode	Retorna o código associado ao último erro ocorrido. Quando ocorre um erro na execução de um programa PL/SQL, podemos ter acesso ao código para adotarmos as ações apropriadas. Isto se dá através da cláusula Exception. A função Sqlcode obtém o código ocorrido, o que permite o acesso à mensagem de erro.
SqlErrm	Retorna o texto correspondente ao erro ocorrido. Recebe como parâmetro o código do erro que desejamos decodificar.

330 | *SQL, PL/SQL, SQL*Plus*

IF

O comando IF verifica uma condição e, dependendo do resultado, realiza uma ou outra ação. Permite a execução condicional de uma determinada ação.

Observe as três variações do comando IF.

Sintaxe

```
If <condição> then
     <sequencia de comandos>
End If;

If <condição> then
     <sequencia de comandos>
Else
     <sequencia de comandos>
End If;

If <condição> then
     <sequencia de comandos>
ElseIf <condição> then
     <sequencia de comandos>
Else
     <sequencia de comandos>
End If;
```

Esta sintaxe apresenta a forma básica de um comando IF. Nas três formas sintáticas, observamos a presença do End If para encerrar o comando. Na terceira forma sintática, mais especificamente, apenas um End If é necessário, independente da quantidade de Elsif's presentes no comando. Devemos considerar que o End If encerra o IF isolado.

Exemplo:

Este exemplo ilustra uma possível forma de utilização do comando:

```
ACCEPT P_COD_PEDIDO PROMPT 'Entre com o código do pedido :'
DECLARE
V_TP_CREDITO CLIENTE.TP_CREDITO%TYPE;

BEGIN
     SELECT CLIENTE.TP_CREDITO
     INTO V_TP_CREDITO
     FROM CLIENTE, PEDIDO
     WHERE CLIENTE.CODIGO = PEDIDO.COD_CLIENTE
     AND PEDIDO.CODIGO = &P_COD_PEDIDO;
     IF ( V_TP_CREDITO = 'BOM' OR V_TP_CREDITO = 'EXCELENTE' )
THEN
          UPDATE PEDIDO
          SET TP_PAGTO = 'CREDITO'
          WHERE CODIGO = &P_COD_PEDIDO;
```

```
        ELSIF V_TP_CREDITO = 'RUIM' THEN

        UPDATE PEDIDO
        SET TP_PAGTO = 'DINHEIRO'
        WHERE CODIGO = &P_COD_PEDIDO;
    ELSE
    UPDATE PEDIDO
        SET TP_PAGTO = NULL
        WHERE CODIGO = &P_COD_PEDIDO;
    END IF;
    COMMIT WORK;
END;
/
```

NULL

Este comando, explicitamente, indica que não há ação a ser feita. Serve para compor certas situações em que um comando é exigido, mas nenhuma ação é, realmente, necessária.

Select Into

Dentro da PL/SQL, o comando Select ganha a cláusula Into, a fim de obter dados da linha lida para variáveis do programa. Desta forma, poderemos manusear os dados obtidos.

A cláusula Into segue imediatamente a lista de variáveis da cláusula Select e precede a cláusula From.

Devemos informar uma área de recepção capaz de comportar todos os dados lidos, caso contrário, receberemos erro na execução.

O comando Select Into somente faz leitura de um registro. Caso venhamos a selecionar mais de uma usando este comando, ocorrerá um erro (Too Many Rows) indicando o excesso. A leitura de diversos rows é feita com o uso do cursor.

Coleções e registros

Uma coleção é um grupo ordenado de elementos, todos do mesmo tipo. Cada elemento possui um único subscrito que determina o posicionamento do elemento na coleção.

A PL/SQL trabalha com três tipos de coleções: Nested Tables, Varrays e Index-by Tables.

Em PL/SQL coleções funcionam como arrays, porém só admitem uma dimensão e devem ser indexadas por um inteiro.

Nested Tables

Dentro da PL/SQL, as Nested Tables são como arrays unidimensionais. Possuem, porém, duas diferenças significativas:

> Arrays possuem fronteiras (limites), já Nested Tables não possuem. Desta forma, o tamanho de uma Nested Table cresce dinamicamente.

> Arrays devem ser densas, isto é, ter subscritos consecutivos. Não podemos remover elementos de uma array. Nested Tables podem ter elementos removidos, deixando de ser densa.

Sintaxe

```
>>--Type—<nome>—IS table OF—<tipo>---------------------------------><
                                |-NOT NULL-|
```

<tipo> pode corresponder a qualquer tipo válido em PL/SQL, exceto Boolean Nchar, Nclob, Nvarchar2, um tipo objeto com atributo Table ou Varray, Ref Cursor, Table ou Varray.

Varrays

Um Varray possui um tamanho máximo, que deve ser especificado a tempo de definição. Seu índice possui implicitamente a fronteira inferior de 1. A fronteira superior é dada pelo limite estabelecido na definição.

Sintaxe

```
>>--Type-<nome>-IS—Varray--------(<limite>)-OF-<tipo>------------------><
                 |-Varying Array-|                          |NOT NULL|
```

A lista a seguir aponta as diferenças entre Nested Tables e Varrays:

- Varrays têm um tamanho máximo, Nested Tables não tem.
- Varrays são sempre densos, Nested Tables podem ser esparsas. Podemos remover elementos individuais de uma Nested Table, mas não de um Varray.
- Oracle armazena os dados de um Varray na mesma tablespace da tabela em que ele está declarado, também podendo ser armazenados fora da tabela. Os dados de uma Nested Table são armazenados em uma store table, que possui parâmetros específicos de armazenamento.
- Quando armazenados no Banco de Dados, os Varrays guardam a ordem e subscritos. Nested Tables não.

Index-by tables

Index By Tables são semelhantes a Nested Tables em diversos pontos. São mantidos para compatibilidade com a versão 2 da PL/SQL. Em aplicações antigas, devemos continuar usando Index-By Tables para compatibilidade. Em novas aplicações, devemos usar sempre Nested Tables para flexibilidade.

Sintaxe

```
>>--Type-<nome>-IS table OF-<tipo>---------Index by Binary_Integer------><
                                  |NOT NULL|
```

A lista a seguir aponta as diferenças entre Nested Tables e Index-By Tables:

- Em SQL, podemos manipular Nested Tables, mas não Index-By Tables.
- Index-By Tables são definidas usando-se a cláusula Index-By Binary_Integer.
- Uma Nested Table não inicializada é Null (a tabela, não seus elementos). Podemos usar o operador IS NULL para verificar se a tabela está ou não inicializada. Uma Index-By Table não inicializada está apenas vazia e não podemos comparar usando IS NULL.
- A tempo de execução, Index-By Tables tornam-se non-null automaticamente. Nested Tables tornam-se non-null apenas quando associamos um valor explicitamente.
- Nested Tables podem ficar Null, mas Index-By Tables não podem. A exception Collection_Is_Null é aplicável apenas a Nested Tables.
- Para Nested Tables o subscrito pode variar de 1 a 2147483647. Para Index-By Tables, o intervalo válido varia de -2147483647 a 2147483647.
- Os subscritos para uma Nested Table são validados. Para as Index-By Tables não são. Assim, as exceptions Subscript_Outside_Limit e Subscript_Beyound_Count são aplicáveis apenas a Nested Tables.
- Para estender uma Nested Table, devemos usar a procedure Extend. Para estender uma Index-By Table basta que especifiquemos subscritos maiores.
- As procedures Extend e Trim podem ser aplicadas a Nested Tables, mas não a Index--By Tables.

Manipulação de coleções

As coleções possuem métodos, que são funções pré-definidas com ações específicas que agem sobre as coleções, facilitando sua manipulação.

334 | *SQL, PL/SQL, SQL*Plus*

Os seguintes métodos são aplicáveis a coleções:

Método	Tipo	Parâmetro	Significado
Exists	Function	Índice do elemento	Indica se o elemento foi alocado.
Count	Function		Retorna a quantidade de ele mentos atual da coleção.
Limit	Function		Retorna a quantidade máxima de elementos da coleção. Para Nested Tables retorna Null.
First e Last	Function		Retorna o primeiro e o último indexador válido da coleção.
Prior e Next	Function	Índice do elemento	Retorna o índice válido anterior (ou posterior) relativo ao índice recebido como parâmetro.
Extend	Procedure	Quantidade de ele--mentos ou sem pa--râmetro ou o núme-ro de cópias do ín-dice do elemento a ser copiado.	Incrementa elementos a uma coleção aumentando o tamanho útil da cole-ção. Para Varrays este incremento não deve ultrapassar o limite estabe-lecido a tempo de definição.
Trim	Procedure	Sem parâmetro ou quantidade de ele--mentos	Remove o último elemento da coleção ou os n últimos elementos da coleção.
Delete	Procedure	Sem parâmetro ou o índice do elemento ou índice inicial do elemento e o índice final	Remove todos os elementos de uma coleção ou um elemento específico ou um intervalo de elementos.

Exceptions para coleções

Veremos a seguir as condições de erro associadas a coleções:

Exception	Condição
Collection_is_Null	É causado se forem aplicados métodos (exceto Exists) ou associação de valores a uma Nested Table ou Varray não inicializados.
No_data_found	É causado se foi feita referência a um elemento inexistente (deletado) e uma Nested Table ou uma referência a um elemento não inicializ em uma Index-By Table.

Exception	Condição
Subscript_beyond_count	É causado se for feita uma referência a um elemento de uma coleção usando um indicador maior que o número de elementos da coleção.
Subscript_outside_limit	É causado se for feita uma referência a um elemento de uma Nested Table ou Varray usando um número fora do intervalo legal (por exemplo −1).
Value_error	É causado se um subscrito é Null ou não inteiro.

Registros

Um registro nada mais é que uma área estruturada. Um grupo de itens de dados relacionados armazenados em campos contendo seu próprio nome e tipo de dado.

O atributo %Rowtype permite a declaração de um registro com o layout de uma tabela definida no Banco de Dados ou das colunas selecionadas em um cursor.

A definição de registro permite total flexibilidade na declaração da área. Podemos definir nomes próprios e tipos e tamanhos que desejarmos.

Sintaxe

```
>>--Type—<nome>—IS—<record>—(-<definição dos campos>-)------------------->

<definição dos campos>
>--<nome>---<tipo>--------------------------------------------------------><
                 |-NOT NULL-|   |   := ——<expressão>-|
                               |-DEFAULT—|
```

Na declaração de um registro, podemos associar nesta estrutura elementos com os tipos escalares, Varrays, Nested Tables e objetos.

A declaração de tipo não cria uma área para recepção dos dados. Apenas cria o layout da área. É indispensável a criação da variável com o tipo definido para que seja possível a utilização da área.

Os campos em um registro são referenciados pelo nome.

Não podemos ter definido no registro uma outra Nested Table, Varray ou Index By Table, pois ocorrerá um erro de sintaxe.

A manipulação de um registro é similar à utilização do %RowType que corresponde, na verdade, a um registro (com o layout da tabela ou das colunas selecionadas pelo cursor).

Subprogramas e pacotes

Subprogramas

Subprogramas são blocos PL/SQL que têm nome e, portanto, podem ser chamados de outros blocos. Além desta característica, os subprogramas podem receber parâmetros formais, em vez das variáveis de substituição.

A PL/SQL possui dois tipos de subprogramas: Procedures e Functions.

De um modo geral, são bastante semelhantes as características dos dois tipos de subprogramas da PL/ SQL. As semelhanças e diferenças estão relacionadas a seguir:

- Os subprogramas, como todos os blocos PL/SQL, também possuem uma área para declaração de variáveis, uma área para desenvolvimento da lógica e uma área opcional para tratamento de erros.

- Os subprogramas podem ser armazenados no Banco de Dados e acionados por qualquer programa aplicativo que tenha autorização de execução.

- Os subprogramas podem receber um ou mais parâmetros formais.

- Uma Function sempre retorna um valor para o bloco PL/SQL de onde foi acionada.

- Uma Procedure pode retornar ou não um valor para o bloco PL/SQL de onde foi acionada.

- Uma Function armazenada no Banco de Dados pode ser acionada em comandos SQL. Uma Procedure, nas mesmas condições não pode.

- Uma Procedure é acionada como um comando PL/SQL, isto é, isolada. Não faz parte de expressão.

- Uma função, para ser acionada, deve fazer parte de uma expressão PL/SQL (por exemplo, uma atribuição a uma variável).

- Uma função deve, obrigatoriamente, executar o comando Return para transferir a informação de volta para o programa acionador.

Packages

Um package é uma área para armazenamento de subprogramas, tipos, constantes, cursores e variáveis PL/SQL.

Um package é definido em duas partes: uma parte de especificação e uma parte de corpo.

Especificação

A especificação é a interface com as aplicações. É nela que declaramos os tipos, variáveis, constantes, exceções, cursores e subprogramas que desejamos que sejam visíveis e compartilháveis pelas aplicações. Tudo que for definido na parte de especificação pode ser compartilhado.

Capítulo 8 – Comandos PL/SQL | 337

A definição dos subprogramas e cursores não é completa; fazemos apenas uma definição do tipo Forward, uma vez que as aplicações só necessitam saber quais os parâmetros a serem passados para a rotina (ou cursor) e quais os retornos fornecidos. Não há necessidade de se saber como a rotina efetua a operação.

Corpo do pacote

O corpo implementa detalhes e declarações privadas que são invisíveis pelas aplicações.

A diferença é que na parte de especificação as definições são do tipo Forward, enquanto na parte do corpo as definições são completas.

No corpo, aparece ainda a possibilidade de definirmos uma área de lógica (<inicialização>), que será executada na primeira vez que o pacote for utilizado em uma sessão do usuário. Nesta área podemos estabelecer ações para inicialização de variáveis, cursores, etc.

Uma vez que apenas a parte de especificação é utilizada para compilação dos programas que façam uso dos pacotes, podemos alterar o corpo do pacote sem haver necessidade de recompilar os programas que o usam.

Como restrições à definição e acesso a pacotes, temos:

- Um pacote não pode ser chamado diretamente. Faremos referência aos objetos declarados dentro do pacote.
- Um pacote não pode receber parâmetro. Somente as rotinas declaradas no pacote podem receber parâmetro.
- Um pacote não pode ser "aninhado". Não podemos declarar um pacote dentro de outro pacote.
- Não podemos fazer referência remota a variáveis definidas em pacotes (direta ou indiretamente). Se utilizarmos remotamente uma rotina que faça referência a uma variável de pacote receberemos erro.
- Não podemos fazer referência a variáveis Bind dentro de pacotes. Variáveis Bind são aquelas variáveis definidas no ambiente do aplicativo (por exemplo, :msg no SQL*Plus).

Package DBMS_OUTPUT

Este pacote tem a finalidade de enviar mensagens a partir de procedures, packages ou triggers. Ele se utiliza de um buffer em memória para transferência das mensagens.

Quando um programa envia mensagens através do pacote Dbms_Output, essas mensagens são armazenadas na área de buffer e somente apresentadas ao término do programa.

Caso estejamos executando o programa no SQL*Plus, basta que executemos o comando Set Serveroutput On para que todas as mensagens enfileiradas pelo programa sejam apresentadas.

Se estivermos executando rotinas encadeadas ou blocos anônimos, podemos obter as linhas geradas pelo programa anterior usando a rotina Get_Line do próprio pacote.

Sintaxe

```
>>--DBMS_OUTPUT.—Enable(<tamanho>IN number)----------------------------><
                |-Disable--------------------------------------------|
                |-Put(<texto>)IN varchar2)-----------------------|
                |-Put(<texto>)IN number)------------------------|
                |-Put(<texto>)IN date)--------------------------|
                |-Put_line(<texto>)IN varchar2)-----------------|
                |-Put_line(<texto>)IN number)-------------------|
                |-Put_line(<texto>)IN date)---------------------|
                |-Get_line(<n>)OUT varchar2,<status>OUT integer)--|
                |-Get_lines(<ns>)OUT chararr,<status>OUT integer)-|
```

Onde:

COMPONENTE	TIPO	DESCRIÇÃO
Enable	Procedure	Habilita a chamada das demais rotinas do package.
Disable	Procedure	Desabilita a chamada das demais rotinas do package.
Put	Procedure	Inclui uma informação na área do buffer.
New_line na área de	Procedure	Acrescenta indicação de quebra de linha buffer.
Put_line na para quebra de linha.	Procedure	Inclui uma informação na área de buffer e adicio- simultaneamente o caractere
Get_line	Procedure	Obtém uma linha da área de buffer.
Get_lines ffer.	Procedure	Obtém diversas linhas da área de bu-
Chararr para área de buffer.	Type	Tipo tabela de varchar2(255). Pode ser usado obtenção de diversas linhas da

Package UTL_FILE

O package UtLFile possui um conjunto de rotinas que tem a finalidade de permitir o acesso ou geração de arquivos externos ao Banco de Dados. As rotinas são similares aos processos de manipulação de arquivos convencionais.

Notas de uso

Para utilização deste package, o DBA deve acrescentar o parâmetro UTL_FILE_DIR ao arquivo de inicialização INIT.ORA, a fim de determinar quais diretórios estão disponíveis para acesso.

Sabemos que PL/SQL executa no ambiente Server; assim, os arquivos lidos ou gravados com o uso deste pacote serão lidos ou gerados no ambiente servidor (no ambiente em que se acha o Banco de Dados).

Este pacote não declara apenas procedures e funções, são declaradas exceções e tipos também. O quadro abaixo apresenta um resumo dos diversos objetos presentes no pacote.

COMPONENTE	TIPO	DESCRIÇÃO
Invalid_Path	Exception	Localização ou nome do arquivo inválido.
Invalid_Mode	Exception	O parâmetro <modo> na rotina FOPEN está inválido.
Invalid_FileHandle	Exception	O handle do arquivo está inválido.
Invalid_Operation	Exception	O arquivo não pode ser aberto ou operado como requisitado.
Read_Error	Exception	Um erro de sistema operacional ocorreu durante a operação de leitura.
Write_Error	Exception	Um erro de sistema operacional ocorreu durante a operação de gravação.
Internal_Error	Exception	Um erro não identificado ocorreu.
Fopen	Exception	Abre um arquivo para leitura ou gravação.
Is_Open	Function	Verifica se File Handle está preenchido.
Fclose	Procedure	Fecha o arquivo informado como parâmetro.
Fclose_all	Procedure	Fecha todos os arquivos abertos.
Get_Line	Procedure	Lê uma linha de um arquivo de entrada.
Put re	Procedure	Gera uma linha em um arquivo de saída. Não inclui o caracte- de fim de linha.
Put_line de	Procedure	Gera uma linha em um arquivo de saída. Inclui o caractere fim de linha.
New_line	Procedure	Inclui um caractere de fim de linha.
Putf	Procedure	Similar ao Put, podendo receber parâmetros.
Fflush	Procedure	Envia os dados pendentes (em memória) para o arquivo de disco associado.
File_Type	Tipo	Tipo Record que armazena as informações referentes ao arquivo aberto. O conteúdo deste tipo é privativo do pacote Utl_File. Os usuários do pacote não devem fazer referência ou modificar seus componentes.

Este pacote trabalha de forma semelhante ao pacote Dbms_Output, no que se refere à área de trabalho. Ele se utiliza de um buffer em memória para transferência dos dados a serem armazenados ou lidos do arquivo em disco.

Quando um programa envia linhas para gravação através do pacote Utl_File estas linhas são armazenadas na área de buffer e transferidas para o disco quando o buffer se enche ou quando acionamos a rotina Fflush, que força a gravação do buffer para o disco.

340 | *SQL, PL/SQL, SQL*Plus*

Package DBMS_PIPE

O pacote DBMS_PIPE permite que duas ou mais sessões na mesma instância se comuniquem. As informações são enviadas através de uma área de memória chamada Pipe. Estas áreas são armazenadas na SGA.

De acordo com os requisitos de segurança de nossa instalação, podemos usar pipes públicos ou privados. Podemos criar um Pipe Público explícita ou implicitamente.

A criação implícita ocorre quando fizermos a primeira referência ao Pipe e desaparecerá quando não mais contiver dados.

A criação explícita ocorre quando utilizamos a função Create_Pipe e informamos o parâmetro Private com o valor False. Sua destruição também deverá ser explícita com a rotina Remove_Pipe.

O domínio do Pipe Público é o schema no qual ele foi criado, implícita ou explicitamente.

Cada Pipe Público trabalha de modo assíncrono. Qualquer número de usuários (schemas) poderá gravar para um Pipe Público (se tiver permissão de Execute no pacote Dbms_Pipe e conhecer seu nome).

Qualquer usuário com os privilégios e conhecimentos apropriados poderá ler informações de um Pipe Público. Porém, uma vez que a informação é lida, o Pipe é esvaziado e a informação não fica mais disponível para outros leitores do mesmo Pipe.

O pacote Dbms_Pipe fornece as rotinas necessárias aos procedimentos de criação, leitura e gravação de informações em um Pipe (seja ele público ou privativo).

Notas de uso

Toda a informação será perdido quando a instância for shutdown.

Package DBMS_ROWID

Cada linha no Banco de Dados tem um endereço. Este endereço é fornecido pela pseudo-coluna Rowid.

Ao consultarmos o valor de Rowid para uma determinada linha, obtemos uma informação que representa seu endereço.

O Rowid das versões anteriores à K era compostos de:

- <bloco> Número do bloco, em relação ao arquivo, onde se encontra a linha que está sendo endereçada.
- <linha> Número da linha dentro do bloco (iniciando em zero).
- <arquivo> Número do arquivo onde se acha a linha.

Na versão 8, o formato da versão 7 (e anteriores) ganhou o nome de Rowid restrito, urna vez que seu formato foi estendido para incorporar um data object number, que corresponde a um número associado a cada segmento do Banco de Dados. As views do dicionário de dados

Capítulo 8 – Comandos PL/SQL | 341

User_Objects Dba_Obiects e All_objects fornecem o valor desse número para cada segmento criado no Banco de Dados.

Este número foi incorporado para suporte a tabelas e índices particionados.

Na versão 8, ainda são aceitas manipulações com o formato da versão 7, porém para qualquer acesso que venhamos a fazer nesta pseudocoluna para tabelas do Banco de Dados receberemos a versão estendida.

Este pacote tem a finalidade de desmembrar essa pseudocoluna chamada Rowid. Podemos obter informações sobre cada uma das partes que compõem essa pseudocoluna ou, ainda, convertê-lo do formato restrito (versão 7 e anteriores) para o formato estendido desta versão (ou vice-versa).

Observe no quadro abaixo a descrição dos componentes deste pacote e sua finalidade:

COMPONENTE	TIPO	DESCRIÇÃO
Rowid_Create	Function	Cria um Rowid para teste.
Rowid_Info	Procedure	Retorna o tipo e componentes de um Rowid.
Rowid_Type	Function	Retorna o tipo do Rowid. Será zero se o Rowid for restrito e 1 se for estendido.
Rowid_Object	Function	Retorna o object number de um Rowid estendido.
Rowid_Relative_Fno	Function	Retorna o número do arquivo (relativo).
Rowid_Block_Number	Function	Retorna o número do bloco.
Rowid_Row_Number	Function	Retorna o número da linha.
Rowid_To_Absolute_Fno	Function	Retorna o número absoluto do arquivo.
Rowid_To_Extend	Function	Converte um Rowid do formato restrito para o formato estendido.
Rowid_Restricted	Function	Converte um Rowid do formato estendido para o formato restrito.
Rowid_Verify	Function	Verifica se o Rowid informado pode ser estendido pela função Rowid_to_Extend.
Rowid_Invalid	Exception	Será adquirida se o sqlCode da execução de uma das rotinas for -1410.

Notas de uso

A maioria das rotinas deste pacote é composta de funções. Estas funções podem ser usadas tanto em PL/SQL quanto em declarações SQL.

342 | *SQL, PL/SQL, SQL*Plus*

Package DBMS_LOB

Large Objects ou Lobs são tipos de dados que podem armazenar informações de até 4 GB de dados binários (imagens, sons, vídeos, etc.) ou caracteres.

Podem ser subdivididos em duas categorias :

- internos: São aqueles armazenados em tablespaces, dentro do Banco de Dados (BLob, Clob ou Nclob).
- Externos: São armazenados fora do Banco de Dados (Bfiles). Na coluna com este tipo, existe uma referência ao arquivo existente no sistema operacional (Bfile).

Os tipos de Lobs são os seguintes:

- Blob: Contém dados binários.
- Clob: Contém dados caracteres compatíveis com o charset do Banco de Dados (single- -Byte).
- Nclob: Contém dados caracteres compatíveis com o national charset definido para o Banco de Dados.
- Bfile: Contém dados binários armazenados fora do Banco de Dados em arquivos do sistema operacional.

Um Lob é composto de duas partes:

- Dado: O que realmente é armazenado.
- Locator: Um indicador da localização do lob armazenado no Banco de Dados.

Quando inicializados uma coluna Lob, seu valor pode ser:

- Null: indicando que não existe valor nem locator associado.
- Empty: indicando que existe um locator, porém o dado está vazio.
- Um valor: quando ambas as informações estão preenchidas.

O pacote DBMS_LOB possui um conjunto de rotinas que visam facilitar a manipulação de Lobs.

Para Lobs dos tipos Blob, Clob e Nclob, as rotinas deste pacote permitem tanto consultas quanto atualizações. Para Bfiles, poderemos efetuar consultas.

Todas as rotinas do pacote esperam tratar de um locator já existente. Desta forma, a manipulação prevê a criação e inicialização prévia das colunas deste tipo.

PL/SQL WRAPPER

Muitas vezes, necessitamos enviar aplicações PL/SQL para instalação em ambientes externos ao de nossa instalação. O código enviado, de um modo geral, fica exposto e passível de modificações indesejáveis.

A rotina Wrapper tem a finalidade de criptografar o código-fonte de tal forma que somente o Oracle tenha condições de ler e compilar o texto gerado.

A rotina Wrapper converte o código-fonte PL/SQL em uma forma intermediária de código-objeto.

O código-objeto gerado é portável, como se fosse o próprio código-fonte. O compilador PL/SQL reconhece e carrega o código gerado pelo Wrapper automaticamente.

A rotina Wrapper não é executada pelo Banco de Dados; é uma rotina externa e deve ser executada no sistema operacional em uso.

Sintaxe

```
>>--Wrap80 - Iname=<nome fone>-------------------------------------------><
                              |-nome=<nome codigo>-|
```

Caso o arquivo de saída não seja especificado, será gerado com o mesmo nome do arquivo de entrada, com a diferença apenas da extensão.

Não deve haver espaço nem antes nem depois dos sinais de igual.

A extensão default para o arquivo de entrada é .SQL, e para o arquivo de saída é .PLB.

Variáveis cursor

Uma variável cursor (como um cursor) aponta para a linha corrente da "tabela" resultante gerada por uma query que retorne um número indefinido de linhas.

Uma variável cursor, porém, possui uma diferença marcante em relação a um cursor: não está associada a uma query específica. Pode ser associada a diversas queries ao longo de sua existência. Elas podem, ainda, ser definidas como parâmetros de procedimentos.

A criação de uma variável cursor é similar à declaração de outros tipos (Nested Table, Varray, Record), inicialmente devemos definir o tipo e posteriormente as variáveis com aquele tipo.

Sintaxe

```
>>--Type <nome tipo>----IS REF cursor ----------------------------------><
                                      |-Return—<tipo retorno>-|
```

Acima temos a definição de um tipo Cursor. O <tipo retorno> que aparece na sintaxe representa o layout da área de retorno, podendo ser definido como um record ou uma row em um tabela do Banco de Dados.

Observe que a cláusula Return é opcional, indicando que o tipo pode determinar ou não o layout do retorno.

A tempo de Open da variável cursor é que determinamos a query a ser associada à variável.

Open-for Dinâmico

Para efetuarmos o processamento de uma consulta que retorne diversas linhas, de forma dinâmica, deveremos utilizar três comandos: Open uma variável cursor For uma consulta de múltiplas linhas, então, Fetch as linhas para variáveis locais da aplicação e, finalmente, quando todas as linhas tiverem sido processadas, Close a variável cursor.

Sintaxe

```
>>--Open—<variavel cursor>—For—<str dinamica>-------------------------><
         |-<Host var cursor>-|                        |                        |
                                                      |--USING—<bind>--|
```

Na sintaxe acima, apresentamos o comando Open For capaz de realizar uma consulta dinâmica.

Onde:

<str dinâmica> representa uma string que contém um comando SQL Select que retorna diversas linhas.

<Bind> representa uma expressão cujo valor é passado dinamicamente para o comando SQL.

Triggers

Triggers são códigos PL/SQL armazenados no Banco de Dados, associados a uma tabela específica e executados implicitamente pelo Oracle na ocorrência de um determinado evento.

A Oracle recomenda que limitemos o tamanho do código PL/SQL do trigger para algo em torno de 60 linhas. Caso tenhamos necessidade de definir um trigger mais complexo, devemos criar stored procedures com ações específicas e acionar estas rotinas dentro do trigger.

Database Triggers

Os tipos de evento para os quais um Database Trigger é acionado foram ampliados.

Além dos tradicionais eventos associados a DML, o DBA pode efetuar o controle sobre eventos de DDL tais como:

- Create (o trigger é acionado quando uma declaração create adiciona um novo objeto ao dicionário de dados).
- Alter (o trigger é acionado quando um objeto do dicionário de dados é alterado).
- Drop (o trigger é acionado quando um objeto do dicionário de dados é excluído).

Capítulo 8 – Comandos PL/SQL | 345

Para este tipo de evento, temos como restrição que somente os objetos cluster, function, index, package, procedure, role, sequence, synonym, table, tablespace, trigger, type, view e user podem ser controlados.

O controle também pode ser efetuado para eventos do Banco de Dados, tais como:

- Startup (é acionado quando o Banco de Dados é aberto).
- Shutdown (é acionado quando uma instância do Oracle é fechada).
- Servererror (é acionado quando é gravada uma mensagem de erro do servidor).
- Logon (é acionado quando uma aplicação cliente estabelece conexão com o Banco de Dados).
- Logoff (é acionado quando uma aplicação cliente fecha a conexão com o Banco de Dados).

PARTE 3

APÊNDICES

Apêndice A

Dicionário de dados

No banco de dados Oracle existe um conjunto de tabelas especiais para registrar informações de todos os objetos criados no banco, chamados de dicionários de dados.

Criadas pelo usuário SYS, estas tabelas possuem nomes utilizados internamente pelo Oracle, sendo criadas views para consultar estas tabelas, tendo 3 grupos de views:

- ALL - Relacionadas com objetos que usuários tenham autorização, sejam do seu schema ou de outros schemas.
- DBA - Relacionadas com todos os objetos do Banco de Dados.
- USER - Relacionadas com objetos dos usuários disponibilizando informações dos objetos criados no schema do usuário.

Notas de uso

Quando for encontrado o símbolo de três pontos e seta direita (. . . >) significa que o resultado que está sendo listado no momento teve seu conteúdo interrompido por ser extenso demais.

350 | *SQL, PL/SQL, SQL*Plus*

ALL_CATALOG

Contém todas as tabelas, visões, sinônimos e sequences.

```
SQL> DESC ALL_CATALOG
        Name                                    Null?                   Type
        ------------------------------          --------------          --------
        OWNER                                   NOT NULL                VARCHAR2(30)
        TABLE_NAME                              NOT NULL                VARCHAR2(30)
        TABLE_TYPE                                                      VARCHAR2(11)

SQL> SELECT * FROM ALL_CATALOG WHERE OWNER = 'SCOTT';

OWNER                                TABLE_NAME             TABLE_TYPE
-------------------------------      ------------------     --------------
SCOTT                                ACCOUNT                TABLE
SCOTT                                ALUNOS                 TABLE
SCOTT                                BONUS                  TABLE
SCOTT                                DEPT                   TABLE
SCOTT                                EMP                    TABLE
SCOTT                                RECEIPT                TABLE
SCOTT                                SALGRADE               TABLE
SCOTT                                TESTE                  VIEW
```

ALL_COL_COMMENTS

Comentários sobre as colunas das tabelas e views que o usuário tenha acesso.

```
SQL> DESC ALL_COL_COMMENTS
        Name                                Null?            Type
        -----------------------------       -------------    ----------------
        OWNER                               NOT NULL         VARCHAR2(30)
        TABLE_NAME                          NOT NULL         VARCHAR2(30)
        COLUMN_NAME                         NOT NULL         VARCHAR2(30)
        COMMENTS                                             VARCHAR2(4000)
SQL> SELECT OWNER, TABLE_NAME, COLUMN_NAME
2 FROM ALL_COL_COMMENTS WHERE OWNER = 'SCOTT';

OWNER                            TABLE_NAME             COLUMN_NAME
-------------------------        ---------------------  -------------------
SCOTT                            ACCOUNT                BALANCE
SCOTT                            ACCOUNT                ACCOUNTNO
SCOTT                            ALUNOS                 CODIGO
SCOTT                            ALUNOS                 NOME
SCOTT                            ALUNOS                 NASC
SCOTT                            ALUNOS                 ENDERECO
SCOTT                            ALUNOS                 BAIRRO
SCOTT                            ALUNOS                 CEP
SCOTT                            ALUNOS                 CIDADE
SCOTT                            ALUNOS                 UF
SCOTT                            ALUNOS                 SEXO
SCOTT                            ALUNOS                 ANO_INGRESSO
SCOTT                            ALUNOS                 CURSO
. . . >
```

ALL_CONSTRAINTS

Contém as restrições (Constraints) das tabelas a que o usuário tenha acesso.

```
SQL> DESC ALL_CONSTRAINTS
      Name                          Null?      Type
      ----------------------------  ---------  ---------------
      OWNER                         NOT NULL   VARCHAR2(30)
      CONSTRAINT_NAME               NOT NULL   VARCHAR2(30)
      CONSTRAINT_TYPE                          VARCHAR2(1)
      TABLE_NAME                    NOT NULL   VARCHAR2(30)
      SEARCH_CONDITION                         LONG
      R_OWNER                                  VARCHAR2(30)
      R_CONSTRAINT_NAME                        VARCHAR2(30)
      DELETE_RULE                              VARCHAR2(9)
      STATUS                                   VARCHAR2(8)
      DEFERRABLE                               VARCHAR2(14)
      DEFERRED                                 VARCHAR2(9)
      VALIDATED                                VARCHAR2(13)
      GENERATED                                VARCHAR2(14)
      BAD                                      VARCHAR2(3)
      RELY                                     VARCHAR2(4)
      LAST_CHANGE                              DATE

SQL> SELECT CONSTRAINT_NAME, TABLE_NAME FROM ALL_CONSTRAINTS
  2   WHERE OWNER = 'SCOTT';

CONSTRAINT_NAME            TABLE_NAME
----------------------     --------------------
FK_DEPTNO                  EMP
PK_DEPT                    DEPT
PK_EMP                     EMP
SYS_C001391                ALUNOS
SYS_C001392                ALUNOS
```

ALL_CONS_COLUMNS

Contém as restrições (Constraints) das colunas que são chave primária, secundária e única, de propriedade do usuário ou das tabelas que o usuário tenha acesso.

```
SQL> DESC ALL_CONS_COLUMNS
      Name                          Null?        Type
      ----------------------------  -----------  ------------
      OWNER                         NOT NULL         VARCHAR2(30)
      CONSTRAINT_NAME               NOT NULL         VARCHAR2(30)
      TABLE_NAME                    NOT NULL         VARCHAR2(30)
      COLUMN_NAME                                VARCHAR2(4000)
      POSITION                                   NUMBER

SQL> SELECT OWNER, CONSTRAINT_NAME, TABLE_NAME
  2   FROM ALL_CONS_COLUMNS WHERE OWNER = 'SCOTT';
```

OWNER	CONSTRAINT_NAME	TABLE_NAME
SCOTT	FK_DEPTNO	MP
SCOTT	PK_DEPT	DEPT
SCOTT	PK_EMP	EMP
SCOTT	SYS_C001391	ALUNOS
SCOTT	SYS_C001392	ALUNOS

ALL_DB_LINKS

Contém as ligações com outras bases de dados.

```
SQL> DESC ALL_DB_LINKS
     Name                              Null?         Type
     -----------------------------     -----------   -------------
     OWNER                             NOT NULL      VARCHAR2(30)
     DB_LINK                           NOT NULL      VARCHAR2(128)
     USERNAME                                        VARCHAR2(30)
     HOST                                            VARCHAR2(2000)
     CREATED                           NOT NULL DATE

SQL> SELECT * FROM ALL_DB_LINKS WHERE OWNER = 'SCOTT';
```

não há linhas selecionadas.

ALL_DEF_AUDIT_OPTS

Opções de auditoria para objetos reciclados.

```
SQL> DESC ALL_DEF_AUDIT_OPTS
     Name                             Null?  Type
     ----------------------------     ------ ------------
     ALT                                     VARCHAR2(3)
     AUD                                     VARCHAR2(3)
     COM                                     VARCHAR2(3)
     DEL                                     VARCHAR2(3)
     GRA                                     VARCHAR2(3)
     IND                                     VARCHAR2(3)
     INS                                     VARCHAR2(3)
     LOC                                     VARCHAR2(3)
     REN                                     VARCHAR2(3)
     SEL                                     VARCHAR2(3)
     UPD                                     VARCHAR2(3)
     REF                                     VARCHAR2(3)
     EXE                                     VARCHAR2(3)


SQL> SELECT * FROM ALL_DEF_AUDIT_OPTS;

ALT   AUD   COM   DEL   GRA   IND   INS   LOC REN    SEL    UPD    REF    E>
---   ---   ---   ---   ---   ---   ---   --- ---    ---    ---    ---    --
-/-   -/-   -/-   -/-   -/-   -/-   -/-   -/- -/-    -/-    -/-    -/-
```

ALL_IND_COLUMNS

Colunas de índices de tabelas e clusters que o usuário tem acesso.

```
SQL> DESC ALL_IND_COLUMNS
     Name                              Null?        Type
     -------------------------         --------     ----------
     INDEX_OWNER                       NOT NULL     VARCHAR2(30)
     INDEX_NAME                        NOT NULL     VARCHAR2(30)
     TABLE_OWNER                       NOT NULL     VARCHAR2(30)
     TABLE_NAME                        NOT NULL     VARCHAR2(30)
     COLUMN_NAME                                    VARCHAR2(4000)
     COLUMN_POSITION                   NOT NULL     NUMBER
     COLUMN_LENGTH                     NOT NULL     NUMBER
     DESCEND                                        VARCHAR2(4)


SQL> SELECT INDEX_OWNER, INDEX_NAME, TABLE_OWNER, TABLE_NAME
2      FROM ALL_IND_COLUMNS;

INDEX_OWNER                           INDEX_NAME              TABLE_NAME
---------------------------           ------------------      ----------------
SYS                                   I_IND1                  IND$
SYS                                   I_FILE1                 FILE$
SYS                                   I_FILE2                 FILE$
SYS                                   I_FILE2                 FILE$
SYS                                   I_UNDO1                 UNDO$
SYS                                   I_UNDO2                 UNDO$
SYS                                   I_ICOL1                 ICOL$
SYS                                   I_CDEF1                 CDEF$
SYS                                   I_CDEF2                 CDEF$
SYS                                   I_CDEF3                 CDEF$
SYS                                   I_CDEF4                 CDEF$
SYS                                   I_CON1                  CON$
SYS                                   I_CON1                  CON$
SYS                                   I_CON2                  CON$
SYS                                   I_OBJ#                  C_OBJ#
SYS                                   I_USER#                 C_USER#
SYS                                   I_FILE#_BLOCK#          C_FILE#_BLOCK#
```

ALL_OBJECTS

Contém os objetos que o usuário tem acesso.

```
SQL> DESC ALL_OBJECTS
     Name                              Null?          Type
     -------------------------         ----------     ------------
     OWNER                             NOT NULL       VARCHAR2(30)
     OBJECT_NAME                       NOT NULL       VARCHAR2(30)
     SUBOBJECT_NAME                                   VARCHAR2(30)
     OBJECT_ID                         NOT NULL       NUMBER
     DATA_OBJECT_ID                                   NUMBER
     OBJECT_TYPE                                      VARCHAR2(18)
     CREATED                           NOT NULL DATE
     LAST_DDL_TIME                     NOT NULL DATE
```

SQL, PL/SQL, SQL*Plus

```
            TIMESTAMP                                    VARCHAR2(19)
            STATUS                                       VARCHAR2(7)
            TEMPORARY                                    VARCHAR2(1)
            GENERATED                                    VARCHAR2(1)
            SECONDARY                                    VARCHAR2(1)

SQL> SELECT OWNER, OBJECT_NAME FROM ALL_OBJECTS
WHERE OWNER = 'SCOTT';

OWNER                        OBJECT_NAME
---------------------- -----------------------
SCOTT                        ACCOUNT
SCOTT                        ALUNOS
SCOTT                        BONUS
SCOTT                        DEPT
SCOTT                        EMP
SCOTT                        PK_DEPT
SCOTT                        PK_EMP
SCOTT                        QUERY
SCOTT                        REAJUSTA_SALARIO
```

ALL_SEQUENCES

Seqüências que o usuário tem acesso.

```
SQL> DESC ALL_SEQUENCES
            Name                        Null?          Type
            ----------------------- --------------- ---------------
            SEQUENCE_OWNER              NOT NULL       VARCHAR2(30)
            SEQUENCE_NAME               NOT NULL       VARCHAR2(30)
            MIN_VALUE                                  NUMBER
            MAX_VALUE                                  NUMBER
            INCREMENT_BY                NOT NULL       NUMBER
            CYCLE_FLAG                                 VARCHAR2(1)
            ORDER_FLAG                                 VARCHAR2(1)
            CACHE_SIZE                  NOT NULL       NUMBER
            LAST_NUMBER                 NOT NULL       NUMBER

SQL> SELECT SEQUENCE_NAME, LAST_NUMBER FROM ALL_SEQUENCES
  2   WHERE SEQUENCE_OWNER = 'SCOTT';
```

não há linhas selecionadas.

ALL_SYNONYMS

Sinônimos que o usuário tem acesso.

```
SQL> DESC ALL_SYNONYMS
            Name                        Null?          Type
            ------------------------- ------------   -----------
            OWNER                       NOT NULL       VARCHAR2(30)
            SYNONYM_NAME                NOT NULL       VARCHAR2(30)
            TABLE_OWNER                                VARCHAR2(30)
```

Apêndice A – Dicionário de dados | 355

```
        TABLE_NAME                      NOT NULL         VARCHAR2(30)
        DB_LINK                                          VARCHAR2(128)

SQL> SELECT TABLE_OWNER, TABLE_NAME FROM ALL_SYNONYMS
  2  WHERE OWNER = 'SCOTT';
```

não há linhas selecionadas.

ALL_TABLES

Tabelas que o usuário tem acesso.

```
SQL> DESC ALL_TABLES
        Name                            Null?            Type
        ------------------------        --------------   ----------------
        OWNER                           NOT NULL         VARCHAR2(30)
        TABLE_NAME                      NOT NULL         VARCHAR2(30)
        TABLESPACE_NAME                                  VARCHAR2(30)
        CLUSTER_NAME                                     VARCHAR2(30)
        IOT_NAME                                         VARCHAR2(30)
        PCT_FREE                                         NUMBER
        PCT_USED                                         NUMBER
        INI_TRANS                                        NUMBER
        MAX_TRANS                                        NUMBER
        INITIAL_EXTENT                                   NUMBER
        NEXT_EXTENT                                      NUMBER
        MIN_EXTENTS                                      NUMBER
        MAX_EXTENTS                                      NUMBER
. . . >

SQL> SELECT TABLE_NAME, TABLESPACE_NAME FROM ALL_TABLES
  2   WHERE OWNER = 'SCOTT';

TABLE_NAME                      TABLESPACE_NAME
--------------------            ------------------------
ACCOUNT                         USERS
ALUNOS                          USERS
BONUS                           USERS
DEPT                            USERS
EMP                             USERS
RECEIPT                         USERS
SALGRADE                        USERS
```

ALL_TAB_COLUMNS

Colunas das tabelas, views e clusters que o usuário tem acesso.

```
SQL> DESC ALL_TAB_COLUMNS
        Name                            Null?            Type
        ------------------------        --------------   ----------------
        OWNER                           NOT NULL         VARCHAR2(30)
        TABLE_NAME                      NOT NULL         VARCHAR2(30)
        COLUMN_NAME                     NOT NULL         VARCHAR2(30)
```

SQL, PL/SQL, SQL*Plus

```
        DATA_TYPE                                               VARCHAR2(106)
        DATA_TYPE_MOD                                           VARCHAR2(3)
        DATA_TYPE_OWNER                                         VARCHAR2(30)
        DATA_LENGTH                     NOT NULL                NUMBER
        DATA_PRECISION                                          NUMBER
        DATA_SCALE                                              NUMBER
        NULLABLE                                                VARCHAR2(1)
        COLUMN_ID                       NOT NULL                NUMBER
        DEFAULT_LENGTH                                          NUMBER
        DATA_DEFAULT                                            LONG
        NUM_DISTINCT                                            NUMBER
        LOW_VALUE                                               RAW(32)
        HIGH_VALUE                                              RAW(32)
        DENSITY                                                 NUMBER
        NUM_NULLS                                               NUMBER
        NUM_BUCKETS                                             NUMBER
        LAST_ANALYZED                                           DATE
        SAMPLE_SIZE                                             NUMBER
        CHARACTER_SET_NAME                                      VARCHAR2(44)
        CHAR_COL_DECL_LENGTH                        NUMBER
        GLOBAL_STATS                                            VARCHAR2(3)
        USER_STATS                                              VARCHAR2(3)
        AVG_COL_LEN                                             NUMBER

SQL> SELECT TABLE_NAME, COLUMN_NAME FROM ALL_TAB_COLUMNS
  2  WHERE OWNER = 'SCOTT';

TABLE_NAME                      COLUMN_NAME
-------------------             -----------------------
ACCOUNT                         BALANCE
ACCOUNT                         ACCOUNTNO
ALUNOS                          CODIGO
ALUNOS                          NOME
ALUNOS                          NASC
ALUNOS                          ENDERECO
ALUNOS                          BAIRRO
ALUNOS                          CEP
ALUNOS                          CIDADE
. . . >
```

ALL_TAB_COMMENTS

Comentários das tabelas e views que o usuário tem acesso.

```
SQL> DESC ALL_TAB_COMMENTS
        Name                            Null?           Type
        ----------------------          --------------  ----------------
        OWNER                           NOT NULL        VARCHAR2(30)
        TABLE_NAME                      NOT NULL        VARCHAR2(30)
        TABLE_TYPE                                      VARCHAR2(11)
        COMMENTS                                        VARCHAR2(4000)
```

```
SQL> SELECT OWNER, TABLE_NAME, TABLE_TYPE FROM ALL_TAB_COMMENTS;

OWNER            TABLE_NAME                      TABLE_TYPE
------------     ----------------------------    -------------
SYS              ACCESS$                         TABLE
SYS              ALL_ALL_TABLES                  VIEW
SYS              ALL_ARGUMENTS                   VIEW
SYS              ALL_ASSOCIATIONS                VIEW
SYS              ALL_CATALOG                     VIEW
SYS              ALL_CLUSTERS                    VIEW
SYS              ALL_CLUSTER_HASH_EXPRESSIONS              VIEW
SYS              ALL_COLL_TYPES                  VIEW
SYS              ALL_COL_COMMENTS                VIEW
SYS              ALL_COL_PRIVS                   VIEW
SYS              ALL_COL_PRIVS_MADE              VIEW
. . . >
```

ALL_USERS

Contém todos os usuários da base de dados.

```
SQL> DESC ALL_USERS
     Name                     Null?            Type
     ---------------------    -------------    ----------------
     USERNAME                 NOT NULL         VARCHAR2(30)
     USER_ID                  NOT NULL         NUMBER
     CREATED                  NOT NULL         DATE

SQL> SELECT * FROM ALL_USERS
     2 /

USERNAME                             USER_ID      CREATED
------------------------------       ----------   ----------------
SYS                                  0            01/03/99
SYSTEM                               5            01/03/99
OUTLN                                11           01/03/99
DBSNMP                               20           01/03/99
MTSSYS                               28           01/03/99
AURORA$ORB$UNAUTHENTICATED           25           01/03/99
SCOTT                                26           01/03/99
DEMO                                 27           01/03/99
ORDSYS                               30           01/03/99
ORDPLUGINS                           31           01/03/99
MDSYS                                32           01/03/99
HOSP                                 38           06/05/01
CTXSYS                               35           01/03/99
SINDI                                37           20/03/01
KSD                                  60           21/06/01
MARCO                                61           27/06/01
```

ALL_VIEWS

Contém todas as visões que o usuário tem acesso.

```
SQL> DESC ALL_VIEWS
     Name                              Null?            Type
     -------------------------         -------------    -------------
     OWNER                             NOT NULL         VARCHAR2(30)
     VIEW_NAME                         NOT NULL         VARCHAR2(30)
     TEXT_LENGTH                                        NUMBER
     TEXT                                               LONG
     TYPE_TEXT_LENGTH
     NUMBER
     TYPE_TEXT
     VARCHAR2(4000)
     OID_TEXT_LENGTH                                    NUMBER
     OID_TEXT
     VARCHAR2(4000)
     VIEW_TYPE_OWNER                                    VARCHAR2(30)
     VIEW_TYPE
     VARCHAR2(30)

SQL> SELECT VIEW_NAME FROM ALL_VIEWS
  2  WHERE OWNER = 'SCOTT';

VIEW_NAME
--------------------------
TESTE
```

AUDIT_ACTIONS

Contém os nomes e códigos dos tipos de ações das trilhas da auditoria.

```
SQL> DESC AUDIT_ACTIONS
     Name                              Null?            Type
     -------------------------         -------------    -------------
     ACTION                            NOT NULL         NUMBER
     NAME                              NOT NULL         VARCHAR2(27)

SQL> SELECT * FROM AUDIT_ACTIONS
  2  /

ACTION       NAME
--------     ----------------
0            UNKNOWN
1            CREATE TABLE
2            INSERT
3            SELECT
4            CREATE CLUSTER
5            ALTER CLUSTER
6            UPDATE
7            DELETE
8            DROP CLUSTER
9            CREATE INDEX
. . . >
```

CAT

Contém todas as tabelas, views, sinônimos e sequences.

```
SQL> DESC CAT
     Name                          Null?              Type
     --------------------- ----------       -------------
     TABLE_NAME                    NOT NULL           VARCHAR2(30)
     TABLE_TYPE                                       VARCHAR2(11)

SQL> SELECT * FROM CAT;

TABLE_NAME                    TABLE_TYPE
--------------------- -------------
AQ$DEF$_AQCALL                VIEW
AQ$DEF$_AQERROR               VIEW
AQ$_QUEUES                    TABLE
AQ$_QUEUE_TABLES              TABLE
AQ$_SCHEDULES                 TABLE
CATALOG                       SYNONYM
COL                           SYNONYM
DBA_2PC_NEIGHBORS             SYNONYM
DBA_2PC_PENDING               SYNONYM
DBA_AUDIT_EXISTS              SYNONYM
DBA_AUDIT_OBJECT              SYNONYM
```

CLU

Contém todos os clusters.

```
SQL> DESC CLU
     Name                                Null?              Type
     ------------------------- -------------      --------------
     CLUSTER_NAME                        NOT NULL           VARCHAR2(30)
     TABLESPACE_NAME                     NOT NULL           VARCHAR2(30)
     PCT_FREE                                               NUMBER
     PCT_USED                            NOT NULL           NUMBER
     KEY_SIZE
     NUMBER
     INI_TRANS                           NOT NULL           NUMBER
     MAX_TRANS                           NOT NULL           NUMBER
     INITIAL_EXTENT                                         NUMBER
     NEXT_EXTENT
     NUMBER
     MIN_EXTENTS                         NOT NULL           NUMBER
     MAX_EXTENTS                         NOT NULL           NUMBER
     PCT_INCREASE                                           NUMBER
     FREELISTS                                              NUMBER
     FREELIST_GROUPS                                        NUMBER
     AVG_BLOCKS_PER_KEY                                     NUMBER
     CLUSTER_TYPE                                           VARCHAR2(5)
     FUNCTION                                               VARCHAR2(15)
     HASHKEYS                                               NUMBER
     DEGREE                                                 VARCHAR2(10)
     INSTANCES                                              VARCHAR2(10)
     CACHE                                                  VARCHAR2(5)
```

360 | *SQL, PL/SQL, SQL*Plus*

```
        BUFFER_POOL                                            VARCHAR2(7)
        SINGLE_TABLE                                           VARCHAR2(5)

SQL> SELECT CLUSTER_NAME, TABLESPACE_NAME FROM CLU;
```

não há linhas selecionadas.

COLS

Contém todas as colunas das tabelas, views e clusters.

```
SQL> DESC COLS
    Name                                Null?           Type
    --------------------------          -----------     ---------------
    TABLE_NAME                          NOT NULL        VARCHAR2(30)
    COLUMN_NAME                         NOT NULL        VARCHAR2(30)
    DATA_TYPE                                           VARCHAR2(106)
    DATA_TYPE_MOD                                       VARCHAR2(3)
    DATA_TYPE_OWNER                                     VARCHAR2(30)
    DATA_LENGTH                         NOT NULL        NUMBER
    DATA_PRECISION                                      NUMBER
    DATA_SCALE                                          NUMBER
    NULLABLE                                            VARCHAR2(1)
    COLUMN_ID                           NOT NULL        NUMBER
    DEFAULT_LENGTH                                      NUMBER
    DATA_DEFAULT                                        LONG
    NUM_DISTINCT                                        NUMBER
    LOW_VALUE                                           RAW(32)
    HIGH_VALUE                                          RAW(32)
    DENSITY                                             NUMBER
    NUM_NULLS                                           NUMBER
    NUM_BUCKETS                                         NUMBER
    LAST_ANALYZED                                       DATE
    SAMPLE_SIZE                                         NUMBER
    CHARACTER_SET_NAME                                  VARCHAR2(44)
    CHAR_COL_DECL_LENGTH                                NUMBER
    GLOBAL_STATS                                        VARCHAR2(3)
    USER_STATS                                          VARCHAR2(3)
    AVG_COL_LEN                                         NUMBER

SQL> SELECT TABLE_NAME, COLUMN_NAME, DATA_TYPE FROM COLS;

TABLE_NAME                  COLUMN_NAME                 DATA_TYPE
--------------------        --------------------        ---------------
AQ$DEF$_AQCALL              QUEUE                       VARCHAR2
AQ$DEF$_AQCALL              MSG_ID                      RAW
AQ$DEF$_AQCALL              CORR_ID                     VARCHAR2
AQ$DEF$_AQCALL              MSG_PRIORITY                NUMBER
AQ$DEF$_AQCALL              MSG_STATE                   VARCHAR2
AQ$DEF$_AQCALL              DELAY                       DATE
AQ$DEF$_AQCALL              EXPIRATION                  NUMBER
AQ$DEF$_AQCALL              ENQ_TIME                    DATE
```

Apêndice A – Dicionário de dados | 361

COLUMN_PRIVILEGES

Contém as autorizações de todas as colunas em que o usuário é o autorizador, o autorizado, o proprietário, ou PUBLIC é o autorizado.

```
SQL> DESC COLUMN_PRIVILEGES
     Name                        Null?          Type
     -----------------------     -----------    -----------
     GRANTEE                     NOT NULL       VARCHAR2(30)
     OWNER                       NOT NULL       VARCHAR2(30)
     TABLE_NAME                  NOT NULL       VARCHAR2(30)
     COLUMN_NAME                 NOT NULL       VARCHAR2(30)
     GRANTOR                     NOT NULL       VARCHAR2(30)
     INSERT_PRIV                                VARCHAR2(1)
     UPDATE_PRIV                                VARCHAR2(1)
     REFERENCES_PRIV                            VARCHAR2(1)
     CREATED                                    VARCHAR2(0)

SQL> SELECT GRANTEE, TABLE_NAME FROM COLUMN_PRIVILEGES
     2  WHERE OWNER = 'SCOTT';
```

não há linhas selecionadas.

DBA_AUDIT_EXISTS

Contém as trilhas de auditoria de qualquer ação que cause um erro, informando que o objeto da base de dados não existe.

```
SQL> DESC DBA_AUDIT_EXISTS
     Name                    Null?          Type
     --------------------    -----------    ---------------
     OS_USERNAME                            VARCHAR2(255)
     USERNAME                               VARCHAR2(30)
     USERHOST                               VARCHAR2(128)
     TERMINAL                               VARCHAR2(255)
     TIMESTAMP               NOT NULL       DATE
     OWNER                                  VARCHAR2(30)
     OBJ_NAME                               VARCHAR2(128)
     ACTION_NAME                            VARCHAR2(27)
     NEW_OWNER                              VARCHAR2(30)
     NEW_NAME                               VARCHAR2(128)
     OBJ_PRIVILEGE                          VARCHAR2(16)
     SYS_PRIVILEGE                          VARCHAR2(40)
     GRANTEE                                VARCHAR2(30)
     SESSIONID               NOT NULL       NUMBER
     ENTRYID                 NOT NULL       NUMBER
     STATEMENTID             NOT NULL       NUMBER
     RETURNCODE              NOT NULL       NUMBER

SQL> SELECT USERNAME, USERHOST, TERMINAL FROM DBA_AUDIT_EXISTS
     2  WHERE OWNER = 'SYSTEM';
```

não há linhas selecionadas.

362 | *SQL, PL/SQL, SQL*Plus*

DBA_AUDIT_TRAIL

Contém trilhas da auditoria nas transações do usuário.

```
SQL> DESC DBA_AUDIT_TRAIL
     Name                              Null?    Type
     _____  ____  __
     OS_USERNAME                                VARCHAR2(255)
     USERNAME                                   VARCHAR2(30)
     USERHOST                                   VARCHAR2(128)
     TERMINAL                                   VARCHAR2(255)
     TIMESTAMP                         NOT NULL DATE
     OWNER                                      VARCHAR2(30)
     OBJ_NAME                                   VARCHAR2(128)
     ACTION                            NOT NULL NUMBER
     ACTION_NAME                                VARCHAR2(27)
     NEW_OWNER                                  VARCHAR2(30)
     NEW_NAME                                   VARCHAR2(128)
     OBJ_PRIVILEGE                              VARCHAR2(16)
     SYS_PRIVILEGE                              VARCHAR2(40)
     ADMIN_OPTION                               VARCHAR2(1)
     GRANTEE                                    VARCHAR2(30)
     AUDIT_OPTION                               VARCHAR2(40)
     SES_ACTIONS                                VARCHAR2(19)
     LOGOFF_TIME                                DATE
     LOGOFF_LREAD                               NUMBER
     LOGOFF_PREAD                               NUMBER
     LOGOFF_LWRITE                              NUMBER
     LOGOFF_DLOCK                               VARCHAR2(40)
     COMMENT_TEXT                               VARCHAR2(4000)
     SESSIONID                         NOT NULL NUMBER
     ENTRYID                           NOT NULL NUMBER
     STATEMENTID                       NOT NULL NUMBER
     RETURNCODE                        NOT NULL NUMBER
     PRIV_USED                                  VARCHAR2(40)

SQL> SELECT USERNAME, USERHOST, TERMINAL FROM DBA_AUDIT_TRAIL
  2  WHERE OWNER = 'SYSTEM';
```

não há linhas selecionadas.

DBA_CATALOG

Contém as tabelas, views, sinônimos e seqüências da base de dados.

```
SQL> DESC DBA_CATALOG
     Name                   Null?         Type
     ------------------     ----------    ------------
     OWNER                  NOT NULL      VARCHAR2(30)
     TABLE_NAME             NOT NULL      VARCHAR2(30)
     TABLE_TYPE                           VARCHAR2(11)

SQL> SELECT * FROM DBA_CATALOG;
```

Apêndice A – Dicionário de dados | 363

```
OWNER                          TABLE_NAME          TABLE_TYPE
-------------------            ------------------  ----------------
SYS                            IND$                TABLE
SYS                            FILE$               TABLE
SYS                            UNDO$               TABLE
SYS                            CLU$                TABLE
SYS                            BOOTSTRAP$          TABLE
SYS                            ICOL$               TABLE
. . .
```

DBA_CLUSTERS

Contém os clusters da base de dados.

```
SQL> DESC DBA_CLUSTERS
        Name                          Null?         Type
        -----------------------  ------------  ----------------
        OWNER                        NOT NULL      VARCHAR2(30)
        CLUSTER_NAME                 NOT NULL      VARCHAR2(30)
        TABLESPACE_NAME              NOT NULL      VARCHAR2(30)
        PCT_FREE                                   NUMBER
        PCT_USED                     NOT NULL      NUMBER
        KEY_SIZE                                   NUMBER
        INI_TRANS                    NOT NULL      NUMBER
        MAX_TRANS                    NOT NULL      NUMBER
        INITIAL_EXTENT                             NUMBER
        NEXT_EXTENT                                NUMBER
        MIN_EXTENTS                  NOT NULL      NUMBER
        MAX_EXTENTS                  NOT NULL      NUMBER
        PCT_INCREASE                               NUMBER
        FREELISTS                                  NUMBER
        FREELIST_GROUPS                            NUMBER
        AVG_BLOCKS_PER_KEY                         NUMBER
        CLUSTER_TYPE                               VARCHAR2(5)
        FUNCTION                                   VARCHAR2(15)
        HASHKEYS                                   NUMBER
        DEGREE                                     VARCHAR2(10)
        INSTANCES                                  VARCHAR2(10)
        CACHE                                      VARCHAR2(5)
        BUFFER_POOL                                VARCHAR2(7)
        SINGLE_TABLE                               VARCHAR2(5)

SQL> SELECT CLUSTER_NAME, TABLESPACE_NAME FROM DBA_CLUSTERS
  2  WHERE OWNER = 'SCOTT';
```

não há linhas selecionadas.

DBA_CLU_COLUMNS

Todas as colunas de clusters relacionadas com as colunas das tabelas e views.

```
SQL> DESC DBA_CLU_COLUMNS
        Name                      Null?         Type
        ---------------------  ------------  ----------------
        OWNER                     NOT NULL      VARCHAR2(30)
```

364 | *SQL, PL/SQL, SQL*Plus*

```
        CLUSTER_NAME                  NOT NULL      VARCHAR2(30)
        CLU_COLUMN_NAME               NOT NULL      VARCHAR2(30)
        TABLE_NAME                    NOT NULL      VARCHAR2(30)
        TAB_COLUMN_NAME                             ARCHAR2(4000)

SQL> SELECT * FROM DBA_CLU_COLUMNS;
```

excesso no buffer.Use cmnd.SET p/reduz.ARRAYSIZE ou aum.MAXDATA

DBA_COL_COMMENTS

Contém os comentários das colunas das tabelas e views.

```
SQL> DESC DBA_COL_COMMENTS
        Name                    Null?           Type
        ---------------         -------------   ----------------
        OWNER                   NOT NULL        VARCHAR2(30)
        TABLE_NAME              NOT NULL        VARCHAR2(30)
        COLUMN_NAME             NOT NULL        VARCHAR2(30)
        COMMENTS                                VARCHAR2(4000)

SQL> SELECT TABLE_NAME, COLUMN_NAME FROM DBA_COL_COMMENTS
        2  WHERE OWNER = 'SCOTT';

TABLE_NAME              COLUMN_NAME
----------------        --------------------
ACCOUNT                 BALANCE
ACCOUNT                 ACCOUNTNO
ALUNOS                  CODIGO
ALUNOS                  NOME
ALUNOS                  NASC
ALUNOS                  ENDERECO
ALUNOS                  BAIRRO
. . . >
```

DBA_CONSTRAINTS

Contém as restrições (Constraints) das tabelas da base de dados.

```
SQL> DESC DBA_CONSTRAINTS
        Name                        Null?           Type
        ------------------------    ---------------  ----------------
        OWNER                       NOT NULL        VARCHAR2(30)
        CONSTRAINT_NAME             NOT NULL        VARCHAR2(30)
        CONSTRAINT_TYPE                             VARCHAR2(1)
        TABLE_NAME                  NOT NULL        VARCHAR2(30)
        SEARCH_CONDITION                            LONG
        R_OWNER                                     VARCHAR2(30)
        R_CONSTRAINT_NAME                           VARCHAR2(30)
        DELETE_RULE                                 VARCHAR2(9)
        STATUS                                      VARCHAR2(8)
        DEFERRABLE                                  VARCHAR2(14)
        DEFERRED                                    VARCHAR2(9)
```

Apêndice A – Dicionário de dados | 365

```
        VALIDATED                                      VARCHAR2(13)
        GENERATED                                      VARCHAR2(14)
        BAD                                            VARCHAR2(3)
        RELY                                           VARCHAR2(4)
        LAST_CHANGE                                    DATE

SQL> SELECT CONSTRAINT_NAME, TABLE_NAME FROM DBA_CONSTRAINTS
       2  WHERE OWNER = 'SCOTT';

CONSTRAINT_NAME                TABLE_NAME
------------------             -------------
FK_DEPTNO                      EMP
PK_DEPT                        DEPT
PK_EMP                         EMP
SYS_C001391                    ALUNOS
SYS_C001392                    ALUNOS
```

DBA_CONS_COLUMNS

Contém todas as colunas da base de dados usadas em restrições (Constraints)

```
SQL>   DESC DBA_CONS_COLUMNS
       Name                        Null?          Type
       --------------------        ---------      ----------
       OWNER                       NOT NULL       VARCHAR2(30)
       CONSTRAINT_NAME             NOT NULL       VARCHAR2(30)
       TABLE_NAME                  NOT NULL       VARCHAR2(30)
       COLUMN_NAME                                VARCHAR2(4000)
       POSITION                                   NUMBER

SQL> SELECT CONSTRAINT_NAME, TABLE_NAME, COLUMN_NAME
       2  FROM DBA_CONS_COLUMNS WHERE OWNER = 'SCOTT';

CONSTRAINT_NAME                TABLE_NAME        COLUMN_NAME
---------------------          ------------      ------------
FK_DEPTNO                      EMP               DEPTNO
PK_DEPT                        DEPT              DEPTNO
PK_EMP                         EMP               EMPNO
SYS_C001391                    ALUNOS            CODIGO
SYS_C001392                    ALUNOS            NOME
```

DBA_DATA_FILES

Contém os arquivos do sistema operacional, externos a base de dados e utilizados na base de dados.

```
SQL> DESC DBA_DATA_FILES
       Name                        Null?          Type
       --------------------        -------------  ---------------
       FILE_NAME                                  VARCHAR2(513)
       FILE_ID                                    NUMBER
       TABLESPACE_NAME                            VARCHAR2(30)
       BYTES                                      NUMBER
```

SQL, PL/SQL, SQL*Plus

```
        BLOCKS                                  NUMBER
        STATUS                                  VARCHAR2(9)
        RELATIVE_FNO                            NUMBER
        AUTOEXTENSIBLE                          VARCHAR2(3)
        MAXBYTES                                NUMBER
        MAXBLOCKS                               NUMBER
        INCREMENT_BY                            NUMBER
        USER_BYTES                              NUMBER
        USER_BLOCKS                             NUMBER

SQL> SELECT FILE_NAME, TABLESPACE_NAME FROM DBA_DATA_FILES;

FILE_NAME
-----------------------------------------
D:\ORACLE\ORADATA\KSD\USERS01.DBF
D:\ORACLE\ORADATA\KSD\OEMREP01.DBF
D:\ORACLE\ORADATA\KSD\INDX01.DBF
D:\ORACLE\ORADATA\KSD\RBS01.DBF
D:\ORACLE\ORADATA\KSD\TEMP01.DBF
D:\ORACLE\ORADATA\KSD\SYSTEM01.DBF
D:\ORACLE\ORADATA\KSD\WS.DBF
D:\ORACLE\ORADATA\KSD\SYSTEM02.DBF
```

DBA_DB_LINKS

Contém as ligações da base de dados com outras bases de dados.

```
SQL> DESC DBA_DB_LINKS
    Name                Null?              Type
    --------------      -------------      ----------------
    OWNER               NOT NULL           VARCHAR2(30)
    DB_LINK             NOT NULL           VARCHAR2(128)
    USERNAME                               VARCHAR2(30)
    HOST                                   VARCHAR2(2000)
    CREATED             NOT NULL           DATE

SQL> SELECT * FROM DBA_DB_LINKS;
```

não há linhas selecionadas.

DBA_EXP_FILES

Contém os arquivos exportados.

```
SQL> DESC DBA_EXP_FILES
    Name                Null?              Type
    ----------------    -----------        ----------------
    EXP_VERSION         NOT NULL           NUMBER(3)
    EXP_TYPE                               VARCHAR2(11)
    FILE_NAME           NOT NULL           VARCHAR2(100)
    USER_NAME           NOT NULL           VARCHAR2(30)
    TIMESTAMP           NOT NULL           DATE
```

Apêndice A – Dicionário de dados | 367

```
SQL> SELECT * FROM DBA_EXP_FILES;
```

não há linhas selecionadas.

DBA_EXP_OBJECTS

Objetos da base de dados que foram exportados.

```
SQL> DESC DBA_EXP_OBJECTS
        Name                    Null?         Type
        ------------------      --------      -----------
        OWNER                   NOT NULL      VARCHAR2(30)
        OBJECT_NAME             NOT NULL      VARCHAR2(30)
        OBJECT_TYPE                           VARCHAR2(13)
        CUMULATIVE                            DATE
        INCREMENTAL             NOT NULL      DATE
        EXPORT_VERSION          NOT NULL      NUMBER(3)

SQL> SELECT * FROM DBA_EXP_OBJECTS;
```

não há linhas selecionadas.

DBA_EXTENTS

Extensões de todos os segmentos da base de dados.

```
SQL> DESC DBA_EXTENTS
        Name                    Null?         Type
        --------------------    -----------   ----------------
        OWNER                                 VARCHAR2(30)
        SEGMENT_NAME                          VARCHAR2(81)
        PARTITION_NAME                        VARCHAR2(30)
        SEGMENT_TYPE                          VARCHAR2(18)
        TABLESPACE_NAME                       VARCHAR2(30)
        EXTENT_ID                             NUMBER
        FILE_ID                               NUMBER
        BLOCK_ID                              NUMBER
        BYTES                                 NUMBER
        BLOCKS                                NUMBER
        RELATIVE_FNO                          NUMBER

SQL> SELECT SEGMENT_NAME, TABLESPACE_NAME FROM DBA_EXTENTS
    2   WHERE OWNER = 'SCOTT';

SEGMENT_NAME            TABLESPACE_NAME
---------------         ------------------
DEPT                    USERS
EMP                     USERS
BONUS                   USERS
SALGRADE                USERS
ACCOUNT                 USERS
RECEIPT                 USERS
ALUNOS                  USERS
```

DBA_FREE_SPACE

Extensões livres das tablespaces da base de dados.

```
SQL> DESC DBA_FREE_SPACE
      Name                          Null?              Type
      -------------------           ----------         -------------
      TABLESPACE_NAME                                  VARCHAR2(30)
      FILE_ID                                          NUMBER
      BLOCK_ID                                         NUMBER
      BYTES                                            NUMBER
      BLOCKS                                           NUMBER
      RELATIVE_FNO                                     NUMBER

SQL> SELECT FILE_ID, BYTES, TABLESPACE_NAME FROM DBA_FREE_SPACE;

FILE_ID      BYTES        TABLESPACE_NAME
-------      ------------ ---------------
      1          849920              SYSTEM
      1          839680              SYSTEM
      1           81920              SYSTEM
      1          256000              SYSTEM
      1           28672              SYSTEM
      1           49152              SYSTEM
      1          665600              SYSTEM
. . . >
```

DBA_INDEXES

Contém os índices da base de dados.

```
SQL> DESC DBA_INDEXES
      Name                          Null?              Type
      -------------------           ------------       -------------
      OWNER                         NOT NULL           VARCHAR2(30)
      INDEX_NAME                    NOT NULL           VARCHAR2(30)
      INDEX_TYPE                                       VARCHAR2(27)
      TABLE_OWNER                   NOT NULL           VARCHAR2(30)
      TABLE_NAME                    NOT NULL           VARCHAR2(30)
      TABLE_TYPE                                       VARCHAR2(11)
      UNIQUENESS                                       VARCHAR2(9)
      COMPRESSION                                      VARCHAR2(8)
      PREFIX_LENGTH                                    NUMBER
      TABLESPACE_NAME                                  VARCHAR2(30)
      INI_TRANS                                        NUMBER
      MAX_TRANS                                        NUMBER
      INITIAL_EXTENT                                   NUMBER
      NEXT_EXTENT                                      NUMBER
      MIN_EXTENTS                                      NUMBER
. . . >

SQL> SELECT INDEX_NAME, TABLE_OWNER, TABLE_NAME FROM DBA_INDEXES;
```

Apêndice A – Dicionário de dados | 369

```
INDEX_NAME          TABLE_OWNER          TABLE_NAME
-------------       --------------       --------------
I_CDEF1             SYS                  CDEF$
I_CON1              SYS                  CON$
I_FILE1             SYS                  FILE$
I_ICOL1             SYS                  ICOL$
I_TS1               SYS                  TS$
. . . >
```

DBA_IND_COLUMNS

Colunas indexadas de tabelas e clusters da base de dados.

```
SQL> DESC DBA_IND_COLUMNS
       Name                  Null?          Type
       -----------------     -----------    --------------
       INDEX_OWNER           NOT NULL       VARCHAR2(30)
       INDEX_NAME            NOT NULL       VARCHAR2(30)
       TABLE_OWNER           NOT NULL       VARCHAR2(30)
       TABLE_NAME            NOT NULL       VARCHAR2(30)
       COLUMN_NAME                          VARCHAR2(4000)
       COLUMN_POSITION       NOT NULL       NUMBER
       COLUMN_LENGTH         NOT NULL       NUMBER
       DESCEND
       VARCHAR2(4)

SQL> SELECT INDEX_NAME, TABLE_NAME FROM DBA_IND_COLUMNS;

INDEX_NAME          TABLE_NAME
---------------     ---------------
I_IND1              IND$
I_FILE1             FILE$
I_FILE2             FILE$
I_FILE2             FILE$
I_UNDO1             UNDO$
I_UNDO2             UNDO$
. . . >
```

DBA_OBJECTS

Contém todos os objetos da base de dados.

```
SQL> DESC DBA_OBJECTS
       Name                  Null?          Type
       -----------------     -----------    ---------------
       OWNER                                VARCHAR2(30)
       OBJECT_NAME                          VARCHAR2(128)
       SUBOBJECT_NAME                       VARCHAR2(30)
       OBJECT_ID                            NUMBER
       DATA_OBJECT_ID                       NUMBER
       OBJECT_TYPE                          VARCHAR2(18)
       CREATED                              DATE
       LAST_DDL_TIME                        DATE
       TIMESTAMP                            VARCHAR2(19)
       STATUS                               VARCHAR2(7)
```

```
                                      SQL, PL/SQL, SQL*Plus
```

```
        TEMPORARY                              VARCHAR2(1)
        GENERATED                              VARCHAR2(1)
        SECONDARY                              VARCHAR2(1)

SQL> SELECT CREATED, STATUS, OBJECT_NAME FROM DBA_OBJECTS
      2  WHERE OWNER = 'SCOTT';

CREATED      STATUS           OBJECT_NAME
--------     ---------        ---------------
01/03/99     VALID            ACCOUNT
20/04/01     VALID            ALUNOS
01/03/99     VALID            BONUS
01/03/99     VALID            DEPT
01/03/99     VALID            EMP
01/03/99     VALID            PK_DEPT
01/03/99     VALID            PK_EMP
27/06/01     VALID            QUERY
. . . >
```

DBA_ROLLBACK_SEGS

Contém os segmentos de rollback.

```
SQL> DESC DBA_ROLLBACK_SEGS
        Name                     Null?         Type
        --------------------- ----------   ------------
        SEGMENT_NAME             NOT NULL     VARCHAR2(30)
        OWNER                                 VARCHAR2(6)
        TABLESPACE_NAME          NOT NULL     VARCHAR2(30)
        SEGMENT_ID               NOT NULL     NUMBER
        FILE_ID                  NOT NULL     NUMBER
        BLOCK_ID                 NOT NULL     NUMBER
        INITIAL_EXTENT                        NUMBER
        NEXT_EXTENT                           NUMBER
        MIN_EXTENTS              NOT NULL     NUMBER
        MAX_EXTENTS              NOT NULL     NUMBER
        PCT_INCREASE                          NUMBER
        STATUS                                VARCHAR2(16)
        INSTANCE_NUM                          VARCHAR2(40)
        RELATIVE_FNO            NOT NULL     NUMBER

SQL> SELECT * FROM DBA_ROLLBACK_SEGS;

SEGMENT_NAME          OWNER            TABLESPACE_NAME
---------------       ---------------  -----------
SYSTEM                SYS              SYSTEM
RB_TEMP               SYS              SYSTEM
RB1                   PUBLIC           RBS
RB2                   PUBLIC           RBS
RB3                   PUBLIC           RBS
RB4                   PUBLIC           RBS
RB5                   PUBLIC           RBS
RB6                   PUBLIC           RBS
RB7                   PUBLIC           RBS
```

DBA_SEGMENTS

Contém o espaço alocado por todos os segmentos da base de dados.

```
SQL> DESC DBA_SEGMENTS
       Name                        Null?           Type
       ------------------          ------------    ---------------
       OWNER                                       VARCHAR2(30)
       SEGMENT_NAME                                VARCHAR2(81)
       PARTITION_NAME                              VARCHAR2(30)
       SEGMENT_TYPE                                VARCHAR2(18)
       TABLESPACE_NAME                             VARCHAR2(30)
       HEADER_FILE                                 NUMBER
       HEADER_BLOCK                                NUMBER
       BYTES                                       NUMBER
       BLOCKS                                      NUMBER
       EXTENTS                                     NUMBER
       INITIAL_EXTENT                              NUMBER
       NEXT_EXTENT                                 NUMBER
       MIN_EXTENTS                                 NUMBER
       MAX_EXTENTS                                 NUMBER
       PCT_INCREASE                                NUMBER
       FREELISTS                                   NUMBER
       FREELIST_GROUPS                             NUMBER
       RELATIVE_FNO                                NUMBER
       BUFFER_POOL                                 VARCHAR2(7)

SQL> SELECT SEGMENT_NAME, TABLESPACE_NAME FROM DBA_SEGMENTS;

SEGMENT_NAME            TABLESPACE_NAME
----------------        ---------------
FILE$                   SYSTEM
UNDO$                   SYSTEM
BOOTSTRAP$              SYSTEM
CON$                    SYSTEM
OBJ$                    SYSTEM
PROXY$                  SYSTEM
UGROUP$                 SYSTEM
SYN$                    SYSTEM
VIEW$                   SYSTEM
TYPED_VIEW$             SYSTEM
SEQ$                    SYSTEM
```

DBA_SEQUENCES

Contém as seqüências da base de dados.

```
SQL> DESC DBA_SEQUENCES
       Name                        Null?           Type
       ------------------          ----------      ---------------
       SEQUENCE_OWNER              NOT NULL        VARCHAR2(30)
       SEQUENCE_NAME               NOT NULL        VARCHAR2(30)
       MIN_VALUE                                   NUMBER
       MAX_VALUE                                   NUMBER
       INCREMENT_BY                NOT NULL        NUMBER
```

SQL, PL/SQL, SQL*Plus

```
        CYCLE_FLAG
        ORDER_FLAG                                   VARCHAR2(1)
        CACHE_SIZE              NOT NULL             NUMBER
        LAST_NUMBER            NOT NULL             NUMBER

SQL> SELECT * FROM DBA_SEQUENCES;

SEQUENCE_OWNER           SEQUENCE_NAME                      MIN_VALUE
_____           _____                   _____

SYS                      AQ$_CHAINSEQ                              1
SYS                      AQ$_PROPAGATION_SEQUENCE                  1
SYS                      AUDSES$                                   1
SYS                      AURORA$SNS$NODE_NUMBER$                   1
SYS                      DBMS_LOCK_ID                              1
SYS                      GENERATOR$_S                              1
SYS                      HS$_BASE_DD_S                             1
SYS                      HS$_CLASS_CAPS_S                          1
SYS                      HS$_CLASS_DD_S                            1
. . . >
```

DBA_SYNONYMS

Contém os sinônimos da base de dados.

```
SQL> DESC DBA_SYNONYMS
        Name                  Null?                Type
        ---------------       ----------           -------------
        OWNER                 NOT NULL             VARCHAR2(30)
        SYNONYM_NAME          NOT NULL             VARCHAR2(30)
        TABLE_OWNER                                VARCHAR2(30)
        TABLE_NAME            NOT NULL             VARCHAR2(30)
        DB_LINK
        VARCHAR2(128)

SQL> SELECT * FROM DBA_SYNONYMS;

OWNER                    SYNONYM_NAME                   TABLE_OWNER
-----------------        ------------------------       ----------------
PUBLIC                   DUAL                           SYS
PUBLIC                   SYSTEM_PRIVILEGE_MAP           SYS
PUBLIC                   TABLE_PRIVILEGE_MAP            SYS
PUBLIC                   STMT_AUDIT_OPTION_MAP          SYS
PUBLIC                   V$DLM_MISC                     SYS
```

DBA_TAB_COLUMNS

Contém as colunas de tabelas, views e clusters.

```
SQL> DESC DBA_TAB_COLUMNS
        Name                  Null?                Type
        ---------------       ----------           -----------------
        OWNER                 NOT NULL             VARCHAR2(30)
        TABLE_NAME            NOT NULL             VARCHAR2(30)
        COLUMN_NAME           NOT NULL             VARCHAR2(30)
        DATA_TYPE                                  VARCHAR2(106)
        DATA_TYPE_MOD                              ARCHAR2(3)
```

Apêndice A – Dicionário de dados | 373

```
DATA_TYPE_OWNER                          VARCHAR2(30)
DATA_LENGTH            NOT NULL          NUMBER
DATA_PRECISION                           NUMBER
DATA_SCALE                               NUMBER
NULLABLE                                 VARCHAR2(1)
COLUMN_ID             NOT NULL           NUMBER
DEFAULT_LENGTH                           NUMBER
DATA_DEFAULT                             LONG
NUM_DISTINCT                             NUMBER
LOW_VALUE                                RAW(32)
HIGH_VALUE                               RAW(32)
DENSITY                                  NUMBER
NUM_NULLS                                NUMBER
NUM_BUCKETS                              NUMBER
LAST_ANALYZED                            DATE
SAMPLE_SIZE                              NUMBER
CHARACTER_SET_NAME                       VARCHAR2(44)
CHAR_COL_DECL_LENGTH                     NUMBER
GLOBAL_STATS                             VARCHAR2(3)
USER_STATS                               VARCHAR2(3)
AVG_COL_LEN                              NUMBER
```

```
SQL> SELECT TABLE_NAME, COLUMN_NAME, DATA_TYPE FROM DBA_TAB_COLUMNS
  2   WHERE OWNER = 'SCOTT';

TABLE_NAME        COLUMN_NAME          DATA_TYPE
------------      ----------------     ----------------
ACCOUNT           BALANCE              NUMBER
ACCOUNT           ACCOUNTNO            NUMBER
ALUNOS            CODIGO               NUMBER
ALUNOS            NOME                 VARCHAR2
ALUNOS            NASC                 DATE
ALUNOS            ENDERECO             VARCHAR2
ALUNOS            BAIRRO               VARCHAR2
ALUNOS            CEP                  VARCHAR2
ALUNOS            CIDADE               VARCHAR2
ALUNOS            UF                   VARCHAR2
. . . >
```

_DBA_TAB_COMMENTS_

Contém os comentários de tabelas e views.

```
SQL> DESC DBA_TAB_COMMENTS
     Name                  Null?           Type
     ----------------      ----------      --------------
     OWNER                 NOT NULL        VARCHAR2(30)
     TABLE_NAME            NOT NULL        VARCHAR2(30)
     TABLE_TYPE                            VARCHAR2(11)
     COMMENTS                             VARCHAR2(4000)

SQL> SELECT TABLE_NAME, TABLE_TYPE FROM DBA_TAB_COMMENTS
  2   WHERE  OWNER = 'SCOTT';
```

```
374  │  SQL, PL/SQL, SQL*Plus

TABLE_NAME            TABLE_TYPE
---------------       --------------
ACCOUNT               TABLE
ALUNOS                TABLE
BONUS                 TABLE
DEPT                  TABLE
EMP                   TABLE
. . . >
```

DBA_TS_QUOTAS

Contém as cotas de tablespace para todos os usuários.

```
SQL> DESC DBA_TS_QUOTAS
     Name                  Null?         Type
     -----------------     ---------     --------------
     TABLESPACE_NAME       NOT NULL      VARCHAR2(30)
     USERNAME              NOT NULL      VARCHAR2(30)
     BYTES                               NUMBER
     MAX_BYTES                           NUMBER
     BLOCKS                NOT NULL      NUMBER
     MAX_BLOCKS                          NUMBER

SQL> SELECT * FROM DBA_TS_QUOTAS;

TABLESPACE_NAME       USERNAME        BYTES
---------------       ------------    ---------
USERS                 SYSTEM          2129920
SYSTEM                SYSTEM          0
USERS                 SCOTT           92160
SYSTEM                KSD             0
USERS                 KSD             0
```

DBA_USERS

Contém os usuários da base de dados.

```
SQL>  DESC DBA_USERS
      Name                             Null?        Type
      ---------------------------      ----------   --------------
      USERNAME                         NOT NULL     VARCHAR2(30)
      USER_ID                          NOT NULL     NUMBER
      PASSWORD                                      VARCHAR2(30)
      ACCOUNT_STATUS                   NOT NULL     VARCHAR2(32)
      LOCK_DATE                                     DATE
      EXPIRY_DATE                                   DATE
      DEFAULT_TABLESPACE               NOT NULL     VARCHAR2(30)
      TEMPORARY_TABLESPACE             NOT NULL     VARCHAR2(30)
      CREATED                          NOT NULL     DATE
      PROFILE                          NOT NULL     VARCHAR2(30)
      INITIAL_RSRC_CONSUMER_GROUP                   VARCHAR2(30)
      EXTERNAL_NAME                                 VARCHAR2(4000)
```

Apêndice A – Dicionário de dados | 375

```
SQL> SELECT USERNAME, TEMPORARY_TABLESPACE
  2  FROM DBA_USERS;

USERNAME                          TEMPORARY_TABLESPACE
---------------                   -----------------
SYS                               SYSTEM
SYSTEM                            TEMP
OUTLN                             SYSTEM
DBSNMP                            SYSTEM
MTSSYS                            SYSTEM
AURORA$ORB$UNAUTHENTICATED        SYSTEM
SCOTT                             TEMP
DEMO                              SYSTEM
```

DBA_VIEWS

Contém views da base de dados.

```
SQL> DESC DBA_VIEWS
     Name                    Null?           Type
     -------------------     -------------   --------------
     OWNER                   NOT NULL        VARCHAR2(30)
     VIEW_NAME               NOT NULL        VARCHAR2(30)
     TEXT_LENGTH                             NUMBER
     TEXT                                    LONG
     TYPE_TEXT_LENGTH                        NUMBER
     TYPE_TEXT                               VARCHAR2(4000)
     OID_TEXT_LENGTH                         NUMBER
     OID_TEXT                                VARCHAR2(4000)
     VIEW_TYPE_OWNER                         VARCHAR2(30)
     VIEW_TYPE                               VARCHAR2(30)

SQL> SELECT VIEW_NAME, TEXT_LENGTH FROM DBA_VIEWS
  2  WHERE OWNER = 'SCOTT';

VIEW_NAME       TEXT_LENGTH
-------------   -----------
TESTE           31
```

DICT

Contém as tabelas e views do dicionário de dados.

```
SQL> DESC DICT
     Name            Null?           Type
     ------------    ----------      -------------
     TABLE_NAME                      VARCHAR2(30)
     COMMENTS                        VARCHAR2(4000)

SQL> SELECT * FROM DICT;

TABLE_NAME                        COMMENTS
----------------------------      ----------------------------------------
ALL_ALL_TABLES                    Description of all object and rel...
```

376 | *SQL, PL/SQL, SQL*Plus*

```
ALL_ARGUMENTS                    Arguments in object accessible to...
ALL_CATALOG                      All tables, views, synonyms, sequ...
ALL_CLUSTERS                     Description of clusters accessibl...
ALL_CLUSTER_HASH_EXPRESSIONS     Hash functions for all accessible...
ALL_COLL_TYPES                   Description of named collection t...
ALL_COL_COMMENTS                 Comments on columns of accessible...
ALL_COL_PRIVS                    Grants on columns for which the u...
. . . >
```

DICTIONARY

Contém as tabelas e views do dicionário de dados.

```
SQL> DESC DICTIONARY
     Name                 Null?        Type
     ---------------      -------------  ---------------
     TABLE_NAME                        VARCHAR2(30)
     COMMENTS                          VARCHAR2(4000)

SQL> SELECT * FROM DICT;

TABLE_NAME                           COMMENTS
-----------------------------        --------------------
ALL_ALL_TABLES                       Description of all object and rel...
ALL_ARGUMENTS                        Arguments in object accessible to...
ALL_CATALOG                          All tables, views, synonyms, sequ...
ALL_CLUSTERS                         Description of clusters accessibl...
ALL_CLUSTER_HASH_EXPRESSIONS         Hash functions for all accessible...
ALL_COLL_TYPES                       Description of named collection t...
ALL_COL_COMMENTS                     Comments on columns of accessible...
ALL_COL_PRIVS                        Grants on columns for which the u...
. . . >
```

DICT_COLUMNS

Contém as colunas das tabelas e views do dicionário de dados.

```
SQL> DESC DICT_COLUMNS
     Name                 Null?        Type
     ---------------      -------------  ----------------
     TABLE_NAME                        VARCHAR2(30)
     COLUMN_NAME                       VARCHAR2(30)
     COMMENTS                          VARCHAR2(4000)

SQL> SELECT TABLE_NAME, COLUMN_NAME FROM DICT_COLUMNS;

TABLE_NAME           COLUMN_NAME
---------------      --------------------
ALL_ALL_TABLES       INSTANCES
ALL_ALL_TABLES       CACHE
ALL_ALL_TABLES       TABLE_LOCK
ALL_ALL_TABLES       SAMPLE_SIZE
ALL_ALL_TABLES       LAST_ANALYZED
ALL_ALL_TABLES       PARTITIONED
```

Apêndice A – Dicionário de dados | 377

```
ALL_ALL_TABLES            IOT_TYPE
ALL_ALL_TABLES            OBJECT_ID_TYPE
ALL_ALL_TABLES            TABLE_TYPE_OWNER
ALL_ALL_TABLES            TABLE_TYPE
. . . >
```

DUAL

Tabela de "macete", com uma linha e uma coluna que serve para executar determinada função que não necessite obter informações de qualquer tabela.

```
SQL> DESC DUAL
     Name              Null?          Type
     ----------        -----------    -------------
     DUMMY                            VARCHAR2(1)

SQL> SELECT SYSDATE FROM DUAL;

SYSDATE
---------
01/07/01
```

IND

Índices do usuário.

```
SQL> DESC IND
     Name                    Null?           Type
     --------------------    --------------  -----------------
     INDEX_NAME              NOT NULL        VARCHAR2(30)
     INDEX_TYPE                              VARCHAR2(27)
     TABLE_OWNER             NOT NULL        VARCHAR2(30)
     TABLE_NAME              NOT NULL        VARCHAR2(30)
     TABLE_TYPE                              VARCHAR2(11)
     UNIQUENESS                             VARCHAR2(9)
     COMPRESSION                            VARCHAR2(8)
     PREFIX_LENGTH                          NUMBER
     TABLESPACE_NAME                        VARCHAR2(30)
     INI_TRANS                              NUMBER
     MAX_TRANS                              NUMBER
     INITIAL_EXTENT                         NUMBER
     NEXT_EXTENT                            NUMBER
     MIN_EXTENTS                            NUMBER
     MAX_EXTENTS                            NUMBER
     PCT_INCREASE                           NUMBER
     PCT_THRESHOLD                          NUMBER

SQL> SELECT INDEX_NAME, TABLE_OWNER, TABLE_NAME FROM IND;

INDEX_NAME               TABLE_OWNER      TABLE_NAME
----------------------   -------------    -------------
AQ$_QUEUES_CHECK         SYSTEM           AQ$_QUEUES
AQ$_QUEUES_PRIMARY       SYSTEM           AQ$_QUEUES
```

378 | *SQL, PL/SQL, SQL*Plus*

```
AQ$_SCHEDULES_CHECK     SYSTEM              AQ$_SCHEDULES
AQ$_SCHEDULES_PRIMARY    SYSTEM              AQ$_SCHEDULES
DEF$_CALLDEST_N2         SYSTEM              DEF$_CALLDEST
```

OBJ

Contém os objetos do usuário.

```
SQL> DESC OBJ
    Name                        Null?           Type
    ------------------          --------------  ------------------
    OBJECT_NAME                                 VARCHAR2(128)
    SUBOBJECT_NAME                              VARCHAR2(30)
    OBJECT_ID                                   NUMBER
    DATA_OBJECT_ID                              NUMBER
    OBJECT_TYPE                                 VARCHAR2(18)
    CREATED                                     DATE
    LAST_DDL_TIME                               DATE
    TIMESTAMP                                   VARCHAR2(19)
    STATUS                                      VARCHAR2(7)
    TEMPORARY                                   VARCHAR2(1)
    GENERATED                                   VARCHAR2(1)
    SECONDARY                                   VARCHAR2(1)

SQL> SELECT CREATED, OBJECT_TYPE, OBJECT_NAME FROM OBJ;

CREATED         OBJECT_TYPE     OBJECT_NAME
-----------     -------------   ---------------
01/03/99        VIEW            AQ$DEF$_AQCALL
01/03/99        VIEW            AQ$DEF$_AQERROR
01/03/99        QUEUE           AQ$_DEF$_AQCALL_E
01/03/99        QUEUE           AQ$_DEF$_AQERROR_E
01/03/99        TABLE           AQ$_QUEUES
01/03/99        INDEX           AQ$_QUEUES_CHECK
01/03/99        INDEX           AQ$_QUEUES_PRIMARY
01/03/99        TABLE           AQ$_QUEUE_TABLES
```

SEQ

Contém as seqüências do usuário.

```
SQL> DESC SEQ
    Name                        Null?           Type
    ------------------          -------------   ----------------
    SEQUENCE_NAME               NOT NULL        VARCHAR2(30)
    MIN_VALUE                                   NUMBER
    MAX_VALUE                                   NUMBER
    INCREMENT_BY                NOT NULL        NUMBER
    CYCLE_FLAG                                  VARCHAR2(1)
    ORDER_FLAG                                  VARCHAR2(1)
    CACHE_SIZE                  NOT NULL        NUMBER
    LAST_NUMBER                 NOT NULL        NUMBER
```

Apêndice A – Dicionário de dados | 379

```
SQL> SELECT MIN_VALUE, MAX_VALUE, LAST_NUMBER, SEQUENCE_NAME
  2  FROM SEQ;

MIN_VALUE   MAX_VALUE   LAST_NUMBER   SEQUENCE_NAME
----------  ----------  ------------  -----------------------------
1           1,000E+27   1             REPCAT$_FLAVORS_S
1           1,000E+27   1             REPCAT$_REFRESH_TEMPLATES_S
1           1,000E+27   1             REPCAT$_REPPROP_KEY
1           1,000E+27   1             REPCAT$_RUNTIME_PARMS_S
1           1,000E+27   1             REPCAT$_TEMPLATE_OBJECTS_S
1           1,000E+27   1             REPCAT$_TEMPLATE_PARMS_S
1           1,000E+27   1             REPCAT$_TEMPLATE_SITES_S
```

SYN

Contém os sinônimos do usuário.

```
SQL> DESC SYN
     Name             Null?         Type
     --------------   -----------   -------------
     SYNONYM_NAME     NOT NULL      VARCHAR2(30)
     TABLE_OWNER                    VARCHAR2(30)
     TABLE_NAME       NOT NULL      VARCHAR2(30)
     DB_LINK                        VARCHAR2(128)

SQL> SELECT * FROM SYN;

SYNONYM_NAME        TABLE_OWNER      TABLE_NAME
------------------  -------------    --------------------
CATALOG             SYS              CATALOG
COL                 SYS              COL
DBA_2PC_NEIGHBORS   SYS              DBA_2PC_NEIGHBORS
DBA_2PC_PENDING     SYS              DBA_2PC_PENDING
DBA_AUDIT_EXISTS    SYS              DBA_AUDIT_EXISTS
. . . >
```

TABLE_PRIVILEGES

Autorizações de objetos em que o usuário é o autorizador, o autorizado ou proprietário; o PUBLIC é o autorizado.

```
SQL> DESC TABLE_PRIVILEGES
     Name              Null?         Type
     ----------------  ------------  -------------
     GRANTEE           NOT NULL      VARCHAR2(30)
     OWNER             NOT NULL      VARCHAR2(30)
     TABLE_NAME        NOT NULL      VARCHAR2(30)
     GRANTOR           NOT NULL      VARCHAR2(30)
     SELECT_PRIV                     VARCHAR2(1)
     INSERT_PRIV                     VARCHAR2(1)
     DELETE_PRIV                     VARCHAR2(1)
     UPDATE_PRIV                     VARCHAR2(1)
     REFERENCES_PRIV                 VARCHAR2(1)
     ALTER_PRIV                      VARCHAR2(1)
```

SQL, PL/SQL, SQL*Plus

```
        INDEX_PRIV                              VARCHAR2(1)
        CREATED                                 VARCHAR2(0)

SQL> SELECT GRANTEE, TABLE_NAME, SELECT_PRIV
     2   FROM TABLE_PRIVILEGES
     3   WHERE OWNER='SCOTT';
```

não há linhas selecionadas.

TABS

Contém as tabelas do usuário.

```
SQL> DESC TABS
        Name                        Null?         Type
        --------------------        ------------  -------------
        TABLE_NAME                  NOT NULL      VARCHAR2(30)
        TABLESPACE_NAME                           VARCHAR2(30)
        CLUSTER_NAME                              VARCHAR2(30)
        IOT_NAME                                  VARCHAR2(30)
        PCT_FREE                                  NUMBER
        PCT_USED                                  NUMBER
        INI_TRANS                                 NUMBER
        MAX_TRANS                                 NUMBER
        INITIAL_EXTENT                            NUMBER
        NEXT_EXTENT                               NUMBER
        MIN_EXTENTS                               NUMBER
        MAX_EXTENTS                               NUMBER
        PCT_INCREASE                              NUMBER
        FREELISTS                                 NUMBER
        FREELIST_GROUPS                           NUMBER
        LOGGING                                   VARCHAR2(3)
        BACKED_UP                                 VARCHAR2(1)
        NUM_ROWS                                  NUMBER
        BLOCKS                                    NUMBER
        EMPTY_BLOCKS                              NUMBER
        AVG_SPACE                                 NUMBER
. . . >

SQL> SELECT TABLE_NAME, PCT_FREE, PCT_USED, INI_TRANS, MAX_TRANS
     2   , TABLESPACE_NAME FROM TABS;

TABLE_NAME         PCT_FREE   PCT_USED  INI_TRANS  MAX_TRANS  TABLESPACE_NAME
-----------------  --------   --------  ---------  ---------  ---------------
AQ$_QUEUES               10         40          1        255  USERS
AQ$_QUEUE_TABLES        10         40          1        255  USERS
AQ$_SCHEDULES           10         40          1        255  USERS
DEF$_AQCALL             10         40          1        255  USERS
DEF$_AQERROR            10         40          1        255  USERS
DEF$_CALLDEST           10         40          1        255  USERS
DEF$_DEFAULTDEST        10         40          1        255  USERS
DEF$_DESTINATION        10         40          1        255  USERS
DEF$_ERROR              10         40          1        255  USERS
DEF$_LOB                10         40          1        255  USERS
. . . >
```

Apêndice A – Dicionário de dados | 381

USER_CATALOG

Contém tabelas, views, sinônimos e seqüências do usuário.

```
SQL> DESC USER_CATALOG
     Name                 Null?            Type
     ------------------   ------------     ---------------
     TABLE_NAME           NOT NULL         VARCHAR2(30)
     TABLE_TYPE                            VARCHAR2(11)

SQL> SELECT * FROM USER_CATALOG;

TABLE_NAME               TABLE_TYPE
--------------------     ---------------
AQ$DEF$_AQCALL           VIEW
AQ$DEF$_AQERROR          VIEW
AQ$_QUEUES               TABLE
AQ$_QUEUE_TABLES         TABLE
AQ$_SCHEDULES            TABLE
CATALOG                  SYNONYM
COL                      SYNONYM
DBA_2PC_NEIGHBORS        SYNONYM
```

USER_CLUSTERS

Contém os clusters do usuário.

```
SQL> DESC USER_CLUSTERS
     Name                 Null?            Type
     --------------------  ---------       -----------
     CLUSTER_NAME         NOT NULL         VARCHAR2(30)
     TABLESPACE_NAME      NOT NULL         VARCHAR2(30)
     PCT_FREE                              NUMBER
     PCT_USED             NOT NULL         NUMBER
     KEY_SIZE                              NUMBER
     INI_TRANS            NOT NULL         NUMBER
     MAX_TRANS            NOT NULL         NUMBER
     INITIAL_EXTENT                        NUMBER
     NEXT_EXTENT                           NUMBER
     MIN_EXTENTS          NOT NULL         NUMBER
     MAX_EXTENTS          NOT NULL         NUMBER
     PCT_INCREASE                          NUMBER
     FREELISTS                             NUMBER
     FREELIST_GROUPS                       NUMBER
     AVG_BLOCKS_PER_KEY                    NUMBER
     CLUSTER_TYPE                          VARCHAR2(5)
     FUNCTION                              VARCHAR2(15)
     HASHKEYS                              NUMBER
     DEGREE                                VARCHAR2(10)
     INSTANCES                             VARCHAR2(10)
     CACHE                                 VARCHAR2(5)
     BUFFER_POOL                           VARCHAR2(7)
     SINGLE_TABLE                          VARCHAR2(5)
```

382 | *SQL, PL/SQL, SQL*Plus*

```
SQL> SELECT CLUSTER_NAME, TABLESPACE_NAME, FUNCTION FROM USER_CLUSTERS;
```

não há linhas selecionadas.

USER_CLU_COLUMNS

Contém tabelas de clusters relacionadas com as tabelas do usuário.

```
SQL> DESC USER_CLU_COLUMNS
     Name                     Null?            Type
     -----------------        -----------      --------------
     CLUSTER_NAME             NOT NULL         VARCHAR2(30)
     CLU_COLUMN_NAME          NOT NULL         VARCHAR2(30)
     TABLE_NAME               NOT NULL         VARCHAR2(30)
     TAB_COLUMN_NAME                           VARCHAR2(4000)

SQL> SELECT CLUSTER_NAME, CLU_COLUMN_NAME, TABLE_NAME
   2 FROM USER_CLU_COLUMNS;
```

não há linhas selecionadas.

USER_ CONSTRAINTS

Contém as restrições (Constraints) do usuário.

```
SQL> DESC USER_CONSTRAINTS
     Name                        Null?            Type
     --------------------        -----------      ----------
     OWNER                       NOT NULL         VARCHAR2(30)
     CONSTRAINT_NAME             NOT NULL         VARCHAR2(30)
     CONSTRAINT_TYPE                              VARCHAR2(1)
     TABLE_NAME                  NOT NULL         VARCHAR2(30)
     SEARCH_CONDITION                             LONG
     R_OWNER                                      VARCHAR2(30)
     R_CONSTRAINT_NAME                            VARCHAR2(30)
     DELETE_RULE                                  VARCHAR2(9)
     STATUS                                       VARCHAR2(8)
     DEFERRABLE                                   VARCHAR2(14)
     DEFERRED                                     VARCHAR2(9)
     VALIDATED                                    VARCHAR2(13)
     GENERATED                                    VARCHAR2(14)
     BAD                                          VARCHAR2(3)
     RELY                                         VARCHAR2(4)
     LAST_CHANGE                                  DATE

SQL> SELECT CONSTRAINT_NAME, CONSTRAINT_TYPE, TABLE_NAME, R_OWNER
   2 FROM USER_CONSTRAINTS WHERE OWNER = 'SCOTT';
```

não há linhas selecionadas.

Apêndice A – Dicionário de dados | 383

USER_CONS_COLUMNS

Contém as restrições (Constraints) das colunas do usuário.

```
SQL> DESC USER_CONS_COLUMNS
     Name                     Null?             Type
     -----------------        ------------      -------------
     OWNER                    NOT NULL          VARCHAR2(30)
     CONSTRAINT_NAME          NOT NULL          VARCHAR2(30)
     TABLE_NAME               NOT NULL          VARCHAR2(30)
     COLUMN_NAME                                VARCHAR2(4000)
     POSITION                                   NUMBER

SQL> SELECT CONSTRAINT_NAME, TABLE_NAME
     2  FROM USER_CONS_COLUMNS WHERE OWNER = 'SCOTT';
```

não há linhas selecionadas.

USER_DB_LINKS

Contém as ligações da base de dados com outras bases de dados em que o usuário é o proprietário.

```
SQL> DESC USER_DB_LINKS
     Name                     Null?             Type
     -----------              -------------     -----------------
     DB_LINK                  NOT NULL          VARCHAR2(128)
     USERNAME                                   VARCHAR2(30)
     PASSWORD                                   VARCHAR2(30)
     HOST                                       VARCHAR2(2000)
     CREATED                  NOT NULL          DATE

SQL> SELECT * FROM USER_DB_LINKS;
```

não há linhas selecionadas.

USER_EXTENTS

Contém as extensões dos segmentos do usuário.

```
SQL> DESC USER_EXTENTS
     Name                     Null?             Type
     -------------------      ------------      -------------
     SEGMENT_NAME                               VARCHAR2(81)
     PARTITION_NAME                             VARCHAR2(30)
     SEGMENT_TYPE                               VARCHAR2(18)
     TABLESPACE_NAME                            VARCHAR2(30)
     EXTENT_ID                                  NUMBER
     BYTES                                      NUMBER
     BLOCKS                                     NUMBER
```

```
SQL> SELECT PARTITION_NAME, SEGMENT_TYPE, TABLESPACE_NAME
  2  FROM USER_EXTENTS;

PARTITION_NAME          SEGMENT_TYPE            TABLESPACE_NAME
----------------        ---------------         -----------------
                        TABLE                   USERS
                        TABLE                   USERS
                        TABLE                   USERS
                        TABLE                   USERS
                        TABLE                   USERS
                        TABLE                   USERS
                        TABLE                   USERS
                        TABLE                   USERS
. . . >
```

USER_FREE_SPACE

Contém as extensões livres da tablespace que estão disponíveis para o usuário.

```
SQL> DESC USER_FREE_SPACE
      Name                  Null?            Type
      ------------------    -----------      --------------
      TABLESPACE_NAME                        VARCHAR2(30)
      FILE_ID                                NUMBER
      BLOCK_ID                               NUMBER
      BYTES                                  NUMBER
      BLOCKS                                 NUMBER
      RELATIVE_FNO                           NUMBER

SQL> SELECT * FROM USER_FREE_SPACE;

TABLESPACE_NAME     FILE_ID     BLOCK_ID     BYTES       BLOCKS
----------------    --------    ---------    --------    ---------
SYSTEM              1           152018       849920      415
SYSTEM              1           190599       839680      410
SYSTEM              1           173863       81920       40
SYSTEM              1           179008       256000      125
SYSTEM              1           184130       28672       14
SYSTEM              1           184194       49152       24
SYSTEM              1           111758       665600      325
SYSTEM              1           111648       92160       45
SYSTEM              1           114758       245760      120
SYSTEM              1           120565       139264      68
SYSTEM              1           120510       71680       35
. . . >
```

USER_INDEXES

Contém os índices do usuário.

```
SQL> DESC USER_INDEXES
      Name               Null?          Type
      ----------------   -----------    -------------
      INDEX_NAME         NOT NULL       VARCHAR2(30)
```

```
            INDEX_TYPE                               VARCHAR2(27)
            TABLE_OWNER              NOT NULL        VARCHAR2(30)
            TABLE_NAME              NOT NULL         VARCHAR2(30)
            TABLE_TYPE                               VARCHAR2(11)
            UNIQUENESS                               VARCHAR2(9)
            COMPRESSION                              VARCHAR2(8)
            PREFIX_LENGTH                            NUMBER
            TABLESPACE_NAME                          VARCHAR2(30)
            INI_TRANS                                NUMBER
            MAX_TRANS                                NUMBER
            INITIAL_EXTENT                           NUMBER
            NEXT_EXTENT                              NUMBER
            MIN_EXTENTS                              NUMBER
            MAX_EXTENTS                              NUMBER
            PCT_INCREASE                             NUMBER
            PCT_THRESHOLD                            NUMBER
            INCLUDE_COLUMN                           NUMBER
            FREELISTS                                NUMBER
            FREELIST_GROUPS                          NUMBER
            PCT_FREE                                 NUMBER
            LOGGING
                        VARCHAR2(3)
            BLEVEL
                        NUMBER

SQL> SELECT INDEX_NAME, INDEX_TYPE, TABLE_NAME
       2  FROM USER_INDEXES;

INDEX_NAME                      INDEX_TYPE        TABLE_NAME
------------------------        ------------      ------------------
AQ$_QUEUES_CHECK                NORMAL            AQ$_QUEUES
AQ$_QUEUES_PRIMARY              NORMAL            AQ$_QUEUES
AQ$_QUEUE_TABLES_PRIMARY        NORMAL            AQ$_QUEUE_TABLES
AQ$_SCHEDULES_CHECK             NORMAL            AQ$_SCHEDULES
AQ$_SCHEDULES_PRIMARY           NORMAL            AQ$_SCHEDULES
DEF$_CALLDEST_N2                NORMAL            DEF$_CALLDEST
DEF$_CALLDEST_PRIMARY           NORMAL            DEF$_CALLDEST
DEF$_DEFAULTDEST_PRIMARY        NORMAL            DEF$_DEFAULTDEST
DEF$_DESTINATION_PRIMARY        NORMAL            DEF$_DESTINATION
. . . >
```

USER_IND_COLUMNS

Contém as colunas indexadas das tabelas e clusters do usuário.

```
SQL> DESC USER_IND_COLUMNS
        Name                      Null?           Type
        ------------------        ----------      --------------
        INDEX_NAME                                VARCHAR2(30)
        TABLE_NAME                                VARCHAR2(30)
        COLUMN_NAME                               VARCHAR2(4000)
        COLUMN_POSITION                           NUMBER
        COLUMN_LENGTH                             NUMBER
        DESCEND                                   VARCHAR2(4)

SQL> SELECT INDEX_NAME, TABLE_NAME, COLUMN_POSITION
        2  FROM USER_IND_COLUMNS;
```

386 | *SQL, PL/SQL, SQL*Plus*

```
INDEX_NAME                 TABLE_NAME            COLUMN_POSITION
-------------------        -------------------   ----------------
AQ$_QUEUES_PRIMARY         AQ$_QUEUES            1
AQ$_QUEUES_CHECK           AQ$_QUEUES            1
AQ$_QUEUES_CHECK           AQ$_QUEUES            2
AQ$_QUEUE_TABLES_PRIMARY   AQ$_QUEUE_TABLES      1
AQ$_SCHEDULES_PRIMARY      AQ$_SCHEDULES         1
AQ$_SCHEDULES_PRIMARY      AQ$_SCHEDULES         2
AQ$_SCHEDULES_CHECK        AQ$_SCHEDULES         1
DEF$_TRANORDER             DEF$_AQCALL           1
. . . >
```

USER_OBJECTS

Contém os objetos do usuário.

```
SQL> DESC USER_OBJECTS
     Name                   Null?           Type
     ----------------       --------------  --------------
     OBJECT_NAME
     SUBOBJECT_NAME                         VARCHAR2(30)
     OBJECT_ID                              NUMBER
     DATA_OBJECT_ID                         NUMBER
     OBJECT_TYPE                            VARCHAR2(18)
     CREATED                                DATE
     LAST_DDL_TIME                          DATE
     TIMESTAMP                              VARCHAR2(19)
     STATUS                                 VARCHAR2(7)
     TEMPORARY                              VARCHAR2(1)
     GENERATED                              VARCHAR2(1)
     SECONDARY                              VARCHAR2(1)

SQL> SELECT CREATED, STATUS, OBJECT_NAME
     2  FROM USER_OBJECTS;

CREATED     STATUS     OBJECT_NAME
---------   --------   --------------
01/03/99    VALID      AQ$DEF$_AQCALL
01/03/99    VALID      AQ$DEF$_AQERROR
01/03/99    VALID      AQ$_DEF$_AQCALL_E
01/03/99    VALID      AQ$_DEF$_AQERROR_E
01/03/99    VALID      AQ$_QUEUES
01/03/99    VALID      AQ$_QUEUES_CHECK
01/03/99    VALID      AQ$_QUEUES_PRIMARY
01/03/99    VALID      AQ$_QUEUE_TABLES
```

USER_SEGMENTS

Espaço alocado para os segmentos do usuário.

```
SQL> DESC USER_SEGMENTS
     Name                   Null?          Type
     ------------------     -----------    ---------------
     SEGMENT_NAME                          VARCHAR2(81)
```

```
          PARTITION_NAME                   VARCHAR2(30)
          SEGMENT_TYPE                     VARCHAR2(18)
          TABLESPACE_NAME                  VARCHAR2(30)
          BYTES                            NUMBER
          BLOCKS                           NUMBER
          EXTENTS                          NUMBER
          INITIAL_EXTENT                   NUMBER
          NEXT_EXTENT                      NUMBER
          MIN_EXTENTS                      NUMBER
          MAX_EXTENTS                      NUMBER
          PCT_INCREASE                     NUMBER
          FREELISTS                        NUMBER
          FREELIST_GROUPS                  NUMBER
          BUFFER_POOL                      VARCHAR2(7)

SQL> SELECT SEGMENT_TYPE, SEGMENT_NAME, BYTES, TABLESPACE_NAME
     2  FROM USER_SEGMENTS;

SEGMENT_TYPE         SEGMENT_NAME
--------------       -----------------
TABLE                AQ$_QUEUE_TABLES
TABLE                AQ$_QUEUES
TABLE                AQ$_SCHEDULES
TABLE                DEF$_AQCALL
TABLE                DEF$_AQERROR
TABLE                DEF$_ERROR
TABLE                DEF$_DESTINATION
TABLE                DEF$_CALLDEST
TABLE                DEF$_DEFAULTDEST
```

USER_SEQUENCES

Contém as seqüências do usuário.

```
SQL> DESC USER_SEQUENCES
     Name                  Null?          Type
     ------------------    ----------     -------------
     SEQUENCE_NAME         NOT NULL       VARCHAR2(30)
     MIN_VALUE                            NUMBER
     MAX_VALUE                            NUMBER
     INCREMENT_BY          NOT NULL       NUMBER
     CYCLE_FLAG                           VARCHAR2(1)
     ORDER_FLAG                           VARCHAR2(1)
     CACHE_SIZE            NOT NULL       NUMBER
     LAST_NUMBER          NOT NULL       NUMBER

SQL> SELECT * FROM USER_SEQUENCES;

SEQUENCE_NAME       MIN_VALUE   MAX_VALUE   INCREMENT_BY   C  O  CACHE_SIZE
----------          ---------   ---------   ------------   -  -  ----------
REPCAT$_FLAVORS_S   1           1,000E+27   1                 N  N  0

REPCAT$_REFRESH_
TEMPLATES_S                     1           1,000E+27      1  N  N  20
REPCAT$_REPPROP_    1           1,000E+27   1                 N  N  20
KEY
```

388 | SQL, PL/SQL, SQL*Plus

```
REPCAT$_RUNTIME_
PARMS_S               1           1,000E+27  1           N  N  20
REPCAT$_TEMPLATE_     1           1,000E+27  1           N  N  20
OBJECTS_S
REPCAT$_TEMPLATE_     1           1,000E+27  1           N  N  20
PARMS_S
```

USER_SYNONYMS

Contém os sinônimos do usuário.

```
SQL> DESC USER_SYNONYMS
      Name              Null?         Type
      --------------    -----------   --------------
      SYNONYM_NAME      NOT NULL      VARCHAR2(30)
      TABLE_OWNER                     VARCHAR2(30)
      TABLE_NAME        NOT NULL      VARCHAR2(30)
      DB_LINK                         VARCHAR2(128)

SQL> SELECT * FROM USER_SYNONYMS;

SYNONYM_NAME            TABLE_OWNER        TABLE_NAME
-------------------     ----------         -------------------
CATALOG                 SYS                CATALOG
COL                     SYS                COL
DBA_2PC_NEIGHBORS       SYS                DBA_2PC_NEIGHBORS
DBA_2PC_PENDING         SYS                DBA_2PC_PENDING
DBA_AUDIT_EXISTS        SYS                DBA_AUDIT_EXISTS
DBA_AUDIT_OBJECT        SYS                DBA_AUDIT_OBJECT
DBA_AUDIT_SESSION       SYS                DBA_AUDIT_SESSION
DBA_AUDIT_STATEMENT     SYS                DBA_AUDIT_STATEMENT
```

USER_TABLES

Contém as tabelas do usuário.

```
SQL> DESC USER_TABLES
      Name               Null?         Type
      -----------------  ------------  --------------
      TABLE_NAME         NOT NULL      VARCHAR2(30)
      TABLESPACE_NAME                  VARCHAR2(30)
      CLUSTER_NAME                     VARCHAR2(30)
      IOT_NAME                         VARCHAR2(30)
      PCT_FREE                         NUMBER
      PCT_USED                         NUMBER
      INI_TRANS                        NUMBER
      MAX_TRANS                        NUMBER
      INITIAL_EXTENT                   NUMBER
      NEXT_EXTENT                      NUMBER
      MIN_EXTENTS                      NUMBER
      MAX_EXTENTS                      NUMBER
      PCT_INCREASE                     NUMBER
      FREELISTS                        NUMBER
```

Apêndice A – Dicionário de dados | 389

```
       FREELIST_GROUPS                        NUMBER
       LOGGING                                VARCHAR2(3)
       BACKED_UP                              VARCHAR2(1)
       NUM_ROWS                               NUMBER
       BLOCKS                                 NUMBER
       EMPTY_BLOCKS                           NUMBER
       AVG_SPACE                              NUMBER
       CHAIN_CNT                              NUMBER
       AVG_ROW_LEN                            NUMBER
       AVG_SPACE_FREELIST_BLOCKS              NUMBER
       NUM_FREELIST_BLOCKS                    NUMBER
       DEGREE                                 VARCHAR2(10)
. . . >

SQL> SELECT TABLE_NAME, TABLESPACE_NAME FROM USER_TABLES;

TABLE_NAME                  TABLESPACE_NAME
------------------          --------------------
AQ$_QUEUES                  USERS
AQ$_QUEUE_TABLES            USERS
AQ$_SCHEDULES               USERS
DEF$_AQCALL                 USERS
DEF$_AQERROR                USERS
DEF$_CALLDEST               USERS
DEF$_DEFAULTDEST            USERS
DEF$_DESTINATION            USERS
DEF$_ERROR                  USERS
DEF$_LOB                    USERS
. . . >
```

USER_TABLESPACES

Contém as tablespaces disponíveis para o usuário.

```
SQL> DESC USER_TABLESPACES
       Name                         Null?       Type
       -----------------  ----  --
       TABLESPACE_NAME              NOT NULL    VARCHAR2(30)
       INITIAL_EXTENT                           NUMBER
       NEXT_EXTENT                              NUMBER
       MIN_EXTENTS                  NOT NULL    NUMBER
       MAX_EXTENTS                  NOT NULL    NUMBER
       PCT_INCREASE                             NUMBER
       MIN_EXTLEN                               NUMBER
       STATUS                                   VARCHAR2(9)
       CONTENTS                                 VARCHAR2(9)
       LOGGING                                  VARCHAR2(9)
       EXTENT_MANAGEMENT                        VARCHAR2(10)
       ALLOCATION_TYPE                          VARCHAR2(9)

SQL> SELECT LOGGING, STATUS, EXTENT_MANAGEMENT, TABLESPACE_NAME
       2  FROM USER_TABLESPACES;
LOGGING       STATUS      EXTENT_MAN     TABLESPACE_NAME
--------      -------     ----------     ----------------
LOGGING       ONLINE      DICTIONARY     SYSTEM
LOGGING       ONLINE      DICTIONARY     USERS
```

USER_TAB_COLUMNS

Contém as colunas das tabelas, views e clusters do usuário.

```
SQL> DESC USER_TAB_COLUMNS
        Name                            Null?       Type
        ----------------------          ----------  -------------
        TABLE_NAME                      NOT NULL    VARCHAR2(30)
        COLUMN_NAME                     NOT NULL    VARCHAR2(30)
        DATA_TYPE                                   VARCHAR2(106)
        DATA_TYPE_MOD                               VARCHAR2(3)
        DATA_TYPE_OWNER                             VARCHAR2(30)
        DATA_LENGTH                     NOT NULL    NUMBER
        DATA_PRECISION                              NUMBER
        DATA_SCALE                                  NUMBER
        NULLABLE                                    VARCHAR2(1)
        COLUMN_ID                       NOT NULL    NUMBER
        DEFAULT_LENGTH                              NUMBER
        DATA_DEFAULT                                LONG
        NUM_DISTINCT                                NUMBER
        LOW_VALUE                                   RAW(32)
        HIGH_VALUE                                  RAW(32)
                                                    NUMBER
        NUM_NULLS                                   NUMBER
        NUM_BUCKETS                                 NUMBER
        LAST_ANALYZED                               DATE
                                                    NUMBER
        CHARACTER_SET_NAME                          VARCHAR2(44)
        CHAR_COL_DECL_LENGTH                        NUMBER
        GLOBAL_STATS                                VARCHAR2(3)
        USER_STATS                                  VARCHAR2(3)
        AVG_COL_LEN                                 NUMBER

SQL> SELECT TABLE_NAME, COLUMN_NAME, DATA_TYPE
       2   FROM USER_TAB_COLUMNS;
TABLE_NAME                  COLUMN_NAME             DATA_TYPE
-------------------         ----------------        ---------------
AQ$DEF$_AQCALL              QUEUE                   VARCHAR2
AQ$DEF$_AQCALL              MSG_ID                  RAW
AQ$DEF$_AQCALL              CORR_ID                 VARCHAR2
AQ$DEF$_AQCALL              MSG_PRIORITY            NUMBER
AQ$DEF$_AQCALL              MSG_STATE               VARCHAR2
AQ$DEF$_AQCALL              DELAY                   DATE
AQ$DEF$_AQCALL              EXPIRATION              NUMBER
AQ$DEF$_AQCALL              ENQ_TIME                DATE
AQ$DEF$_AQCALL              ENQ_USER_ID             NUMBER
```

USER_TAB_COMMENTS

Contém os comentários das tabelas e views do usuário.

```
SQL> DESC USER_TAB_COMMENTS
        Name                Null?           Type
        ---------------     -------------   ----------------
        TABLE_NAME          NOT NULL        VARCHAR2(30)
```

Apêndice A – Dicionário de dados | 391

```
        TABLE_TYPE                          VARCHAR2(11)
        COMMENTS                            VARCHAR2(4000)

SQL> SELECT TABLE_NAME, TABLE_TYPE FROM USER_TAB_COMMENTS;

TABLE_NAME              TABLE_TYPE
------------------      --------------
AQ$DEF$_AQCALL          VIEW
AQ$DEF$_AQERROR         VIEW
AQ$_QUEUES              TABLE
AQ$_QUEUE_TABLES        TABLE
AQ$_SCHEDULES           TABLE
DEF$_AQCALL             TABLE
DEF$_AQERROR            TABLE
DEF$_CALLDEST           TABLE
DEF$_DEFAULTDEST        TABLE
. . . >
```

USER_TS_QUOTAS

Contém as cotas de tablespace para o usuário.

```
SQL> DESC USER_TS_QUOTAS
        Name                    Null?           Type
        ------------------      ----------      ------------
        TABLESPACE_NAME         NOT NULL        VARCHAR2(30)
        BYTES                                   NUMBER
        MAX_BYTES
        NUMBER
        BLOCKS                  NOT NULL        NUMBER
        MAX_BLOCKS                              NUMBER

SQL> SELECT BYTES, MAX_BYTES, TABLESPACE_NAME
     2  FROM USER_TS_QUOTAS;

BYTES        MAX_BYTES      TABLESPACE_NAME
--------     -----------    -----------------
2129920      -1             USERS
0            -1             SYSTEM
```

USER_USERS

Contém os privilégios do usuário corrente.

```
SQL> DESC USER_USERS
        Name                          Null?           Type
        --------------------------    ---------       ----------
        USERNAME                      NOT NULL        VARCHAR2(30)
        USER_ID                       NOT NULL        NUMBER
        ACCOUNT_STATUS                NOT NULL        VARCHAR2(32)
        LOCK_DATE                                     DATE
        EXPIRY_DATE                                   DATE
        DEFAULT_TABLESPACE            NOT NULL        VARCHAR2(30)
        TEMPORARY_TABLESPACE          NOT NULL        VARCHAR2(30)
        CREATED                       NOT NULL        DATE
```

SQL, PL/SQL, SQL*Plus

```
                INITIAL_RSRC_CONSUMER_GROUP                    VARCHAR2(30)
                EXTERNAL_NAME                                  VARCHAR2(4000)

SQL> SELECT USERNAME, LOCK_DATE, EXPIRY_DATE, DEFAULT_TABLESPACE
      2  FROM USER_USERS;

USERNAME     LOCK_DAT     EXPIRY_D     DEFAULT_TABLESPACE
----------   ----------   ---------    --------------------
SYSTEM                                 USERS
```

USER_VIEWS

Contém as views do usuário.

```
SQL> DESC USER_VIEWS
        Name                    Null?           Type
        ------------------      ------------    ------------
        VIEW_NAME               NOT NULL        VARCHAR2(30)
        TEXT_LENGTH                             NUMBER
        TEXT                                    LONG
        TYPE_TEXT_LENGTH                        NUMBER
        TYPE_TEXT                               VARCHAR2(4000)
        OID_TEXT_LENGTH                         NUMBER
        OID_TEXT                                VARCHAR2(4000)
        VIEW_TYPE_OWNER                         VARCHAR2(30)
        VIEW_TYPE                               VARCHAR2(30)

SQL> SELECT VIEW_NAME, VIEW_TYPE_OWNER, VIEW_TYPE
      2  FROM USER_VIEWS;

VIEW_NAME            VIEW_TYPE_OWNER     VIEW_TYPE
------------------   ----------------    -----------
AQ$DEF$_AQCALL
AQ$DEF$_AQERROR
PRODUCT_PRIVS
```

Apêndice B

SQL dinâmico

O SQL dinâmico permite que se crie procedimentos de propósito mais geral. Por exemplo, utilizando o SQL dinâmico você pode escrever um procedimento que opere sobre uma tabela cujo nome só será conhecido em tempo de execução. Ela permite ainda o uso da linguagem de definição de dados (DDL), isto é, permite que se crie (CREATE), altere (ALTER) e remova (DROP) objetos dentro de um procedimento ou bloco PL/SQL, o que não é permitido com declarações do SQL estático.

O SQL dinâmico é implementado pela package DBMS_SQL.

Como usar a DBMS_SQL

Para que uma declaração SQL dinâmico possa ser processada é preciso que haja um cursor que guarde o identificador da declaração, este cursor (do tipo INTEGER) é diferente dos cursores convencionais PL/SQL, e é usado apenas pela biblioteca DBMS_SQL. O identificador é atribuído ao cursor pela função OPEN_CURSOR.

O próximo passo é se analisar gramaticalmente a declaração; utilizando o procedimento PARSE, ele analisa a sintaxe da consulta e a associa ao cursor. Caso a declaração analisada seja uma DDL, ela será executada pelo procedimento e um commit implícito também será executado, portanto, não é necessário executar o procedimento EXECUTE.

394 | *SQL, PL/SQL, SQL*Plus*

Se a declaração possuir referências a variáveis de ambiente, então é necessário que se insira um marcador para estas variáveis dentro da declaração, colocando o sinal (:) antes da variável, como em :nome. Depois que a declaração foi analisada, pode-se ligar o valor às variáveis utilizando o procedimento BIND_VARIABLE, e quando a declaração for executada as variáveis serão substituídas pelos respectivos valores.

As colunas selecionadas por uma declaração SELECT são identificadas por suas posições relativas dentro da declaração. Em uma consulta você deve usar o procedimento DEFINE_COLUMN para especificar quais as variáveis que receberão e que serão gerados quando a consulta for executada. Para colunas do tipo LONG é utilizado o procedimento DEFINE_COLUMN_LONG.

A declaração é executada pela função EXECUTE. Caso a declaração seja INSERT, UPDATE ou DELETE, a função retorna o número de linhas processadas, caso contrário, seu valor pode ser desprezado.

Se você definiu uma declaração SELECT, então os valores retornados pela consulta podem ser extraídos do cursor utilizando-se a função FETCH_ROWS; esta função retorna 0 (zero) caso não haja mais registros a serem extraídos do cursor.

Se a declaração for uma consulta, os valores obtidos como resultado podem ser atribuídos a variáveis usando o procedimento COLUMN_VALUE, ou COLUMN_VALUE_LONG para colunas do tipo LONG, caso a declaração seja uma chamada a um bloco PL/SQL; então o valor retornado por este bloco pode ser obtido com o procedimento VARIABLE_VALUE.

Quando você não for mais utilizar o cursor, ele deve ser fechado com o procedimento CLOSE_CURSOR, para evitar que o bloco da memória permaneça desnecessariamente alocada.

Procedimentos, funções e parâmetros

BIND_VARIABLE (cursor,variável,valor,[tamanho])

> Permite a atribuição de um valor à variáveis de ambiente, tamanho é utilizado para variáveis do tipo VARCHAR2.

CLOSE_CURSOR (cursor)

> Fecha o cursor e libera a memória associada.

COLUMN_VALUE (cursor,posição,variável[,erro][,tamanho])

> Recupera um valor do cursor para a variável.

DEFINE_COLUMN (cursor,posição,variável)

> Associa colunas ou expressões da consulta com a variável.

EXECUTE (cursor) retorna INTEGER

> Executa a declaração associada ao cursor e retorna o número de linhas processadas.

FETCH_ROWS (cursor) retorna INTEGER

> Extrai do cursor os valores resultantes da consulta, retorna 0 (zero) caso não haja mais linhas.

IS_OPEN (cursor) retorna BOOLEAN

Retorna TRUE se o cursor já estiver aberto e FALSE caso contrário.

OPEN_CURSOR retorna INTEGER

Esta função "abre" o cursor e retorna um identificador para ele.

PARSE (cursor,declaração,flag)

Analisa a declaração. flag especifica o comportamento que o Oracle terá durante a análise, pode ser: DBMS_SQL.V6 (para Versão 6), DBMS_SQL.V7 (para Versão 7) e DBMS_SQL.NATIVE (para utilizar o comportamento de acordo com a base à qual ele está conectado)

VARIABLE_VALUE (cursor,variável_da_declaração,variável,[tamanho])

Recupera o valor da variável_da_declaração para a variável do bloco PL/SQL.

Como usar SQL dinâmico para chamar stored procedures e functions

Você pode também utilizar o SQL dinâmico para chamar stored procedures e functions de dentro de seu bloco PL/SQL. Para isto os passos são os seguintes:

Chamar DBMS_SQL.OPEN_CURSOR para abrir um cursor;

Se existirem variáveis bind, vincule-as utilizando a procedure DBMS_SQL.BIND_VARIABLE;

Execute a procedure ou function utilizando DBMS_SQL.EXECUTE;

Se houver variáveis bind, chame DBMS_SQL.VARIABLE_VALUE para obter os valores associados a elas.

Feche o cursor com a procedure DBMS_SQL.CLOSE_CURSOR.

Quando você utiliza a package DBMS_SQL para executar uma procedure ou function as variáveis passadas como parâmetro são tratadas como sendo bind, o mesmo acontece para variáveis que recebem os valores retornados por functions.

As variáveis associadas a parâmetros do tipo IN ou IN OUT devem ter valores associados antes que eles sejam passados para a procedure ou function. As variáveis do tipo VARCHAR2 ou CHAR que serão vinculadas a parâmetros do tipo OUT, devem ser inicializadas ou seu tamanho máximo deve ser passado para a procedure DBMS_OUTPUT.BIND_VARIABLE através do parâmetro tamanho.

Exemplo I

O seguinte exemplo cria um procedimento que realiza consulta em uma coluna, o nome da coluna e da tabela são passados como parâmetro para o procedimento.

```
CREATE OR REPLACE PROCEDURE SQL_DINAMICO(
     coluna IN VARCHAR2, tabela IN VARCHAR2
                              ) IS
```

SQL, PL/SQL, SQL*Plus

```
      cur_handle INTEGER;
      texto VARCHAR2(80);
      temp NUMBER;
BEGIN
      cur_handle := DBMS_SQL.OPEN_CURSOR;
      DBMS_SQL.PARSE(
         cur_handle, 'SELECT '||coluna||'
                      FROM '|| tabela, DBMS_SQL.V7
);
      DBMS_SQL.DEFINE_COLUMN(cur_handle, 1, texto, 80);
      temp := DBMS_SQL.EXECUTE(cur_handle);
      LOOP
         IF DBMS_SQL.FETCH_ROWS(cur_handle) = 0
            THEN EXIT;
         ELSE
            DBMS_SQL.COLUMN_VALUE(cur_handle, 1, texto);
            DBMS_OUTPUT.PUT_LINE(texto);
         END IF;
      END LOOP;
      DBMS_SQL.CLOSE_CURSOR(cur_handle);
END SQL_DINAMICO;
/
```

Neste caso, a declaração SQL é uma consulta (SELECT), e o valor da variável temp pode ser desprezado.

Este procedimento pode ser utilizado dentro de outros procedimentos ou blocos PL/SQL, ou pode ainda ser executado no SQL*Plus com o comando:

```
SQL> EXECUTE SQL_DINAMICO('ENAME','EMP')
```

Este irá retornar os dados da coluna ENAME da tabela EMP.

Exemplo II

Uma utilização da package DBMS_SQL para tornar os procedimentos ainda mais genéricos é mostrada neste exemplo. Ela cria um procedimento que recebe como argumento a declaração SQL inteira, não apenas parte dela. As declarações podem ser de inserção, alteração ou remoção. Sua listagem é mostrada a seguir.

```
CREATE OR REPLACE PROCEDURE QUERY(query_in IN VARCHAR2) IS
      cur_handle INTEGER;
      temp NUMBER;
BEGIN
      cur_handle := DBMS_SQL.OPEN_CURSOR;
      DBMS_SQL.PARSE(cur_handle, query_in, DBMS_SQL.V7);
      temp := DBMS_SQL.EXECUTE(cur_handle);
      DBMS_SQL.CLOSE_CURSOR(cur_handle);
      DBMS_OUTPUT.PUT_LINE('Num. de linhas tratadas : '||temp);
END QUERY;
/
```

Apêndice B – SQL dinâmico | 397

Exemplo III

Neste exemplo, a package DBMS_SQL é utilizada para chamar uma stored function que retorna um VARCHAR2 e recebe como parâmetro uma variável do tipo IN NUMBER.

```
CREATE OR REPLACE FUNCTION RETORNA_TEXTO
      (numero IN NUMBER) RETURN VARCHAR2 AS
         temp_var VARCHAR2(30);
      BEGIN
         temp_var := 'O valor passado foi ' || TO_CHAR(numero);
      RETURN temp_var;
END;
/

DECLARE
      cursor_handle NUMBER;
      temp INTEGER;
      valor NUMBER := 1;
      — Variável que receberá o valor retornado pela
      — função é inicializada com 30 espaços em branco
      var_text VARCHAR2(30) := '                              ';
BEGIN
      cursor_handle := DBMS_SQL.OPEN_CURSOR;
      DBMS_SQL.PARSE(
         cursor_handle, 'BEGIN :x1:=RETORNA_TEXTO(:x2);
         END;',
      DBMS_SQL.V7  );
      DBMS_SQL.BIND_VARIABLE(cursor_handle, ':x1', var_text);
      DBMS_SQL.BIND_VARIABLE(cursor_handle, ':x2', valor);
      temp := DBMS_SQL.EXECUTE(cursor_handle);
      DBMS_SQL.VARIABLE_VALUE(cursor_handle, ':x1', var_text);
      DBMS_SQL.CLOSE_CURSOR(cursor_handle);
      DBMS_OUTPUT.PUT_LINE('var_text = ' || var_text);
END;
/
```

Para o caso em que a variável var_text não é inicializada, o bloco fica da seguinte forma:

```
DECLARE
      cursor_handle NUMBER;
      temp INTEGER;
      valor NUMBER := 1;
      var_text VARCHAR2(30);
BEGIN
      cursor_handle := DBMS_SQL.OPEN_CURSOR;
      DBMS_SQL.PARSE(
         cursor_handle,
         'BEGIN :x1:=RETORNA_TEXTO(:x2);
         END;',
         DBMS_SQL.V7  );
      DBMS_SQL.BIND_VARIABLE(cursor_handle, ':x1', var_text, 30);
      DBMS_SQL.BIND_VARIABLE(cursor_handle, ':x2', valor);
      temp := DBMS_SQL.EXECUTE(cursor_handle);
      DBMS_SQL.VARIABLE_VALUE(cursor_handle, ':x1', var_text);
      DBMS_SQL.CLOSE_CURSOR(cursor_handle);
      DBMS_OUTPUT.PUT_LINE('var_text = ' || var_text);
END;
/
```

Apêndice C

Construção de comandos SQL com boa performance

Em SGBD's relacionais, as informações são guardadas em registros e estes em tabelas. Para recuperar uma informação necessária ao usuário, deve-se buscá-la em várias tabelas diferentes, estabelecendo-se um relacionamento entre elas. Esta é a origem do nome deste paradigma de Banco de Dados.

Tabelas são na verdade conjuntos. Por exemplo, quando em um sistema existe uma tabela de vendas, esta tabela corresponde ao conjunto de todas as vendas feitas por uma empresa. A tabela de vendedores corresponde ao conjunto de vendedores que trabalham em uma empresa. Cada linha ou registro da tabela corresponde a um elemento do conjunto. Consultas e alterações na base de dados correspondem a operações realizadas sobre conjuntos. Estas operações são definidas pela álgebra relacional.

Por exemplo, determinar quais os vendedores com tempo de casa maior que um determinado patamar significa determinar um subconjunto do conjunto de vendedores, onde todos os elementos possuam uma determinada propriedade. Para determinar as vendas destes vendedores, é necessário realizar a operação já citada e depois, para cada elemento do subconjunto "vendedores veteranos" é necessário determinar o subconjunto do conjunto de vendas, contendo a propriedade de ter sido realizada pelo vendedor em questão. O resultado final da consulta será a união de todos estes subconjuntos.

O problema apresentado possui também outra forma de solução. Podemos, em um primeiro momento, determinar para cada vendedor quais as suas vendas. Teríamos então vários subconjuntos, cada um contendo as vendas de um vendedor. Feito isto, podemos verificar quais os vendedores são veteranos, formando o resultado final a partir da união dos subconjuntos associados a cada um.

Consultas em Banco de Dados não passam de problemas de álgebra relacional. Assim como acontece com a álgebra "tradicional", os operadores possuem algumas propriedades. Sabemos que 2 x 3 = 3 x 2. Isto significa que, quando precisamos contar uma expressão de álgebra relacional para chegar a um determinado resultado, podemos fazê-lo de mais de uma forma, pois várias expressões levam ao mesmo resultado. Em outras palavras, quando o Banco de Dados precisa montar uma expressão algébrica para encontrar um resultado, ele deve escolher uma entre várias. Apesar de apresentarem o mesmo resultado, as expressões são diferentes, e a diferença fará com que o Banco de Dados adote um caminho diferente para resolver cada uma. Escolher o caminho mais curto é uma das grandes atribuições do Banco de Dados. Esta é a missão do otimizador, um subsistema do Banco de Dados, responsável por determinar o plano de execução para uma consulta.

A linguagem SQL é um grande padrão de Banco de Dados. Isto decorre da sua simplicidade e facilidade de uso. Ela se opõe a outras linguagens, no sentido em que uma consulta SQL especifica a forma do resultado e não o caminho para chegar a ele.

Vamos comparar:

SQL

"Quero saber todas as vendas feitas por vendedores com mais de 10 anos de casa."

Outras

"Para cada um dos vendedores, da tabela vendedores, com mais de 10 anos de casa, determine na tabela de vendas todas as vendas destes vendedores. A união de todas estas vendas será o resultado final do problema."

Uso de índices

Quando fazemos consultas em uma tabela, estamos selecionando registros com determinadas propriedades. Dentro do conceito de álgebra relacional, estamos fazendo uma simples operação de determinar um subconjunto de um conjunto. A forma trivial de realizar esta operação é avaliar cada um dos elementos do conjunto, para determinar se ele possui ou não as propriedades desejadas. Ou seja, avaliar, um a um, todos os seus registros.

Em tabelas grandes, a operação descrita acima pode ser muito custosa. Imaginemos que se deseje relacionar todas as apólices vendidas para um determinado cliente, para saber seu histórico. Se for necessário varrer toda a tabela de apólices para responder esta questão, o processo certamente levará muito tempo.

A melhor forma de resolver este problema é o uso de índices. Índices possibilitam ao Banco de Dados o acesso direto às informações desejadas.

Fisicamente, a tabela não está organizada em nenhuma ordem. Os registros são colocados na tabela na ordem cronológica de inserção. Deleções ainda causam mudanças nesta ordem. Um índice é uma estrutura onde todos os elementos de uma tabela estão organizados, em uma estrutura de dados eficiente, ordenados segundo algum critério. Um registro no índice é composto pelo conjunto de valores dos campos que compõem o índice e pelo endereço

Apêndice C – *Construção de comandos SQL com boa performance* | 401

físico do registro na tabela. Ao escrever uma consulta SQL, não informamos especificamente qual índice será usado pela consulta. Esta decisão é tomada pelo Banco de Dados. Cabe a nós escrever a consulta, de forma que o uso do índice seja possível. É preciso que nossa consulta disponibilize o índice.

Como possibilitar uso de colunas para acesso indexado

Na verdade, a consulta disponibiliza colunas que podem ser usadas em acesso à índices. O Banco de Dados, a partir das colunas disponíveis e dos índices existentes, determina a conveniência de se usar determinado índice.

Para permitir que uma coluna seja usada em acesso à índice, ela deve aparecer na cláusula WHERE de um SELECT.

Por exemplo, a consulta:

```
SELECT campo1
FROM tabela
WHERE campo1 = 3
        AND     campo2 > 4
        AND     campo3 <> 7
        AND     campo4 BETWEEN 10 AND 20
        AND     campo5 + 10 = 15
        AND     TO - number (campo6) = O
        AND     NVL (campo7, 2) = 2
        AND     campo8 LIKE 'GENERAL%'
        AND     campo9 LIKE '%ACCIDENT';
```

Disponibiliza o uso de índices nos campos campo1, campo2 e campo4. Nos casos dos campos campo2 e campo4, o acesso a índice será para buscar registros que possuam valor numa determinada faixa.

A condição campo3 <> 7 não disponibiliza índice, por ser uma relação de desigualdade.

De fato, se a tabela possuir n registros, um dos quais com campo3 = 7, não parece razoável um índice para recuperar N - 1 elementos.

A condição campo5 + 10 = 15 não permite o uso de índice pela coluna campo5, por igualar ao valor 15 uma expressão envolvendo a coluna, e não a coluna isolada. De fato, uma técnica para se inibir o uso de índice em uma coluna, quando desejado, é usar expressões tais como:

- nome-coluna + O = 15, para campos number ou date, ou
- nome-coluna || ' = 'ABCD', para campos char.

As expressões envolvendo as colunas campo6 e campo7 também não disponibilizam índice pelo mesmo motivo. Foram incluídas aqui por se tratar de casos em que, freqüentemente, as pessoas acham que o uso de índice seria possível.

A expressão envolvendo campo8 disponibiliza índice, pois ela é, na verdade, como se escrevêssemos: campo8 >= 'GE cccc... 'and campo8 < = 'GEddd...' onde c é o menor caractere na ordem da tabela ASCIII. Já a expressão envolvendo campo9 não permite uso de índice.

402 | *SQL, PL/SQL, SQL*Plus*

Se houver um índice único na tabela pelo campo1, o acesso disponibilizado por este índice é um unique scan: o Banco de Dados faz um acesso ao índice para buscar um único registro.

Mesmo que haja um índice único pelo campo2, será feito um range scan na tabela, ou seja, uma busca para recuperar vários registros. O mesmo ocorre para o campo4.

Como escolher um índice

Dadas as colunas que podem ser usadas para acesso indexado, o Banco de Dados passa a decisão sobre qual índice será usado. Para isto, ele determinará os índices disponíveis, para então escolher um.

Um índice estará disponível se um prefixo dos campos que o compõe estiver disponível. Por exemplo, se o índice for composto pelas colunas campo1, campo2, campo3 e campo4, o índice estará disponível se estiverem disponíveis as colunas:

> campo1 ou
>
> campo1 e campo2 ou
>
> campo1, campo2, e campo3 ou
>
> campo1, campo2, campo3 e campo4.

Neste último caso, o uso do índice será completo, se ele for usado.

A seleção entre os índices para determinar qual será realmente usado é feita a partir de heurísticas, como, por exemplo, é melhor usar um índice único que um índice não único. Esta seleção pode considerar também informações sobre os dados armazenadas na tabela, dependendo da configuração do servidor de Banco de Dados.

Qual o melhor índice?

O critério básico para escolha de índices é a seletividade. Quando o Banco de Dados resolve uma consulta, freqüentemente ele precisa percorrer mais registros do que aqueles realmente retomados pela consulta. Os registros percorridos que forem rejeitados representam o trabalho perdido. Quanto menor for o trabalho perdido, mais perto estaremos da performance ótima para resolver a consulta. Portanto, o melhor índice para uma consulta é aquele que apresenta a maior seletividade. Vejamos a consulta abaixo:

```
SELECT campo1
FROM tabela
WHERE campo2 = 2 AND campo3 = 1 AND campo4 = 3;

tabela possui os índices:
      índice 1:    campo2,   campo5
      índice 2:    campo1
      índice 3:    campo3,   campo1
      índice 4:    campo4
      índice 5:    campo5,   campo4;
```

Apêndice C – Construção de comandos SQL com boa performance | 403

Neste caso, estão disponíveis para consultas indexadas os campos campo2, campo3 e campo4, o que permite o uso dos índices 1, 3 e 4. O índice mais seletivo será aquele que recuperar o mínimo número de registros.

Se houver 10 registros com campo2 = 2, 2000 registros com campo3 = 1 e 50 registros com campo4 = 3, o índice 1 será o mais seletivo. Nossa melhor alternativa é, portanto, um range scan no índice 1. Vale a pena ressaltar que o fato do índice 1 possuir também a coluna campo5 prejudica um pouco a consulta. Ou seja, seria melhor, para esta consulta, que o índice 1 possuísse apenas o campo2.

Para resolver a consulta, o Banco de Dados fará o acesso ao índice, onde irá recuperar o endereço físico, na tabela, dos registros candidatos a compor o resultado. Com este endereço, ele verifica cada registro quanto às outras condições. Os que satisfizerem as outras condições comporão o resultado.

Em alguns casos, este cantinho pode ser mais simples. Veja o exemplo abaixo:

```
select campo1 FROM tabela WHERE campo2 = 2;
```

Tabela possui os índices:

    índice 1: campo1 , campo3

    índice2: campo2, campo1, campo3

    índice3: campo1, campo2

Neste caso, o Banco de Dados apenas pode usar o índice 2. A consulta pode ser resolvida sem acesso à tabela, usando apenas o índice. Uma vez que o índice também possui os valores para campo1 de cada registro, não há necessidade de se recuperar este valor da tabela.

Campos nulos não entram

Toda vez que um registro possuir valores nulos para todos os campos que compõem um índice, este registro não será colocado no índice.

Isto causa problemas de performance em sistemas mal projetados. Suponha que a modelagem de dados de um sistema de contas a pagar tenha resultado em um projeto onde existe uma tabela de contas (ou compromissos, ou títulos) a pagar, contendo, entre outros, dois campos: data de vencimento e data de pagamento. A primeira seria a data em que o título deve ser pago. A segunda a data em que o título foi efetivamente pago. Suponha ainda que a dinâmica do sistema determine que todo título, ao ser inserido no sistema, tenha valor nulo para o campo data de vencimento. Quando o pagamento vier a ser efetuado, o campo será atualizado. É bastante possível que seja construída uma consulta para recuperar todos os títulos não pagos. Neste caso, não será possível o uso de índices, pois estamos procurando campos com valor nulo. Se tivermos nesta tabela 200000 títulos, dos quais 500 não pagos, esta consulta terá desempenho bastante aquém do possível. Uma solução melhor seria inicializar o campo data de vencimento com o valor 01/01/1998, significando conta não paga.

404 | *SQL, PL/SQL, SQL*Plus*

Tabelas pequenas

Como última consideração sobre consultas em uma tabela, vale lembrar que quando fazemos uma consulta a uma tabela bastante pequena, não compensa usar índices. O trabalho envolvido em acessar o índice, pegar o endereço e, depois, acessar a tabela é maior que o esforço de ler a tabela inteira.

Consultas em várias tabelas

Consultas envolvendo várias tabelas são feitas através de joins. Na teoria da álgebra relacional, estas consultas são produtos cartesianos entre os conjuntos (tabelas) envolvidos. Para cada elemento do conjunto resultado do produto cartesiano, será verificado se ele possui ou não um determinado conjunto de condições, imposto ao resultado da consulta.

O Banco de Dados irá tirar proveito de propriedades matemáticas para otimizar estas consultas. Imagine que tenhamos dois conjuntos, um de retângulos e um de círculos. Tome como objetivo obter o subconjunto do produto cartesiano destes dois conjuntos que contenham apenas círculos amarelos e retângulos azuis. Há duas formas de resolver isto. Uma é fazer o produto cartesiano e, a partir do resultado, excluir os elementos que não atendem a premissa. Outra é determinar o subconjunto dos círculos amarelos e o subconjunto dos retângulos azuis, fazendo um produto cartesiano dos dois subconjuntos. Apesar de equivalentes quanto ao resultado, o segundo método é bastante mais eficiente em termos de performance.

Normalmente quando se faz uma consulta em duas ou mais tabelas, existe alguma informação que as une. Por exemplo, você quer relacionar registros de um determinado empregado apenas ao registro do departamento onde este empregado trabalha. Esta condição é chamada de condição de join. Normalmente, esta condição evita que seja necessária a realização de um produto cartesiano de fato. Vejamos o exemplo:

```
SELECT depto.nome, emp.nome
FROM   empregados emp, departamentos depto
WHERE emp.data_admissao < '01-jan-92'
AND depto.id - departamento = emp.departamento
AND depto.area_de_negocio = 'FAST~FOOD';
```

Neste caso, estamos trabalhando sobre dois conjuntos: empregados e departamentos. Possuímos restrições sobre estes dois conjuntos e uma restrição que serve para juntá-los.

O Banco de Dados pode resolver a consulta acima de duas formas. A primeira envolve determinar o subconjunto dos empregados e departamentos que obedecem as restrições nestes conjuntos. Posteriormente, geramos o resultado a partir dos dois subconjuntos, respeitando a condição de join. A segunda forma envolve escolher um conjunto para iniciar a solução, por exemplo, o de departamentos. Determinamos o subconjunto deste que possua a propriedade apresentada (determinada área de negócio). Para cada elemento deste subconjunto, faremos sua associação ao elemento correspondente no outro conjunto, segundo a condição de join. Finalmente, verificamos se o registro formado possui a restrição no outro conjunto. A primeira

Apêndice C – Construção de comandos SQL com boa performance | 405

forma de solução é chamada de sort-merge join. A segunda é chamada de nested-loops. O Banco de Dados sempre usa uma destas duas técnicas para resolver consultas em múltiplas tabelas. Ele pode até mesmo combinar as duas.

Na maioria dos casos, o método de nested-loops apresenta melhores resultados. Em alguns casos complexos, o sort-merge é indicado.

Outer join

O outer join (ou junção externa) é um caso particular do join. Quando se faz um join simples, a impossibilidade de se encontrar em alguma tabela um registro associado ao resultado intermediário anterior determina que o join não retomará nenhuma informação.

Quando uma tabela entra no join através de um outer join, quando não houver registros na tabela associados ao resultado intermediário, urna linha imaginária será adicionada à tabela em questão, contendo valor nulo para todos os seus campos. Esta linha será juntada aos registros de resultado intermediário, compondo o novo resultado intermediário.

Um Outer join não causa uma lentidão de processamento muito maior que a de um join.

Sub select

Outro mito que ronda a construção de SQL diz que é melhor usar Sub Select do que usar um join. Dependendo de quem reproduz o mito, a situação se inverte, e o join passa a ser melhor que o Sub Select. Na verdade, deve-se fazer uma análise caso a caso. As duas técnicas podem, inclusive, ser equivalentes.

Vejamos o exemplo:

```
SELECT campo1
FROM tabela1
WHERE campo2 IN (SELECT campo2
                 FROM tabela2
                 WHERE campo4 = constante);

SELECT campo1
FROM  tabela1, tabela2
WHERE campo4 = constante
AND tabela1.campo2 = tabela2.campo2;
```

Neste caso, primeiro devemos notar que as duas consultas só são equivalentes se houver unicidade nos valores do campo3. Caso contrário, pode haver diferença de resultados, quanto ao número de registros retornados. Imagine que as duas tabelas tenham três registros cada uma, todos com o mesmo valor para campo2 (na tabela1) e o mesmo valor para campo3 (na tabela2). Imagine também que todas as linhas da tabela tenham o mesmo valor para campo 1. No caso da sub select, a consulta retorna três linhas como resultado. No caso do join, retorna 9 linhas. Portanto, para serem equivalentes, de fato, é necessário que exista unicidade nos valores de campo3.

406 | *SQL, PL/SQL, SQL*Plus*

Se houver a unicidade, o uso do sub select ou join (com relação à performance) é absolutamente equivalente. De fato, para resolver esta consulta, em qualquer dos dois casos, o Banco de Dados irá determinar os registros da tabela2 que possuem "campo4 = constante'. Irá recuperar então o valor de campo3 para estes registros. Para cada valor, obterá os registros da tabela com campo2 igual a este valor. Os valores de campo1 nestes registros comporão os conjuntos resultados.

Vejamos uma situação onde precisamos saber todas as notas fiscais que contenham itens fabricados por um determinado fornecedor, em um determinado dia.

Sub select:

```
SELECT   num, nota
FROM   notas_Fiscais
WHERE data_emissao = constante
AND EXISTS  (
         SELECT 'x'
         FROM produtos , itens_nota
      WHERE  produtos.num_nota = itens_nota.num - nota
      AND produtos.produto = itens_nota.produto
      AND fornecedor = constante
      );
```

Existe uma diferença apreciável de performance entre as duas consultas. Note que o importante é saber se existe pelo menos um item de uma nota fiscal associado a um determinado fornecedor. Não é necessário determinar todos os itens deste fornecedor. Este é o ponto onde a consulta com join torna-se pior, em termos de performance, que a consulta com sub select. Note que a data da nota foi incluída para ser um fato seletivo e justificar o exemplo. Se não houvesse tal restrição, o jeito certo de construir a consulta seria determinar todos os produtos do fornecedor, depois os itens de nota com este produto, e finalmente as notas correspondentes. Desde, é claro, que um fornecedor seja razoavelmente seletivo. Neste caso, teríamos um exemplo onde join é melhor do que sub select. Apenas por uma diferença sutil de existência de um critério de data.

Apêndice D

Exemplos reutilizáveis

Nesta parte iremos trabalhar com exemplos que podem ser aplicados no dia-a-dia. Por medida de segurança, crie um usuário qualquer com privilégio DBA. Este usuário facilitará a solução de possíveis problemas causados por algum dos códigos. Por se tratar de um usuário criado exclusivamente para a prática dos exemplos, caso seja necessário pode-se remover este usuário usando DROP USER com a opção CASCADE, sem causar nenhum problema ao Banco de Dados.

Digite com atenção e cuidado. Antes de digitar a declaração SQL, sempre é bom analisar o código, interpretar este código, e somente assim iniciar a digitação. Quando se tem este hábito, além de um maior entendimento no que se está fazendo, as chances de erros sempre diminuem.

Let´s go!

EXEMPLO I

Esta rotina é útil quando temos que converter um valor caractere para numérico. Muitas vezes este valor numérico provêm de algum resultado de alguma declaração SQL que recebeu um valor armazenado em uma variável caractere. São muitas as utilizações desta função. Uma vez criada no schema do usuário, para que esta função seja acionada basta que seja chamada com um valor informado no parênteses.

408 | *SQL, PL/SQL, SQL*Plus*

```
CREATE FUNCTION char_to_num
      ( xstring IN varchar2 )
RETURN number IS
BEGIN
      DECLARE
         tam    number(3)   := length(xstring);
         n      number(3)   := 1;
         x      number(2)   := -9;
         out_num number(30);
         out_string varchar2(30);
      BEGIN
         — tentar converter string direto sem loop
         begin
         select to_number(xstring)  into out_num from dual ;
         exception when others then null;
         end;
         — se direto nao da certo, analisar string por string
      if nvl(out_num,0)=0   then
         while n <= tam loop
            begin
               select to_number( substr( xstring,n,1) )
               into x
               from dual;
               exception when others then null;
            end;
            if nvl(x,-9)>=0 then
               out_string := out_string||to_char(x);
            end if;
         x := -9;
         n:= n+1;
      end loop;
   out_num := to_number(out_string);
  end if;
  return out_num;
 END;
END;
```

EXEMPLO II

Esta rotina converte um valor numérico para seu correspondente em extenso. Para testar esta função, use a tabela macete DUAL (select por_extenso(150) from dual).

```
CREATE FUNCTION por_Extenso
(help_vr in number)
RETURN varchar2 IS
—Declaração das variáveis necessárias
BEGIN
DECLARE valor_origem number(14,2);
         blokken number(14,2);
         help_por_extenso varchar2(512);
         temp varchar2(500);
begin
  begin
 valor_origem :=help_vr;
  if valor_origem>0 then
    help_por_extenso:='{';
```

Apêndice D – Exemplos reutilizáveis | 409

```
    WHILE valor_origem>0 LOOP
DECLARE
cem_val number(14,2):=0;
cem_val_pos1 number(14,2):=0;
cem_val_pos2 number(14,2):=0;
cem_val_pos3 number(14,2):=0;
cem_val_posx number(14,2):=0;
ct VARCHAR2(15):='';
dz VARCHAR2(15):='';
un VARCHAR2(15):='';
trailor VARCHAR2(30):='';
pos1_e VARCHAR2(3):='';
pos2_e VARCHAR2(3):='';
pos3_e VARCHAR2(3):='';
blok_0val number(14,2):=0;
blok_1val number(14,2):=0;
blok_2val number(14,2):=0;
blok_3val number(14,2):=0;
blok_4val number(14,2):=0;
blok_5val number(14,2):=0;
honderd_waarde number(3):=0;
x varchar2(1) ;
begin
blok_0val :=valor_origem-trunc(valor_origem);
blok_1val :=trunc(valor_origem/1);
blok_2val :=trunc(valor_origem/1000);
blok_3val :=trunc(valor_origem/1000000);
blok_4val :=trunc(valor_origem/1000000000);
blok_5val :=trunc(valor_origem/1000000000000);

if valor_origem/1<1 then blokken:=0;
if valor_origem>=1 then
trailor:='reais';
help_por_extenso:=rpad(help_por_extenso,
NVL(length(help_por_extenso), 0)+
NVL(length(' '||ct||pos1_e||dz||pos2_e||un||pos3_e||trailor), 0),
(' '||ct||pos1_e||dz||pos2_e||un||pos3_e||trailor));end if;
 dbms_output.put_line(help_por_extenso);

trailor:='centavos';
if valor_origem=0.01 then trailor:='centavo';end if;ct:=null;
valor_origem:=valor_origem-blok_0val;cem_val:=(blok_0val*100);
else
if valor_origem/1000<1 then blokken:=1;
trailor:='reais';
if blok_1val=1 then trailor:='real';end if;
valor_origem:=valor_origem-blok_1val;cem_val:=blok_1val;
else
if valor_origem/1000000<1 then blokken:=2;trailor:='mil e ';
if blok_2val=valor_origem/1000 then trailor:='mil ';end if;
valor_origem:=valor_origem-(blok_2val*1000);cem_val:=blok_2val;
else
if valor_origem/1000000000<1 then blokken:=3;trailor:='milhoes e ';
if blok_3val=1 then trailor:='milhao ';end if;
valor_origem:=valor_origem-(blok_3val*1000000);cem_val:=blok_3val;
else
if valor_origem/1000000000000<1 then blokken:=4;trailor:='bilhoes e ';
if blok_4val=1 then trailor:='bilhao ';end if;
```

410 | *SQL, PL/SQL, SQL*Plus*

```
valor_origem:=valor_origem-(blok_4val*1000000000);cem_val:=blok_4val;
else
if valor_origem/1000000000000000<1 then blokken:=5;trailor:='trilhoes e ';
if blok_5val=1 then trailor:='trilhao ';end if;
valor_origem:=valor_origem-(blok_5val*1000000000000000);cem_val:=blok_5val;
end if;end if;end if;end if;end if;end if;
/*Valor de cem para texto*/
if cem_val>=100 then
cem_val_pos1:=to_number(substr(to_char(cem_val),1,1));
honderd_waarde:=cem_val;
cem_val:=cem_val-cem_val_pos1*100;
end if;
if cem_val<100 and cem_val>=10 then
cem_val_pos2:=to_number(substr(to_char(cem_val),1,1));
cem_val_pos3:=to_number(substr(to_char(cem_val),2,1));
cem_val_posx:=to_number(substr(lpad(to_char(cem_val),3,'0'),2,2));
else
if cem_val<10 then
cem_val_pos2:=null;
cem_val_pos3:=to_number(substr(to_char(cem_val),1,1));
end if;end if;
/*POSICAO 1*/
if cem_val_pos1>0 then pos1_e:=' e ';end if;
if cem_val_pos1>0 and cem_val_pos2=0 and cem_val_pos3=0 then
pos1_e:=' ';end if;
if cem_val_pos1=1 then ct:='cento';end if;
if honderd_waarde=100 then ct:='cem ';pos1_e:='';end if;
if cem_val_pos1=2 then ct:='duzentos ';end if;
if cem_val_pos1=3 then ct:='trezentos ';end if;
if cem_val_pos1=4 then ct:='quatrocentos ';end if;
if cem_val_pos1=5 then ct:='quinhentos ';end if;
if cem_val_pos1=6 then ct:='seiscentos ';end if;
if cem_val_pos1=7 then ct:='setecentos ';end if;
if cem_val_pos1=8 then ct:='oitocentos ';end if;
if cem_val_pos1=9 then ct:='novecentos ';end if;
/*POSICAO 2*/
if cem_val between 10 and 19 then
cem_val_pos1:=null;
if cem_val_posx=10 then dz:='dez ';end if;
if cem_val_posx=11 then dz:='onze ';end if;
if cem_val_posx=12 then dz:='doze ';end if;
if cem_val_posx=13 then dz:='treze ';end if;
if cem_val_posx=14 then dz:='quatorze ';end if;
if cem_val_posx=15 then dz:='quinze ';end if;
if cem_val_posx=16 then dz:='dezesseis ';end if;
if cem_val_posx=17 then dz:='dezessete ';end if;
if cem_val_posx=18 then dz:='dezoito ';end if;
if cem_val_posx=19 then dz:='dezenove ';end if;
else
if cem_val_pos2>0 and cem_val_pos3>0 then pos2_e:=' e ';end if;
if cem_val_pos2=2 then dz:='vinte ';end if;
if cem_val_pos2=3 then dz:='trinta ';end if;
if cem_val_pos2=4 then dz:='quarenta ';end if;
if cem_val_pos2=5 then dz:='cinquenta ';end if;
if cem_val_pos2=6 then dz:='sessenta ';end if;
if cem_val_pos2=7 then dz:='setenta ';end if;
if cem_val_pos2=8 then dz:='oitenta ';end if;
if cem_val_pos2=9 then dz:='noventa ';end if;
```

Apêndice D – Exemplos reutilizáveis | 411

```
/*POSICAO 3*/
if cem_val_pos3>0 then pos3_e:=' ';end if;
if cem_val_pos3=1 then un:='um';end if;
if cem_val_pos3=2 then un:='dois';end if;
if cem_val_pos3=3 then un:='tres';end if;
if cem_val_pos3=4 then un:='quatro';end if;
if cem_val_pos3=5 then un:='cinco';end if;
if cem_val_pos3=6 then un:='seis';end if;
if cem_val_pos3=7 then un:='sete';end if;
if cem_val_pos3=8 then un:='oito';end if;
if cem_val_pos3=9 then un:='nove';end if;end if;
help_por_extenso:=rpad(help_por_extenso,
NVL(length(help_por_extenso), 0)+
NVL(length(' '||ct||pos1_e||dz||pos2_e||un||pos3_e||trailor), 0),
(' '||ct||pos1_e||dz||pos2_e||un||pos3_e||trailor));
end;END LOOP;end if;
------ CRUZ reais ------
 dbms_output.put_line(help_por_extenso);
if blokken>0 and instr(help_por_extenso,'cruzeiro',1,
to_number(NVL(length(help_por_extenso), 0)))=0
then
help_por_extenso:=rpad(help_por_extenso,
NVL(length(help_por_extenso), 0)+1,' ');end if;
help_por_extenso:=replace(help_por_extenso,'e cruz','cruz');
help_por_extenso:=replace(help_por_extenso,'reais reais',
'reais');
help_por_extenso:=replace(help_por_extenso,'real reais',
'real');
------ OUTROS ? ------
help_por_extenso:=replace(help_por_extenso,'  ',' ');
help_por_extenso:=replace(help_por_extenso,'entos e mil',
'entos mil');
help_por_extenso:=replace(help_por_extenso,'entos e milhoes',
'entos milhoes');
help_por_extenso:=replace(help_por_extenso,'entos e bilhoes',
'entos bilhoes');
help_por_extenso:=replace(help_por_extenso,'entos e trilhoes',
'entos trilhoes');
help_por_extenso:=replace(help_por_extenso,'zrea',
'ze rea');
help_por_extenso:=replace(help_por_extenso,'trea',
'te rea');
help_por_extenso:=replace(help_por_extenso,'vrea',
've rea');
help_por_extenso:=replace(help_por_extenso,'centos e reais',
'centos reais');
help_por_extenso:=replace(help_por_extenso,'{','');
if substr(HELP_por_extenso,length(HELP_por_extenso)-3,3)='mil' then
    HELP_por_extenso:=replace(HELP_por_extenso,'mil','mil reais');
end if;
valor_origem:=valor_origem;
temp := help_por_extenso;
return  temp ;
end;end;
END;
/
```

412 | *SQL, PL/SQL, SQL*Plus*

EXEMPLO III

Situação comum no dia-a-dia. Através de dígito verificador, podemos através desta declaração validar CGC_CPF:

```
CREATE function CAD_CGC_CPF
      (CAD_CGC in number,
      CAD_CPF in number)
      return VARCHAR2 is
 begin
      declare cgc_cpf varchar2(30);
      begin
      IF cad_cgc IS NULL THEN
        BEGIN
         IF NVL(LENGTH(TO_CHAR(cad_cpf)), 0)=11 THEN
                cgc_cpf:=SUBSTR(TO_CHAR(cad_cpf),1,3)||'.'||
                    SUBSTR(TO_CHAR(cad_cpf),4,3)||'.'||
                    SUBSTR(TO_CHAR(cad_cpf),7,3)||'-'||
                    SUBSTR(TO_CHAR(cad_cpf),10,2);
         ELSIF NVL(LENGTH(TO_CHAR(cad_cpf)), 0)=10 THEN
                cgc_cpf:='0'||SUBSTR(TO_CHAR(cad_cpf),1,2)||'.'||
                    SUBSTR(TO_CHAR(cad_cpf),3,3)||'.'||
                    SUBSTR(TO_CHAR(cad_cpf),6,3)||'-'||
                    SUBSTR(TO_CHAR(cad_cpf),9,2);
         ELSIF NVL(LENGTH(TO_CHAR(cad_cpf)), 0)=9 THEN
                cgc_cpf:='00'||SUBSTR(TO_CHAR(cad_cpf),1,1)||'.'||
                    SUBSTR(TO_CHAR(cad_cpf),2,3)||'.'||
                    SUBSTR(TO_CHAR(cad_cpf),5,3)||'-'||
                    SUBSTR(TO_CHAR(cad_cpf),8,2);
         ELSIF NVL(LENGTH(TO_CHAR(cad_cpf)), 0)=8 THEN
                cgc_cpf:='000.'||SUBSTR(TO_CHAR(cad_cpf),1,3)||'.'||
                    SUBSTR(TO_CHAR(cad_cpf),4,3)||'-'||
                    SUBSTR(TO_CHAR(cad_cpf),7,2);
         END IF;
        END;
      ELSE
        BEGIN
         IF NVL(LENGTH(cad_cgc), 0)=14 THEN
                cgc_cpf:=SUBSTR(cad_cgc,1,2)||'.'||
                    SUBSTR(cad_cgc,3,3)||'.'||
                    SUBSTR(cad_cgc,6,3)||'/'||
                    SUBSTR(cad_cgc,9,4)||'-'||
                    SUBSTR(cad_cgc,13,2);
         ELSIF NVL(LENGTH(cad_cgc), 0)=13 THEN
                cgc_cpf:='0'||SUBSTR(cad_cgc,1,1)||'.'||
                      SUBSTR(cad_cgc,2,3)||'.'||
                      SUBSTR(cad_cgc,5,3)||'/'||
                      SUBSTR(cad_cgc,8,4)||'-'||
                      SUBSTR(cad_cgc,12,2);
         ELSIF NVL(LENGTH(cad_cgc), 0)=12 THEN
                cgc_cpf:='00.'||SUBSTR(cad_cgc,1,3)||'.'||
                      SUBSTR(cad_cgc,4,3)||'/'||
                      SUBSTR(cad_cgc,7,4)||'-'||
                      SUBSTR(cad_cgc,11,2);
         ELSIF NVL(LENGTH(cad_cgc), 0)=11 THEN
                cgc_cpf:='00.0'||SUBSTR(cad_cgc,1,2)||'.'||
                      SUBSTR(cad_cgc,3,3)||'/'||
```

Apêndice D – Exemplos reutilizáveis | 413

```
                    SUBSTR(cad_cgc,6,4)||'-'||
                    SUBSTR(cad_cgc,10,2);
        END IF;
      END;
    END IF;
    RETURN(cgc_cpf);
  end;
 end;
/
```

EXEMPLO IV

Este exemplo criará um trigger para ser usado nos momentos em que usuários sem privilégios deverão estar fora do Banco de Dados. Um motivo para esta rotina que é um tanto assustadora, seria Banco de Dados em manutenção. Lembre-se! Ao ativar este trigger, somente um usuário SYSDBA (por exemplo, INTERNAL) poderá ainda conectar no Banco de Dados.

Notas de uso

Para retornar o funcionamento do Banco de Dados, o usuário INTERNAL poderá desabilitar o trigger ou excluí-lo ou até mesmo excluir por cascata o usuário que mantém o trigger.

```
CREATE TRIGGER apos_logon_db
      AFTER LOGON ON DATABASE
BEGIN
      — Impedide os logons com uma mensagem
      RAISE_APPLICATION_ERROR (-20002, 'O banco de dados está ' ||
                                'manutenção. Volte a ' ||
                                'conectar após as 18hs.');
END;
```

Ao tentar qualquer conexão ao Banco de Dados , temos a seguinte mensagem.

```
SQL> CONNECT SCOTT/TIGER
ERRO:
ORA-00604: ocorreu um erro no nível 1 SQL recursivo
ORA-20002: O banco de dados está manutenção. Volte a conectar após as 18hs.
ORA-06512: em line 3
```

Aviso: você não está mais conectado ao ORACLE.

SQL>

EXEMPLO V

Semelhante ao anterior, este exemplo criará um trigger que permitirá que alguns usuários com privilégios especiais possam ainda conectar ao Banco de Dados.

414 | *SQL, PL/SQL, SQL*Plus*

```
CREATE TRIGGER apos_logon_db2
    AFTER LOGON ON DATABASE
- permite a esses usuarios o logon normalmente
WHEN (USER NOT IN('SYSTEM', 'SYS'))
BEGIN
    - armazena estas informações de tentativas de logon
    INSERT INTO after_logon_audit
        (date_time, username, ip_address)
    VALUES
        (SYSDATE, USER_ SYS_CONTEXT('USERENV', 'IP_ADDRESS'));
    COMMIT;
    - Impedide os logons com uma mensagem
    RAISE_APPLICATION_ERROR (-20002, 'O banco de dados está ' ||
                            'manutenção. Volte a ' ||
                            'conectar após as 18hs.');
END;
```

EXEMPLO VI

Esta rotina calcula os dias úteis informados por um período, podendo excluir sábados e/ou feriados. Os domingos esta declaração já verifica através da data interna do sistema. Para os feriados, será necessário criar uma tabela que conterá estes registros informando a data do feriado.

```
FUNCTION dias_uteis
(i_data_i             IN   date,
    i_data_f                 IN   date,
    i_incluir_sabado IN   varchar2:= 'N'  ,
    i_excluir_feriado IN varchar2:= 'N' )

RETURN number IS
BEGIN
  declare   dias      number(6):=0;
            data      date:=i_data_i;
            feriado   varchar2(1) := 'N' ;
  begin
    while data<= i_data_f loop
      if i_incluir_sabado='S' then
        if to_number(to_char(data,'D')) in (2,3,4,5,6,7)
          then dias := dias + 1 ;
            if i_excluir_feriado = 'N' then
                begin
                  select 'S' into feriado
                  from f_ferias_geral
                            where ferias_data = data;
                            exception when others then null;
                        end;
                        if feriado = 'S' then
                            dias := dias - 1 ;
                        end if;
            end if;
        end if;
      elsif to_number(to_char(data,'D')) in (2,3,4,5,6) then
        dias  := dias + 1;
            if i_excluir_feriado = 'N' then
                begin
```

Apêndice D – Exemplos reutilizáveis | 415

```
                 select 'S' into feriado
                 from f_ferias_geral
                 where ferias_data = data;
                 exception when others then null;
               end;
               if feriado = 'S' then
                     dias := dias - 1 ;
                 end if;
           end if;
       end if;
     feriado   := 'N'  ;
     data      := data + 1 ;
    end loop;
   return dias;
 end;
END;
```

Para chamar esta declaração, usamos o seguinte comando:

```
SQL> select dias_uteis('01/06/01','01/07/01','N','S') from dual;

DIAS_UTEIS('01/06/01','01/07/01','N','S')
-----------------------------------------
                    21
```

EXEMPLO VII

Esta rotina é útil quando desejamos criar uma tabela destino espelhando em uma tabela origem. Sendo assim, podemos aproveitar os tipos de dados da tabela origem e seus registros de uma só vez.

```
CREATE TABLE tab_destino AS
     SELECT * FROM tab_origem
DECLARE
     CURSOR nome_cursor IS
        SELECT . . . ;   — informe aqui o que você precisa
BEGIN
     FOR [valor] IN nome_cursor LOOP
        INSERT tab_destino VALUES(
        — informe aqui o que você precisa
                     );
     END LOOP;
END;
```

Apêndice E

Glossário

Access privileges

Habilidade para se conectar, ler e/ou gravar em um Banco de Dados. Os privilégios de acesso são concedidos através de contas de usuário.

Account

Um usuário autorizado de um sistema operacional ou Banco de Dados. As contas são normalmente criadas e controladas por um administrador de sistema (ou de Banco de Dados). Uma conta consiste de um nome e uma senha de usuário.

Active database connection

Uma conexão de Banco de Dados que está sendo usada atualmente para acessar (conectar-se a) um Banco de Dados.

Advanced distribution features

Ligações de Banco de Dados, consultas distribuídas, atualizações distribuídas, capturas instantâneas.

Alias

Um nome alternativo (apelido) para um objeto de rede existente, tal como um host (servidor) ou um conjunto de parâmetros. Em SQL, um nome temporário atribuído a uma tabela, visão, coluna ou valor em uma instrução SQL, usado para referir-se a este item posteriormente na mesma instrução.

418 | *SQL, PL/SQL, SQL*Plus*

Applications Programs Interface (API)

Um conjunto de funções chamadas de programas que permitem à uma aplicação fazer uso ou comunicar-se com um programa ou sistema subjacente.

ASCII data file

Arquivo de texto puro. ASCII significa um conjunto de caracteres definido pelo American Standard Code for Information Interchange (Código padrão americano para troca de informações) e é convenção para representação de informações alfanuméricas usando dados digitais.

attribute

Um grupo com nome de privilégios relacionados que são concedidos a usuários ou a outras atribuições.

backup

Criação de uma cópia (ou cópias) de dados existentes, permitindo a recuperação posterior desses dados quando forem necessários.

client

Um usuário, software aplicativo ou computador que solicita os serviços, dados ou processamento de uma outra aplicação ou computador (o 'servidor').

cluster

Uma estrutura de Banco de Dados que contém uma ou mais tabelas, em que todas elas possuem uma ou mais colunas em comum. As linhas de uma ou mais tabelas que compartilham o mesmo valor nestas colunas em comum são fisicamente armazenadas juntas no Banco de Dados.

column

Um espaço vertical em uma tabela de Banco de Dados que representa um domínio de dados em particular. Uma coluna possui um nome de coluna e um tipo de dados específico. Por exemplo, em uma tabela contendo informações sobre funcionários, todas as datas de admissão dos funcionários formariam uma coluna.

column name

Um designador alfanumérico de uma coluna e dos que ela contém.

communication protocol

Um conjunto de padrões ou regras implementadas que governam a transmissão de dados ao longo de uma rede. Um protocolo de comunicação inclui especificações detalhadas para a transmissão de dados.

complex query

Também denominada instrução complexa, uma instrução INSERT, UPDATE, DELETE ou SELECT que contém uma subconsulta. Os resultados da subconsulta são usados para processamento posterior na instrução.

connection describer

Uma descrição especialmente formatada, em geral identificada por um nome alternativo, do destino de uma conexão de rede. Os descritores de conexão são usados para conexão com um Banco de Dados. Os construtores de conexão são construídos

Apêndice E – Glossário | 419

usando-se um conjunto de palavras-chave e valores. Eles são associados a nomes de serviço para fornecerem referências mais convenientes.

connection string

O conjunto de parâmetros, incluindo um protocolo, que o SQL*Net usa para se conectar à uma ocorrência específica do Oracle na rede.

data replication

Cria uma cópia das informações de diversos sites de um Banco de Dados distribuído para tornar o acesso aos dados mais rápido para clientes locais.

database

Um conjunto de dados que é tratado como uma unidade. Composto de estruturas lógicas e físicas, os Banco de Dados são elaborados para armazenar e recuperar informações relacionadas.

database administrator (DBA)

A pessoa responsável pela operação, manutenção e personalização de um servidor Oracle.

database application

Um conjunto de formulários, menus, relatórios e outros componentes que satisfazem uma determinada função dentro de seu negócio. Um exemplo de uma aplicação é um sistema de gestão.

database attribute

Uma atribuição de Banco de Dados é um método de conceder privilégios de acesso. Você cria um objeto de Banco de Dados chamado atribuição, depois concede privilégios a essa atribuição e então concede esta atribuição a usuários individuais.

database connection

Acesso ao Banco de Dados e seus dados, obtidos através da entrada no Banco de Dados.

Database Connection

Uma pasta no Oracle 8i Navigator, usada para preservar conexões com Banco de Dados definidas previamente. Quando você der um clique em uma conexão definida previamente, a conexão com o Banco de Dados se tornará ativa.

database link

Uma ligação de Banco de Dados é um objeto no Banco de Dados que lhe permite acessar objetos em um Banco de Dados remoto.

database object

Um objeto de Banco de Dados é qualquer coisa definida e armazenada em um Banco de Dados. Os objetos de Banco de Dados são formados por tabelas, visualizações, índices, sinônimos, ligações de Banco de Dados, funções, capturas instantâneas, usuários, triggers e unidades de programas armazenados. Cada um destes objetos definem certas características da elaboração de seu Banco de Dados.

database owner

Normalmente, o criador de um Banco de Dados; a pessoa que pode conceder privilégios de Banco de Dados a outros usuários.

420 | SQL, PL/SQL, SQL*Plus

database parameters

Lista de detalhes de configuração de ocorrência necessários para iniciar uma ocorrência de Banco de Dados.

database server

O computador em que é iniciado e executado um Banco de Dados Oracle. As máquinas--cliente conectam-se ao Banco de Dados em um servidor de Banco de Dados.

datatype

Uma forma padrão de dados. Os tipos de dados do Oracle são CHAR, VARCHAR2, NUMBER, DATE, LONG RAW e ROWID.

distributed database

Um único Banco de Dados lógico, que é fisicamente localizado em dois ou mais computadores, conectados através de alguma forma de rede de comunicação. Um recurso essencial de um verdadeiro Banco de Dados distribuído é que o usuário e/ou programa funcionam como se eles tivessem acesso a todo o Banco de Dados localmente. Todo o processamento que dá esta impressão é realizado pelo sistema de gerenciamento do Banco de Dados.

distributed query

Uma consulta que seleciona dados de Banco de Dados em vários nós (servidores de Banco de Dados) de uma rede. Uma consulta distribuída pode referenciar dados em outros nós que não sejam o nó local, usando uniões, consultas aninhadas ou visualizações.

distributed update

Uma atualização que modifica dados em um Banco de Dados local ou remoto em uma transação.

domain name

Identificador de um domínio. Um domínio é uma divisão dos nomes com garantia de ser exclusivo. Os domínios são relacionados hierarquicamente em um modelo de atribuição de nomes.

external data source

Bancos de Dados que não são Oracle e outros arquivos contendo dados que você quer carregar em um Banco de Dados Oracle.

external key

Uma ou mais colunas em uma tabela, cujos valores referenciam valores de chaves primárias em uma outra tabela.

host

Um computador que fornece um recurso compartilhado em uma rede.

host string

Também denominada descritor de conexão, uma descrição especialmente formatada (em geral identificada por um nome alternativo); do destino para uma conexão de rede. Os descritores de conexão são construídos usando-se um conjunto de valores e

Apêndice E – Glossário | 421

palavras-chave. Eles são associados a nomes de serviços para fornecer uma referência mais conveniente.

index

Um objeto de Banco de Dados criado para aumentar a performance na recuperação de dados. Ele fornece um rápido caminho de acesso aos dados que se encontram em um Banco de Dados. Os índices apontam diretamente para a localização de linhas contendo dados específicos.

line

Um conjunto de informações de colunas correspondentes a um único registro.

local database

O Banco de Dados instalado em seu sistema. Ele pode ser o Banco de Dados Starter, que é o Banco de Dados que acompanha o Personal Oracle8i ou, então, um Banco de Dados criado pelo usuário.

log on

Acessar um Banco de Dados usando o nome de usuário e senha que foram atribuídos.

master-table

A tabela que se está copiando ao fazer uma captura instantânea de uma tabela.

network connection

Uma conexão eletrônica que lhe permite acessar os recursos de uma rede a partir de seu computador local.

object

Uma estrutura com nome no Banco de Dados Oracle, tal como uma tabela, índice ou formulário. Também pode ser um grupo de dados em um formulário que pode ser copiado, movido ou removido em uma única operação.

Oracle DBMS

O sistema de gerenciamento de Banco de Dados (DBMS - DataBase Management System) desenvolvido pela Oracle Corporation. Entre os componentes do DBMS, temos o kernel (núcleo do sistema) e vários utilitários para serem utilizado pelos administradores e usuários de Banco de Dados.

Oracle Call Interface

A Oracle Call Interface (OCI), ou seja, a Interface de chamada do Oracle, é uma API (Interface de programas aplicativos) para acessar um Banco de Dados Oracle a partir de um programa em C. O usuário pode fazer chamadas diretamente das funções OCI, a partir de seu programa em C para direcionar a execução das instruções SQL.

Oracle Developer/2000

Uma ferramenta de desenvolvimento que possibilita que programadores criem sistemas que podem ser desde pequenos grupos de trabalhos até sistemas envolvendo toda a empresa.

Oracle Names Channels Protocols Adapter

Uma interface de aplicação SQL*Net, que permite ao SQL*Net comunicar-se com um Banco de Dados remoto do Oracle através do Protocolo de canais com nomes.

422 | *SQL, PL/SQL, SQL*Plus*

Oracle 8i Navigator

O Oracle 8i Navigator tem funcionamento de forma muito semelhante ao Windows 98 Explorer. O usuário pode usar o Navigator para acessar todos os seus projetos, conexões de Banco de Dados e objetos de Banco de Dados.

Oracle SPX/IPX Protocol Adapter

Uma interface de aplicação SQL*Net que permite ao SQL*Net comunicar-se com um Banco de Dados Oracle remoto através do Protocolo SPX/IPX.

Oracle TCP/IP Protocol Adapter

Uma interface de aplicação SQL*Net que permite ao SQL*Net comunicar-se com um Banco de Dados Oracle remoto através do Protocolo TCP/IP.

package

Um pacote é um conjunto encapsulado de procedures, funções e outros objetos de programa relacionados e que são armazenados juntos em um Banco de Dados.

parallel database

Várias ocorrências de um Banco de Dados que compartilham um Banco de Dados físico.

password

É equivalente à senha de usuário. Uma palavra ou frase secreta (limite de 30 caracteres; os espaços e vírgulas não são permitidos) associada a um nome de usuário. A senha é usada para que se mantenha a segurança dos dados e deve ser conhecida apenas pelo seu próprio possuidor.

PL/SQL database language

A extensão de linguagem procedural Oracle do SQL. O PL/SQL alia a facilidade e flexibilidade do SQL à funcionalidade procedural de uma linguagem de programação estruturada como, por exemplo, IF. . .THEN, WHILE e LOOP.

primary key

Um conjunto de colunas usado para forçar a exclusividade das linhas. A combinação de valores de colunas é exclusiva para cada linha de uma tabela. A chave primária é o meio mais freqüentemente usado para acessar linhas. Este campo também é utilizado para classificar tabelas e afastar a possibilidade de se criar registros duplicados.

private synonym

Um sinônimo para um objeto de Banco de Dados definido pelo usuário Oracle, de modo que outros usuários selecionados possam ter acesso àquele objeto. Compare com public synonym.

privilege

Um direito para executar um determinado tipo de instrução SQL. Há dois tipos de privilégios: privilégios em nível de sistema e em nível de objetos. Os privilégios em nível de sistema permitem ao usuário executar uma determinada ação em nível global de sistema, ou então executar uma determinada ação em um tipo de objeto em particular; por exemplo, o privilégio de remover linhas de uma tabela. Os privilégios em nível de objetos permitem ao usuário executar uma dada ação em

Apêndice E – Glossário | 423

um objeto específico; por exemplo, o privilégio de remover linhas em uma tabela específica.

procedure

Um conjunto de instruções SQL e PL/SQL que são agrupadas como uma unidade para solucionar um problema específico ou executar um conjunto de tarefas relacionadas.

project

Um conjunto de informações relacionadas localizadas no Banco de Dados local ou em um Banco de Dados remoto. Um exemplo de um projeto pode ser um Projeto de produto que contenha tabelas, visualizações, índices etc; todos relativos ao produto que uma empresa fabrica.

public synonym

Um sinônimo para um objeto de Banco de Dados definido por um administrador de Banco de Dados, de modo que todos os usuários do Banco de Dados possam ter acesso àquele objeto.

publish-and-subscribe replication

Parte da opção distribuída, que lhe permite replicar dados de uma tabela-mestre. Também denominada Read-Only Snapshot Capture.

read-only snapshot capture

Uma cópia (conhecida como réplica) de uma tabela-mestre. Você pode criar um número ilimitado de capturas instantâneas da tabela. Esta captura instantânea pode ser periodicamente renovada para refletir o estado mais recente da tabela-mestre. Durante uma renovação de captura instantânea, quaisquer alterações feitas na tabela-mestre, desde o momento em que a captura foi criada ou anteriormente renovada, são refletidas na captura instantânea.

relational database

Um Banco de Dados composto de tabelas de informações interconectadas. Os dados podem ser reorganizados e reapresentados de diversas maneiras, dependendo das necessidades do usuário.

remote database

Um Banco de Dados que pode ser acessado pelo usuário através de uma rede.

replica

Uma cópia da tabela-mestre.

replication

Um recurso dos Bancos de Dados garantindo que todas as atualizações feitas em cópias de qualquer objeto de dados são propagadas para todos os demais sites. A replicação abrange Capturas instantâneas apenas para leitura, Capturas instantâneas atualizáveis e Replicação simétrica.

replication master-site

Uma localização que contém cópias-mestras de informações a serem atualizadas. Os sites-mestres de replicação são necessários para as capturas instantâneas atualizáveis.

424 | *SQL, PL/SQL, SQL*Plus*

select

Fazer buscas em linhas de uma ou mais tabelas de Banco de Dados usando uma consulta. Também a instrução SQL SELECT.

sequence

Uma seqüência gera uma lista serial de números exclusivos para colunas numéricas de tabelas de um Banco de Dados. Por exemplo, se dois usuários querem inserir novos números para funcionários em uma tabela, a seqüência gera, automaticamente, o valor correto para cada usuário.

server

O processamento distribuído utiliza mais de um processador para dividir o processamento para um conjunto de tarefas relacionadas entre si. Esta divisão é denominada arquitetura cliente/servidor, em que o cliente é o processador de front-end e o servidor, o processador de back-end. O servidor roda o software Oracle e executa as funções necessárias para acesso a dados compartilhados e concorrentes, e ele recebe e processa instruções SQL e PL/SQL originadas em aplicações do cliente.

shutdown

O processo de parar uma ocorrência em execução, de modo a tornar o Banco de Dados indisponível, incluindo-se neste processo o fechamento e a desmontagem do Banco de Dados, caso um tenha sido montado e aberto.

snapshot capture

Cópia local de uma master-table remota. As capturas instantâneas podem ser usadas para replicar (copiar) toda ou parte de uma tabela, ou para replicar o resultado de uma consulta em várias tabelas. As capturas instantâneas podem ser atualizáveis, ou então apenas para leitura. Ambas são cópias de tabelas-mestras. Uma captura instantânea apenas para leitura pode ser renovada periodicamente para refletir quaisquer alterações feitas na tabela-mestre. As alterações feitas em uma captura instantânea atualizável pode ser propagada para a tabela-mestre e para quaisquer outras cópias existentes.

snapshot capture renewal

Durante a renovação de uma captura instantânea, as alterações que foram feitas na tabela-mestre desde o momento em que a captura foi criada ou anteriormente renovada são refletidas na captura instantânea.

SQL (Structure Query Language)

Uma linguagem de manipulação, definição e consulta de dados para Banco de Dados relacionais. Trata-se de um padrão aceito internacionalmente para sistemas relacionais.

SQL*Net

Um produto da Oracle que funciona em conjunto com o Oracle Server e permite que dois ou mais computadores rodem o Oracle Server para trocar dados através de redes de outros fabricantes. O SQL*Net suporta processamento distribuído e tem capacidade para Bancos de Dados distribuídos.

Apêndice E – Glossário | 425

SQL*Plus

Uma interface baseada em linguagem SQL para manipulação de dados, definição de dados e definição de direitos de acesso para um Banco de Dados Oracle.

Starter database

O Banco de Dados default incluído no produto Personal Oracle 8i. Ele tem a mesma funcionalidade dos Banco de Dados Oracle 8i que operam em computadores de médio porte e mainframes, exceto pelo fato de não poder funcionar como um servidor.

stored function

Um conjunto de instruções PL/SQL que podem ser chamadas pelo nome. As funções armazenadas são muito semelhantes às procedures, exceto pelo fato de uma função retornar um valor para o ambiente no qual ela foi chamada.

Symmetric replication

Possibilita a manutenção de várias cópias dos dados em sites diferentes em um sistema distribuído.

synonym

Um nome alternativo (alias) para uma tabela, visualização, seqüência ou programa.

table

A unidade básica de armazenamento em um sistema de gerenciamento de Banco de Dados relacionais. Uma tabela consiste de uma ou mais unidades de informações (linhas); cada uma das quais contendo os mesmos tipos de valores (colunas).

table security

A capacidade de restringir o acesso a um conjunto predeterminado de linhas e colunas de uma tabela.

text editor

Um programa executado pelo sistema operacional de um computador e usado para criar e editar arquivos de texto. No Oracle, o editor de texto é usado normalmente para editar arquivos SQL, arquivos de saída, arquivos de comandos ou arquivos de controle.

trigger

Uma procedure armazenada que é disparada (executada implicitamente) quando for emitida uma instrução INSERT, UPDATE ou DELETE em uma tabela associada.

Impressão e acabamento
Gráfica da Editora Ciência Moderna Ltda.
Tel: (21) 2201-6662